ORDONNANCE DU 10 MAI 1844

PORTANT

RÈGLEMENT

SUR

L'ADMINISTRATION ET LA COMPTABILITÉ

DES CORPS DE TROUPE

Modifiée par les décrets des 7 août 1875 et 1ᵉʳ mars 1880

ANNOTÉE

D'APRÈS LES DOCUMENTS OFFICIELS ET LE TEXTE DES ORDONNANCES

DÉCRETS ET DÉCISIONS

qui ont modifié ou interprété cette ordonnance

SUIVIE

D'ANNEXES

PAR

G. DURAND

OFFICIER D'ADMINISTRATION DE 2ᵉ CLASSE DES BUREAUX DE L'INTENDANCE
MILITAIRE

DEUXIÈME ÉDITION

PARIS

LIBRAIRIE MILITAIRE DE J. DUMAINE

LIBRAIRE-ÉDITEUR

L. BAUDOIN & Cⁱᵉ. Successeurs

30, RUE ET PASSAGE DAUPHINE, 30

1881

ORDONNANCE

PORTANT

RÈGLEMENT

SUR

L'ADMINISTRATION ET LA COMPTABILITÉ
DES CORPS DE TROUPE

Paris. — Imprimerie L. BAUDOIN et Cᵉ, rue Christine, 2.

ORDONNANCE DU 10 MAI 1844

PORTANT

RÈGLEMENT

SUR

L'ADMINISTRATION ET LA COMPTABILITÉ

DES CORPS DE TROUPE

Modifiée par les décrets des 7 août 1875 et 1er mars 1880

ANNOTÉE

D'APRÈS LES DOCUMENTS OFFICIELS ET LE TEXTE DES ORDONNANCES

DÉCRETS ET DÉCISIONS

qui ont modifié ou interprété cette ordonnance

SUIVIE

D'ANNEXES

PAR

G. DURAND

OFFICIER D'ADMINISTRATION DE 2e CLASSE DES BUREAUX DE L'INTENDANCE
MILITAIRE

DEUXIÈME ÉDITION

PARIS

LIBRAIRIE MILITAIRE DE J. DUMAINE

LIBRAIRE-ÉDITEUR

L. BAUDOIN & Cie, Successeurs

30, RUE ET PASSAGE DAUPHINE, 30

1881

Le Président du Conseil, Ministre Secrétaire d'Etat de la guerre, à MM. les Lieutenants généraux et Maréchaux de camp commandant les divisions militaires, subdivisions et brigades ; les Intendants, Sous-Intendants militaires et Adjoints à l'Intendance militaire, et aux Conseils d'administration des corps de troupes. (Secrétariat général, Contrôle et Comptabilité générale. — Bureau de la Solde et des Revues.)

Paris, le 15 mai 1844.

MESSIEURS, le Roi a rendu, le 10 mai courant, sur ma proposition, une ordonnance portant règlement sur l'administration et la comptabilité des corps de troupes, dont l'exécution doit avoir lieu à compter du 1er juillet prochain.

Je vous adresse ci-joint un exemplaire de cette ordonnance et la collection des modèles qui y sont annexés. Les principaux changements qu'elle apporte aux règlements actuellement en vigueur se trouvant indiqués dans le rapport au Roi qui la précède, je me bornerai à appeler ici votre attention particulière sur certaines modifications de détail qui n'ont pu trouver place dans ce rapport.

Telle est, entre autres, la disposition qui, pour les corps d'infanterie organisés sous le titre de bataillon, confie à un conseil éventuel l'administration des détachements forts de quatre compagnies au moins (1). L'ordonnance prévoit aussi le cas où le nombre des officiers présents dans un corps ou une portion de corps susceptible d'avoir un conseil serait insuffisant pour lui donner la composition voulue. Elle dispose qu'en pareille occurrence l'officier commandant est seul chargé de l'administration (2).

Jusqu'à présent, la responsabilité directe d. _upputations inexactes ou d'erreurs de calculs commises dans les écritures de la comptabilité a pesé sur le conseil d'administration, sauf son recours contre le major et les officiers comptables ; d'après la nouvelle

(1) Article 4 de l'ordonnance.
(2) Article 6 de l'ordonnance.

1

ordonnance, c'est le major qui, avec le même droit de recours contre ces derniers, sera directement responsable envers l'Etat du résultat des erreurs ou inexactitudes de cette espèce qu'il n'aura point signalées (1). Lorsque, au contraire, le major se sera mis en règle à cet égard, la responsabilité portera directement sur le comptable dont la gestion présentera une irrégularité de cette nature (2).

Tout retard non justifié dans l'inscription des recettes opérées sur les quittances du trésorier, ou dans l'acquittement des dépenses pour lesquelles ce comptable aura reçu des fonds du conseil, engagera aussi directement la responsabilité du major, à moins qu'il n'en ait rendu compte immédiatement à qui de droit (3). Enfin, les distributions irrégulières faites sur des bons signés du major, et l'inobservation du devoir imposé à celui-ci de vérifier la caisse du trésorier (4), entraîneront la même responsabilité.

Comme par le passé, les commandants de compagnie, d'escadron ou de batterie seront responsables des fonds, effets et fournitures quelconques dont ils auront donné récépissé. De nombreux exemples ont démontré combien il importe qu'ils vérifient avec soin toutes les pièces qui, en pareil cas, seront présentées à leur signature par les sergents-majors ou maréchaux des logis chefs, et qu'ils écrivent toujours de leur propre main, et en toutes lettres, les quantités totales énoncées dans chaque récépissé.

L'article 149 de l'ordonnance règle la destination que devra recevoir le traitement acquis aux officiers décédés. En aucun cas, et sous leur responsabilité, les corps ne devront opérer sur ces fonds que les déductions spécifiées dans cet article. Quant aux valeurs de la succession autres que le traitement, elles devront toujours être intégralement versées, après leur réalisation, à la caisse des dépôts et consignations : toutefois, ce versement n'aura lieu qu'en vertu de mon autorisation spéciale, lorsque les sommes dues à l'Etat ou au corps par un officier décédé excéderont le montant de la reprise qui pourra être opérée, pour cet objet, sur son traitement.

La perception du montant des mandats ou ordonnances émis au

---

(1) Article 66 de l'ordonnance, 1er paragraphe.
(2) Article 78, paragraphe 3, et article 88, paragraphe 2.
(3) Articles 57, 58 et 66, 2e paragraphe.
(4) Article 66, 2e et 3e paragraphes.

profit des corps sera désormais environnée de garanties dont la nécessité s'est fait sentir en plusieurs circonstances. Le conseil d'administration ne devra revêtir ces pièces de son acquit qu'à l'époque de l'échéance du paiement (1), et le soin d'assurer l'encaissement immédiat des fonds touchés pour cet objet, par le trésorier, sera spécialement confié au président du conseil d'administration (2).

Des états de situation de caisse du modèle suivi jusqu'à ce jour continueront de m'être transmis, par les soins de MM. les intendants militaires, à l'expiration de chaque trimestre.

Parmi les dispositions transitoires que nécessitera la mise en vigueur du nouveau règlement, voici celles qui m'ont paru exiger quelques développements.

Le montant des imputations opérées sur la masse individuelle, pour le remboursement des avances ou fournitures faites aux hommes isolés, devant désormais être versé au Trésor (3), au lieu d'être porté au débit du décompte de libération des revues, celles de ces imputations qui figureront au compte du deuxième trimestre de 1844, dans la colonne C du registre actuel des avances, devront être réunies aux imputations exercées, pour le même objet, sur la masse postérieurement à cette époque, et recevoir, comme ces dernières, la destination prescrite par les articles 127 et 179 de l'ordonnance. MM. les intendants militaires veilleront particulièrement à ce que le versement au Trésor de celles de ces avances qui se rattacheraient à un exercice expiré, ait lieu avant le 1er octobre de l'année suivante, quand bien même les relevés sommaires prescrits par l'ordonnance royale du 20 décembre 1837 ne seraient point encore parvenus (4).

On donnera également la destination fixée par l'ordonnance royale du 10 mai courant (articles 180 et 219) aux imputations pour dégradations d'armes, qui figureraient au relevé sommaire des recettes et dépenses du deuxième trimestre de l'exercice 1844, comme restant en dépôt aux fonds divers.

Le prix d'achat des effets de petit équipement, pièces de shakos, pièces d'armurerie, etc., devra désormais être porté en dépense

(1) Article 23 de l'ordonnance.
(2) Article 54.
(3) Article 127.
(4) Article 127 de l'ordonnance, dernier paragraphe.

dans les registres de la comptabilité en deniers, au lieu de figurer en caisse comme valeur représentative. Le modèle n° 6 présente la formule de la délibération qu'auront à prendre les conseils d'administration pour faire disparaître de leur caisse le montant de ces valeurs.

L'exécution des articles 71 et 98, concernant le livret de solde et les clefs de la caisse, sera mentionnée également au registre des délibérations, de même que la formation des conseils d'administration éventuels qu'il y aurait lieu d'instituer, en vertu de l'article 4, dans les fractions des corps d'infanterie organisés sous le titre de bataillons. Les dispositions particulières actuellement en vigueur qui règlent, pour le cas d'insuffisance numérique des officiers présents, la composition des conseils d'administration des bataillons de chasseurs d'Orléans, d'infanterie légère d'Afrique et des escadrons du train des équipages militaires (1), continueront d'être exécutées jusqu'à nouvel ordre.

D'après le nouveau mode institué par l'article 222 pour le remboursement de la valeur des effets expédiés aux portions de corps détachées, les conseils d'administration centraux et éventuels devront immédiatement se concerter entre eux, afin que les envois de fonds qu'il y aurait lieu de faire pour cet objet aux portions centrales puissent être effectués avec toute la régularité désirable.

Comme l'indiquent les exemples formulés au modèle du registre de centralisation (2), l'excédant de recette existant aux fonds de la masse individuelle, joint à la valeur des effets restant en magasin, d'après le registre de l'officier d'habillement, devra toujours être en concordance parfaite avec la situation constatée par les feuilles de décompte à la fin de chaque trimestre. Pour obtenir ce résultat, qui importe essentiellement à la régularité des comptes, les corps devront se mettre en mesure de payer les fournitures de petit équipement dans le courant du trimestre où aura eu lieu l'entrée des effets en magasin. Si cependant le paiement ne pouvait être fait dans cet intervalle, les effets seraient portés en recette, sur le registre de la comptabilité en matières, au titre du trimestre suivant.

La même règle sera observée pour les pièces d'armurerie.

Suivant l'article 254 de l'ordonnance, les relevés de recettes et

---

(1) Décision royale du 31 décembre 1843 (*Journal militaire*, tome IV, page 221.
(2) Modèle n° 18.

dépenses que les portions détachées d'un corps enverront à la portion centrale ne devront comprendre que les opérations afférentes au trimestre pour lequel chaque relevé sera établi. Afin d'y présenter la situation réelle de la caisse, selon le vœu de cet article, on devra opérer, pour les recettes et dépenses des trimestres postérieurs, de la manière prescrite, pour la portion centrale, par l'article 126 de l'ordonnance.

Je viens d'énumérer, Messieurs, les divers points qui m'ont paru mériter une attention particulière. Les modèles joints au règlement présentent des exemples nombreux d'opérations tant pour la comptabilité en deniers que pour la comptabilité en matières, et les corps y trouveront tous les renseignements propres à les guider sûrement dans l'application des règles tracées par l'ordonnance. A l'aide de ces indications, le système du nouveau règlement sera, je n'en doute point, parfaitement compris jusque dans ses moindres détails, et je compte entièrement sur la surveillance éclairée des uns comme sur le zèle et le dévouement de tous, pour assurer la ponctuelle exécution des dispositions qu'il renferme.

Vous m'accuserez réception de cet envoi.

Le Président du Conseil,
Ministre Secrétaire d'Etat de la guerre,

Signé : Mal Duc DE DALMATIE.

RAPPORT AU ROI.

Du 10 mai 1844.

SIRE,

En présentant à Votre Majesté l'ordonnance sur le service de la solde et sur les revues, qu'elle a revêtue de sa sanction le 25 décembre 1837, l'un de mes prédécesseurs faisait remarquer qu'une lacune importante restait encore à remplir, et qu'il allait s'occuper de la préparation d'un règlement spécial sur l'administration intérieure des corps de troupe et sur le service de l'habillement, destiné à compléter celui qu'il soumettait à l'approbation du Roi.

Mais ce travail réclamait de longues méditations et de persévérantes études ; car ce n'est qu'avec beaucoup de réserve et après de mûres délibérations que l'on put modifier une législation qui embrasse l'administration et la comptabilité d'une armée où se comptent plus de deux cents corps de toutes armes. Cette obligation et la nécessité de mettre le règlement dont il s'agit en harmonie avec les nouvelles dispositions projetées sur le service intérieur des corps d'infanterie et de cavalerie en ont retardé jusqu'à ce jour le complet achèvement.

Je le soumets aujourd'hui à Votre Majesté, avec d'autant plus de confiance que le projet nouveau a été successivement élaboré dans le sein de deux commissions spéciales, dans lesquelles j'ai voulu que le commandement et l'administration, également représentés, réunissent leurs lumières et apportassent le tribut de leur expérience.

Ce règlement a principalement pour objet :

1° De consacrer l'action du commandement sur tout ce qui intéresse le bien-être du soldat, et d'appeler sa vigilance incessante sur les opérations auxquelles donne lieu la perception des prestations diverses que les tarifs allouent aux troupes ;

2° D'assurer l'exercice du contrôle de l'intendance militaire dans le double intérêt du Trésor et des parties prenantes, et d'étendre la surveillance administrative des fonctionnaires de ce corps à tout ce qui est relatif au paiement de la solde, à la distribution des deniers et des matières, à l'emploi réglementaire des fonds appartenant aux différentes masses.

Pour atteindre ce but, plusieurs modifications essentielles aux dispositions actuellement en vigueur ont été jugées indispensables : ainsi l'ordonnance que j'ai l'honneur de soumettre à Votre Majesté supprime le conseil d'administration dans les compagnies formant corps, où l'existence de ce conseil est toujours précaire et souvent fictive, en même temps qu'elle concentre l'administration entre les mains du commandant, qui, en réalité et par la force même des choses, en a la direction exclusive.

La composition des conseils, leurs attributions, la forme de leurs délibérations ont été nettement déterminées. Quant à leur responsabilité, l'ordonnance royale du 19 mars 1823 avait prononcé en certains cas la solidarité de tous les membres de chaque conseil d'administration ; mais cette disposition, contraire aux règles d'une impartiale équité, ayant fait ressortir dans son application de sérieux inconvénients, le nouveau projet n'a pas dû la maintenir. Ainsi chacun des membres du conseil d'administration ne sera, à l'avenir, pécuniairement responsable que pour sa quote-part du résultat des actes auxquels il aura concouru.

Il importait aussi de tracer aux majors et aux officiers comptables, agents des conseils d'administration, les devoirs qui leur sont imposés, et de déterminer leur part de responsabilité. L'ordonnance contient à cet égard plusieurs dispositions spéciales ; elle prescrit à chaque comptable de certifier les comptes de sa gestion et le rend personnellement responsable de leur exactitude : cette responsabilité est partagée par le major, lorsque sa vérification a constaté la régularité des écritures. Le conseil arrête, sur pièces probantes, les résultats des comptes ; il reconnaît l'existence des fonds en caisse et celle des matières et effets en magasin.

Les principes généraux de l'administration se trouvent ainsi régulièrement et complétement déterminés.

Le nouveau projet a dû régler en même temps les détails de l'administration intérieure, et y introduire tous les changements dont l'expérience a fait reconnaître la nécessité. Aucun de ces détails n'a été négligé, aucun besoin méconnu. Je vais avoir l'honneur d'indiquer à Votre Majesté celles des dispositions nouvelles qui méritent plus particulièrement de fixer son attention.

D'après les anciens règlements, le montant des effets achetés au compte de la masse individuelle n'était inscrit en dépense, dans les comptes des corps, qu'au fur et à mesure de la distribution de ces effets à la troupe, en sorte qu'aux époques de vérification, les factures acquittées étaient admises, comme *deniers comptants*, dans le représenté de caisse, jusqu'à concurrence des quantités d'effets restant en magasin. Le nouveau règlement met un terme à cette fiction : désormais, tous les achats faits par les conseils d'administration seront constatés sur les registres au moment même où le prix en aura été payé aux fournisseurs. Ainsi les caisses ne contiendront plus que des sommes en argent, et les récépissés des dépôts faits au Trésor.

Aujourd'hui, la caisse du conseil d'administration est pourvue de trois serrures dont les clefs sont confiées, l'une au colonel, une autre au trésorier et la troisième au membre du conseil qui a le grade le plus élevé après le chef du corps.

Il a paru qu'il suffirait, pour la sûreté des fonds, que la caisse eût deux serrures; le colonel, dans l'intérêt de sa responsabilité, restera dépositaire de l'une des clefs; quant à l'autre, il convenait de la remettre, non à l'officier du rang immédiatement inférieur, qui pourrait être souvent absent, mais au major, que la nature de ses fonctions astreint à être toujours présent au corps.

L'ordonnance projetée coordonne toutes les dispositions qui, dans l'intérieur des corps, régissent le service de l'habillement. Elle détermine le classement, le mode de distribution et la marque des effets; elle établit un contrôle facile et régulier pour assurer l'emploi de ceux qui rentrent en magasin avant d'avoir atteint le terme de leur durée légale; enfin, elle pose les règles d'après lesquelles les conseils d'administration doivent justifier de leur gestion.

Les matricules ont été mises en rapport avec les prescriptions nouvelles. Celle des chevaux, pour chaque escadron, compagnie ou batterie, a été établie à feuillets mobiles, comme l'était déjà la matricule des hommes. C'était le moyen de simplifier les écritures, de prévenir les erreurs susceptibles de se glisser dans les transcriptions annuelles des contrôles, et de faciliter le travail qui résulte de la formation des escadrons de guerre ou de manœuvres.

Le nouveau modèle du livret des hommes est maintenant en parfaite concordance avec les registres des officiers comptables, ainsi qu'avec les matricules, les livres de détail et les comptes courants des compagnies, escadrons ou batteries.

Une modification essentielle a été introduite dans le règlement des dépenses de la masse individuelle des hommes de troupe : les comptes seront arrêtés, comme par le passé, le premier jour de chaque trimestre ; mais le paiement de l'excédant du complet réglementaire de la masse des hommes présents ne sera plus inscrit qu'à la date du jour où il s'effectuera.

Enfin, de nombreuses simplifications dans la tenue des écritures auront pour effet, non-seulement de diminuer le travail des compagnies et celui des officiers comptables, mais encore de rendre plus faciles les vérifications du major, l'administration du conseil et le contrôle de l'intendance militaire.

Tel est, Sire, le résumé du projet d'ordonnance que j'ai l'honneur de mettre sous vos yeux. Ce projet embrasse l'ensemble des intérêts soumis à l'administration des corps ; il est en harmonie avec les règlements existants, et présente, dans tous ses détails, un mode de comptabilité facile et complet.

Je prie Votre Majesté de revêtir de sa sanction cet important travail : l'armée, qui l'attend impatiemment, le recevra comme un nouveau bienfait.

Le Président du Conseil,
Ministre Secrétaire d'Etat de la guerre,

Mal Duc DE DALMATIE.

RAPPORT AU PRÉSIDENT DE LA RÉPUBLIQUE FRANÇAISE

sur la nécessité de reviser certaines dispositions de l'ordonnance du 10 mai 1844, sur l'administration et la comptabilité des corps de troupe, afin de les mettre en harmonie avec les nouvelles lois qui régissent l'armée et d'y introduire de nombreuses simplifications.

Versailles, le 7 août 1875.

Monsieur le Président,

Les nouvelles lois qui régissent l'armée, et notamment celle du 13 mars 1875, relative à la composition des cadres et des effectifs, devaient nécessairement influer sur le mode d'administration des corps de troupe.

Les effectifs des compagnies pourront désormais atteindre des proportions qui entraîneront des mutations et des mouvements beaucoup plus nombreux que par le passé, parmi les hommes, les chevaux, les armes, les effets, etc., et qui accroîtront ainsi la tâche déjà lourde des capitaines commandants et de leurs sous-officiers comptables.

Je me suis préoccupé de cette situation nouvelle, et j'ai fait étudier s'il ne serait pas possible de donner satisfaction aux demandes si fréquemment formulées d'apporter dans les écritures des compagnies, escadrons et batteries, considérés comme unités administratives, des simplifications qui, aujourd'hui, s'imposent comme une nécessité.

Mais en prescrivant de chercher à mettre aux mains des capitaines commandants des documents de comptabilité donnant, sous une forme simple, les éléments nécessaires à la gestion des deniers, des denrées et du matériel dont ils sont comptables, j'ai recommandé de ne pas perdre de vue, qu'en présence des charges toujours croissantes du budget de la guerre, il importait plus que jamais de conserver tous les moyens d'exercer sur les recettes, sur les dépenses ou les consommations un contrôle efficace.

Les études dirigées dans ce sens viennent d'aboutir, et je pense que le double but que je me proposais est désormais atteint.

Les améliorations que j'ai l'honneur de vous soumettre peuvent se diviser en deux groupes : les premières sont relatives aux écritures qui, dans une compagnie, se rapportent personnellement à l'homme ; les secondes à celles qui concernent tous les hommes comptant à l'effectif.

1° ÉCRITURES QUI CONCERNENT PERSONNELLEMENT CHAQUE HOMME.

Écritures actuellement exigées pour l'incorporation d'un jeune soldat.

Pour bien faire saisir les avantages des propositions qui vont suivre, il semble utile de rappeler rapidement quelles sont les écritures qu'exigent, en vertu des règles en vigueur, l'incorporation d'un jeune soldat et son passage successif dans l'armée active, dans la réserve de l'armée active, son rappel en cas de mobilisation, son retour dans la réserve ou son passage dans l'armée territoriale.

Écritures du commandant de recrutement.

Dès qu'un homme est appelé à l'activité, le commandant du bureau de recrutement établit un contrôle signalétique de l'homme et l'adresse aussitôt au corps de troupe sur lequel le jeune soldat est dirigé.

A l'aide de cet état signalétique, le conseil d'administration fait établir diverses écritures qui ont trois destinations bien distinctes : le corps, la compagnie, l'homme.

Écritures du conseil d'administration.

I. Les écritures du corps se bornent à l'inscription, sur le *registre matricule* du régiment, de tous les renseignements que renferme l'état signalétique.

Écritures de la compagnie.

II. Les écritures de la compagnie (escadron ou batterie) consistent à établir :

1° Un *feuillet matricule mobile*, comprenant tous les renseignements précités et destiné à suivre l'homme dans les compagnies (escadrons ou batteries) successives dans lesquelles il sera placé ;

2° Un *feuillet mobile* destiné à recevoir l'inscription des punitions ;

3° Un *compte* au chapitre V du livre de détail de la compagnie.

Écritures destinées à l'homme.

III. Les écritures destinées à l'homme consistent dans l'établissement d'un *livret individuel* qui renferme à la fois les renseignements compris sur le feuillet matricule et son compte courant au livre de détail.

Tant que l'homme reste dans le même corps, ces documents suffisent ; il n'y a à établir, lors du passage d'une compagnie à une autre, qu'un nouveau compte au livre de détail dans la nouvelle compagnie.

Mais, dès qu'un homme vient à changer de corps, étant en activité, dès qu'il passe dans la disponibilité ou dans la réserve et qu'il est par conséquent incorporé dans un autre régiment, toutes ces écritures sont à refaire : il faut, en effet, une nouvelle inscription sur le registre matricule du corps, un nouveau feuillet matricule, un nouveau feuillet de punitions, un nouveau compte au chapitre V, enfin un nouveau livret individuel.

C'est un travail considérable qui absorbe un temps précieux et que, dans les cas urgents, il est impossible de faire avec soin et même de faire en temps opportun.

Recherches faites pour diminuer ce travail.

J'ai été frappé des difficultés sérieuses que présente l'établissement de ces écritures au moment de l'arrivée d'une classe ; mais c'est particulièrement l'impossibilité d'établir, lors d'une mobilisation, les livrets individuels des nouveaux arrivants qui a préoccupé les esprits pratiques. Les expériences faites ont, en effet, démontré qu'il ne faudrait pas moins de 15 minutes à un sergent-major qui aurait le travail facile, pour confectionner chaque livret individuel.

Livret spécial proposé par le conseil d'administration du 66ᵉ régiment d'infanterie.

C'est pour parer à ce grave inconvénient que le conseil d'administration du 66ᵉ régiment de ligne a eu la pensée de proposer de faire établir un *livret spécial* pour tout homme passant dans la disponibilité ou dans la réserve.

Ce livret serait adressé, par les soins du corps auquel l'homme cesse d'appartenir, au commandant du bureau de recrutement de la circonscription dans laquelle l'homme est domicilié.

Le commandant indiquerait sur le livret (destiné dès lors à remplacer le certificat d'envoi dans la réserve que l'homme reçoit actuellement), le nouveau corps auquel le réserviste serait affecté, remplirait l'ordre de route qui serait placé à la gauche et adresserait ce livret à l'homme par l'intermédiaire de la gendarmerie. Grâce à ces dispositions, le corps n'aurait plus, au moment de l'arrivée du réserviste, qu'à inscrire sur ce livret spécial les effets d'habillement, d'armement, de grand et de petit équipement délivrés à l'homme et encore, pour ces derniers effets, le 66° a-t-il soin de demander que la nomenclature en soit imprimée d'avance, de telle sorte qu'il n'y ait plus qu'à écrire le nombre et le prix de ces effets.

Avantages de ce livret.

La mesure proposée par le conseil d'administration du 66° régiment d'infanterie constituerait un progrès réel; elle aurait pour résultat de permettre de faire à loisir et avec calme, au moment du départ de l'homme pour la disponibilité ou pour la réserve, des écritures qu'il est à peu près impossible de faire au moment de la mobilisation.

L'idée de remplacer le certificat d'envoi dans la réserve par le livret de l'homme est essentiellement pratique; enfin la pensée d'éviter, lors du rappel des hommes, l'inscription de la nomenclature des effets qui leur sont délivrés peut être utilement appliquée.

Inconvénients et lacune de cette proposition.

Mais, à côté des avantages qui viennent d'être énumérés, la proposition dont il s'agit présente deux inconvénients réels : le premier est d'obliger, au moment du départ d'une classe, un corps de troupe, déjà très-chargé d'écritures diverses, à confectionner trois ou quatre cents livrets pour des hommes qui ne reviendront plus à ce corps; le second, c'est que la page du livret sur laquelle sera imprimée la nomenclature des effets de linge et chaussure une fois remplie, à l'occasion d'un appel pour les manœuvres, par exemple, il resterait, au moment de la mobilisation, la même obligation qu'aujourd'hui d'inscrire à la main tous les effets distribués à l'homme.

Enfin il est à remarquer:

1° Que cette proposition ne s'applique pas aux hommes qui n'ont pas passé au drapeau et pour lesquels la difficulté d'établir le livret subsisterait tout entière au moment d'un appel pour les manœuvres ou d'une mobilisation;

2° Que la simplification très-réelle qu'elle apporterait dans le mode actuel n'intéresse que le travail relatif au livret de l'homme et que les écritures de la compagnie (feuillet matricule, feuillet de punitions, compte courant) restent les mêmes qu'aujourd'hui.

Combinaison qui permettrait de réaliser de plus grandes simplifications.

De nouvelles études ont démontré que l'on pouvait entrer plus avant dans la voie des simplifications et diminuer, dans une plus large proportion, à la fois les écritures destinées à la compagnie et celles qui sont nécessaires pour l'homme.

La combinaison à adopter, pour obtenir ce résultat, consiste :

1° A réunir en un seul les trois documents actuellement tenus, pour chaque homme, par sa compagnie (feuillet matricule, feuillet de punitions, compte courant de la masse individuelle), et à donner à ce document unique la forme nécessaire pour qu'on puisse lui faire suivre l'homme dans toutes ses positions, depuis son inscription sur le registre matricule du commandant de recrutement jusqu'à sa délibération définitive de la réserve de l'armée territoriale; la forme qui semble préférable est celle d'un livret;

2° A modifier la contexture du livret individuel que le soldat possède actuellement, de sorte que ce livret puisse servir lorsque l'homme change de corps.

Le document destiné à l'inscription des écritures de la compagnie prendrait le nom de *livret matricule*, celui qui resterait entre les mains de l'homme conserverait le nom de *livret individuel*, ils seraient conformes aux modèles nᵒˢ 2 et 5 joints au présent rapport.

Quelques explications semblent nécessaires pour faire bien saisir le rôle de ces deux livrets et pour montrer en même temps les simplifications que leur adoption apporterait dans le travail des corps de troupe.

1° LIVRET MATRICULE.

———

Indications contenues dans le livret matricule proposé.

Le livret matricule (modèle nᵒ 2) contient les indications suivantes :

Aux pages 1, 2 et 3: l'état civil, le signalement, l'incorporation, les rengagements, les services militaires, campagnes, blessures, actions d'éclat, décorations, dates de passage dans la disponibilité ou dans les réserves, etc., indications mentionnées au recto du feuillet matricule mobile actuel; et aux pages 14 et 15, les dates de distributions et les numéros des armes et effets enregistrés au verso dudit feuillet.

Aux pages 4, 5 et 6, l'instruction et les mutations successives. A ce sujet, il convient de faire remarquer qu'actuellement les mutations, relatées au tableau n° 5 du livre de détail, disparaissent à la fin de l'année, tandis qu'avec le *livret matricule*, les mutations survenues depuis l'incorporation seront conservées jusqu'au jour de la radiation de l'homme, des contrôles de l'armée.

Aux pages 7 et 8, les punitions infligées à l'homme. Ces inscriptions ont été placées au milieu du livret, afin de permettre l'adjonction d'un intercalaire dans les cas extrêmement rares où les punitions d'un sujet indiscipliné nécessiteraient plus de 90 lignes.

Enfin, aux pages 9 à 13, les recettes et dépenses de la masse individuelle depuis le jour de l'incorporation jusqu'à celui de la radiation des contrôles de l'armée.

Ainsi, le *livret matricule* contient non-seulement tous les renseignements dont les capitaines commandants disposent aujourd'hui, mais il donne, en outre, de précieuses indications que les documents anciens ne présentent pas.

Marche à suivre pour la tenue du livret matricule.

Le livret matricule serait établi pour les jeunes soldats de chaque classe, ou pour les engagés volontaires, par le commandant de recrutement, *dispensé désormais de préparer le contrôle signalétique actuel*, et serait adressé par ses soins au corps sur lequel l'homme serait dirigé, avec un bordereau nominatif que le corps renverrait en indiquant si l'homme a rejoint ou n'a pas rejoint sa destination.

Le corps inscrirait, à l'aide des indications de ce livret, l'homme sur le registre matricule du régiment et remettrait le livret matricule à la compagnie à laquelle le jeune soldat serait affecté, après avoir indiqué le numéro matricule de l'homme.

Par suite, tout capitaine commandant, recevant le livret matricule d'un homme venu de ses foyers, n'aura absolument qu'à inscrire la mutation d'arrivée de cet homme.

Si l'homme passe à une autre compagnie, le capitaine n'a qu'à arrêter son compte et à envoyer le livret matricule au commandant de la nouvelle compagnie.

Si l'homme passe à un autre corps, s'il est renvoyé dans la dis-

ponibilité ou dans la réserve, le livret matricule est adressé soit
au nouveau corps, soit au commandant de recrutement, et il n'y
a d'écritures à établir ni par l'ancien corps, ni par le commandant
de la compagnie du nouveau corps.

Le travail du commandant du bureau de recrutement se borne
à indiquer le nouveau corps, auquel est affecté le réserviste, sur
le registre matricule prescrit par l'art. 33 de la loi du 27 juillet 1872.

Si le réserviste n'appartient pas à la subdivision régionale, le
commandant de recrutement l'inscrit sur un registre spécial, celui
des hommes étrangers à la subdivision.

J'ai dû me préoccuper de trouver un moyen commode et pratique de réunir ces livrets matricules de façon à en rendre le
transport facile, et à permettre, dans les compagnies, de les com-
pulser aisément et de les avoir sans cesse sous la main, sans
craindre de les égarer.

Les recherches faites à cet égard ont amené à proposer l'adoption d'une boîte en chêne, pouvant contenir tous les livrets d'une
compagnie. Cette boîte, facilement transportable, ne pèse pas
plus, lorsqu'elle est pleine, que les registres matricules et les
registres de punitions actuels, dont le mode de fermeture, composé de lames de fer reliées par des écrous, devient fort incom-
mode à peu près impraticable pour des registres composés de
150 feuillets et au-dessus.

Les parois de cette boîte se rabattent de façon à permettre de
voir les noms portés sur les livrets, et de choisir aisément, grâce
à l'ordre alphabétique dans lequel ils sont placés, le livret que l'on
veut retirer.

2° LIVRET INDIVIDUEL.

Modifications à apporter au livret individuel actuel.

Le livret actuel devrait subir les modifications suivantes :

Marche à suivre pour la tenue de ce livret.

La troisième page et la feuille de tête seraient disposées de façon
à recevoir l'inscription des différents corps auxquels le titulaire
serait affecté, ainsi que ses immatriculations successives.

Le compte courant serait précédé (p. 26 et 27 du modèle n. 5)
d'un tableau imprimé à l'avance des effets de petit équipement distribués à titre de première mise, au moment des arrivées successives de l'homme aux corps dont il doit faire partie.

2

Le corps n'aurait à inscrire sur ce tableau que le nombre et la valeur des effets distribués et à en porter le total au compte courant de l'homme.

Le livret pourrait ainsi être utilisé pour cinq appels successifs.

Le livret serait complété par l'adjonction d'une deuxième partie contenant les certificats d'envoi dans la disponibilité ou la réserve de l'armée active, dans l'armée territoriale ou sa réserve, et huit ordres de route qui pourraient être facilement et successivement détachés.

Au moment où l'homme serait renvoyé dans la disponibilité ou dans la réserve, son compte courant serait, comme aujourd'hui, arrêté et, en outre, signé par lui; son livret individuel lui serait retiré pour être envoyé par la poste au commandant du bureau de recrutement de la circonscription dans laquelle l'homme est domicilié.

Le commandant de recrutement indiquerait sur le livret le nouveau corps auquel le réserviste est affecté, remplirait un des ordres de route et ferait immédiatement parvenir le livret à l'homme, par l'intermédiaire de la gendarmerie, de telle sorte que l'homme serait remis en possession de son livret presque aussitôt son arrivée dans ses foyers.

Dès que l'ordre de mobilisation serait affiché ou publié, le militaire n'aurait qu'à se rendre au lieu indiqué par son ordre de route, placé à la gauche de son livret. Cet ordre de route serait détaché, à son arrivée, par le corps de troupe, et servirait de pièce justificative à l'appui de la feuille de journées de la compagnie.

En cas de perte de son livret individuel, l'homme serait tenu d'en faire la déclaration au commandant de la gendarmerie, qui aviserait le commandant du bureau de recrutement, chargé de lui en délivrer un duplicata.

Modèle unique de livret individuel pour toutes les armes.

Enfin, dans . pensée de faciliter l'approvisionnement des livrets individuels, j'ai fait préparer un modèle unique de livret, pouvant servir indistinctement à toutes les armes; c'était d'ailleurs la conséquence obligée de l'adoption de la mesure qui consiste à laisser à l'homme le même livret, lors de ses changements de corps successifs.

Il n'y a, du reste, pas de confusion à craindre, car, aux pages

10, 11 et 12, j'ai eu soin de faire indiquer distinctement la progression de l'instruction, suivant que l'homme appartient à l'infanterie, à l'artillerie, au génie ou à la cavalerie. De même, les pages 22 et 23 indiquent les effets de petit équipement dont le soldat doit être pourvu, suivant l'arme dans laquelle il sert.

Malgré ces modifications, et bien que l'on ait laissé le même espace pour les inscriptions, le livret unique ne contient que 80 pages, soit 18 de plus seulement que le livret actuel de l'artillerie, et dont 14 feuillets sont consacrés aux certificats et ordres de route.

Résumé des modifications à apporter aux écritures qui concernent chaque homme.

Les propositions qui précèdent peuvent se résumer ainsi :

Dès que le commandant de recrutement a inscrit sur le registre matricule, prescrit par l'art. 33 de la loi du 27 juillet 1872, les jeunes gens d'une classe, il établit, pour chacun des hommes immatriculés, deux livrets : le premier, qui prend le nom de *Livret matricule*, contient les renseignements nécessaires aux compagnies (escadrons et batteries) auxquelles l'homme sera affecté.

Le second, sous le nom de *Livret individuel*, est destiné à l'homme dès son arrivée au corps.

Le commandant de recrutement envoie au corps pour lequel l'homme est désigné, le *Livret matricule*, qui sert à l'inscription du jeune soldat sur la matricule du régiment, et est aussitôt adressé au capitaine de la compagnie.

Il y joint aussi le *Livret individuel*, de telle sorte qu'à l'arrivée de l'homme la compagnie n'a à inscrire sur ce livret individuel que le nombre et la valeur des effets délivrés à l'homme.

En cas de changement de corps, le *Livret matricule* est envoyé au nouveau corps, et l'homme emporte avec lui son *Livret individuel*.

Enfin, lorsque l'homme passe dans la disponibilité ou dans la réserve, le livret matricule et le livret individuel, qui, pour cette circonstance, est retiré à l'homme, sont envoyés, par les soins du corps, au commandant du bureau de recrutement.

Celui-ci indique sur ces deux livrets le nouveau régiment du réserviste, et, après avoir inscrit les mutations sur ses registres, adresse le livret matricule à ce régiment et envoie, par l'intermédiaire de la gendarmerie et après avoir rempli l'ordre de route, le livret individuel à l'homme.

Un coup d'œil sur le tableau ci-dessous, qui indique les écritures nécessaires pour suivre un homme dans ses diverses positions, permet de se rendre rapidement compte de la simplification que les propositions qui précèdent apporteraient dans la comptabilité.

SYSTÈME ACTUEL.	SYSTÈME PROPOSÉ.

1° *Incorporation.*

Inscription par le commandant de recrutement sur le registre matricule de la subdivision de région. . .	Maintenue.
Contrôle signalétique n° 7.	Livret matricule. — Livret individuel. — Bordereau d'envoi.
Inscription sur le registre matricule du corps.	Maintenue.
Instruction sur le feuillet matricule mobile tenu par la compagnie.	*Supprimée.*
Etablissement du feuillet de punitions.	*Supprimé.*
Ouverture d'un compte courant au chapitre V du livre de détail.	*Supprimé.*
Etablissement d'un livret individuel par les soins de la compagnie.	*Supprimé.*

2° *Changement de compagnie.*

Ouverture d'un compte courant au livre de détail. .	*Supprimée.*

3° *Changement de corps.*

Inscription sur le registre matricule du nouveau corps.	Maintenue.
Feuillet matricule mobile.	*Supprimé.*
Feuillet de punitions.	*Supprimé.*
Compte courant au chapitre V.	*Supprimé.*
Livret individuel	*Supprimé.*

4° *Renvoi dans la disponibilité ou dans la réserve.*

Bordereau d'envoi du feuillet matricule de l'homme au commandant de recrutement.	Bordereau d'envoi du livret matricule et du livret individuel.
Inscription, par le commandant, de la mutation sur son registre matricule.	Maintenue.
Etablissement du certificat d'envoi dans la disponibilité, la réserve, etc..	Le conseil d'administration ou le commandant de recrutement, suivant le cas, n'a qu'à remplir le certificat préparé à la gauche du livret.
Etablissement de l'ordre de route pour le cas de rappel.	Le commandant de recrutement n'a qu'à remplir l'ordre de route.
Inscription de la mutation sur le registre matricule du commandant de recrutement lorsque l'homme est retiré dans le canton de la subdivision de région où il a tiré au sort.	Maintenue.

SYSTÈME ACTUEL.	SYSTÈME PROPOSÉ.
Inscription sur le registre n° 3, prescrit par la circulaire du 14 juillet 1873, lorsque l'homme est étranger à la subdivision de région.	Maintenue (1).
Copie du feuillet matricule établie par le commandant de recrutement.	Supprimée.
Inscription par le corps du réserviste sur le répertoire général des réservistes.	Maintenue. — Le corps, à l'aide du livret matricule, établit pour le registre matricule général un feuillet mobile.

5° *Rappel de l'homme en cas de manœuvres ou de mobilisation.*

Établissement d'un livret individuel.	*Supprimé.*
Ouverture d'un compte courant au livre de détail. .	*Supprimée.*
Établissement d'un feuillet de punitions.	*Supprimé.*
Inscription des effets délivrés à l'homme et notamment des effets de linge et de chaussure.	*Très-simplifiée.*

Un point sur lequel il me paraît utile d'appeler votre attention, c'est que les livrets individuels devant désormais être établis par les soins des commandants de recrutement, ces livrets ne pourraient plus être à la charge du titulaire. Ils seraient, comme le sont déjà ceux des hommes qui n'ont pas encore passé au drapeau, fournis sur les fonds du service de l'habillement. Il en serait de même des livrets matricules.

Les modifications qui viennent d'être exposées ont naturellement conduit à proposer des livrets matricules analogues pour les officiers et pour les chevaux.

2° ÉCRITURES QUI CONCERNENT TOUS LES HOMMES COMPTANT A L'EFFECTIF.

Simplifications dans les écritures collectives des compagnies.

Les simplifications qui précèdent ne sont pas les seules que l'on puisse réaliser, car je n'ai envisagé jusqu'ici, parmi les écritures d'une compagnie, que celles qui se rapportent individuellement à l'homme, mais il me reste à examiner celles qui sont collectives, c'est-à-dire qui se rapportent à tous les hommes comptant à l'effectif de la portion de corps (compagnie, batterie ou escadron).

---

(1) Ce registre devra désormais être absolument semblable (quoique distinct) au registre matricule que prescrit l'art. 33 de la loi du 27 juillet 1872.

Ces écritures sont celles qui servent à constater les mouvements, les allocations spéciales ou extraordinaires, les situations de l'effectif, l'enregistrement des perceptions de solde, de denrées, d'effets, ce sont enfin les feuilles de journées des hommes et des chevaux et les feuilles de décompte.

La première des conditions à remplir pour faciliter la tâche des compagnies et pour leur éviter, au moment d'une mobilisation, la préoccupation d'ouvrir de nouveaux registres et l'obligation de tenir leurs écritures d'après des règles qui ne sont pas les mêmes qu'à l'intérieur, était d'arriver à n'avoir qu'une seule comptabilité, la même en temps de paix et en temps de guerre.

Pour que cette comptabilité unique puisse être régulièrement tenue à jour dans les temps difficiles, il la faut simple, sans oublier cependant qu'elle doit présenter tous les éléments nécessaires pour en contrôler les résultats.

Ce double but serait atteint, si, en maintenant les principes sur lesquels sont actuellement basées l'administration et la comptabilité des compagnies, escadrons et batteries, on adoptait, pour les documents qui sont en usage, d'abord une contexture plus simple, et, en outre, un format commode, maniable, facile à transporter et grâce auquel la transcription des écritures pourrait aisément se faire en toutes circonstances. C'est dans cet ordre d'idées qu'a été préparé le registre de comptabilité trimestrielle dont j'ai l'honneur de vous demander l'adoption.

REGISTRE DE COMPTABILITÉ TRIMESTRIELLE.

Nouveau registre de comptabilité.

Ce nouveau registre dont le modèle est ci-joint, se compose de cinq éléments, savoir :

Livre de détail ;
Cahier d'enregistrement ;
Feuille de journées des hommes de troupe ;
Feuille de journées des chevaux ;
Feuille de décompte de la masse individuelle.

1° *Livre de détail.*

Ce registre se compose des chapitres de l'ancien livre de détail. désignés sous les n° 1, 2, 3, 8, 9, 10, 11, 12, 13, 14, 15 et 16. Les chapitres autrefois désignés sous les n° 4, 5, 6 et 7 ont été introduits dans le livret matricule, et ceux qui portaient les n°s 17 et 18 n'ont pas été reproduits ; le premier, par la raison que la situation des masses individuelles qu'il présentait est désormais relatée sur la feuille de décompte, et le second, parce qu'il n'est utile que dans les cas fort rares, où il y a lieu de rechercher le nom du détenteur d'une arme ou d'un effet perdu, et que cette recherche peut, à la rigueur, se faire en compulsant les livrets matricules.

Le nouveau livre de détail ne comprendra donc que les douze tableaux énumérés ci-dessus, chacun d'eux conservant à peu près sa contexture actuelle, de telle sorte que les habitudes de travail des capitaines commandants et des sous-officiers comptables ne seront pas troublées.

Il est à remarquer que les douze chapitres se rapportent tous à des opérations trimestrielles, qui ne se lient pas d'une façon indissoluble aux opérations analogues des trimestres précédents ou postérieurs : il a, dès lors, paru pratique d'en former un cahier trimestriel léger, peu embarrassant, et pouvant, en temps de guerre, à l'expiration du trimestre auquel il se rapporte, être envoyé au dépôt ou en arrière du théâtre des opérations militaires, et être ainsi mis à l'abri des pertes, de la destruction ou des prises par l'ennemi.

Les livres de détail des compagnies seront, par conséquent, renouvelés tous les trimestres, mais il est facile de s'assurer que, ces livres étant complétement imprimés d'avance, l'opération se borne à la seule inscription des noms, des mois, du trimestre, et que ce renouvellement n'entraîne aucun accroissement d'écritures.

2° *Cahier d'enregistrement.*

Dans un grand nombre de corps, les sous-officiers comptables font usage d'un cahier *dit d'enregistrement*, sur lequel ils inscrivent au courant de la plume, des notes concernant les recettes, les dépenses, les consommations ; des minutes de bons de distributions ou des minutes de différents états produits, etc., etc., dont ils jugent utile de conserver trace. — Ces renseignements divers inscrits sur un cahier de cinq ou six feuilles, de papier blanc quadrillé, facilitent beaucoup la tenue des écritures de comptabilité.

Il m'a paru utile de généraliser l'emploi de ce cahier d'enregistrement et de l'introduire, comme deuxième élément, dans le registre de comptabilité trimestrielle. Mais, en l'adoptant comme document réglementaire, il faut lui conserver son caractère de journal, de minute, de brouillon, sous la seule condition qu'il soit lisiblement écrit, le but étant de donner aux sous-officiers comptables un moyen commode d'inscrire rapidement tel renseignement, tel ordre, telle note, telle indication, tel chiffre relatif à l'administration de leur compagnie, et dont ils ne peuvent faire sur le moment un enregistrement plus régulier.

3° *Feuille de journées des hommes.*

La feuille de journées des hommes constituerait le troisième élément du registre de comptabilité trimestrielle.

C'est dans le travail de révision de l'ordonnance du 25 décembre 1837, sur la solde et les revues, travail actuellement à l'étude, que se placera tout naturellement le détail des modifications qu'il a paru utile d'introduire dans ce document.

Il me suffira d'indiquer ici que la nouvelle feuille de journées proposée est dégagée de toutes les complications que présente la feuille actuelle, et notamment de tout ce qui concerne les droits à la solde des officiers et les masses individuelles, que le trésorier serait désormais chargé de régler.

Par suite de cette importante modification, la mission des capitaines commandants se bornerait à produire, sur cette feuille de journées, la justification des droits qui ont motivé les perceptions en deniers et les fournitures en nature faites pendant le cours du trimestre, sur leurs quittances ou sur leurs récépissés.

Ainsi simplifiée, la nouvelle feuille peut être ouverte le premier jour du trimestre, constamment tenue à jour, décomptée et arrêtée dans les cinq jours qui suivent l'expiration du trimestre. Grâce à ces dispositions, on pourrait à l'avenir établir la revue de liquidation, et par conséquent, apurer la situation du corps à une époque très-rapprochée de la consommation des faits.

4° *Feuille de journées des chevaux.*

La feuille de journées des chevaux formerait le quatrième élément du registre de comptabilité trimestrielle.

Elle serait, comme la précédente, ouverte le premier jour du trimestre, tenue au jour le jour, décomptée et close dans les cinq jours qui suivent l'expiration du trimestre.

5° *Feuille de décompte de la masse individuelle.*

Cette feuille formerait le cinquième et dernier élément du registre de comptabilité trimestrielle.

La feuille de décompte serait ouverte le premier jour de chaque trimestre; les sous-officiers et soldats y seraient inscrits dans le même ordre que sur la feuille de journées, elle présenterait à la suite de chaque grade le même nombre de lignes en blanc, et concorderait ainsi avec cette feuille et avec les contrôles tenus par le major et par le sous-intendant militaire.

Les mutations des hommes y seraient très-sommairement portées.

Les comptes des hommes rayés des contrôles de la portion de corps seraient arrêtés sur la feuille de décompte en même temps que sur le livret matricule et le livret individuel de l'homme, de manière que ces trois documents soient en parfaite concordance.

Cet arrêté conforme permettrait au capitaine commandant de donner sans retard au livret matricule du soldat la destination que comporterait la nouvelle position de l'homme.

A ce sujet, il me paraît utile de prévoir l'objection que pourrait faire naître la disposition nouvelle en vertu de laquelle la compagnie se dessaisit du compte détaillé de l'homme qui cesse de compter à son effectif.

D'une part, l'homme emportant avec lui son livret individuel, et d'autre part, le capitaine commandant faisant parvenir à la nouvelle compagnie ou au nouveau corps le livret matricule, qui renferme le double du compte du titulaire, on pourrait craindre que les éléments ne vinssent à manquer pour vérifier ultérieurement la feuille de décompte.

Pour répondre à cette objection, il suffit de rappeler qu'actuellement, dans la pratique, ce n'est pas à l'aide des livres de détail que les vérificateurs peuvent utilement s'assurer de l'exactitude de la feuille de décompte, car, le plus souvent, cette feuille est vérifiée au dépôt du corps, tandis que la plupart des livres de détail sont entre les mains des commandants de compagnie des bataillons actifs, stationnés souvent dans des localités éloignées et que d'ailleurs les vérifications de la masse ne peuvent être sérieusement opérées qu'à l'aide des pièces de recettes et de dépenses que possèdent le trésorier et le capitaine d'habillement, et sur lesquelles figurent les véritables éléments de vérification dont le contrôle puisse utilement se servir.

Exemple :

1° L'avoir à la masse au premier jour du trimestre se vérifie par la comparaison que permet de faire la feuille de décompte du trimestre précédent ;

2° Les sommes allouées pour la première mise et pour prime d'entretien de la masse individuelle, par les mutations et les droits décomptés sur la feuille de journée ;

3° Les versements volontaires, les masses venues d'autres corps, par les recettes inscrites au registre-journal du trésorier ; les masses passées à d'autres compagnies, par la comparaison des feuilles de décompte des deux portions de corps intéressées ; la valeur des effets détruits comme dangereux pour les chevaux, par les virements de fonds de la masse d'entretien à la masse individuelle ;

4° Les dépenses sont justifiées par les états de paiement de masse, d'excédant de masses, de masses passées à d'autres corps et par les bons d'effets de linge et chaussure et pièces d'imputations pour pertes, réparations, dégradations, moins-values, etc.

On le voit, il n'y a nul inconvénient à ce que le compte de masse individuelle suive l'homme ; on peut même ajouter qu'il y a quelque avantage, puisque ce compte pourra être utilement consulté dans la nouvelle compagnie ou le nouveau corps dans lequel le militaire se trouvera.

Résumé.

En résumé, les propositions qui précèdent auraient pour résultat de modifier, sinon dans leurs principes, du moins dans leur forme, l'administration et la comptabilité des compagnies, batteries ou escadrons.

La nouvelle comptabilité serait la même en temps de paix et en temps de guerre.

Les écritures à tenir par les capitaines commandants et par leurs sous-officiers comptables seraient, indépendamment des feuilles de prêt et des bons de distributions, concentrées dans les documents suivants :

1° Livret matricule de l'homme ;

2° Livret individuel ;

3° Registre de comptabilité trimestrielle ;

Le dernier registre est composé des cinq éléments décrits plus haut. Ces documents sont cousus dans un même cartonnage, dont les dimensions sont de 0,315 millim. de hauteur, sur 0,205 millim. de largeur, et dont le poids n'atteint pas 600 grammes.

Ce registre est donc d'un usage commode, d'un transport très-facile, et permet aux comptables des compagnies de tenir leurs écritures à jour en toutes circonstances.

L'adoption de l'ensemble de ces dispositions réaliserait un progrès réel : elle apporterait dans les écritures des compagnies, escadrons ou batteries, d'incontestables simplifications et permettrait en tout temps de liquider plus rapidement qu'aujourd'hui les comptes des corps de troupes.

Nécessité d'exiger que les écritures soient constamment tenues à jour.

Tels sont, Monsieur le Président, les avantages que présenterait le projet de décret que j'ai l'honneur de soumettre à votre approbation; mais je m'empresse d'ajouter que ces avantages ne seront obtenus qu'à la condition d'exiger impérieusement, surtout dès le début de la mise en pratique, que les sous-officiers comptables tiennent exactement leurs écritures à jour. Quel que soit le système de comptabilité que l'on veuille adopter désormais, il est incontestable que le nombre des hommes de chaque compagnie étant plus élevé que par le passé, et pouvant, en cas de guerre, dépasser un chiffre qui n'avait pas été atteint sous l'ancienne législation, les mutations parmi ces hommes seront nécessairement plus nombreuses, et par conséquent, les écritures de chaque unité administrative seront plus considérables.

Ce n'est qu'en obligeant les capitaines commandants à veiller à l'inscription journalière de tous les faits qui intéressent l'administration de leurs compagnies, ce n'est qu'en exigeant des sous-officiers des habitudes d'ordre et de régularité, que la comptabilité, quelle qu'elle soit, pourra être l'expression fidèle des faits accomplis, c'est-à-dire la constatation des droits acquis et des perceptions effectuées.

L'économie du nouveau mode de comptabilité repose en grande partie sur cette exactitude et sur cette régularité. Je dois dire d'ailleurs que la tâche des comptables, à cet égard, sera bien facilitée, car à l'aide du cahier d'enregistrement qu'ils peuvent tenir en tout temps, il leur sera toujours possible de mettre rapidement au courant des écritures que les circonstances les auraient obligés à suspendre pendant quelques jours, et qui désormais sont simplifiées dans une large proportion.

Afin de n'apporter aucune perturbation dans les écritures et dans les registres actuellement ouverts par les corps de troupe, les dispositions nouvelles ne seraient appliquées qu'à partir du 1er janvier

1876, à l'exception toutefois du nouveau livret individuel, qui devrait être employé pour tous les jeunes soldats ou engagés qui seraient, à partir de ce jour, appelés à rejoindre leurs corps, ainsi que pour les jeunes gens qui n'ont pas encore passé au drapeau.

Si vous approuvez les propositions qui précèdent, je vous prie, monsieur le Président, de vouloir bien revêtir de votre signature le présent rapport, ainsi que le projet de décret qui l'accompagne.

Daignez agréer, monsieur le Président, l'hommage de mon respectueux dévouement.

Le Ministre de la guerre,

Signé : Gal E. DE CISSEY.

APPROUVÉ :

Le Président de la République,

Signé : M^{al} DE MAC-MAHON.

*Décret portant modification à l'ordonnance du 10 mai 1844,
sur l'administration et la comptabilité des corps de troupe.*

Versailles, le 7 août 1875.

LE PRÉSIDENT DE LA RÉPUBLIQUE FRANÇAISE,

Vu l'ordonnance du 25 décembre 1837, portant règlement sur le service de la solde et sur les revues ;

Vu l'ordonnance royale du 10 mai 1844, sur l'administration intérieure des corps de troupe ;

Vu la loi du 27 juillet 1872, sur le recrutement de l'armée ;

Vu la loi du 24 juillet 1873, sur l'organisation de l'armée ;

Vu le décret du 10 octobre 1874, portant modification du fonctionnement du service de la masse individuelle ;

Vu le décret du 16 février 1875, portant modification à l'ordonnance du 10 mai 1844 ;

Vu la loi du 13 mars 1875, sur les cadres et les effectifs de l'armée ;

Considérant qu'il importe de mettre l'administration et la comptabilité des corps de troupe en harmonie avec les dispositions contenues dans les lois précitées ;

Considérant, en outre, qu'il est indispensable d'apporter dans les écritures toutes les simplifications de nature à alléger la tâche de ces corps, sous la réserve expresse de conserver les éléments nécessaires à l'exercice d'un contrôle efficace ;

Sur le rapport du Ministre de la guerre,

DÉCRÈTE :

Art. 1er. Les articles 117, 119, 121, 122, 138, 139, 140, 141, 142, 143, 144, 145, 171, 172, 187 et 254 de l'ordonnance royale du 10 mai 1844 sont modifiés ou abrogés et remplacés par les articles suivants (1) :

Art. 2. Le Ministre de la guerre est autorisé à apporter aux modèles-joints au présent décret les modifications de détail dont l'expérience démontrera l'utilité.

Art. 3. Le présent décret est applicable à partir du 1er janvier 1876.

Toutefois, le nouveau livret individuel sera mis en service dès

(1) Voir dans le texte du Règlement du 10 mai 1844.

à présent. Le remplacement des livrets actuels sera fait progressivement, de façon à être terminé pour la date précitée du 1er janvier 1876.

La valeur des livrets individuels et celle des livrets matricules seront à la charge de l'Etat.

Art. 4. Sont abrogées toutes les dispositions antérieures contraires au présent décret.

Art. 5. Le Ministre de la guerre est chargé de l'exécution du présent décret.

Fait à Versailles, le 7 août 1875.

Signé : Mal DE MAC-MAHON.

Par le Président de la République :

Le Ministre de la guerre,

Signé: Gal E. DE CISSEY.

RAPPORT

AU PRÉSIDENT DE LA RÉPUBLIQUE FRANÇAISE

———

Paris, le 1er mars 1880.

Monsieur le Président,

Les modifications apportées depuis la dernière guerre dans l'organisation de l'armée, et notamment la constitution d'approvisionnements considérables d'effets de toute nature, ont donné au service de l'habillement dans les corps de troupe une importance qu'il n'avait jamais eue jusque-là.

La responsabilité des conseils d'administration s'en est trouvée considérablement augmentée. Les manutentions d'effets dans les magasins des corps, les écritures et la comptabilité des officiers d'habillement, se sont accrues dans la même proportion, et les règles posées pour les détails de ce service, par l'ordonnance royale du 10 mai 1844, excellentes en leur temps, ne répondent plus aux nécessités actuelles.

Déjà, en 1875, l'un de mes prédécesseurs avait proposé au Président de la République les modifications alors jugées nécessaires à ladite ordonnance, et ses propositions avaient été converties, à la date du 16 février 1875, en un décret qui a apporté, sur certains points, une amélioration sérieuse dans le service.

Mais depuis cette époque, l'importance des magasins d'habillement dans les corps de troupe a encore été accrue, par la remise qui leur a été faite de leur propre approvisionnement de réserve et de celui d'un ou plusieurs corps de l'armée territoriale. En même temps, la complication des écritures s'est trouvée aggravée par les mouvements intérieurs que nécessitent les appels annuels des réservistes et des hommes de l'armée territoriale, et aussi par la multiplicité et la variété des instructions de détail concernant la comptabilité du matériel dont les corps de troupe sont détenteurs.

D'un autre côté, le décret précité du 16 février 1875 avait posé quelques principes nouveaux que l'expérience n'a pas ratifiés.

Une nouvelle révision des articles de l'ordonnance du 10 mai 1844, relatifs au service de l'habillement, a donc paru nécessaire.

Pour cet objet, mes prédécesseurs ont successivement institué deux commissions présidées, l'une par M. le général de division Garnier, l'autre par M. l'intendant général Friant. Ces deux commissions, après une étude approfondie, ont préparé chacune un projet de décret dont les dispositions se sont trouvées concordantes sur plusieurs points, divergentes sur d'autres. Ces deux projets viennent d'être, par mon ordre, condensés en un seul travail dans lequel on a introduit quelques nouvelles dispositions de détail.

Les principales améliorations recherchées sont les suivantes :

1° Retour au remplacement des effets d'habillement après durée expirée.

C'est par une pensée d'économie que le rédacteur du décret du 16 février 1875 avait été amené à laisser les effets d'habillement en service après l'expiration de la durée qui leur était assignée par les règlements.

Dans certains corps et dans certaines positions particulières, en effet, les militaires employés à peu près constamment dans les ateliers n'y usent que des vêtements spéciaux, dits vêtements de travail, et leurs vêtements d'uniforme proprement dits sont encore presque neufs lorsqu'ils atteignent le terme de leur durée réglementaire.

Le principe était bon, mais les circonstances dans lesquelles il a été mis en pratique n'étaient pas favorables.

D'une part, les magasins contenaient une grande quantité d'effets qui avaient été portés pendant la guerre ou qui provenaient des fournitures et confections de la même période, lesquelles ont souvent laissé beaucoup à désirer sous le rapport de la qualité. Ces causes générales d'usure prématurée ont eu pour résultat de nombreuses réformes d'effets par anticipation, et une augmentation accidentelle de dépense totale, qui n'a pas permis de se rendre un compte exact de l'importance des économies partielles.

D'autre part, les corps de troupe, en l'absence des avantages attendus, n'ont vu dans la nouvelle manière de procéder que la complication considérable qu'elle avait introduite dans les écritures.

Enfin, on a contesté l'équité de ce mode d'opérer, qui avait pour résultat d'imposer aux hommes les plus soigneux l'obligation de porter leurs vieux effets jusqu'à usure complète, tandis qu'il suffisait aux négligents de ne pas *mésuser* des leurs pour les voir remplacer fréquemment par des effets neufs gratuitement délivrés.

Aussi les conseils d'administration sont-ils unanimes à demander le retour aux prescriptions primitives de l'ordonnance du 10 mai 1844, et leur demande est appuyée par tous les inspecteurs généraux et administratifs.

Bien que les circonstances actuelles et la qualité des effets en magasin permettent de compter dans l'avenir sur de meilleurs résultats si l'on continuait l'expérience, il m'a paru possible de donnea aux corps de troupe satisfaction sur ce point, parce que, grâce à lr création de l'approvisionnement d'instruction dont il va être parlé, presque tous les effets d'habillement retirés aux détenteurs après durée expirée seront, jusqu'à usure complète, employés d'une manière profitable pour l'État.

2° Création d'un approvisionnement spécial dit :

HABILLEMENT D'INSTRUCTION.

Jusqu'à ce jour, les hommes de la réserve ou de l'armée territoriale appelés sous les drapeaux pour y accomplir une période d'instruction ont été habillés au moyen de ressources générales des magasins des corps de troupe de l'armée active, qui, en principe, ne doivent contenir que des effets neufs ou bons.

En raison de l'importance respective des effectifs des divers contingents (armée active, réserve et armée territoriale) qui prennent leur habillement dans le même magasin, en raison de l'ordre dans lequel se succèdent, dans le cours d'une année, les époques diverses de leur appel sous les drapeaux, il arrive souvent que les nouveaux soldats destinés à rester une ou plusieurs années dans l'armée active, ne reçoivent, à leur arrivée au corps, que des effets d'habillement en cours de durée, tandis que les réservistes ou hommes de l'armée territoriale, pour des périodes d'instruction de 13 ou de 28 jours, sont complètement habillés à neuf.

Indépendamment des inconvénients que ce mode de procéder présente au point de vue de la bonne tenue de l'armée active, il a pour résultat une augmentation réelle de dépense, parce que la dépréciation que les effets neufs éprouvent pendant une courte période d'instruction, est bien supérieure à ce qu'elle devrait être, eu égard au peu de durée de l'usage. Ce résultat, facile à prévoir, et que l'expérience a fait ressortir avec évidence, est dû à ce que les hommes de la réserve et de l'armée territoriale n'ont jamais eu ou ont perdu les habitudes de propreté spéciale et de bon emploi de leurs effets, que les militaires de l'armée active contractent après quelques mois de présence sous les drapeaux.

En présence de pareils inconvénients, la création d'un approvisionnement spécial s'imposait comme une nécessité urgente; aussi ai-je résolu de le constituer aussi promptement que possible.

L'approvisionnement spécial d'instruction sera formé :

1° D'effets ayant atteint le terme de leur durée réglementaire et néanmoins assez bien conservés pour faire encore un bon usage ;

2° D'effets en service près du terme de leur durée, mais ne l'ayant pas encore atteint. L'importance des prélèvements de cette dernière catégorie sera chaque année fixée par le Ministre, en raison des besoins prévus et des ressources budgétaires ;

3° D'effets de petit équipement ayant déjà servi aux réservistes, aux hommes de l'armée territoriale, aux hommes disparus, etc.

3° Justifications plus complètes des comptes des corps de troupe.

Dans un corps de troupe, le conseil d'administration, gestionnaire collectif, doit à la fois rendre compte à l'Etat du matériel qui lui est confié, et se faire rendre compte, par ses subordonnés, du matériel dont il s'est dessaisi entre leurs mains.

De là, deux parties distinctes dans la comptabilité : comptabilité du conseil d'administration avec l'Etat, à laquelle on peut donner le nom de comptabilité *extérieure*, et comptabilité du conseil avec les détenteurs qui lui sont subordonnés, laquelle porte déjà le nom de comptabilité *intérieure*.

A une époque où les corps de troupe n'avaient en magasin que des approvisionnements de minime importance, la comptabilité extérieure pouvait être aussi fort élémentaire.

Elle se bornait à la production annuelle de comptes de gestion, qui sont seulement le compte du magasin du corps avec l'Etat, et d'inventaires, dont l'ensemble fait seulement ressortir l'existant total du matériel dont le corps est détenteur au 31 décembre, tant en magasin qu'en service.

Pour liquider la situation du corps vis-à-vis de l'Etat en ce qui concerne le matériel, et comprendre son avoir dans le compte général du département de la guerre, ces deux documents étaient jugés nécessaires et suffisants. Nécessaires, parce qu'aucun d'eux ne contenait seul tous les renseignements utiles ; suffisants, parce que le peu d'importance du matériel ne paraissait pas exiger de justifications plus complètes.

Il a toujours été possible de réunir en un seul état tous les renseignements que les deux états actuels contiennent, et ce serait encore une simplification facile à réaliser ; mais les justifications qu'ils présentent ne sont plus suffisantes.

Aujourd'hui, en effet, l'importance des approvisionnements s'est tellement accrue, que pour les seuls services de l'habillement et du campement, sur une valeur totale d'environ 440 millions, 350 millions sont entre les mains des corps de troupe, et 90 millions seulement dans les magasins de l'Etat.

Je fais d'ailleurs étudier en ce moment la question de savoir s'il ne serait pas possible, dans un avenir prochain, de décharger les corps de troupe d'un service aussi compliqué et les conseils d'administration d'une responsabilité aussi lourde, en organisant et en faisant gérer par les agents des services administratifs une partie de ces approvisionnements.

Mais, en attendant, il n'a point paru possible de ne pas exiger des conseils d'administration des justifications aussi complètes que celles qui sont déjà produites par les comptables des services administratifs.

Ce résultat serait atteint si on appliquait d'une manière complète et générale dans les corps de troupe le règlement du 19 novembre 1871 sur la comptabilité-matières.

Cependant on peut craindre qu'un changement aussi important, brusquement introduit dans la comptabilité des corps de troupe, au moment où le personnel du service de l'habillement y est littéralement surchargé de besogne, ne donne pas les résultats satisfaisants qu'on est en droit d'en attendre s'il était mis en pratique dans des circonstances plus favorables.

Il importe d'y préparer graduellement les corps de troupe.

On peut remarquer d'ailleurs que la préparation est déjà commencée, car si, au moment de la mise en vigueur du règlement du 19 novembre 1871, on ne songeait pas à l'appliquer dans les corps de troupe, on a bientôt jugé nécessaire de le faire pour ce qui concerne les inventaires annuels du matériel, notamment pour le service de l'artillerie, et plusieurs instructions ministérielles sont successivement venues, pour cet objet spécial, prescrire l'application partielle des principes posés par ledit règlement.

Pour avancer dans cette voie, il n'y a donc, à proprement parler, aucune innovation à introduire; il suffit de généraliser, en les rendant uniformes, les règles posées par divers services de mon département pour l'établissement des inventaires du matériel dont les corps sont détenteurs. Il faut ajouter que ces règles sont déjà devenues, par une pratique de plusieurs années, familières aux conseils d'administration et à leurs agents, et qu'en conséquence l'extension qui sera donnée à leur application ne présentera aucune difficulté.

C'est dans ce sens qu'a été rédigé, en ce qui concerne la comptabilité, le projet de décret que j'ai l'honneur de soumettre à votre approbation.

La nouvelle forme adoptée permettra d'appuyer de justifications complètes les comptes en matières des corps de troupe, et ce résultat sera obtenu par des moyens simples et déjà longuement éprouvés.

4° *Coordination et simplification des écritures.*

Le conseil d'administration est *seul* responsable vis-à-vis de l'État du matériel dont le corps est détenteur. L'officier d'habillement est l'agent spécial du conseil pour tout ce qui concerne la gestion et la comptabilité du matériel (art. 79 à 88 de l'ordonnance du 10 mai 1844). Il est donc indispensable de faire figurer dans les écritures de cet agent tous les renseignements propres à lui permettre d'établir facilement et rigoureusement la comptabilité de toutes les catégories du matériel.

On introduira ainsi dans les écritures de l'officier d'habillement quelques éléments nouveaux; mais l'augmentation de travail qui en résultera pour lui est bien plus apparente que réelle. En effet, les quelques objets qui en étaient exclus ne forment qu'une fraction minime de l'ensemble du matériel des corps, et en les y faisant rentrer, on ne fait, la plupart du temps, que rendre régulier et obligatoire un mode d'opérer qui s'imposait par la force des choses. Ainsi, les inventaires annuels du matériel des infirmeries et des écoles devaient, en bonne règle, être établis par les chefs de service, médecin, vétérinaire, directeur des écoles, sans la participation de l'officier d'habillement. En fait, c'était, dans la plupart des corps, l'officier d'habillement, plus compétent en matière d'écritures, et mieux pourvu de secrétaires, qui les faisait établir dans son bureau, ou qui était chargé par le conseil d'administration de les remanier, lorsque le contrôle local ou central les renvoyait pour être rectifiés. Désormais, comme par le passé, le médecin, le vétérinaire, le directeur des écoles, etc., auront, sous leur responsabilité, le libre emploi du matériel de leur service; mais l'officier d'habillement sera seul chargé de la comptabilité extérieure de ce matériel.

Les registres de l'officier d'habillement devant contenir désormais réunis tous les éléments, auparavant dispersés, des inventaires annuels, l'obligation s'impose de ranger les renseignements dans un même ordre, tant sur les registres que sur les inventaires. Cette obligation de similitude étant établie, le choix ne peut être douteux, c'est l'ordre des inventaires qu'il faut adopter, et non l'ordre arbitraire des anciennes divisions du registre des recettes et consommations.

L'ordre des inventaires est, pour l'ensemble, celui dans lequel sont énumérées les diverses nomenclatures, en l'article 58 du règlement du 19 novembre 1871, et, pour le détail, l'ordre même des numéros de classification sommaire et détaillée de chaque nomenclature. On est donc ainsi amené à introduire dans toutes les parties de la comptabilité des corps de troupe, en ce qui concerne le matériel, la division par nomenclature.

L'introduction de ce nouvel ordre dans les écritures fait ressortir l'identité réelle, sinon toujours apparente, de l'objet de tous les comptes annuels de matériel, à quelque nomenclature que ce matériel appartienne, et quels qu'en soient les détenteurs.

Comme conséquence obligée de l'identité d'objet, on a dû prescrire les mêmes procédés de comptabilité pour toutes les catégories de matériel et l'on se trouve ainsi ramené, par une autre voie, à la même conclusion que ci-dessus, et à l'adoption des formules et des règles d'application générale contenues dans l'ensemble des instructions ministérielles sur l'application du règlement du 19 novembre 1871.

5° *Constatation par les écritures de l'existant en service.*

Les inventaires annuels, et aussi les situations périodiques de matériel produites à l'administration centrale, doivent, pour être exacts et complets, faire ressortir les existants totaux tant en service qu'en magasin.

Jusqu'ici, les écritures de l'officier d'habillement ne lui permettent d'établir facilement les inventaires et les situations que pour le matériel existant dans son magasin. Quant aux chiffres relatifs au matériel en service dans les compagnies, escadrons ou batteries, il ne peut les extraire de ses écritures qu'au moyen d'un dépouillement extrêmement laborieux des contrôles généraux, et encore, l'opération faite ne laisse pas de traces sur les registres, de sorte qu'il est obligé de la recommencer en entier au moment de l'établissement de chaque situation périodique ou éventuelle. Si, pour s'éviter ce long travail de dépouillement, l'officier d'habillement demande directement le chiffre des existants en service aux capitaines de compagnie d'escadron ou de batterie, ceux-ci ne trouvent pas dans leurs propres écritures les renseignements nécessaires. Le recensement effectif, qui est, en théorie, le moyen le plus certain d'arriver à l'exactitude parfaite, se trouve, dans la pratique, sujet à erreur, en raison des exigences du service intérieur et de l'absence d'un certain nombre d'hommes dans des positions diverses.

En résumé, dans l'état actuel de la comptabilité des corps, l'établissement de la situation de l'existant en service donne lieu à un travail considérable, ou ne présente que de médiocres garanties d'exactitude.

Avec la nouvelle méthode de comptabilité, les livres de détail des compagnies, escadrons ou batteries donneront d'une manière fort simple les chiffres des existants en service.

Ces chiffres, reportés après vérification dans les écritures de l'officier d'habillement pour y être ajoutés aux existants en magasin, y resteront inscrits et constitueront la base certaine d'une situation générale, périodique ou éventuelle, du matériel existant au corps.

6° *Suppression d'écritures.*

Parmi les plaintes qu'a soulevées la comptabilité actuelle de l'habillement dans les corps de troupes, les plus nombreuses et les plus vives ont pour objet l'obligation imposée à l'officier d'habillement, de tenir les contrôles généraux d'effets de toute nature.

Dans l'armée telle qu'elle était constituée à l'époque où a été rédigée l'ordonnance royale du 10 mai 1844, les mutations de personnel étaient relativement rares, la tenue des contrôles généraux pouvait avoir son utilité et ne demandait d'ailleurs qu'un travail de peu d'importance.

Aujourd'hui, les mutations sont incomparablement plus nombreuses pour le personnel de l'armée active ; les appels périodiques de réservistes et d'hommes de l'armée territoriale donnent lieu à des mouvements d'effets qui n'avaient pas leurs analogues autrefois. Ainsi, tel régiment dans lequel on avait, il y a trente ans, six cents opérations annuelles d'incorporation ou de radiation donnant lieu à autant de mouvements d'effets au magasin d'habillement, en ont maintenant jusqu'à quatre mille. Ce qui était auparavant un travail de peu d'importance est devenu un travail énorme, avec cette circonstance aggravante que les réservistes ou hommes de l'armée territoriale arrivant tous à la fois pour un séjour de peu de durée, les inscriptions aux registres doivent être faites avec une précipitation incompatible avec le bon ordre, et par un personnel d'écrivains fort réduit et fort inexpérimenté.

En revenant au remplacement des effets de 1re catégorie après durée expirée, on a, par le fait, rendu absolument inutile les contrôles généraux de ces effets. Ces contrôles, dont le nombre pouvait, dans certains corps, s'élever au nombre de douze, sont supprimés. Ils sont remplacés par un registre matricule *unique*, et satisfaction est ainsi donnée à une demande formulée à peu près par tous les conseils d'administration.

Pour les effets de grand équipement, on est arrivé au même résultat en supprimant le numéro de série. Cette suppression, adoptée en principe par les deux commissions qui se sont occupées de la revision du règlement, me paraît devoir être décidée sans inconvénient.

Le numéro de série, adopté pour les effets de longue durée qui devaient nécessairement passer par les mains de plusieurs détenteurs, ne présentait guère d'autre avantage sérieux que de dispenser de l'inscription successive de plusieurs numéros matricules sur le même effet. Ce petit avantage est hors de proportion avec l'augmentation considérable d'écritures qu'il entraîne.

Désormais, les effets de 2e catégorie seront distribués comme les effets de campement, *au nombre*, et les commandants de compagnie d'escadron et de batterie auront, comme ils le font déjà pour le petit équipement, à faire appliquer sur les effets le numéro matricule du détenteur. Le numéro de série n'est conservé qu'aux armes, et à un très petit nombre d'effets sur lesquels l'apposition de nombreux numéros matricules présente de sérieuses difficultés.

Pour les mêmes motifs de simplification, il n'est plus attribué de durée réglementaire aux effets de 2e catégorie. Tous les décomptes, en cas de perte ou de détérioration imputables aux détenteurs, se réduisent à un petit nombre de calculs fort simples.

La suppression de l'ancien compte de gestion, document fort compliqué et qui ne pouvait être établi chaque année qu'au moyen d'un long travail, peut être aussi comptée parmi les plus importantes améliorations qu'apportera la comptabilité nouvelle dans le service de l'officier d'habillement.

Tout ce qui, dans cet ancien compte, faisait double emploi avec les indications de l'inventaire annuel, ne figurera plus que dans l'inventaire. Le compte-deniers qui servait de base au remboursement des avances faites par le corps, est remplacé par les relevés trimestriels ou annuels qui auront le même objet et éviteront les ordonnancements d'acomptes, tout en demandant moins de travail.

Enfin, le projet actuel supprime de nombreuses formalités inutiles, ainsi que l'intervention du contrôle local quand elle ne peut être que fictive, et il soumet à la règle générale toutes les opérations dont la nature n'exige pas absolument une règle spéciale.

Telles sont, Monsieur le Président, les principales améliorations que le projet de revision a recherchées. J'insiste sur ce point, que je me suis occupé de les réaliser sans introduire dans la comptabilité des corps de troupe aucune prescription réellement nouvelle. Je me suis, au contraire, attaché à n'employer que des moyens d'exécution dont les corps de troupe avaient déjà l'expérience, en me bornant à généraliser l'emploi de procédés de comptabilité qui n'y recevaient encore qu'une application partielle.

Si vous approuvez les propositions qui précèdent, j'ai l'honneur de vous prier de vouloir bien revêtir de votre signature le présent rapport, ainsi que le projet de décret qui l'accompagne.

Veuillez agréer, Monsieur le Président, l'hommage de mon respectueux dévouement.

Le Ministre de la guerre,
FARRE.

APPROUVÉ :
Le Président de la République,

JULES GRÉVY.

DÉCRET

DU 1er MARS 1880

MODIFIANT

L'ORDONNANCE ROYALE DU 10 MAI 1844

PORTANT

RÈGLEMENT

SUR

L'ADMINISTRATION ET LA COMPTABILITÉ

DES CORPS DE TROUPE

LE PRÉSIDENT DE LA RÉPUBLIQUE FRANÇAISE,

Vu l'ordonnance royale du 10 mai 1844, sur l'administration intérieure des corps de troupe ;

Vu les décrets des 16 février et 7 août 1875, portant modification à ladite ordonnance ;

Considérant que l'expérience a démontré qu'il y aurait avantage à rapporter certaines dispositions des décrets précités ;

Considérant qu'il importe de coordonner les dispositions réglementaires relatives au matériel mis à la disposition des corps de troupe, et de déterminer le classement de ce matériel par services distincts, suivant les cas dans lesquels il doit être utilisé ;

Sur le rapport du ministre de la guerre,

DÉCRÈTE :

Art. 1er. Le décret du 16 février 1875, portant modification à l'ordonnance du 10 mai 1844, est abrogé.

Art. 2. Les articles 21, 22, 27, 87, 93, 117, 118, 123, 130, 131, 132, 133, 134, 135, 136, 182, 189 à 202, 206, 224, 226 à 253, 254, 256, 258, 264 et 265 de l'ordonnance du 10 mai 1844, ainsi que les articles 119 et 140 du décret du 7 août 1875, sont abrogés ou modifiés, et remplacés par les articles suivants (1) :

Paris, 1er mars 1880.

Le Président de la République,
Jules GRÉVY.

Par le Président de la République :
Le Ministre de la guerre,
FARRE.

---

(1) Reproduits dans le texte du règlement du 10 mai 1844.

ORDONNANCE

PORTANT

RÈGLEMENT

SUR

L'ADMINISTRATION ET LA COMPTABILITÉ

DES CORPS DE TROUPE (¹)

Paris, le 10 mai 1844.

LOUIS-PHILIPPE, Roi des Français, à tous présents et à venir, SALUT.

Voulant coordonner les dispositions successives qui ont jusqu'ici régi l'administration et la comptabilité des corps de troupe, et introduire, en même temps, dans cette partie du service, les améliorations et les simplifications dont elle est susceptible ;

Sur le rapport de notre Ministre secrétaire d'État de la guerre, président du conseil,

Nous avons ordonné et ordonnons ce qui suit :

TITRE Ier

Dispositions préliminaires.

Conseils d'administration des corps, administration des compagnies formant corps (²).

Art. 1er. L'administration des corps de troupe est exercée, dans chacun d'eux, par un conseil, qui prend le nom de *conseil d'administration*.

Toutefois, les corps organisés sous le titre de *compagnie* sont administrés par l'officier commandant.

---

(1) Comprenant les décrets des 7 août 1875 et 1er mars 1880.
(2) Voir la note ministérielle du 1er mars 1878, *Journal militaire*, part. régl., p. 64, relative à l'administration des groupes de secrétaires d'état-major, de commis et ouvriers militaires d'administration et d'infirmiers militaires, employés aux armées, en cas de mobilisation.

Portion du corps qui, en cas de division, prend le nom de portion centrale.

2. Lorsqu'une ou plusieurs portions d'un corps cessent de tenir garnison dans le département où siège le conseil d'administration, celle qui reste dans ce département prend le nom de *portion centrale*.

Si le corps est à l'armée avec le conseil d'administration, et qu'il vienne à se diviser, le nom de *portion centrale* est donné à la portion réunie ou cantonnée sous le commandement de l'officier qui préside ce conseil.

Conseil d'administration central.

3. La portion centrale est administrée par le conseil d'administration, qui prend la dénomination de *conseil d'administration central* et demeure chargé de toutes les opérations concernant l'ensemble du corps, de l'établissement des comptes de centralisation et du dépôt des archives.

Chacune des autres portions donne lieu à une administration distincte.

Conseil d'administration éventuel (4).

4. L'administration distincte est exercée, savoir :

Dans les portions de régiments d'infanterie ou de cavalerie composées d'un ou de plusieurs bataillons ou de plusieurs escadrons ;

Dans les portions de corps d'infanterie organisés sous le titre de bataillon, et fortes au moins de quatre compagnies ;

} par un conseil d'administration éventuel.

Dans les portions de régiments d'infanterie et de cavalerie fortes de moins d'un bataillon, ou qui sont d'un seul escadron ;

Dans les compagnies ou batteries d'artillerie ou du génie ou du train des équipages militaires, réunies ou non dans la même localité ;

Dans toute fraction de compagnie, d'escadron ou de batterie détachée isolément de la portion centrale ;

} par l'officier ou le sous-officier commandant.

Si d'une portion de corps ayant une administration distincte, il en est formé plusieurs pour être employées sous le commandement de chefs indépendants les uns des autres (officiers ou sous-officiers), chacune d'elles est administrée séparément (2).

---

(1) Voir la décision présidentielle du 1er octobre 1875, relative à l'administration des petits dépôts des régiments de zouaves.

(2) Les compagnies divisionnaires du génie se partagent, pour faire campagne, en deux sections attachées chacune à l'une des divisions d'infanterie du corps d'armée. Ces deux sections peuvent, par suite des événements de guerre, rester pendant un certain temps

Si, au contraire, plusieurs portions d'un corps administrées chacune séparément viennent à être réunies sous le même commandement, elles ne donnent plus lieu dès lors qu'à une seule administration.

Dans les cas spécifiés aux deux paragraphes qui précèdent, l'administration est exercée, soit par un conseil, soit par l'officier commandant, selon la composition de la portion de corps qui en est l'objet.

Les portions de corps de toutes armes qui rentrent dans le département où siège le conseil d'administration cessent d'avoir une administration distincte à dater du lendemain de leur arrivée dans le lieu qui leur est assigné pour garnison (1).

Cas où une portion détachée n'a point d'administration distincte.

5. Nonobstant le principe posé en l'article 3 (2e §), les portions de corps qui stationnent hors du département où se trouve la portion centrale, n'ont point d'administration distincte, lorsqu'en raison de leur proximité du conseil d'administration et de la facilité des communications, le lieutenant général commandant la division approuve, sur la demande de l'intendant militaire, qu'elles demeurent soumises à l'action directe de ce conseil, le Ministre en est immédiatement informé.

Si le département dont il s'agit ne fait point partie de la division où siège le conseil d'administration, cette approbation ne peut être donnée que provisoirement, et elle est soumise à la décision du Ministre.

Cas où le commandant d'une portion de corps en a l'administration distincte.

6. Le commandant d'une portion de corps dont la composition comporte un conseil en a seul l'administration, si le nombre des officiers *présents* est insuffisant pour former ce conseil.

Les circonstances qui motivent cette exception sont constatées par un procès-verbal du sous-intendant militaire, qui en remet une expédition à l'officier commandant, et en adresse une autre à l'intendant de la division territoriale ou du corps d'armée.

---

sans communication entre elles, chacune d'elles sera pourvue d'une administration distincte, conformément à l'article 4 de l'ordonnance du 10 mai 1844 (7e alinéa), note ministérielle du 5 juillet 1877, *Journal militaire,* partie réglementaire, p. 28.

(1) Les bataillons, compagnies ou escadrons actifs réunis sous le commandement du chef de corps et stationnés dans le même département, mais dans d'autres localités que le dépôt, pourront être administrés distinctement par un conseil éventuel, sur la demande de l'intendant militaire, approuvée par le général commandant la division.

Dans ce cas, les portions actives stationnées dans la localité où se trouve le conseil central continueront à être administrées par ce conseil (Décision impériale du 23 avril 1870, *Journal militaire,* tome XIII, p. 57).

Agents des conseils. — Ils sont responsables de leur gestion.

7. Les conseils ont pour agents le major ou l'officier qui en remplit les fonctions, et les officiers comptables.

Sont compris sous la dénomination générique d'officiers comptables, le trésorier et l'officier d'habillement, ainsi que les officiers qui en tiennent lieu dans les portions de corps autres que la portion centrale. Ces derniers sont désignés par les noms d'*officier payeur* et d'*officier délégué pour l'habillement*.

Les officiers comptables sont responsables de tous les faits de la gestion qui leur est confiée.

L'adjoint au trésorier n'est comptable que lorsqu'il remplace le trésorier lui-même ou qu'il exerce comme officier payeur.

La comptabilité des corps est réglée par trimestre d'année et par trimestre d'exercice.

8. Dans chaque corps de troupe, les comptes en deniers sont tenus simultanément en deux parties, dont l'une est réglée par *trimestre d'année*, et l'autre par *trimestre d'exercice*.

La première comprend les recettes et dépenses effectuées dans le cours des trois mois qui forment le trimestre au titre duquel le compte est établi ;

La seconde, sous le nom de *centralisation*, embrasse toutes les recettes et dépenses applicables à la liquidation des droits acquis, tant au corps qu'à ses créanciers, pendant cette même période de trois mois, à quelque date qu'elles s'effectuent.

Les comptes en nature (service de l'habillement) sont tenus et réglés par *trimestre d'année*.

TITRE II

Des conseils d'administration.

CHAPITRE Ier.

DE LA COMPOSITION DES CONSEILS.

Composition des conseils d'administration des corps.

9. Les conseils d'administration sont composés comme il suit, savoir :

1° Pour chaque régiment, *sept membres :*

Le colonel, *président ;*

Le lieutenant-colonel ;
Un chef de bataillon ou d'escadron ;
Le major, *rapporteur ;*
Un capitaine *de compagnie, d'escadron ou de batterie ;*
Le trésorier, *secrétaire ;*
L'officier d'habillement.

Lorsque le colonel et le lieutenant-colonel font l'un et l'autre partie d'une portion de corps ayant un conseil éventuel, le conseil d'administration central n'est plus composé que de *cinq membres* (1). Dans ce cas, l'officier supérieur le plus ancien de grade préside. Si la présidence revient au major, et qu'il n'y ait pas à la portion centrale d'autre officier supérieur que lui, le plus ancien des capitaines qui s'y trouvent (adjudants-majors et instructeurs compris) est appelé à faire partie du conseil.

Quand le major préside le conseil, il n'y est pas remplacé comme *rapporteur.*

2° Pour chaque corps organisé sous le titre de bataillon ou escadron, *cinq membres :*

Le commandant du corps, *président ;*
Le major, *rapporteur ;*
Un capitaine (*ou un lieutenant ou sous-lieutenant, dans les corps où ces officiers sont commandants de compagnie*) ;
Le trésorier, *secrétaire ;*
L'officier d'habillement.

---

(1) Lorsque par l'effet du fractionnement d'un régiment ou d'un corps organisé sous le titre de bataillon ou d'escadron, il reste moins de 5 officiers à la portion centrale, le conseil d'administration central est composé, savoir :

1° Si le nombre des officiers présents est de 4, et que le commandement n'appartienne pas au major, de quatre membres : le commandant, président, ayant voix prépondérante en cas de partage ; le major, le trésorier, l'officier d'habillement ;

2° Si le nombre des officiers présents est de 4, et que le commandement appartienne au major, de quatre membres : le major, président, ayant voix prépondérante en cas de partage ; le trésorier, l'officier d'habillement, le 4° officier présent à la portion centrale (a) ;

3° Enfin, si le major et les deux comptables sont seuls à la portion centrale, et qu'il y ait empêchement absolu à ce qu'aucun autre puisse y être appelé, de trois membres : le major président, le trésorier, l'officier d'habillement (Décision royale du 19 février 1847, *Journal militaire,* t. IV, p. 744).

(a) Conformément à ce paragraphe, le quatrième officier présent à la portion centrale peut, quel que soit son grade, faire partie du conseil d'administration. Rien ne s'oppose donc à ce qu'un officier non commandant d'escadron soit admis au conseil lorsqu'il existe cinq officiers à la portion centrale, et il ne peut, dans ce cas pas plus que dans l'autre, exister des inconvénients pour la discipline (Circul. minist. du 21 septembre 1874, 2° semestre, p. 324, au sujet du conseil d'administration central des régiments de cavalerie).

D'après l'organisation nouvelle des corps d'infanterie, les lieutenants-colonels sont appelés à commander les portions centrales où se trouvent les dépôts. Le ministre consulté fait connaître qu'en raison de la présence du lieutenant-colonel, qui devra présider le conseil à la place de l'officier supérieur le plus ancien, ce conseil se composera du major, d'un capitaine de compagnie, du trésorier et de l'officier d'habillement (Circul. minist. du 15 décembre 1873, *J. M.,* p. 512).

Composition des conseils d'administration éventuels (1).

10. Les conseils d'administration éventuels sont composés de *cinq membres*, savoir :

Le commandant de la portion de corps, *président;*
L'officier qui prend rang après lui;
Un capitaine *de compagnie ou escadron ;*
L'officier payeur, *secrétaire;*
L'officier délégué pour l'habillement.

Les fonctions de major-rapporteur sont exercées par l'officier que désigne le règlement sur le service intérieur, et, s'il n'est pas membre du conseil, il y remplace l'officier du même grade qui en aurait fait partie (2).

Le commandant préside toujours le conseil, les autres membres sont renouvelés chaque année, par rang d'ancienneté de grade.

11. Le chef de bataillon ou d'escadron et le capitaine (*ou le commandant de compagnie du grade de lieutenant ou de sous-lieutenant*), qui entrent dans la composition des conseils, sont pris par rang d'ancienneté de grade. Ils sont renouvelés le 1er janvier de chaque année, à tour de rôle, à l'exception de l'officier commandant, qui, en raison de cette qualité, continue à présider. Cette exception s'étend à l'officier qui prend rang après lui, dans les portions de corps ayant un conseil d'administration éventuel.

Dans les corps où les lieutenants et les sous-lieutenants sont commandants de compagnie, la priorité appartient aux lieutenants, lors de la formation des conseils; mais le renouvellement annuel est alternatif entre les uns et les autres.

Les membres des conseils ne peuvent exercer qu'autant qu'ils sont présents.

12. Les membres des conseils ne peuvent exercer qu'autant qu'ils sont *présents*, soit dans la résidence du conseil, soit dans une localité, d'où ils viennent faire le service dans cette résidence. En tout autre cas, ils sont suppléés.

Officiers appelés à suppléer ou à remplacer les membres des conseils.

13. Les membres des conseils qui ne peuvent exercer d'après l'article précédent, et ceux qui cessent de faire partie du corps ou

---

(1) Voir la décision royale du 31 décembre 1843 concernant l'administration des bataillons de chasseurs et d'infanterie légère d'Afrique (tome IV, p. 224).

(2) Par dérogation aux dispositions de l'article 28 de l'ordonnance du 3 mai 1832, en cas de mobilisation, les fonctions de major aux bataillons de guerre seront remplies par un capitaine adjudant-major, désigné à cet effet, qui conservera les attributions de son grade.

Dans les bataillons de chasseurs à pied, les fonctions seront remplies aux compagnies actives par le capitaine adjudant-major du corps (Note ministérielle du 21 juillet 1876, *J. M.*, partie réglementaire, p. 17).

de la portion du corps, sont suppléés ou remplacés, suivant le cas, d'après l'ordre d'ancienneté, par des officiers du même grade, où, à leur défaut, par les plus anciens du grade inférieur.

Le major et les officiers comptables ne peuvent être suppléés que par des officiers qui les remplacent dans l'exercice de leurs fonctions.

Cessation de la mission du suppléant.

14. La mission du suppléant finit le jour où le titulaire peut reprendre ses fonctions.

Les fonctions de membre du conseil sont obligatoires.

15. Les membres des conseils (titulaires ou suppléants) ne peu-vent refuser le mandat qui leur est donné.

CHAPITRE II.

DE L'INSTALLATION DES CONSEILS.

Installation des conseils.

16. Les conseils sont installés par des officiers généraux immé-diatement après la formation des corps ou portion de corps.

Procès-verbal d'installation des conseils.

17. Les sous-intendants militaires constatent l'installation des conseils par un procès-verbal, où sont relatés les noms et grades des membres titulaires où de leurs suppléants; cet acte est signé par tous les membres présents et transcrit sur le registre des déli-bérations.

Lorsque, par application du 2e § de l'art. 9, le conseil d'admi-nistration d'un régiment cesse d'être de sept membres, ou qu'il est reporté à ce nombre après avoir été réduit à cinq, cette modifica-tion donne lieu à un procès-verbal.

Si la formation d'un conseil éventuel s'opère dans une localité autre que la résidence du conseil d'administration central, le sous-intendant militaire adresse à ce dernier une ampliation de son procès-verbal.

Mention au registre des délibérations de l'entrée en exercice des membres des conseils.

18. L'entrée en exercice des officiers qui sont appelés annuelle-ment ou éventuellement à faire par. des conseils est constatée par la simple mention, au registre des délibérations, de leurs noms et

grades, et du motif de la cessation des fonctions des membres qu'ils remplacent, soit comme titulaires, soit comme suppléants.

CHAPITRE III.

DES ATTRIBUTIONS DES CONSEILS.

Direction et surveillance des conseils.

19. Les conseils dirigent l'administration dans tous ses détails et surveillent les commandants de compagnie, d'escadron ou de batterie, dans l'exercice des fonctions qui leur sont attribuées par la présente ordonnance.

Ils prennent toutes les mesures nécessaires pour la bonne exécution des règlements et des ordres ou instructions concernant l'administration.

Désignation des suppléants des comptables.

20. Ils désignent les officiers qui doivent suppléer les comptables ou ceux qui doivent en remplir les fonctions près des portions détachées. Mais, lorsqu'un conseil éventuel se forme hors de la résidence du conseil d'administration central, la désignation et le remplacement des comptables appartiennent aux trois officiers qui, par leur grade, sont appelés à faire partie du conseil éventuel.

Passation des marchés et achats sur simple facture (1).

21. (*Nouvelle rédaction*, décret du 1er mars 1880.) Ils passent, sous l'approbation du sous-intendant militaire, les marchés pour toutes fournitures, confections et réparations, dont la dépense est

---

(1) Voir la note ministérielle du 29 novembre 1824, tome Ier, p. 193, et la circulaire ministérielle du 30 avril 1841, tome IV, p. 26, au sujet du mode de transactions qui doit être suivi dans les corps de troupe pour l'achat, soit des matières premières nécessaires à l'habillement et à l'équipement des sous-officiers et soldats, soit des effets dont la fourniture est à la charge de la masse individuelle et production annuelle d'un relevé des marchés passés;

La circulaire ministérielle du 10 août 1859, tome VIII, p. 820, contenant des recommandations au sujet de la passation des marchés (Formules signées d'avance par les fournisseurs);

La circulaire du 24 décembre 1863, tome X, p. 714, pour la concurrence à provoquer.

Les corps peuvent être autorisés, dans les conditions spécifiées à l'article 24 du règlement du 10 mai 1844 et dans les conditions de prix édictées à l'article 39 ci-dessus (limites fixées par les nomenclatures), à procéder à l'achat de matières et d'effets appartenant au service de l'habillement, non compris dans les cahiers des charges généraux tels que galons de grade, d'ancienneté et de fonctions, rubans de médaille, etc. (art. 49 de l'instruction ministérielle du 9 mars 1879).

Les effets et objets dont il est question à l'article qui précède sont énumérés au tableau C de la description des uniformes (reproduit à l'annexe n° XIX), art. 50 de l'instruction ministérielle du 9 mars 1879.

Voir également les annexes ci-après XXVI à XXXI pour les différents abonnements.

autorisée par les règlements ou les instructions particulières du Ministre.

Ils peuvent, sans passer des marchés, prescrire des achats pour des fournitures livrées immédiatement, et pour des achats, confections ou réparations dont la dépense ne dépasse pas mille francs : 1° sans l'autorisation du sous-intendant militaire, si cette dépense doit être définitivement imputée aux masses d'entretien, et si elle reste, par sa nature et son importance, dans les limites fixées par les règlements ; 2° avec l'autorisation préalable du sous-intendant militaire, dans tous les autres cas.

Toutefois, les conseils d'administration éventuels et les commandants de détachement ne passent de marchés ou ne prescrivent d'achats sur simple facture, qu'après entente avec le conseil d'administration central.

Remboursement au corps des avances faites pour l'exécution des différents services.

22. (*Nouvelle rédaction*, décret du 1er mars 1880). Ils poursuivent le remboursement des dépenses qu'ils ont été autorisés à acquitter, à titre d'avance, sur les fonds généraux de la caisse du corps, pour l'exécution des différents services. A cet effet, ils produisent au sous-intendant militaire des relevés (modèle n° 21 *bis*) accompagnés des pièces justificatives (1).

« [Art. 22 de l'*Instruction.*]Le relevé des dépenses (modèle n° 21 *bis* du décret) « uniformément adopté pour tous les remboursements que les corps ont à réclamer, a été disposé de manière à répondre aux exigences des différents services « (hôpitaux, habillement et campement, harnachement, artillerie, écoles, etc.) (2).

« Des instructions spéciales seront adressées ultérieurement pour indiquer les « mesures de détail relatives à cette partie du service, qui se trouve plus particu-« lièrement dans les attributions du trésorier (3).

« Toutefois, pour l'établissement des pièces justificatives, les corps de troupe « auront à se conformer au règlement du 3 avril 1869 sur la comptabilité des « finances et aux modèles joints à la présente instruction.

« Pour les ouvriers des corps, les frais de confection, frais d'essayage et d'ajus-« tage, etc., seront compris dans un seul mémoire trimestriel (modèle n° 1).

« Les expéditions de factures (modèle n° 3) destinées à la liquidation, seront « conformes au n° 3 *bis*.

« Toutes les dépenses pour frais de bureau, primes, gratifications, etc., seront « comprises sur les états émargés (modèle n° 2)] »

Acquits à mettre sur les ordonnances et mandats.

23. Ils quittancent, à l'échéance du paiement, les ordonnances

(1) Voir aux annexes n° xxii la nomenclature des pièces à produire aux comptables du Trésor public à l'appui des ordonnances et mandats.
(2) Les relevés sont établis par le trésorier ; les autres pièces (l'original et la copie unique) sont établies par l'officier d'habillement (Inst. minist. du 1er mars 1881).
(3) Mesures de détail comprises dans l'instruction ministérielle du 1er mars 1881, reproduites dans les annexes ci-après, qu'elles concernent.

4

et mandats délivrés au profit du corps, et les remettent au trésorier pour en recevoir le montant chez le payeur.

Vérification des recettes faites par le trésorier.

24. Ils vérifient et constatent les recettes faites directement par le trésorier, sur ses quittances, depuis la dernière séance (art. 73).

Remises de fonds au trésorier (1).

25. Ils remettent au trésorier les fonds nécessaires :

1° Pour les paiements exigibles d'après les pièces probantes que le comptable leur présente;

2° Et, en outre, pour le montant approximatif de deux prêts, si le corps est réuni, et pour trois, s'il y a des détachements à solder.

Cette remise s'effectue après la justification de l'emploi des fonds qu'il a précédemment reçus, et sous la déduction de la somme restant entre ses mains.

Autorisations de paiement.

26. Ils ordonnent l'acquittement des dépenses autres que celles dont le trésorier est autorisé à payer le montant sans décision préalable du conseil (art. 75) (2).

Réception du matériel. — Autorisation de sortie de magasin.

27. (*Nouvelle rédaction*, décret du 1er mars 1880.) Ils procèdent, ou font procéder par les membres qu'ils délèguent, à la réception du matériel, en se conformant aux instructions ministérielles spéciales à chaque service.

Ils autorisent toutes les sorties du magasin.

Apposition d'un cachet sur les modèles.

28. Ils font mettre, en leur présence, le *cachet du conseil* sur les échantillons et modèles d'effets, avec la date de l'envoi qui leur en a été fait par le Ministre, ou de l'acceptation, par eux, de ceux qu'ils ont choisis sur la présentation des soumissionnaires.

Arrêté des registres de comptabilité.

29. Ils arrêtent, *ne varietur*, les registres de comptabilité, après avoir reconnu que les recettes, dépenses et consommations ont été légalement autorisées, et qu'elles sont justifiées par les pièces à l'appui. Ils certifient les états, bordereaux et autres pièces aux

---

(1) En campagne, les conseils éventuels remettent à l'officier payeur les fonds nécessaires : 1° pour le montant approximatif des dépenses éventuelles pendant une période de 5 jours; 2° pour le paiement du dernier prêt; 3° pour le paiement de la solde des détachements (art. 21 de l'instruction du 5 avril 1867).

(2) Voir les annotations à l'article 164 ci-après.

époques déterminées et dans les cas prévus par la présente ordonnance.

Avis au sous-intendant militaire de la somme en excédent des besoins.

30. Lorsqu'ils vérifient leur caisse (art. 102), ou en cas de départ du corps ou d'une portion du corps, ils font connaître au sous-intendant militaire la somme, existant en numéraire dans cette caisse, qui excède le montant approximatif des dépenses à effectuer jusqu'au 20 du mois qui suit le trimestre courant, ou pendant la route à parcourir, afin que le versement en soit fait au Trésor à titre de dépôt.

Remises de fonds aux portions de corps (1).

31. Ils remettent aux portions de ce corps qui se séparent de celles qu'ils administrent, et aux détachements, les fonds nécessaires pour subvenir à leurs premiers besoins.

Devoirs du président.

32. Le président seul ouvre les lettres et dépêches adressées au conseil et remet au major celles qui sont relatives à l'administration.

Il fait verser immédiatement dans la *caisse du conseil* (art. 72) le montant des ordonnances ou mandats touchés par le trésorier.

Il vise les états de service et tous autres extraits ou copies expédiés d'après les registres et documents authentiques, dès qu'ils ont été certifiés par le trésorier ou l'officier d'habillement et vérifiés par le major.

CHAPITRE IV.

DES SÉANCES DES CONSEILS.

———

Mode des délibérations.

33. Les conseils ne peuvent délibérer qu'en séance et lorsque tous les membres sont présents.

Convocation du conseil.

34. Le conseil s'assemble sur la convocation et au domicile du président ou, en cas d'empêchement, dans le lieu que celui-ci désigne.

———

(1) Voir le renvoi (2) de l'article 164.

Les officiers de l'intendance militaire peuvent assister au conseil.

35. Les officiers de l'intendance militaire peuvent assister au conseil et en requérir la convocation toutes les fois qu'ils le jugent nécessaire.

Ordre suivant lequel les membres prennent place dans leurs séances.

36. Les membres du conseil prennent place à la droite et à la gauche du président, suivant l'ordre hiérarchique (*Voir le tracé qui est à la suite des modèles*).

Le major se place en face du président; l'officier comptable le plus ancien de grade à sa droite, et le moins ancien à sa gauche.

Place que doivent occuper les officiers de l'intendance militaire.

37. Lorsqu'un officier de l'intendance militaire assiste au conseil, le major siège à sa droite et l'officier comptable le plus ancien à sa gauche. L'autre officier comptable est à la droite du major.

Si un intendant militaire se trouve au conseil avec un sous-intendant militaire, ou un adjoint qui en remplisse les fonctions, celui-ci prend place à sa droite et le major à sa gauche; l'officier comptable le plus ancien est près du sous-intendant militaire, et le moins ancien près du major.

Place attribuée aux officiers généraux.

38. Lorsque l'inspecteur général d'armes réunit le conseil, le commandant du corps ou de la portion du corps prend place en face de lui. Le maréchal de camp et les officiers de l'intendance militaire qui accompagnent l'inspecteur général, ainsi que le major et les officiers comptables, se placent à sa droite et à sa gauche, dans l'ordre de préséances ou de la hiérarchie.

Tous les membres ont voix délibérative.

39. Tous les membres du conseil ont voix délibérative.

Le conseil prononce à la majorité des voix.

40. Le conseil prononce à la majorité des voix. Les membres les moins élevés en grade, et, à égalité de grade, les moins anciens, opinent les premiers.

Le président met les affaires en délibération.

41. Le président seul met les affaires en délibération.

Il communique ou fait communiquer au conseil, par le major rapporteur, les lettres, dépêches, ordonnances de paiement et autres pièces relatives à l'administration ou à la comptabilité du corps, qu'il a reçues depuis la dernière séance, ainsi que les instructions ou décisions insérées au *Journal militaire officiel,* que le conseil doit connaître.

Rapports par écrit.

42. Le rapporteur n'est tenu d'exposer les affaires par écrit que lorsqu'il en est requis par le conseil ou par le président.

Proposition à mettre en délibération.

43. La proposition faite par un membre du conseil doit être mise en délibération, si la majorité décide qu'il y a lieu de la discuter.

Mode de constatation des séances.

44. Chaque séance du conseil est constatée par un procès-verbal, en tête duquel sont désignés les noms et grades des membres présents; ce procès-verbal est signé au registre des délibérations, séance tenante.

Lorsqu'un officier de l'intendance militaire assiste à la séance, sa présence est mentionnée au procès-verbal, mais il n'appose sa signature au registre des délibérations que si le procès-verbal constate une opération ou une communication faite par lui.

Consignation au procès-verbal des motifs des membres opposants.

45. Les membres qui n'adhèrent pas à l'avis de la majorité ont le droit de consigner à la suite du procès-verbal, en séance, les motifs de leur opposition.

Circonstances où des membres ont voix consultative seulement.

46. Les officiers comptables assistent aux délibérations qui ont pour objet les vérifications de leur gestion, avec voix consultative seulement, et signent les procès-verbaux des séances qui les constatent.

Cette disposition est applicable à tout membre du conseil qui peut avoir un intérêt direct à la décision.

Dans ces circonstances, les décisions du conseil sont prises à la majorité des membres votants.

Majorité exigée pour la désignation des suppléants des comptables.

47. Les désignations attribuées aux conseils par l'article 20 ont lieu :

1º Dans les conseils d'administration, à la majorité relative, et avec voix prépondérante du président, s'il y a partage égal d'avis;

2º A la majorité absolue, en cas de formation d'un conseil éventuel, hors de la résidence du conseil d'administration.

Exécution des délibérations.

48. Le président donne les ordres nécessaires pour l'exécution des délibérations.

Le président peut suspendre l'effet d'une délibération.

49. Le président peut suspendre l'effet d'une délibération prise malgré son opposition, mais il est tenu d'en adresser immédiatement une copie textuelle, accompagnée de ses observations, au sous-intendant militaire, qui prononce ou qui en réfère, selon le cas, soit au maréchal de camp, soit à l'intendant militaire.

Le conseil signe sa correspondance. — Cas où le président signe seul.

50. La correspondance du conseil est signée par tous les membres.

Le président signe seul les lettres qui ont pour objet l'envoi ou la transmission des pièces qui sont revêtues de la signature du conseil, celles qui n'ont pas trait aux délibérations et les accusés de réception.

CHAPITRE V.

DE LA RESPONSABILITÉ DES CONSEILS.

Responsabilité pécuniaire des conseils (4).

51. Les conseils d'administration et les conseils éventuels sont pécuniairement responsables :

1o De la légalité des paiements, consommations ou distributions, qu'ils ordonnent ou autorisent ;

2o De l'existence des fonds et des matières et effets dont ils constatent la situation dans l'arrêté des registres tenus par les officiers comptables ;

3o Des irrégularités ou erreurs signalées par le major (art. 66) et qu'ils auraient omis de faire redresser en temps utile ;

4o Du montant des reprises ou retenues qu'ils négligent d'exercer ;

5o Des retenues illégales qu'ils peuvent avoir prescrites ou approuvées ;

6o Des pertes ou déficits de fonds, en cas d'inexécution des articles 25 et 30, et jusqu'à concurrence de la somme que le conseil aurait laissée entre les mains du trésorier en excédent des besoins du service, ou de celle dont il aurait négligé de provoquer le versement au Trésor.

(4) Voir la note du 26 septembre 1864, t. IX, p. 307, relative aux déficits qui se produisent dans les corps pour causes diverses, mais principalement par suite de gestions irrégulières. — Celle du 19 mai 1873, part. réglem., p. 637 au sujet des paiements faits à titre d'avances par les conseils d'administration. — La circulaire ministérielle du 16 octobre 1876, J. M. P. R., p. 486, au sujet des imputations abusives faites aux masses des militaires libérés, au moment de leur renvoi dans leurs foyers (reproduite à l'article 206). — Voir également les articles 76 et 78 ci-après.

Toutefois, les membres du conseil qui n'ont point adhéré à une mesure adoptée par la majorité et qui ont consigné les motifs de leur opposition au registre des délibérations (art. 45), ne sont point passibles de la responsabilité que cette mesure entraîne.

Cas particulier de responsabilité.

52. Les membres qui participent, par leur vote, à l'exécution d'une mesure prise en contravention aux règlements, avant leur entrée en fonctions, partagent la responsabilité de ceux qui ont concouru à l'adoption de cette mesure.

Répartition des sommes dont les conseils sont débiteurs.

53. Les intendants militaires déterminent, lors de leurs vérifications ou sur le rapport des sous-intendants, les sommes dont les conseils sont constitués débiteurs par suite de la responsabilité qu'ils ont encourue.

La répartition de ces sommes est faite entre les membres qui ont autorisé, commis ou confirmé l'illégalité, la contravention ou la négligence, au prorata de la solde du grade dont chacun d'eux était alors titulaire.

Les officiers compris dans cette répartition peuvent appeler, de la décision de l'intendant militaire, au Ministre ou à l'inspecteur général, dans le délai de trois mois à dater du jour où elle leur a été notifiée; mais leur réclamation n'est pas suspensive de l'imputation prescrite.

La retenue des sommes mises à la charge des anciens membres du conseil qui ont cessé de faire partie du corps ne leur est faite qu'en vertu d'un ordre du Ministre.

Responsabilité du président (1).

54. Le président est responsable des conséquences de non versements en caisse du montant des ordonnances ou mandats remis au trésorier, s'il ne donne point avis par écrit, au sous-intendant militaire, de cette circonstance extraordinaire le jour où les fonds ont été perçus, lorsque le payeur est dans la même résidence que le corps, et le jour où le trésorier devait être de retour, s'il avait à recevoir ces fonds dans un autre lieu.

Le conseil doit être immédiatement convoqué pour recevoir la déclaration de ce fait, et ampliation de sa délibération, signée par tous les membres, est adressée au sous-intendant militaire.

---

(1) Voir la note du 26 septembre 1861, t. IX, p. 307 du *Journal militaire*, relative aux déficits qui se produisent dans les corps pour causes diverses, mais principalement par suite de gestions irrégulières.

TITRE III
Des agents des conseils.

CHAPITRE Ier.
DU MAJOR.

Exécution des délibérations.

55. Le major veille, sous l'autorité du président du conseil d'administration, à l'exécution des délibérations.

Surveillance permanente sur tous les détails d'administration.

56. Il exerce une surveillance permanente sur tous les détails d'administration et de comptabilité dont les officiers comptables et les commandants de compagnie, d'escadron ou de batterie sont respectivement chargés, et signale au conseil les abus ou irrégularités qu'il reconnaît.

Il peut exiger, pour ses vérifications, avec l'autorisation du conseil, le déplacement des registres de comptabilité en deniers ou en matières, et des pièces à l'appui (1).

Surveillance sur les recettes que fait le trésorier.

57. Il veille à ce que le trésorier touche exactement, aux échéances de paiement ou aux époques fixées par la présente ordonnance, les sommes dont la recette doit être effectuée sur les quittances de ce comptable (art. 73), et il en fait inscription au livret de solde.

Vérification des dépenses faites par le trésorier.

58. Il s'assure, par la vérification des quittances ou récépissés fournis au trésorier depuis la dernière séance, que les dépenses pour l'acquittement desquelles ce comptable a reçu les fonds nécessaires, sont payées sans délai ; il rend compte au président du conseil d'administration de tout retard non justifié.

Il appose son visa sur ces quittances ou récépissés.

Vérification de la caisse du trésorier.

59. Il vérifie la situation matérielle de la caisse du trésorier, chaque fois que le conseil est convoqué pour une séance où il doit être délibéré sur une remise de fonds à faire à ce comptable (2).

---

(1) Voir la circulaire ministérielle du 7 août 1834, t. XI, p. 578 pour le visa à apposer sur le registre du vaguemestre.

(2) Il appose en même temps son visa sur le registre-journal (article 125 de l'ordonnance).

Le cachet à apposer sur les modèles lui est confié.

60. Il est dépositaire du cachet à apposer sur les échantillons et modèles d'effets (art. 28).

Surveillance des mouvements du magasin (1).

61. Il surveille l'exécution des ordres donnés par le commandant du corps, pour les distributions, et les réintégrations en magasin, des armes et des effets, et rend compte sommairement au conseil de ces opérations.

Contestations sur l'imputation du prix des réparations.

62. Il prononce, sauf revision par le conseil, si la partie intéressée y recourt, sur les contestations relatives à l'imputation du prix des réparations d'effets ou armes (art. 93).

Transmission au trésorier des états de mutations (2).

63. Il transmet, chaque jour, au trésorier, les états de mutations survenues la veille, qui lui ont été remis conformément à l'ordonnance portant règlement sur la solde et les revues.

Notification des extraits des délibérations.

64. Il signe et délivre aux officiers comptables et aux commandants de compagnie, d'escadron ou de batterie, les extraits des délibérations, lorsque le conseil décide que la notification leur en sera faite par écrit.

Vérification des pièces soumises à la signature du conseil ou du président.

65. Il vérifie et constate l'exactitude des registres et de toutes les pièces établies par les officiers comptables, pour être soumises à la signature du conseil ou du président.

Responsabilité personnelle.

66. Il est personnellement responsable, sauf son recours contre les officiers comptables :

1° Du préjudice résultant, pour l'État, des supputations inexactes ou erreurs de calcul dans les pièces de recettes, dépenses ou consommations, et dans les registres tenus par le trésorier et l'officier d'habillement, s'il néglige de les faire redresser, ou de les signaler en temps utile au conseil ;

2° Des conséquences de l'inobservation des devoirs qui lui sont imposés par les dispositions des articles 57, 58 et 59.

---

(1) Voir l'article 5 de l'instruction ministérielle du 9 mars 1879 relative aux recensements annuels des magasins.

(2) Voir aux annexes l'instruction ministérielle du 28 octobre 1875 (Article *Suppression des états de mutation*) et l'art. 246, ci-après, pour l'avis à donner à l'officier d'habillement.

3° Des distributions irrégulières faites d'après des bons revêtus de son approbation.

CHAPITRE II.

DU TRÉSORIER.

Il est chargé des écritures concernant la comptabilité en deniers.

67. Le trésorier est chargé de toutes les écritures qui concernent la comptabilité en deniers.

Il rédige la correspondance du conseil.

68. Il rédige la correspondance du conseil, à l'exception de celle qui est relative au service de l'habillement.

Archiviste du corps.

69. Il est l'archiviste du corps, et, comme tel, dépositaire de tous les registres et pièces quelconques conservés à titre de renseignements, et du *Journal militaire officiel*.

Expédition des états de services, etc. (1).

70. Il établit et *certifie* les états de service et tous autres extraits des registres dont la tenue lui est confiée, ainsi que les copies ou extraits des documents authentiques existant aux archives du corps.

Dépositaire du livret de solde et du timbre du conseil.

71. Il est dépositaire du livret de solde (2).

Il l'est aussi du timbre du conseil, qu'il appose sur toutes les pièces que signe ce conseil ou le président seul.

Versement immédiat des recettes dans la caisse du conseil, à l'exception des fonds nécessaires pour le service courant.

72. Il fait toutes les recettes.

---

(1) Aux termes de la note ministérielle du 20 juillet 1841, t. IV, p. 40, les certificats de présence sous les drapeaux, délivrés sans délais aux membres de la famille et aux autorités civiles et militaires qui en font la demande, ne sont remis à des tiers qu'en vertu d'une permission régulière.

Voir la note ministérielle du 49 juillet 1877, *J. M.*, p. 94, relative à la délivrance par les conseils d'administration des corps de troupe, des états signalétiques et de services des anciens officiers, sous-officiers, caporaux ou brigadiers et soldats.

(2) Les trésoriers payeurs généraux et les agents qui les suppléent sont tenus d'enregistrer sur les livrets de paiement des officiers sans troupe, employés militaires, corps de troupes, détachements, agents ou comptables du département de la guerre, toutes les sommes qui leur sont payées, à quelque titre que ce soit (Art. 467 du Règlement du 3 avril 1869).

La remise du livret de solde est mentionnée au registre des délibérations (Circulaire du 45 mai 1844 portant envoi de la présente ordonnance).

Il verse immédiatement dans la caisse du conseil celles qui proviennent :

1° De l'acquittement des ordonnances et mandats délivrés au profit du corps par le Ministre, le grand chancelier de la Légion d'honneur, ou les officiers de l'intendance militaire ;

2° Du remboursement des dépôts faits au Trésor ;

3° De versements effectués par les portions de corps ayant une administration distincte, ou par d'autres corps.

Néanmoins, les sommes provenant de ces versements peuvent rester entre les mains du trésorier, lorsque le major a reconnu que, réunies à celles qui sont déjà à la disposition de ce comptable, elles n'excèdent pas le montant des fonds nécessaires pour les besoins du service courant (art. 25).

Quittances des recettes qu'il fait directement.

73. Il donne quittance des sommes reçues lorsque le conseil ne doit pas en signer l'acquit (art. 24).

Sommes reçues du conseil.

74. Il reçoit de la caisse du conseil, dans les limites posées par l'art. 25, les sommes nécessaires pour le paiement des dépenses.

Paiement des dépenses. — Désignation de celles qui peuvent être acquittées sans autorisation du conseil.

75. Il paie, après vérification sur pièces et acquits réguliers, toutes les dépenses au moyen des fonds que le conseil a laissés ou mis à sa disposition, et de ceux qu'il peut avoir reçus directement sur ses quittances depuis la dernière vérification de sa caisse.

Il peut acquitter, sans l'autorisation du conseil, la solde et les accessoires de solde ; les gages, primes ou indemnités fixes, les fournitures, travaux ou réparations réglés par abonnement ; l'avoir à la masse individuelle des hommes présents qui quittent le service, et le prix du travail des ouvriers dans le cas prévu par l'art. 213.

Conditions pour la validité des paiements (1).

76. Il ne peut faire aucun paiement qu'aux ayants droit ou à leurs

---

(1) Lorsque la partie prenante est illettrée, la déclaration en est faite aux comptables chargés du paiement, qui la transcrivent sur la pièce, la signent et la font signer par deux témoins présents au paiement. Une quittance notariée est exigée pour les paiements de 150 francs et au-dessus (Règlement du 31 mai 1862, art. 363, § 4, et art. 42, §§ 3 et 4 des dispositions générales jointes au Règlement du 3 avril 1869).

Les pièces justificatives de dépenses qui présentent des ratures, altérations ou surcharges ne peuvent être admises sans approbation donnée en marge, au moyen de renvois dans la forme indiquée par l'article 23 des dispositions générales jointes au Règlement du 3 avril 1869.

représentants munis de leurs quittances, aux porteurs de traites ou de pouvoirs en bonne forme, et enfin aux agents du Trésor sur leurs récépissés (1).

Les pouvoirs restent annexés aux quittances des mandataires.

Bons de subsistance et de chauffage (2).

77. Il établit et signe, d'après les situations signées par les commandants de compagnie, d'escadron ou de batterie, les bons de distributions pour les vivres, le chauffage et les fourrages.

Responsabilité personnelle.

78. Le trésorier est personnellement responsable :

1° Des fonds qu'il a reçus et dont il doit faire le versement dans la caisse du conseil (art. 72);

2° De ceux qu'il a reçus directement sur ses quittances, ou qui lui ont été remis par le conseil, pour le service courant, jusqu'à ce qu'il en ait justifié l'emploi ;

3° De tout paiement illégal, des avances et virements non autorisés par le conseil, des omissions de recettes, erreurs de calcul, doubles emplois, surcharges ou altérations d'écritures (3).

CHAPITRE III.

DE L'OFFICIER D'HABILLEMENT.

Il est chargé des détails du service de l'habillement.

79. L'officier d'habillement est chargé de tous les détails qui constituent le *service de l'habillement*, et des écritures qui s'y rapportent.

Ce service embrasse l'emmagasinement, la conservation, les confections, réparations, distributions et expéditions (4),

Des matières et effets { d'habillement,
de grand et de petit équipement,
de harnachement,

De l'armement et des munitions de guerre,

Et de tous les autres objets matériels appartenant au corps.

(1) Voir la note ministérielle du 19 mai 1873, part. réglem., p. 637, au sujet des paiements faits à titre d'avances par les conseils d'administration — (qualité des personnes entre les mains desquelles ils opèrent les paiements). — Remboursement par les ordonnateurs secondaires, des avances faites qu'après s'être assurés que les paiements ont été régulièrement effectués.

(2) Rappels en nature interdits (art. 228 du règlement du 26 mai 1866).

(3) Voir le renvoi (4), 2° paragraphe, à l'article 76.

(4) Voir la note ministérielle du 19 mai 1863, J. M., tome X, relative aux effets reversés par les corps de troupe dans les magasins centraux d'habillement. Les instructions des 9 et 13 mars, 1er septembre et 20 octobre 1879.

Officiers désignés pour le seconder.

80. Il est secondé par un ou plusieurs officiers (selon l'arme), placés sous son autorité immédiate.

Ces officiers sont nommés par le président du conseil d'administration, sur la présentation de l'officier d'habillement et d'après l'avis du major.

Maîtres ouvriers sous ses ordres (1).

81. Il a sous ses ordres directs les maîtres ouvriers, et surveille journellement l'exécution des travaux dont ils sont chargés.

Entretien et conservation des objets en magasin.

82. Il prend les mesures propres à assurer le bon entretien de tous les objets renfermés ou déposés dans le magasin mis à sa disposition.

Rédaction des écritures.

83. Il rédige la correspondance du conseil relative au service de l'habillement et les projets de marchés ou d'abonnement (2).

Dépositaire des livrets de l'armement, des modèles, etc.

84. Il est dépositaire des livrets de l'armement, des munitions de guerre et des échantillons et modèles d'effets; ces livrets lui sont remis par le conseil.

Vérification des pièces relatives à l'habillement.

85. Il vérifie les bons de distribution et les états ou factures de fournitures quelconques, confections et réparations, relatifs à son service; il énonce sur les factures la somme à payer.

Etats pour constater les besoins du corps (3).

86. Il dresse les états destinés à constater les besoins du corps, en ce qui concerne l'habillement, la coiffure, le grand équipement, le harnachement, l'armement et les munitions de guerre.

Comptes du matériel (4).

87. (*Nouvelle rédaction, décret du 1er mars* 1880). Il établit tous

(1) Emploi supprimé par la loi des cadres du 13 mars 1875. Les maîtres ouvriers tailleurs et cordonniers sont remplacés par des caporaux ou brigadiers premiers ouvriers. Voir la circulaire ministérielle du 6 novembre 1875, pour les travaux dont sont chargés les premiers ouvriers.

(2) Les modèles de marchés uniformes pour l'entretien de l'habillement, de l'équipement et de la coiffure dans les corps, sont annexés à la circulaire ministérielle du 24 avril 1879 (Voir aux annexes, n° XXVI, et pour les autres marchés, les annexes n° XXVII à XXXI.

(3) Voir l'instruction ministérielle du 9 mars 1879 et la circulaire ministérielle du 24 avril 1879, J. M., p. 755.

(4) Voir aux annexes n° XXIII, les décisions à consulter pour l'établissement des comptes de gestion portant inventaires.

les comptes relatifs au matériel dont le conseil d'administration est responsable.

Responsabilité personnelle.

88. Il est responsable des matières et effets existant en magasin, de leurs dégradations ou avaries, de celles reconnues aux matières et effets expédiés à des portions de corps ou à d'autres corps, lorsqu'il est constaté qu'elles proviennent d'un défaut de soins ou de surveillance de sa part.

Il est également responsable des consommations ou distributions irrégulières, des omissions de recettes, erreurs de calcul, doubles emplois, surcharges et altérations d'écritures (1).

CHAPITRE IV.

DES OFFICIERS PAYEURS ET DES OFFICIERS DÉLÉGUÉS POUR L'HABILLEMENT.

Fonctions et responsabilité.

89. Les officiers payeurs et les officiers délégués pour l'habillement remplissent respectivement les mêmes fonctions et encourent la même responsabilité que le trésorier et l'officier d'habillement.

TITRE IV

Des commandants de corps ou portions de corps n'ayant pas de conseil.

Attributions, obligations et responsabilité.

90. Les attributions, les obligations et la responsabilité des conseils, de leur président en particulier, du major et des officiers comptables, sont communes aux officiers commandant les corps organisés sous le titre de *compagnie* (2) et à ceux qui ont l'administration distincte d'une portion de corps.

Ces officiers peuvent, sous leur responsabilité personnelle, se faire aider dans les détails et écritures relatifs à l'administration

---

(1) Règlement du 19 novembre 1871, art. 33 et 62. L'article 94 du règlement du 3 avril 1869 concernant les surcharges, interlignes et grattages.

« Lorsqu'il y a lieu de rectifier une inscription, le redressement s'opère par un nouvel « article mentionnant le motif de la rectification (art. 62 cité). »

(2) Voir pour les compagnies de cavalerie de remonte, l'arrêté du 26 avril 1862, tome IX, page 168 ; la note du 12 juin 1863, tome X, page 247 et la décision du 16 novembre 1867, tome XI, page 902.

dont ils sont chargés, par un lieutenant ou un sous-lieutenant et par des sous-officiers.

TITRE V
Des commandants de compagnie, d'escadron ou de batterie.

Ils sont chargés de tous les détails de l'administration de la troupe sous leurs ordres.

91. Les commandants de compagnie, d'escadron ou de batterie, sont chargés, sous l'autorité et la surveillance du conseil et du major, de tous les détails et écritures qui ont pour objet l'administration de la troupe placée sous leurs ordres; ils font tenir les écritures par les sergents-majors ou maréchaux des logis chefs et les fourriers.

Soins qu'ils doivent donner aux intérêts du soldat.

92. Ils veillent incessamment aux intérêts du soldat, et doivent s'attacher à prévenir tout ce qui pourrait avoir pour effet d'obérer les masses individuelles.

Appréciation des dégradations d'effets, objets, armes, outils, etc. — Suspension facultative des réparations (1).

93. (*Nouvelle rédaction, décret du 1er mars* 1880). Ils jugent directement ou après avoir pris l'avis des officiers sous leurs ordres, sauf le recours des parties intéressées au major, et subsidiairement au conseil, si, en raison de la cause manifeste ou apparente des dégradations faites aux effets, objets, armes, outils, etc., le prix des réparations nécessaires doit être mis à la charge des hommes qui en sont détenteurs.

Ils sont autorisés à suspendre, avec l'approbation du major, la réparation des effets, objets, armes, outils, etc., laissés par les hommes qui entrent dans une position d'absence, lorsqu'ils reconnaissent que ces effets, objets, armes, outils, etc., peuvent, en raison du peu d'importance de la dégradation, faire encore un bon service entre les mains de ces hommes à leur retour au corps. Toutefois, il est procédé au nettoyage des armes, ainsi qu'aux réparations qui peuvent empêcher le service immédiat de celles-ci.

Réclamations au conseil ou aux officiers de l'intendance militaire.

94. Ils adressent leurs réclamations au conseil, lorsque le paiement de la solde (2) ou les distributions n'ont pas lieu aux époques

(1) Voir l'article 9 du règlement du 1er mars 1854 sur l'entretien des armes.
(2) Voir l'article 168 du règlement du 3 avril 1869, lorsque la solde est exigible un

réglementaires; que les fournitures sont défectueuses ou incomplètes; et, enfin, qu'une imputation ou retenue illégale est faite à leur troupe.

Si leurs réclamations restent sans effet, ils peuvent les porter devant les officiers de l'intendance militaire.

Responsabilité (1).

95. Ils sont responsables des fonds, effets et fournitures quelconques, dont ils donnent quittance ou récépissé, et des distributions

---

dimanche ou jour férié et que les caisses des corps n'offrent pas des ressources suffisantes pour l'assurer. Voir également la circulaire ministérielle du 15 avril 1876, *Journal militaire*, P. R., p. 683, concernant le paiement de la solde des officiers de toutes armes.

(1) Le Ministre de la guerre à MM. les Gouverneurs militaires de Paris et de Lyon; les Généraux commandant les corps d'armée; le Gouverneur général civil de l'Algérie. (*Direction générale du contrôle et de la comptabilité; 5e bureau, solde et revues*).

Versailles, le 6 février 1874.
(*Journal militaire*, p. 63).

(Au sujet de la responsabilité des commandants de compagnie, d'escadron, de batterie, en cas de perte du matériel dont ils sont comptables).

Messieurs, au terme des articles 95 de l'ordonnance du 10 mai 1844, 67 (infanterie) et 81 (cavalerie) du règlement du 2 novembre 1833, les capitaines sont responsables des fonds, effets et fournitures quelconques dont ils donnent quittance ou récépissé, et des distributions de toute nature effectuées en excédent des droits réels d'après les situations qu'ils ont établies.

Il résulte des rapports d'inspection administrative en 1873, qu'en général ces dispositions n'ont pas été considérées comme ayant un sens absolu : dans un certain nombre de corps de troupe, on a pensé qu'en ce qui concerne la perte d'objets de casernement, de literie, de harnachement, etc., etc., la responsabilité des commandants de compagnie, escadron ou batterie, ne peut être engagée qu'autant que les pertes se sont produites par leur faute ou que les auteurs en sont inconnus; par suite, des quantités considérables d'effets de toute nature ont été imputées aux masses individuelles des sous-officiers comptables, rendus responsables du fait de leur gestion.

On ne saurait admettre un tel mode d'opérer. Si, en effet, il était loisible de constituer, d'une manière arbitraire, pécuniairement responsables des effets de toute nature, les sous-officiers comptables, sous prétexte que leurs fonctions leur imposent l'obligation de veiller à la sûreté et à la conservation de ces objets, les capitaines rendraient illusoires les dispositions réglementaires qui les concernent, en substituant à leur propre responsabilité celle de ces sous-officiers; et comme la masse individuelle de ces derniers n'est nullement en rapport avec l'importance des imputations qu'ils pourraient être appelés à supporter, il en résulterait des débets considérables qui resteraient, en fin de compte, à la charge de l'Etat, lors de la radiation des sous-officiers des contrôles du corps, ces débets devant être comblés par la masse générale d'entretien, conformément à l'art. 173 du règlement précité du 10 mai 1844.

Afin de faire cesser tout abus à cet égard, je crois devoir vous rappeler que, pour les sous-officiers comptables comme pour les autres sous-officiers et soldats, il n'existe aux termes des règlements, d'autre responsabilité pécuniaire que celle qui est relative aux effets à leur usage personnel dans les cas déterminés par les articles 180, 181 et 182 de la même ordonnance.

Je vous prie d'assurer, chacun en ce qui vous concerne, l'exécution de ces dispositions.

Agréez, etc.

Le Ministre de la guerre,
Signé : Général DU BARRAIL.

de toute nature effectuées en excédent des droits réels d'après les situations qu'ils ont certifiées.

Titre sous lequel les commandants de compagnie, d'escadron ou de batterie, sont désignés.

96. Toutes les dispositions de la présente ordonnance qui concernent les commandants de compagnie, d'escadron ou de batterie désignés, soit par cette qualification, soit par le titre seul de *capitaine*, sont applicables aux commandants de compagnie du grade de lieutenant ou de sous-lieutenant.

Des médecins et des vétérinaires chefs de service ; des officiers directeurs des écoles et des officiers de casernement, des chefs de musique et des maîtres d'escrime.

96 bis. (*Décret du 1er mars 1880*). Les médecins et les vétérinaires chefs de service ; les officiers directeurs des écoles et les officiers de casernement ; les chefs de musique, chefs de fanfare, trompettes-majors, et les maîtres d'escrime, sont chargés, sous l'autorité du conseil d'administration et la surveillance du major,

---

Versailles, le 5 avril 1876.
(*Journal militaire*, P. R., page 682).
(*Au sujet de la responsabilité des commandants de compagnie, d'escadron ou de batterie, en cas de perte de matériel*).

Messieurs, les articles 180 et suivants de l'ordonnance du 10 mai 1844 ont déterminé d'une manière précise les cas où des imputations peuvent être faites sur la masse individuelle des hommes de troupe. Aussi, une circulaire du 6 février 1874 a rappelé qu'il n'existe pour les sous-officiers comptables, non plus que pour les autres sous-officiers et soldats, d'autre responsabilité pécuniaire que celle qui est relative aux effets à leur usage personnel. Il est, en conséquence, interdit aux commandants de compagnie, d'escadron ou de batterie, d'imputer, en cas de perte, la valeur des effets de casernement, de literie, etc., à la masse des sous-officiers comptables, sous le prétexte que leurs fonctions les obligent de veiller à la sûreté et à la conservation desdits objets.

Je suis informé que ces dispositions ont été éludées dans certains corps. Afin de dégager leur responsabilité en toute occasion, les capitaines ont confié la garde de chacun des objets pris en charge à un homme de troupe spécialement désigné, lequel en devient responsable comme d'un de ses effets personnels et subit, en cas de perte, une imputation sur sa masse individuelle. L'abus auquel la circulaire du 6 février devait mettre un terme n'a fait ainsi que de changer de forme, et l'État, qui supporte en définitive la charge des débets laissés par les hommes au moment de leur libération, n'en reste pas moins lésé, que les débets proviennent de sous-officiers ou de soldats.

Je vous prie, en conséquence, de rappeler aux conseils d'administration le dernier paragraphe de la circulaire du 6 février 1874, interdisant toute imputation aux masses qui ne représenteraient pas la valeur d'effets à l'usage personnel des militaires. Les commandants de compagnie, d'escadron ou de batterie devront être avertis que s'ils confient aux hommes la garde et l'entretien du matériel, c'est à la condition d'en demeurer responsables, comme le prescrit l'article 95 de l'ordonnance du 10 mai 1844.

Des exceptions seront admises, toutefois, pour les cas de force majeure, ainsi que pour les pertes résultant de la malveillance bien constatée des hommes ; mais, dans ce dernier cas, pour éviter toute interprétation arbitraire, aucune imputation aux masses individuelles ne pourra avoir lieu sans l'autorisation préalable du sous-intendant militaire chargé de la surveillance administrative du corps.

Agréez, etc.

Le Ministre de la guerre,
Signé : Gal E. DE CISSEY.

de toutes les écritures de détail concernant la gestion du matériel qui est confié à chacun d'eux pour l'exécution de son service spécial.

« [Art. 96 *bis de l'instruction.* Le conseil d'administration d'un corps de troupe
« est seul responsable envers l'État du matériel qui lui est confié.
« Il conserve néanmoins un droit de recours contre les détenteurs sous ses or-
« dres, en cas de déficit, de perte ou de détérioration du matériel.
« Pour les médecins, les vétérinaires, les directeurs des écoles et les officiers de
« casernement, leurs comptes du matériel seront tenus en la forme actuellement
« en usage. Les chefs de musique, chefs de fanfare, etc., auront à tenir des car-
« nets établis dans la forme prescrite pour la 2e partie du livre de détail.
« En cas de perte, de déficit ou de détérioration, le conseil établira des bulle-
« tins d'imputation individuels au nom des détenteurs responsables (modèle n° 36
« du décret)]. »

TITRE VI
Des fonds.

CHAPITRE Ier.
DES VALEURS EN CAISSE (1).

Fonds déposés dans la caisse du conseil ou dans celle du trésorier.

97. Tous les fonds appartenant à un corps ou à une portion de corps ayant un trésorier, sont déposés, savoir :
Dans la caisse du conseil (2),
1° Ceux que le trésorier est tenu, conformément à l'article 72, de verser dans cette caisse immédiatement après les avoir reçus ;
2° Les récépissés de dépôts au Trésor;
Dans la caisse du trésorier,
1° Les recettes d'autre origine que celles qui doivent entrer dans la caisse du conseil ;
2° Les sommes dont le conseil autorise la sortie de sa caisse pour être remis au trésorier.

Dépositaires des clefs.

98. La caisse du conseil a deux clefs ; l'une reste entre les mains

---

(1) Il ne doit pas exister de pièces représentatives de fonds dans les caisses (Instruction du 7 juin 1877, P. S., p. 645), sauf les exceptions mentionnées aux articles 161
et 213 ci-après.
(2) Voir la décision du 9 juin 1848, tome Ier, page 17, qui accorde une caisse aux
bataillons qui se séparent de leurs dépôts.
La décision ministérielle du 17 décembre 1834, tome II, page 607, qui autorise l'achat
d'un coffre-fort et qui prescrit les dispositions pour la sûreté des fonds remis au trésorier ou officier payeur des corps de troupes.
L'instruction ministérielle du 15 mars 1872, tome XIV, page 56, qui met l'achat de
caisse à la charge de la masse générale d'entretien.

du président, la seconde est remise au major, ou à l'officier qui en fait les fonctions (1).

Responsabilité du président et des dépositaires des clefs.

99. La caisse du conseil est déposée chez le président, qui doit prendre toutes les mesures de sûreté nécessaires pour la garde et la conservation de ladite caisse, et qui est personnellement responsable de tout événement résultant d'un défaut de prévoyance à cet égard.

Les dépositaires des clefs sont responsables des fonds et valeurs renfermés dans la caisse, d'où rien ne doit sortir sans une délibération du conseil.

Responsabilité du trésorier.

100. Le trésorier est seul responsable des fonds qui entrent dans sa caisse, sans préjudice du recours subsidiaire que l'Etat peut exercer envers le conseil ou le major, dans les cas prévus par les articles 51 (§ 6) et 66 (2).

Carnet de caisse. — Inscriptions à y faire.

101. Toutes les sommes qui sont versées dans la caisse du conseil, et celles dont il autorise la remise au trésorier, sont inscrites par ce comptable, en présence des membres dépositaires des clefs, sur un *carnet* (modèle n° 1). Les dépôts au Trésor et les remboursements de ces dépôts y sont portés pour mémoire.

Le carnet est renfermé dans la caisse du conseil, d'où il ne doit sortir que pour les inscriptions à y faire.

Vérification de la caisse du conseil et de celle du trésorier.

102. Le conseil vérifie sa caisse et en arrête la situation sur le carnet, le 1er de chaque mois, et toutes les fois que les valeurs qu'elle renferme doivent être représentées aux officiers de l'intendance militaire.

Il s'assure, quand il le juge convenable, et spécialement lorsqu'il arrête les comptes trimestriels, de l'existence effective, entre les mains du trésorier, des fonds que doit contenir la caisse de ce comptable.

---

(1) Lorsque la présidence du conseil revient au major, le membre du conseil le plus élevé en grade ou le plus ancien, à grade égal, est dépositaire de la seconde clef à l'exclusion du trésorier. (Décision ministérielle du 15 décembre 1845, tome IV, page 651).

La remise des clefs de la caisse sera mentionnée au registre des délibérations. (Circulaire du 15 mai 1844, portant envoi de la présente ordonnance).

(2) Les mesures de précaution à prendre pour la sûreté des fonds remis aux trésoriers ou officiers payeurs ont été tracées par la décision ministérielle du 17 décembre 1834. (*Journal militaire*, tome II, page 607). — Voir également la note ministérielle du 19 mai 1873, P. R., page 637, au sujet des paiements faits à titre d'avances par les conseils d'administration.

103. Dans les corps ou portions de corps qui n'ont pas de conseil, les fonds qui leur appartiennent sont renfermés dans une seule caisse, dont l'officier commandant est personnellement responsable. Il n'y existe pas de carnet.

CHAPITRE II.

DES DÉPÔTS AU TRÉSOR.

Versements dans les caisses des receveurs des finances (1).

104. Les versements au Trésor prescrits par l'art. 30 sont effectués dans les caisses des receveurs des finances.

Remise au trésorier de la somme à verser.

105. La somme à déposer est remise au trésorier, qui la verse sur-le-champ entre les mains du receveur, contre un récépissé à talon (2).

Retrait de tout ou partie de la somme versée.

106. Le conseil retire des mains du receveur, selon les besoins du service, tout ou partie de la somme déposée.

Minimum des versements et remboursements.

107. Les versements et remboursements se font par sommes rondes de *mille francs*.

Dépôt des récépissés dans la caisse du conseil. — Responsabilité du président.

108. Les récépissés délivrés par les receveurs et les sommes qu'ils remboursent doivent être déposés le jour même dans la caisse du conseil.

Le président encoure la responsabilité de l'inexécution de cette disposition, s'il néglige de remplir les formalités prescrites par l'article 54.

---

(1) Voir la décision ministérielle du 25 janvier 1845, qui détermine la forme dans laquelle sera établi le bordereau des fonds déposés au Trésor par les corps de troupe (tome IV, page 543).
Pour le mode à suivre pour la transmission entre divers corps de troupe, des fonds destinés à des nivellements de masses, voir la circulaire du 1er décembre 1858, tome VIII, page 615, § 4, transcrite au renvoi (1) de l'article 409.
(2) D'après l'arrêté du 16 novembre 1825, le trésorier devrait être accompagné par un membre du conseil.

Mandat de virement (1).

109. En cas de départ du corps, son compte avec le Trésor est soldé au moyen d'un mandat de virement délivré au conseil par le receveur général sur celui du département dans lequel le corps doit tenir garnison.

Si le receveur général ne réside pas dans le lieu que quitte le corps, le receveur particulier est tenu de faire les diligences nécessaires pour procurer au conseil le mandat de virement.

Lorsque le corps est arrivé à destination, ce mandat est remis au receveur contre un récépissé de dépôt.

Cas de changement de destination du corps pendant sa marche.

110. Si le corps reçoit pendant sa marche une nouvelle destination, le sous-intendant militaire auquel est communiqué l'ordre qui

---

(1) Le Ministre Secrétaire d'Etat de la guerre à MM. les Intendants, Sous-Intendants militaires et Adjoints à l'intendance militaire et aux Conseils d'administration des corps de troupes. (4e *Direction; Administration; Bureau de la Solde et des Revues*).

Paris, le 1er décembre 1858.

(Mode à suivre pour la transmission, entre les divers corps de troupe, des fonds destinés à des nivellements de masses).

Messieurs, depuis quelque temps, les transmissions de fonds entre les divers corps de troupes ont pris une grande importance par suite des versements effectués pour le nivellement des masses générales d'entretien. Le prélèvement des sommes destinées à cet emploi a lieu, d'ordinaire, sur les fonds déposés pour le compte des corps chez les receveurs généraux, ce qui nécessite de doubles opérations en recettes et en dépenses entraînant des pertes d'intérêts au préjudice du Trésor. Il est donc opportun de mettre un terme à cet inconvénient.

Dans ce but, j'ai décidé que les retraits de fonds affectés à des nivellements de masses seraient, à l'avenir, assimilés aux remboursements faits aux corps qui changent de garnison et soumis dès lors au mode de comptabilité déterminé par les dispositions de l'article 109 de l'ordonnance du 10 mai 1844. Seulement, le mandement dont les sous-intendants militaires doivent, aux termes de l'article 111, revêtir l'extrait du registre des délibérations du conseil d'administration à remettre aux receveurs des finances, devra subir les modifications appropriées à la nature de la nouvelle opération qu'il constatera, et les mots : *mandats de virement* seront remplacés par ceux de : *mandats de nivellement de masses.*

Lorsqu'il sera possible de le faire sans porter atteinte aux prescriptions contenues dans l'article 107 de l'ordonnance précitée, les sommes à envoyer seront prises en totalité sur les fonds déposés au Trésor ; dans le cas contraire, elles seront prélevées sur ces mêmes fonds par sommes rondes de 4,000 francs qui donneront lieu à un mandat de *nivellement*, et l'excédent fera l'objet d'un mandat à ordre.

Les mandats de *nivellement* seront mentionnés d'une manière spéciale sur les états de dépôts et de remboursements que vous m'adresserez tous les trois mois, tant pour les corps qui auront expédié ces mandats que pour ceux qui les auront reçus.

Je me suis concerté avec S. Ex. M. le Ministre des finances pour l'adoption de ces dispositions, que vous voudrez bien faire exécuter, le cas échéant.

Recevez, etc.

Le Maréchal de France,
Ministre Secrétaire d'Etat de la guerre,
Signé : VAILLANT.

(*Journal militaire*, tome VIII, page 645).

prescrit ce changement, en donne aussitôt avis au receveur général sur lequel a été tiré le mandat de virement dont le conseil est titulaire, et lui en fait connaître le numéro, la date, le montant et l'échéance.

Celui-ci transmet, sans délai, ces renseignements au Ministre des finances, qui autorise le receveur général du département où le conseil va résider, à prendre pour comptant le même mandat.

Mandement du sous-intendant militaire (1).

111. Les receveurs des finances n'encaissent les fonds appartenant aux corps de troupe et n'opèrent les remboursements et virements des sommes déposées dans leurs caisses, que sur la remise qui leur est faite, par le trésorier, d'un *extrait* de la délibération du conseil revêtu du mandement du sous-intendant militaire (modèles nᵒˢ 2, 3 et 4).

Livret de compte courant avec le Trésor.

112. Les mouvements de fonds sont inscrits par les receveurs, à la date où ils s'effectuent, sur un *livret de compte courant avec le Trésor* (modèle nᵒ 5); ce livret, coté et paraphé par le sous-intendant militaire, est déposé dans la caisse du conseil, d'où il ne doit sortir que pour recevoir ces enregistrements (2).

Réception des dépôts aux armées.

113. Aux armées, les dépôts sont reçus par les payeurs, qui prennent les mesures nécessaires pour en assurer le remboursement selon les besoins du service.

Si un payeur ne peut accepter un versement, faute d'être à portée d'en garantir le remboursement à la destination désignée par le sous-intendant militaire, il est tenu d'inscrire son refus sur le livret de compte courant.

Corps ou portions de corps qui n'ont pas de conseil.

114. Les dispositions du présent chapitre sont applicables aux corps ou portions de corps qui n'ont pas de conseil; dans ce cas, les commandants sont substitués au conseil et au trésorier pour les versements à faire et les remboursements à recevoir.

---

(1) Voir le nota relatif à l'article 109.
(2) Suivant l'arrêté du 16 novembre 1825, les sommes remboursées au corps étaient indiquées au dos du plus ancien récépissé. — Voir l'annotation (1) à l'article 101.

CHAPITRE III.

DU RECOUVREMENT DES IMPUTATIONS PRESCRITES PAR SUITE DE LA VÉRIFICATION DES COMPTES.

———

Retenues exercées sur la solde pour recouvrement des imputations (1).

115. Les imputations dont les membres des conseils (article 53), le major et les officiers comptables ou autres sont passibles, soit pour faits de mauvaise gestion ou faute d'avoir exécuté les instructions émanées de l'autorité compétente, soit pour cause de paiements ou distributions excédant les allocations réglementaires, s'opèrent au moyen de retenues sur leur *solde* proprement dite, exercées mensuellement, par précompte, jusqu'à concurrence du cinquième de cette solde, à moins que le Ministre n'en ordonne autrement.

Le produit de ces retenues entre directement dans la caisse du trésorier, au fur et à mesure qu'elles s'effectuent, et il est porté en recette aux masses ou fonds qui avaient supporté la dépense des sommes rejetées, ou auxquels sont afférentes les imputations faites dans la revue de liquidation. Il en est de même des versements qui sont opérés pour de pareilles causes, par les officiers débiteurs, ou en leur nom.

CHAPITRE IV.

DES PERTES OU DÉFICITS DE FONDS.

———

La somme manquante est portée en dépense à la masse générale d'entretien, et si elle est réintégrée, elle est versée en recette à cette masse.

116. Le montant des pertes ou déficits de fonds, provenant d'événements de force majeure ou d'autres circonstances extraordinaires, dûment constatés, est, sur l'autorisation préalable du sous-intendant militaire, portée en dépense à la masse générale d'entretien (2e portion) (2). A cet effet, si la somme manquante ap-

---

(1) Voir la circulaire ministérielle du 18 avril 1874, *Journal militaire*, page 422, au sujet du mode de recouvrement des débets mis à la charge des militaires retraités.

(2) Par décision du 1er août 1859, le Ministre de la guerre a arrêté les dispositions ci-après, ayant pour objet de régler le mode d'exécution de l'article 116 de l'ordonnance du 10 mai 1844.

« Le montant des pertes ou déficits de fonds qui pourront survenir dans les corps de troupe par suite d'événements de force majeure ou d'autres circonstances extraordinaires dûment constatées, sera désormais, sur l'autorisation préalable du sous-intendant militaire, supporté par les fonds généraux de la caisse et inscrit en dépense aux *fonds divers*. A cet effet, si la somme manquante appartient à la caisse du conseil, elle sera portée au carnet de caisse comme sortie pour ordre de cette caisse et remise au trésorier.

partient à la caisse du conseil, elle est inscrite au carnet, comme sortie *pour ordre* de cette caisse et remise au trésorier.

Le président du conseil d'administration ou le trésorier ne peut être rendu responsable ni libéré qu'en vertu d'une décision du Ministre.

Si le Ministre met la perte ou le déficit à la charge de l'officier dépositaire de la caisse, il détermine le mode de remboursement à effectuer par celui-ci. Dans le cas contraire, il approuve comme définitive la dépense que le sous-intendant militaire avait autorisée, ou délivre au profit du corps une ordonnance d'une somme équivalente. Il opère de même, sous la réserve des droits du Trésor, si l'administration de la guerre est sans moyen de reprise contre l'officier constitué débiteur par la décision intervenue.

Soit que la somme réintégrée provienne de remboursements faits par cet officier, ou de l'acquittement de l'ordonnance envoyée par le Ministre, elle est versée dans la caisse du conseil, et portée en recette au titre de la masse générale d'entretien (2e portion).

« Le président du conseil d'administration ou le trésorier ne pourra être rendu responsable ni libéré qu'en vertu d'une décision du Ministre.

« Si le Ministre met la perte ou le déficit à la charge de l'officier dépositaire de la caisse, il déterminera le mode de remboursement à effectuer par celui-ci. Dans le cas contraire, il mettra la perte ou le déficit à la charge de la masse générale d'entretien, ou délivrera au profit du corps une ordonnance d'une somme équivalente. Il opèrera de même, sous la réserve des droits du Trésor, si l'administration de la guerre est sans moyens de reprise contre l'officier constitué débiteur par la décision intervenue.

« Si la somme réintégrée provient de remboursements effectués par cet officier, elle sera versée dans la caisse du conseil et portée en recette aux *fonds divers*. On procédera de la même manière, lorsque la perte ou le déficit n'ayant pas été mis à la charge de la masse générale d'entretien, le Ministre délivrera au profit du corps une ordonnance de la somme manquante.

« Les dépenses pour achats de chevaux vendus à l'État par des officiers, pour achats de boutons d'uniforme, d'accessoires de coiffure et d'équipement, pour approvisionnement de ferrure, pour nourriture de jeunes chevaux en route, pour rations et denrées remboursables, seront également inscrites aux *fonds divers* qui en seront remboursés, soit sur ordonnance ministérielle, soit sur mandat de l'intendance, ou par des versements périodiques effectués par les maîtres ouvriers, les maréchaux ferrants, les capitaines de compagnie, d'escadron ou de batterie, et par les officiers qui seront personnellement débiteurs.

« Il sera ouvert et tenu dans chaque corps de troupe ou établissement militaire s'administrant à l'instar des corps, un *carnet des mouvements et de la situation des fonds divers* où seront inscrites, d'une manière sommaire, les recettes et les dépenses relatives aux différents objets mentionnés ci-dessus. Ce carnet sera conforme au modèle ci-joint. »

(Journal militaire, tome VIII, page 802).

Voir, en outre, pour l'emploi des fonds provenant des vivres remboursables, les instructions des 13 décembre 1853, tome V, page 870, et 6 novembre 1858, tome VIII, page 640.

Pour la conservation des bonis d'ordinaire, la note du 1er avril 1869, tome XII, page 285.

Pour l'achat des semelles, empeignes, talons et autres pièces nécessaires pour les remontages, etc., etc., la circulaire ministérielle du 6 novembre 1875 et celle du 24 février 1876, n° 4092.

Les officiers auteurs de déficits ne doivent pas figurer dans l'état de répartition des sommes à rembourser par les membres du conseil, déclarés responsables des détournements (Circ. minist. M. des 24 avril et 7 mai 1860).

TITRE VII

Des registres et des documents qui s'y rattachent.

CHAPITRE Ier.

DE LA NATURE DES REGISTRES A TENIR DANS CHAQUE CORPS OU PORTION DE CORPS.

Registres à tenir dans chaque corps, portion de corps, compagnie, escadron ou batterie.

117. (*Nouvelle rédaction*, décret du 1er mars 1880). Les écritures et opérations auxquelles donnent lieu l'administration et la comptabilité des corps de troupe, ou des portions de ces corps ayant ou non une administration distincte, sont consignées dans les registres ci-après désignés, *savoir* (1) :

1° Pour chaque régiment, pour chaque corps organisé sous le titre de *bataillon* ou *escadron*, et, en cas de division, pour la portion centrale :

Un registre des délibérations, tenu par le trésorier, sous la direction immédiate du major,	
Un registre matricule des officiers,	
Un registre matricule de la 1re portion du contingent, des engagés, des rengagés et des commissionnés,	
Un registre matricule de la 2e portion du contingent, des disponibles et réservistes,	
Un registre matricule des chevaux appartenant à l'Etat,	
Un registre matricule des chevaux appartenant aux officiers,	
Un registre de l'effectif,	Tenus
Les livrets matricules des officiers et des chevaux qui ne comptent pas à une compagnie, à un escadron ou à une batterie,	par le trésorier (2).
Un registre des fonds divers,	
Un registre-journal des recettes et dépenses,	
Un registre de centralisation des recettes et dépenses,	
Un registre des avances faites aux militaires isolés, sur les fonds de l'indemnité de route,	
Un registre des distributions de vivres, chauffage et fourrages.	
Un registre des entrées et des sorties de matériel (service courant),	Tenus par l'officier d'habillement (3).
Un registre des entrées et des sorties de matériel (réserve),	

---

(1) Ces registres sont indépendants de ceux dont la tenue est prescrite par des règlements ou instructions concernant des services non réglementés par le présent décret ou l'ordonnance qu'il modifie.

(2) Un carnet des déserteurs est également tenu (Décision ministérielle du 2 octobre 1847, tome IV, page 773).

(3) Le lieutenant d'armement tient en outre :

Un registre des bois marqués du poinçon E (Art. 113 et 183 du règlement du 1er mars 1854).

Un registre de réparations d'armes (Art. 140 du règlement du 1er mars 1854).

Un registre des comptes ouverts avec les ouvriers (un pour
    chacun d'eux),
Un registre-journal des distributions et des réintégrations en
    magasin,
Un registre-matricule des effets de la 1re catégorie en service,
Un contrôle général des instruments de musique, clairons et
    trompettes,
Un contrôle général des effets de harnachement,
Un contrôle général des armes,
Un contrôle général des outils portatifs.
Un contrôle général des équipages régimentaires et d'état-major,
Un livret des échantillons et modèles-types,
Un registre des procès-verbaux de réception de matériel (1).

> Tenus par l'officier
> d'habillement.

2° Pour chaque portion de corps ayant un conseil d'administration éventuel,

Un registre des délibérations,
Un registre de l'effectif,
Les livrets matricules des officiers et des chevaux qui ne comptent pas à une compagnie, à un escadron ou à une batterie,
Un registre-journal des recettes et dépenses,
Un registre des distributions de vivres, chauffage et fourrages.

> Tenus
> par l'officier payeur.

Un registre des entrées et des sorties de matériel (service courant).
Un registre des entrées et des sorties de matériel (réserve),
Un registre des comptes ouverts avec les ouvriers (un pour chacun d'eux),
Un registre-journal des distributions et des réintégrations en magasin,
Un registre des procès-verbaux de réception de matériel (1).

> Tenus par l'officier
> délégué
> pour l'habillement.

3° Pour chaque portion de corps administrée par l'officier commandant, et composée de plus d'une compagnie (2) :

Les livrets matricules des officiers et des chevaux qui ne comptent pas à une compagnie, à un escadron ou à une batterie,
Un registre-journal des recettes et dépenses,
Un registre des distributions de vivres, chauffage et fourrages,
Un registre des entrées et des sorties de matériel (service courant),
Un registre des entrées et des sorties de matériel (réserve),
Un registre des comptes ouverts avec les ouvriers (un pour chacun d'eux),
Un registre-journal des distributions et des réintégrations en magasin.

> Tenus par l'officier
> commandant.

4° Pour chaque portion de corps composée d'une seule compagnie, d'un seul escadron, d'une seule batterie, ou d'une fraction de compagnie, d'escadron ou de batterie :

---

(1) Le registre des procès-verbaux de réception de matériel n'est autre que le modèle B, annexé à l'instruction ministérielle du 3 avril 1879, modèle qu'on appropriera, suivant les besoins, aux exigences du service général du matériel dans les corps de troupe (Note ministérielle du 30 juin 1880).

(2) Pour une portion de corps n'ayant pas d'administration distincte, mais composée de plusieurs compagnies, escadrons ou batteries, les registres à tenir sont les suivants : Un registre-journal des recettes et des dépenses ; un registre des entrées et des sorties de matériel (s'il y a lieu) (Note ministérielle du 30 juin 1880).

Un registre-journal des recettes et dépenses,	Tenus par l'officier
Un registre des entrées et des sorties de matériel (s'il y a lieu).	ou le sous-officier commandant.

5° Pour chaque corps organisé sous le titre de *compagnie* ou de *section* :

Un registre matricule des officiers et de la troupe (1re portion du contingent, engagés, rengagés, commissionnés),	
Un registre matricule de la 2e portion du contingent des disponibles et réservistes,	
Un registre des fonds divers,	
Un registre-journal des recettes et dépenses,	
Un registre de centralisation des recettes et dépenses,	
Un registre des avances faites aux militaires isolés, sur les fonds de l'indemnité de route,	Tenus par l'officier
Un registre des entrées et des sorties du matériel (service courant),	commandant (1).
Un registre des entrées et des sorties du matériel (réserve),	
Un registre des comptes ouverts avec les ouvriers (un pour chacun d'eux),	
Un registre matricule des effets de la 1re catégorie en service,	
Un contrôle général des armes et des clairons et trompettes,	
Un livret d'échantillons et modèles-types,	
Un registre des procès-verbaux de réception de matériel.	

Indépendamment des registres dont la désignation précède, il est tenu dans chaque corps ou portion de corps, par les soins des capitaines, pour l'administration particulière de leur compagnie, escadron ou batterie :

Un livret matricule pour chacun des officiers ;

Un livret matricule pour chacun des hommes de la compagnie, escadron ou batterie, indiquant les effets, objets, armes, outils, etc., en service, dont l'homme est détenteur ;

Un livret matricule pour chacun des chevaux, avec indication des effets de harnachement qui lui sont affectés ;

Un registre de comptabilité trimestrielle comprenant les documents énumérés à l'article 140.

Cette disposition est commune aux détachements administrés comme compagnie, escadron ou batterie, quel que soit le grade de leur chef (2).

Les divers détenteurs du matériel indiqués à l'article 96 *bis* se conforment pour les écritures de détail à tenir, aux instructions ministérielles, et à celles du conseil d'administration.

Registres cotés et paraphés par le sous-intendant militaire.

118. (*Nouvelle rédaction*, décret du 1er mars 1880). Le registre des délibérations et ceux qui sont destinés à recevoir l'inscription des recettes et dépenses en argent, ainsi que des entrées et des sorties de matériel, sont cotés et paraphés par le sous-intendant militaire.

---

(1) Voir les renvois 1 et 2 au paragraphe 1er du présent article et le renvoi (1), p. 74.
(2) Voir la décision présidentielle du 1er octobre 1875, relative à l'administration des petits dépôts des régiments de zouaves.

Feuillets de registres à signer par le major.

119. (*Nouvelle rédaction*, décret du 1er mars 1880). Les feuillets mobiles composant les divers registres matricules sont signés par le major, après que la première inscription y a été faite.

CHAPITRE II.

DE L'OBJET DES REGISTRES, DES INSCRIPTIONS A Y FAIRE ET DE LA NATURE DES DOCUMENTS QUI S'Y RATTACHENT.

Registre des délibérations.

120. *Le registre des délibérations* (modèle n° 6) est destiné à recevoir l'inscription des actes qui déterminent la composition du conseil d'administration, et de toutes ses opérations (1).

Registre matricule des officiers et de la troupe. — Feuillets individuels d'immatriculation, états de mutation et table alphabétique à envoyer mensuellement au Ministre (2).

121. (*Nouvelle rédaction*, décret du 7 août 1875). *Le registre matricule des officiers, celui des vétérinaires et celui de la troupe* (modèles n°s 7 et 8) sont destinés à recevoir l'inscription détaillée des renseignements qui établissent l'état civil des militaires de tous grades qui font partie du corps; leur signalement; le titre sous lequel ils sont incorporés; la relation successive de leurs services; les causes qui les maintiennent sous les drapeaux au delà du temps exigé par la loi; le motif et la date de leur radiation des contrôles, ainsi que le lieu sur lequel se dirigent ceux qui rentrent dans leurs foyers (3).

---

(1) Dimension de ce registre (Note ministérielle du 1er juin 1880).
La remise des clefs de la caisse et du livret de solde doit faire l'objet d'une délibération du conseil (Lettre d'envoi de la présente ordonnance, p. 4).

(2) Etablissement des registres matricules et vérification des services des officiers (Voir les circulaires des 12 et 26 mars 1824, l'instruction du 19 mars 1830, la note du 31 mars 1855 et l'instruction du 11 septembre 1875. Immatriculation des hommes de troupe (Note ministérielle du 25 avril 1879, *J. M.*, p. 699).

(3) Ces registres mentionnent en outre :
1° La délivrance des certificats de bonne conduite, note du 24 juillet 1844 ;
2° L'obtention des médailles d'honneur et de sauvetage, décision du 17 janvier 1845 .
3° Le motif des cassations et des rétrogradations, décision du 30 décembre 1854 et note du 6 décembre 1866 ;
4° L'obtention de la médaille militaire, décision du 16 septembre 1858 ;
5° Les hommes disparus pendant la guerre, note du 5 mai 1858 ;
6° Les jugements par contumace, note du 11 février 1865 ;
7° Les mutations de décès (mode à observer), note du 13 septembre 1866 ;
8° L'obtention d'une épinglette d'honneur, décision ministérielle du 24 avril 1851 ;
9° Les citations ne doivent être inscrites sur les matricules et les états de service que lorsqu'elles auront été justifiées dans les formes proscrites par l'art. 138 de l'ordonnance du 3 mai 1832, décision du 9 novembre 1845 ;

L'immatriculation des officiers, des vétérinaires et des hommes
de troupe s'effectue à la réception ou sur le vu des titres, notifica-
tions ou actes authentiques, constatant qu'ils appartiennent au
corps. Néanmoins, tous les officiers, vétérinaires, sous-officiers,
caporaux ou brigadiers, soldats, ouvriers militaires ou gagistes, et
enfants de troupe, compris comme présents ou absents dans le
procès-verbal de formation d'un corps, sont immatriculés par ordre
de grades. Le même ordre d'inscription est suivi pour ceux qui,
après cette formation, sont incorporés sous une même date.

L'incorporation des hommes de troupe prend date, savoir :

1° Pour les *jeunes soldats* (appelés ou substituants), pour les
remplaçants admis par le conseil de révision et pour les *hommes rap-*

10° Constatations en Algérie des actions d'éclat, décision présidentielle du 23 novembre 1871 ;

11° Privation du droit de porter une décoration y compris les médailles, décision du
16 février 1859 ;

12° Mention de la conduite des recrues ou détachements en campagne, note ministérielle du 19 janvier 1870 ;

13° Inscriptions à faire en ce qui concerne les sous-officiers qui auront suivi les cours
de l'école de sous-officiers d'infanterie, circulaire ministérielle du 7 décembre 1875 ;

14° L'option de nationalité faite par les militaires originaires d'Alsace-Lorraine, note
ministérielle du 15 septembre 1875 ;

15° Campagnes de guerre : armée d'Afrique (7 septembre 1845, 11 décembre 1846,
26 juillet 1852, 18 janvier 1881). Dans l'intérieur en 1851 (23 avril et 17 juillet 1852);
dans la Baltique (25 octobre 1854); en Orient (25 décembre 1856); en Italie (14 février
1860), dans les Etats pontificaux (28 décembre 1864 et 11 janvier 1868); au Mexique
(12 septembre 1867); des militaires envoyés en dehors du territoire continental à titre
transitoire (19 janvier et 29 juin 1870); pour le rétablissement de l'ordre et la défense
de la société (14 avril 1871, 20 juillet et 24 décembre 1872, 22 mai 1873); contre l'Al-
lemagne (30 août 1871, 5 janvier, 20 avril et 21 décembre 1872, 22 mai 1873) ; com-
pagnes ou faits de guerre auxquels des enfants de troupe ont pu prendre part (16 ma
1877).

16° Inscription sur les registres, livrets matricules et les états de services, des
blessures accidentelles reçues dans le service (16 novembre 1876) ;

17° Voir la décision du 8 avril 1833, tome II, p. 495, la circulaire ministérielle du
6 février 1877, *J. M.*, p. 69, au sujet des militaires condamnés correctionnellement.

Par dépêche en date du 10 décembre 1879 adressée à M. le général commandant le
4° corps d'armée, le Ministre de la guerre fait connaître :

« Que les condamnations antérieures à l'incorporation des hommes qu'il est indis-
« pensable de connaître dans les corps de troupe et qui doivent être inscrites sur le
« registre matricule et sur les livrets matricules et individuels des hommes sont celles
« subies par les jeunes soldats au moment de l'appel à l'activité de leurs classes et qu i
« donnent lieu à la déduction du service.

« Cette inscription doit être faite dans la case du registre matricule destinée à rece-
« voir les indications relatives aux détails et mutations diverses, et aux pages des services
« 2 du livret matricule et 4 du livret individuel reproduisant ces mêmes indications. »

La circulaire du 24 avril 1834, tome II, page 569, relative à ceux condamnés aux travaux publics.

La note ministérielle du 6 décembre 1866, tome XI, page 424, ainsi conçue : « 1° Il
« ne suffit pas d'inscrire sur les registres matricules les cassations ou les rétrograda-
« tions, le motif de la mutation doit être aussi indiqué, soit qu'elle ait lieu sur la
« demande de l'intéressé, soit qu'elle ait été ordonnée par une mesure de discipline
« (Circulaire ministérielle du 25 septembre 1833 et décision ministérielle du 30 dé-
« cembre 1854). 2° La suspension du grade constituant une position disciplinaire tem-
« poraire et sans caractère indélébile, ne doit pas figurer sur la matricule, mais seule-
« ment être inscrite sur les livres de punitions. »

pelés de la réserve, à compter du jour où ils ont été mis en route pour se rendre au corps;

2° Pour les *remplaçants au corps,* à compter du jour où les remplacés sont rayés des contrôles;

3° Pour les *engagés volontaires,* à compter du jour de l'engagement;

4° Et pour les *hommes venant d'un autre corps,* à compter du jour où ils ont cessé d'appartenir à ce corps.

Les services antérieurs à l'incorporation doivent être justifiés, soit par le livret matricule du militaire, soit par une attestation du conseil d'administration du dernier corps dont le militaire faisait partie, ou par une pièce émanée du ministère de la guerre (1).

La série des numéros est distincte pour le registre des officiers, pour celui des vétérinaires et pour celui de la troupe; elle est continuée indéfiniment, jusqu'à ce que le Ministre ordonne qu'elle soit renouvelée.

Le numéro sous lequel le militaire a été immatriculé lui est conservé jusqu'au moment où il cesse de faire partie du corps, quelles que soient les promotions dont il puisse être l'objet, à moins qu'il ne passe du grade de sous-officier à celui d'officier. Si, après avoir quitté ce corps, il vient à y rentrer, un nouveau numéro lui est donné, et l'ancien est inscrit au-dessous.

La lettre distincte (2) ou le numéro de la compagnie, de l'escadron ou de la batterie auxquels les hommes peuvent successivement appartenir, est exactement indiqué au registre affecté à la troupe.

Ce registre est divisé en volumes destinés chacun à l'inscription de *mille hommes,* et il forme autant de volumes que le complet d'organisation du corps l'exige (3).

Il est établi, à la fin du registre affecté aux officiers et de chaque volume du registre de la troupe, une table alphabétique, sur laquelle sont inscrits les noms, prénoms et numéros matricules des militaires incorporés.

---

(1) Voir le décret du 26 janvier 1872, portant que le temps passé, en 1870 et 1871, dans les gardes nationales mobiles, les gardes nationales mobilisées, les corps francs, ainsi que les gardes nationales sédentaires des villes assiégées, sera compté comme service dans l'armée active.

Aux termes de la note ministérielle du 14 mars 1874, *Journal militaire,* page 186. « Le temps passé dans les divers corps de l'armée auxiliaire pendant la guerre doit être « compté comme service militaire, et inscrit sur les états de service et sur les contrôles « des corps. Mais un militaire gradé de l'armée active ne peut compter, comme ancien-« neté dans son grade, le temps pendant lequel il a servi dans le même grade ou dans « un grade supérieur dans l'armée auxiliaire. »

(2) Voir la décision du 20 août 1835, tome II, page 747, portant qu'il sera affecté à chaque compagnie, un signe invariable, en caractère alphabétique.

(3) Voir la note ministérielle du 25 avril 1879, J. M., P. R., page 690, relative à l'immatriculation: 1° de la première portion du contingent, des engagés volontaires conditionnels, des rengagés et des commissionnés; 2° de la deuxième portion du contingent, des disponibles et réservistes et de l'armée territoriale.

Les conseils d'administration font parvenir au Ministre, les *quinze premiers jours de chaque mois* :

1° (1). . . . .

2° (2). . . . .

Registre matricule des chevaux d'officier et des chevaux de troupe et mulets (3).

122. (*Nouvelle rédaction*, décret du 7 août 1875). Le registre matricule des chevaux d'officiers et celui des chevaux de troupes et mulets sont destinés à recevoir, dans l'ordre des dates de l'arrivée au corps, des jeunes chevaux venant de la remonte ou achetés dans le commerce par les corps ou par les officiers tenus de se monter à leurs frais, ou en cas de remonte faite directement par des portions stationnées hors de la résidence du conseil d'administration, d'après les états signalétiques qu'elles adressent à ce conseil, l'inscription des numéros et noms invariables qui sont donnés aux animaux et celle de leur signalement (4). La désignation de l'époque de leur réception et de la lettre distinctive ou du numéro des compagnies, escadrons ou batteries auxquels ils peuvent successivement appartenir, la cause et la date de leur perte pour le corps, y sont également relatées.

Le nom des officiers possesseurs ou détenteurs des chevaux est en outre porté sur le registre matricule, et, en ce qui concerne les chevaux appartenant à l'Etat, la date de la remise aux officiers et, le cas échéant, l'époque à laquelle les chevaux font retour à l'Etat.

123. (*Supprimé*, décret du 1er mars 1880).

Registre de l'effectif (5).

124. Le registre de l'effectif (modèle n° 16) est destiné à recevoir l'inscription journalière, par bataillon et compagnie, escadron ou batterie, de la situation du corps, tant en hommes qu'en chevaux.

Le trésorier y enregistre les mutations nominativement et avec leurs dates (6).

Registre-journal (5). — Visa du major à chaque vérification. — Balance des recettes et dépenses à la fin de chaque trimestre, et situation de caisse transmise au Ministre.

125. Le registre journal (modèle n° 17) est destiné à recevoir l'inscription, par ordre de date, de toutes les recettes qui sont faites *pour le compte du corps ou de la portion de corps que ce registre con-*

(1) Paragraphe supprimé (Décision présidentielle du 3 juin 1849).
(2) Paragraphe supprimé (Décision présidentielle du 20 mars 1879).
(3) Voir l'annexe n° xxxv, l'instruction ministérielle du 11 septembre 1875.
(4) En cas de modification dans le signalement primitif. Voir, pour le mode à suivre, la décision du 19 janvier 1849, tome V, p. 1. Pour l'énoncé de la taille des chevaux, la note du 16 juin 1847, tome IV, p. 756.
(5) Dimension de ce registre (Note ministériel'e du 1er juin 1880).
(6) Voir la circulaire ministérielle du 28 octobre 1875, au titre Suppression des états de mutations (annexe xxxvi).

cerne, des sommes qui sortent de la caisse du conseil pour être remises au trésorier ou à l'officier payeur, et des paiements que ce comptable effectue pour l'acquittement des dépenses (1).

Chaque article enregistré reçoit un numéro d'ordre, qui est aussi inscrit sur la pièce justificative. La série des numéros est annuelle; elle est distincte pour les recettes et pour les dépenses.

A chaque vérification qui doit précéder l'autorisation de remettre des fonds au trésorier (art. 25), le major appose son *visa* sur le registre-journal.

La balance des recettes et dépenses est faite le premier jour de chaque trimestre, ainsi qu'aux époques où la centralisation de la comptabilité en deniers est arrêtée par les officiers de l'intendance militaire. Elle est certifiée par le trésorier, vérifiée par le major, et arrêtée par le conseil. Dans les portions de corps ayant une administration distincte, elle n'est établie que le jour de l'inscription du dernier article de recette ou de dépense afférent au trimestre précédent.

Le restant en caisse que présente la balance comprend les sommes qui existent dans la caisse du conseil et dans celle du trésorier ou de l'officier payeur.

La situation de la caisse est remise immédiatement au sous-intendant militaire, qui la vérifie sur pièces, reconnaît l'existence des valeurs qu'elle présente, et la transmet au Ministre.

Registre de centralisation.—Classification des recettes et dépenses par trimestre d'exercice. — Situation des fonds au jour où le sous-intendant militaire procède à la vérification.— Relevé sommaire à lui remettre.

126. Le registre de centralisation (modèle nº 18) est destiné à recevoir l'inscription de *toutes les recettes et dépenses faites au titre du corps,* et à en présenter la classification par nature de fonds et par *trimestre d'exercice,* avec le résumé des opérations qui concernent l'ensemble de la comptabilité en deniers.

Les *virements* entre les différents fonds y forment un chapitre spécial.

Les recettes et dépenses sont inscrites au registre de centralisation en même temps et sous les mêmes numéros qu'au registre-journal, mais seulement par indication sommaire de leur objet.

Immédiatement après la clôture du décompte de libération, les inscriptions et opérations suivantes sont faites au registre de centralisation :

1º Les recettes et dépenses effectuées par les portions du corps (autres que la portion centrale) y sont portées, *en un seul article pour chacune d'elles,* d'après les extraits du registre-journal arrêtés

---

(1) Voir la note ministérielle du 12 novembre 1846, reproduite en renvoi à l'article 164 ci-après : L'article 167, 4e §, pour les versements que font les hommes pour accroître leur masse.

par les conseils éventuels ou par les officiers qui en tiennent lieu (art. 254) ;

2° Les paiements faits, pour *solde et accessoires de solde*, aux jeunes soldats et aux militaires isolés du corps, sont portés en recette et en dépense, en un seul article pour chaque détachement et pour chaque partie prenante individuelle, avec désignation du temps auquel le paiement se rapporte ;

3° Toutes les recettes et dépenses afférentes au trimestre sont totalisées : *séparément*, pour la portion centrale; *ensemble*, pour les autres portions, les détachements de jeunes soldats et les parties prenantes isolées, et récapitulées en masse pour tout le corps ;

4° Les recettes effectuées à valoir sur les crédits (c'est-à-dire sur les allocations de la revue de liquidation et les augmentations qui peuvent y avoir été faites dans le décompte de libération) sont balancées avec ces crédits, et les trop-perçus ou les moins-perçus par les masses sont compensés au chapitre des virements, savoir : les premiers, par dépense aux masses et recettes à la solde; les seconds, par dépense à la solde et recette aux masses ;

5° Les dépenses pour solde et accessoires de solde sont balancées avec les crédits, et les différences sont expliquées en regard du résultat ;

6° Les recettes effectives et les recettes par virements, de même que les dépenses des deux espèces, sont totalisées et balancées dans une *récapitulation comparative*, après laquelle sont expliqués les excédents des unes sur les autres (*sauf ceux dont il serait sans aucune utilité de rappeler l'origine*); les imputations ou retenues dûment prescrites, qui n'ont pas encore été exercées; et, enfin, les déficits de fonds sur lesquels il n'a pas jusqu'alors été statué par le Ministre, bien que le montant en ait été porté en dépense à la masse générale d'entretien (art. 116). L'explication de l'excédent particulier à la masse individuelle est appuyée, lorsqu'il y a lieu, d'un état certifié par le trésorier et visé par le major, des sommes restant à recevoir d'autres corps pour couvrir les débets des hommes qui y sont passés (1).

7° La *récapitulation comparative* du quatrième trimestre est suivie d'une seconde récapitulation, qui embrasse les recettes et dépenses de tout l'exercice ;

8° Les inscriptions faites au titre du trimestre sont closes et *arrêtées* par le conseil d'administration, dans les dix jours qui suivent l'arrêté du décompte de libération.

Le jour où le sous-intendant militaire procède à la vérification de la centralisation trimestrielle, le conseil établit sur le registre la *situation des fonds*, par l'addition de l'excédent de recette avec les recettes enregistrées au titre des trimestres postérieurs à celui que

_____

(1) Au sujet de l'inscription au registre de la centralisation des dépenses des écoles régimentaires, des infirmeries et des cultes (Circulaire n° 9030 du 22 août 1873, *Solde et Revues*).

cette centralisation concerne, et la déduction, sur le produit de cette opération, des dépenses inscrites comme afférentes à ces mêmes trimestres.

Si le corps est divisé, la situation n'est faite que pour la portion centrale seulement, en partant de l'excédent de recette qui lui est particulier.

Dès que le sous-intendant militaire a opéré la vérification de la comptabilité d'un trimestre d'exercice, le conseil lui remet un *relevé sommaire du registre de centralisation* (modèle n° 19), où est reproduite la récapitulation comparative des recettes et dépenses, avec le détail des virements et la situation des fonds. Celui qui est dressé pour le quatrième trimestre comprend en outre la récapitulation comparative d'exercice.

Registre des avances aux militaires, sur les fonds de l'indemnité de route; formalités qui résultent de sa tenue.

127. Le registre des avances aux militaires isolés, sur les fonds de l'indemnité de route (modèle n° 20), est destiné à recevoir l'inscription des paiements faits à ces militaires ou de ceux effectués pour leur compte personnel comme remboursement du prix des effets de petit équipement qui leur ont été délivrés pendant la route, sauf retenue ultérieure sur leur solde ou sur leur masse individuelle.

Cette inscription est nominative; elle a lieu aussitôt que le paiement vient à la connaissance du corps, soit par la feuille de route du militaire sur laquelle il est constaté, soit par les relevés sommaires transmis par le sous-intendant, s'ils parviennent avant que le militaire ait rejoint.

Immédiatement après leur inscription au registre, les avances faites aux sous-officiers et soldats sont portées au débit de leur compte ouvert pour figurer ultérieurement en dépense à la feuille de masse individuelle, dans une colonne spéciale. Celles qui concernent les officiers et autres militaires qui n'ont pas de masse individuelle sont retenues sur leur solde.

Lorsque les relevés sommaires des avances faites, avec les mandats à l'appui, sont parvenus au corps, les imputations admises par le conseil d'administration sont portées sur le registre, et on y inscrit pour mémoire les mandats refusés.

Le conseil d'administration central adresse aux conseils éventuels des autres portions du corps l'état des avances aux militaires qui en font partie, pour que l'imputation en soit opérée.

Les inscriptions faites au registre des avances sont totalisées par trimestre, aux mêmes époques (1) que les *états récapitulatifs*, dont

_____

(1) Les états récapitulatifs sont adressés au sous-intendant et transmis à l'intendant dans les 15 derniers jours du second mois de chaque trimestre, pour les trimestres précédents (Art. 128 du règlement du 12 juin 1867).

le modèle est joint au règlement sur les *frais de route des militaires isolés*. Elles sont *certifiées* par le trésorier, *vérifiées* par le major et *arrêtées* par le conseil d'administration.

Le conseil d'administration, avant l'arrêté de la centralisation trimestrielle, verse au Trésor, à titre de remboursements, le montant des avances dont les mandats lui sont parvenus, et dont il a opéré la retenue.

Les avances enregistrées pour lesquelles les mandats ne sont point encore parvenus, sont reportées au trimestre suivant, et versées par virement aux fonds divers. Quand elles se rattachent à un exercice expiré, l'intendant militaire, en arrêtant la comptabilité, prescrit qu'elles soient versées au Trésor avant le 1er octobre de l'année suivante.

Registre spécial pour les hommes en congé illimité.

128. Le registre spécial pour les hommes de troupe en congé illimité (réserve) est destiné à recevoir les inscriptions que prescrit d'y faire l'ordonnance réglementaire *sur la solde et les revues*, à laquelle le modèle de ce registre est annexé (1).

Registre des distributions de vivres, chauffage et fourrages.

129. Le registre des distributions de vivres, chauffage et fourrages (modèle n° 21), est destiné à recevoir l'inscription, par ordre de date, des rations délivrées au corps par les magasins de l'Etat, avec distinction des bataillons et compagnies, escadrons ou batteries.

Il est établi, par trimestre, sur ce registre, une balance comparative des distributions avec les allocations que constatent les feuilles de journées vérifiées par le sous-intendant militaire.

En cas de division du corps, les distributions qui ont été faites à chacune de ses portions (autres que la portion centrale) sont inscrites *en une seule ligne* pour tout le trimestre, sur le registre tenu par le trésorier, qui y établit une balance générale.

Registre des entrées et des sorties de matériel (service courant).

130. (*Nouvelle rédaction*, décret du 1er mars 1880). Le registre des entrées et des sorties de matériel (modèle n° 22 A), pour le service courant, est trimestriel. Il est destiné à recevoir l'inscription des entrées en magasin et des sorties de magasin des matières, effets, armes, outils et objets de toute espèce, divisés et classés par section, dans l'ordre ci-après, qui est celui des nomenclatures prescrites par l'article 58 du règlement du 19 novembre 1871, sur la comptabilité matières, savoir :

(1) Tenue du répertoire des hommes dans la disponibilité ou la réserve. — Voir les chapitres V et VI de l'instruction du 28 décembre 1879.)

Section I. *Hôpitaux (Nomenclature G)*.
— II. *Habillement et campement (Nomenclature H I)*.
— III. *Remonte générale (Nomenclature L)*.
— IV. *Harnachement (Nomenclature M)*.
— V. *Artillerie et équipages militaires (Nomenclature N)*.
— VI. *Génie (Nomenclature P)*.
— VII. *Écoles (Nomenclature Q VII)*.
— VIII. *Habillement d'instruction (Nomenclature H I)*.
— IX. *Matériel hors de service (Nomenclatures diverses)*.

Dans chaque section, et pour les sections II et V, dans chaque partie, les matières, effets, ustensiles et objets divers sont toujours inscrits dans l'ordre des numéros de la classification sommaire et détaillée de la nomenclature à laquelle ils appartiennent.

Dans les corps qui ne comportent pas l'emploi de toutes les sections, chacune de celles qui sont à leur usage conserve néanmoins le numéro qui lui est affecté par le présent article.

Les enregistrements se font par ordre de date, au fur et à mesure des entrées et des sorties. Toutefois, ne sont portées que par trimestre :

1° D'après les arrêtés des comptes ouverts avec les ouvriers : les sorties de matières employées aux confections, aux transformations ou aux réparations, et les entrées en magasin des effets confectionnés ou transformés ;

2° D'après les arrêtés des diverses sections du registre-journal (art. 132) : les distributions faites aux compagnies, escadrons ou batteries, aux infirmeries, écoles, musiques, etc., et les réintégrations en magasin ;

Chaque article enregistré reçoit un numéro d'ordre qui est aussi inscrit sur la pièce justificative. Il y a pour chacune des sections deux séries annuelles de numéros, l'une pour les entrées et l'autre pour les sorties.

Dans les quinze premiers jours de chaque trimestre pour les portions centrales, et dans les cinq premiers jours pour les portions détachées ayant une administration distincte, la balance des entrées et des sorties du trimestre écoulé est faite par section, et ressort dans un arrêté en toutes lettres, comprenant l'existant total tant en magasin qu'en service. L'ensemble de ces opérations est certifié en une seule fois, à la fin du registre, par l'officier d'habillement et vérifié par le major. Le conseil d'administration certifie de même par un seul arrêté général tous les arrêtés partiels en toutes lettres.

Dans les vingt premiers jours du mois de janvier, l'officier d'habillement fait le report, pour ordre, sur le registre de la portion centrale, à la suite de la balance du quatrième trimestre, des quantités de matériel dont les portions détachées sont comptables. L'ensemble des existants à la portion centrale et aux portions détachées doit être égal aux résultats de l'inventaire figurant au compte annuel de gestion.

« [Art. 130 de l'*Instruction*. Chacune des sections du registre des entrées et
« des sorties, pour le service courant, étant destinée à présenter les mouvements
« de matériel appartenant à un même service, les corps n'auront plus d'hésitation
« pour classer les effets, objets et ustensiles divers dans la section à laquelle ils
« doivent appartenir.

« L'usage du papillon, pour les diverses sections qui comprennent un grand
« nombre d'objets, évitera l'emploi des rallonges, qui, dans un document de
« comptabilité, ne présentent aucune garantie.

« Le registre des entrées et des sorties de matériel étant trimestriel, les travaux
« des comptables et la vérification du contrôle local s'en trouveront facilités.

« Les portions détachées qui auront à tenir une comptabilité distincte devront
« transmettre leur registre au conseil d'administration central, après la vérifica-
« tion des comptes par le sous-intendant militaire (art. 254).

« Avant cet envoi, le conseil éventuel reportera, en tête du registre du trimes-
« tre suivant, les restants en magasin figurant au registre du précédent tri-
« mestre.

« Ces reports seront certifiés par le conseil d'administration éventuel, et vérifiés
« par le sous-intendant militaire chargé de la surveillance administrative de la
« portion détachée.

« Le registre des entrées et des sorties de matériel sera, en fin de trimestre,
« arrêté en toutes lettres aux quantités qui existent tant en magasin qu'en ser-
« vice.

« Le report à faire au registre, comme 1er article des entrées du trimestre, ne
« comprendra que les quantités existant en magasin au dernier jour du trimestre
« précédent.

« La comptabilité du corps avec l'État, ou comptabilité extérieure, se trouvant
« confondue avec la comptabilité intérieure (distributions, réintégrations, etc.),
« on a conservé au registre des entrées et des sorties de matériel son caractère de
« compte spécial du magasin.

« Toutefois, ce caractère est modifié, en fin de trimestre, par le simple report
« des quantités de matériel en service ; la réunion des restants en magasin et des
« restants en service, donne alors les quantités totales de matériel dont le conseil
« d'administration est responsable. D'où la nécessité d'arrêter en toutes lettres à
« ces dernières quantités, pour bien établir, comme dans les inventaires, la res-
« ponsabilité générale du conseil d'administration.

« L'ensemble des existants en service établi au corps en prenant pour base les
« existants en service au dernier jour du trimestre précédent, et en tenant compte
« des distributions et des réintégrations effectuées pendant le trimestre à régler,
« devra concorder avec l'ensemble des restants donnés par les livres de détail des
« compagnies, escadrons ou batteries et les registres et carnets tenus pour les
« infirmeries, écoles, musique, etc.

« Ainsi que l'indique le spécimen chiffré figurant à la section II du modèle,
« l'officier d'habillement aura, en fin d'année, à ajouter aux quantités existant
« au dépôt du corps les quantités restant entre les mains des portions déta-
« chées.

« L'ensemble de ces éléments donnera le restant total au 31 décembre, qui de-
« vra ressortir au compte annuel de gestion.

« Les opérations d'entrée et de sortie seront justifiées, dans chaque section, par
« les pièces indiquées à la nomenclature ci-annexée. (Voir l'annexe n° XXIV.)

« Toutefois, les distributions et les réintégrations ne sont justifiées, en fin de
« trimestre, que par les totaux figurant au registre journal. Ces opérations sont,
« du reste, résumées en fin d'année, en ce qui concerne les mises en service
« d'effets ou d'objets neufs et les effets abandonnés aux détenteurs, dans des cer-
« tificats administratifs mis à l'appui des comptes annuels de gestion.

« Les effets ou objets en service figureront invariablement au classement *bon*,
« dans les comptes tenus par les compagnies, escadrons ou batteries. Le classe-
« ment à l'*habillement d'instruction* ou le classement *hors de service* se fera ma-
« tériellement au moment où les effets de la 1re catégorie seront réintégrés; mais
« l'opération ne sera constatée que trimestriellement, par certificat administratif
« (modèle n° 10). Pour les objets réformés, le déclassement n'aura également
« lieu, en écritures, qu'en fin de trimestre sur ce même certificat administratif;
« on mentionnera, dans la colonne d'observations, les quantités d'effets ou objets
« réformés, en relatant les dates des états de réforme ou des procès-verbaux.

« Les certificats administratifs trimestriels ou annuels seront toujours établis
« à la portion centrale du corps.

« Pour le matériel reçu d'un autre corps ou établissement du département de
« la guerre, ou d'autres ministères, le conseil d'administration réceptionnaire ne
« donne décharge au transporteur qu'après s'être assuré du nombre, du poids et
« de l'état des colis. Il n'adresse au corps ou au comptable expéditeur le réce-
« pissé du matériel qu'après avoir vérifié l'exactitude, la qualité ou le classement
« des quantités portées sur la facture d'expédition. Il demeure responsable des
« différences qu'il n'aurait pas fait constater à l'arrivée par l'autorité chargée du
« contrôle.

« Lorsque les manquants, avaries, déchets ou moins-values constatés à l'arrivée
« sont reconnus devoir rester au compte de l'expéditeur, le conseil d'administration
« réceptionnaire ne prend en charge que les quantités réellement reçues; il joint
« à son récépissé une copie du procès-verbal de réception, à l'aide duquel l'expé-
« diteur rectifie ses écritures, s'il y a simplement erreur de sa part, ou fait sortie
« dans ses comptes, à charge de remboursement par ses soins, des quantités per-
« dues ou avariées qui lui ont été imputées.

« Ces deux pièces sont mises par l'expéditeur à l'appui de la sortie correspon-
« dante.

« Pour que l'expéditeur ne puisse pas exciper d'une constatation inexacte et
« chercher ainsi à dégager sa responsabilité, le conseil d'administration récep-
« tionnaire doit toujours avoir soin, dès qu'il croit reconnaître des avaries ou des
« déficits, de demander au sous-intendant militaire de désigner une personne com-
« pétente pour représenter l'expéditeur dans les opérations de vérification du con-
« tenu des colis.

« Ce représentant doit être entendu dans ses observations et signer le procès-
« verbal avec le conseil d'administration réceptionnaire.

« Dans tous les autres cas, le conseil d'administration réceptionnaire fait entrée
« dans ses comptes de la totalité de l'expédition, telle qu'elle est indiquée sur la
« facture, et sortie des quantités manquantes, conformément au procès-verbal de
« réception ou autres pièces justificatives. Il adresse à l'expéditeur, au bas de la
« facture, récépissé de la totalité de l'expédition. Il est tenu de provoquer, devant
« qui de droit, les recours ou reprises au sujet des pertes, déficits ou moins-values
« qui ne sont pas de nature à être supportés par l'État (1).

« Le matériel versé ou expédié à d'autres corps ou établissements n'est porté
« en sortie qu'à la date du récépissé du destinataire.

« Les objets dont le récépissé porterait une date postérieure au 31 décembre
« seront compris dans l'existant à cette même date, et ne seront portés en sortie
« que dans les comptes de l'année suivante.

« Le contrôle local trouvera dans la comptabilité des transports, des éléments
« suffisants pour s'assurer des quantités de matériel en cours d'expédition, sans
« qu'il soit nécessaire de prescrire la tenue d'un registre spécial.

(1) Voir les articles 64 et suivants de l'instruction ministérielle du 9 mars 1879
pour les matières, effets et objets provenant des magasins administratifs.

« Section I. *Hôpitaux.* — Le matériel à porter à la 1re section ne comprendra
« ni les médicaments, ni les objets d'exploitation de la pharmacie, ni les objets
« de pansement qui ne sont jamais en quantité supérieure aux besoins d'un tri-
« mestre, et dont le peu d'importance totale permet de ne pas les considérer comme
« constituant un approvisionnement.

« Les registres tenus par les médecins et les vétérinaires, conformément à la
« note ministérielle du 13 octobre 1869, et au règlement du 26 décembre 1876,
« dispensent, du reste, de toutes autres écritures de détail. Ces registres seront
« présentés trimestriellement au sous-intendant militaire, qui vérifiera la concor-
« dance des inscriptions de toute nature avec les factures d'expédition du tri-
« mestre.

« Section II. *Habillement et campement.* — La section II du registre des
« entrées et des sorties de matériel du service courant est divisée en quatre
« parties :

« 1° Habillement ; 2° Petit équipement au compte de la masse individuelle ;
« 3° Campement, matériaux d'emballage et objets mobiliers ; 4° Objets et acces-
« soires divers payés par le corps et à rembourser.

« Les mouvements étant fort rares sur les modèles types, on continuera à
« tenir le livret spécial. Ces effets ne figureront donc point au registre des entrées
« et des sorties ; mais ils n'en devront pas moins être portés au compte annuel
« de gestion, sous les numéros spéciaux qui leur sont affectés dans la nomencla-
« ture.

« Les effets apportés par les hommes venant d'autres corps, sont inscrits d'après
« les factures d'expédition ou de livraison (modèle n° 6).

« Si, au moyen d'un simple changement dans les marques distinctives, certains
« de ces effets peuvent être rendus conformes au type fixé pour le corps récep-
« tionnaire, l'opération est faite immédiatement au compte de la masse générale
« d'entretien et les effets sont portés en entrée sous le numéro qui leur est propre,
« après transformation. Les effets qu'il n'est pas possible de transformer sont ins-
« crits en recette sous le numéro affecté aux effets de même nature, sous le titre
« *divers.*

« Dans le courant du trimestre, les effets inscrits à ce titre doivent disparaître
« de la section II et être versés à d'autres corps ou établissements, ou classés à la
« section VIII ou IX, suivant la décision prise par le sous-intendant militaire, sur
« la demande du conseil d'administration (article 241). En cas de déclassement,
« les effets classés à la section VIII ou à la section IX, sont compris sur le certi-
« ficat administratif trimestriel (modèle n° 10).

« Les instruments de musique ne seront inscrits au registre des entrées et des
« sorties qu'en total, et au classement *bon.*

« La nomenclature comprenant tous les instruments de musique sous un seul
« numéro sommaire, tous les accessoires tels que les diapasons, les métro-
« nomes, etc., devront figurer dans les comptes comme instruments.

« Le contrôle général, sur lequel seront inscrits ces accessoires aussi bien que
« les instruments proprement dits, donnera au conseil d'administration et au con-
« trôle tous les renseignements de détail nécessaires.

« Section III. *Remonte.* — Les chevaux et mulets figureront désormais à cette
« section avec tout le matériel de la remonte.

« Tous les animaux étant en service, et leur répartition par compagnie, esca-
« dron ou batterie figurant déjà dans de nombreux documents officiels, on ne por-
« tera à cette section que les mouvements qui modifient l'existant au corps (gains,
« pertes, changements de classement, etc.).

« Section IV. *Harnachement.* — L'exception faite ci-après pour les troupes
« de l'artillerie ne s'applique pas aux autres corps de troupes, et les harnache-

« ments des équipages, dont ces derniers corps sont détenteurs, figureront à la sec-
« tion V. Les troupes d'infanterie n'auront donc pas à tenir la section IV.

« SECTION V. *Artillerie et équipages militaires.* — Cette section est destinée à
« remplacer dans tous les corps le registre-journal prescrit par l'instruction mi-
« nistérielle du 7 février 1875 ; elle comprend séparément les pièces d'armes et
« accessoires qui ne doivent point figurer dans les comptes annuels de gestion.

« Seules les batteries détachées, qui ont un compte du matériel de l'artille-
« rie proprement dit, tiendront le registre-journal pour ce qui concerne ce ma-
« tériel.

« Par dérogation au principe posé au premier alinéa de l'article 130 du décret,
« et dans le seul but de faciliter, en le divisant, le travail journalier des compta-
« bles, les corps de l'artillerie et des équipages militaires ne réuniront pas dans
« la section V le matériel compris dans la nomenclature N. Ils le répartiront sui-
« vant la nature des effets, objets ou ustensiles, entre les différentes sections du
« registre des entrées et des sorties du matériel.

« Néanmoins, comme il n'y aura qu'un seul compte de gestion pour tout le
« matériel compris dans la nomenclature N, les effets et objets conserveront les
« numéros de classification que leur assigne cette nomenclature, et il n'y aura
« qu'une seule série de numéros pour les entrées et une pour les sorties.

« SECTION VI. *Génie.* — On ne comprendra, à cette section, que les outils ou
« autres objets que les corps doivent emporter en campagne. Le matériel de ca-
« sernement restera donc, pour les corps, en dehors de toute comptabilité-matières
« proprement dite.

« Les corps du génie opéreront, pour le matériel de la nomenclature P, comme
« il est prescrit ci-dessus aux corps de l'artillerie, pour le matériel de la nomen-
« clature N.

« SECTION VII. *Écoles.* — Cette section comprendra, dans l'ordre de la no-
« menclature Q^{VII}, tout le matériel des diverses écoles. Toutefois, on devra men-
« tionner, en tête des tableaux, les titres des divers paragraphes de cette nomen-
« clature.

« SECTION VIII. *Habillement d'instruction.* — On portera dans cette section
« les effets et objets d'habillement, de grand et de petit équipement, destinés aux
« réservistes ou aux hommes de l'armée territoriale pendant la période d'instruc-
« tion (art. 228).

« SECTION IX. *Matériel hors de service.* — Cette section réunira le matériel
« provenant des différents services ; mais le matériel devra être inscrit séparément
« et dans l'ordre des différentes nomenclatures.

« Les entrées seront justifiées par les sorties correspondantes figurant aux au-
« tres sections, et les sorties par des extraits des procès-verbaux de vente (mo-
« dèle n° 17), par les talons des factures d'expédition (modèle n° 11), ou par les
« bons des ouvriers enregistrés au registre-journal.

« Les totaux de ces dernières sorties sont reportés, en fin de trimestre, sur les
« certificats administratifs (modèle n° 9) établis au titre de chaque section, pour
« constater les emplois aux confections, transformations ou réparations.

« Afin de ne point obliger les corps à tenir un carnet-auxiliaire pour les maté-
« riaux d'emballage ou à établir des certificats administratifs spéciaux, les offi-
« ciers d'habillement indiqueront, le cas échéant, sur les factures d'expédition
« (modèle n° 6, entrée), en caractères saillants et en toutes lettres, dans la colonne
« d'observations, les quantités de matériaux provenant de la démolition des colis
« reçus. On ne portera en entrée que ces quantités.

« Dans le cas où il est employé pour la confection des colis des matériaux d'em-
« ballage non compris dans les nomenclatures, le corps expéditeur en indique les
« quantités, pour mémoire, sur ses factures d'expédition, et à l'encre rouge.

« Pour réduire autant que possible les écritures, le matériel reçu ou acheté par
« les corps et *mis en service immédiatement*, sera porté en entrée et en sortie au
« classement *bon*, tout en figurant sur les factures au classement *neuf*. Tels sont,
« par exemple, les objets du matériel des infirmeries, les instruments de musi-
« que, ustensiles d'écurie, le matériel d'escrime, le matériel des écoles, etc., etc.
« On indiquera sur les factures, en caractères apparents : *Mis* ou *à mettre immé-
« diatement en service*.

« Il n'y aura donc pas lieu de comprendre lesdits effets et objets sur les cer-
« tificats administratifs de déclassement constatant annuellement les mises en
« service.

« Les ingrédients divers achetés pour l'entretien du matériel, les balais, les
« brosses, etc., qui, une fois mis en service, sont considérés comme consommés,
« ne figureront point dans les comptes-matières des corps. Il en sera de même des
« matières, denrées, objets, etc., ne formant pas approvisionnement : denrées pour
« les infirmeries, fournitures de bureau pour les écoles, etc. Les inspecteurs admi-
« nistratifs auront à apprécier sur place si les consommations faites n'ont pas dé-
« passé les besoins réels.

« Les entrées et les sorties de matériel à réparer ne donnent lieu à aucune
« inscription dans les comptes-matières. Seuls, les matières et effets employés à
« ces réparations figurent au certificat administratif. On indique pour mémoire,
« aux entrées, la nature des réparations ayant donné lieu à des emplois de ma-
« tières neuves (voir exemple au modèle n° 9).

« Le matériel acheté sur les fonds des masses d'entretien des corps sera classé,
« suivant sa nature et sa destination, à l'une des nomenclatures du matériel.] »

Registre des entrées et des sorties de matériel (réserve).

130 bis. (*Nouvelle rédaction*, décret du 1er mars 1880). Le registre
des entrées et des sorties de matériel, pour le service de réserve, est
annuel. Il est conforme au registre décrit à l'article 130 (modèle
n° 22 A), divisé et tenu selon les mêmes règles générales.

« [Art. **130 bis** de l'*Instruction*. Pour le service de réserve, les décomptes en
« deniers étant inutiles, il n'y aura pas lieu d'établir dans les sections II et IV
« les divisions prescrites pour le service courant.

« Le spécimen de registre pour le service de réserve indique les dispositions que
« les corps chargés de la gestion de plusieurs approvisionnements auront à adopter,
« dans les différentes sections, pour accuser distinctement les existants de chaque
« approvisionnement, tout en présentant, sur le même tableau, l'ensemble du
« matériel dont le corps gestionnaire est responsable (article 60 de l'instruction
« ministérielle du 1er septembre 1879)]. »

Registre des comptes ouverts avec les ouvriers.

131. (*Nouvelle rédaction*, décret du 1er mars 1880). Les registres
des comptes ouverts avec les ouvriers (modèle n° 23) est destiné à
recevoir l'inscription :

1° Des remises de matières qui leur sont faites par le magasin du
corps, pour servir aux confections, aux transformations ou aux réparations, et des remises d'effets à transformer ;

2º Des effets confectionnés ou transformés versés en magasin (1) ;

3º Des consommations de matières résultant des confections, transformations ou réparations.

Il est tenu en simple expédition.

La balance des remises et des consommations est faite au dernier jour de chaque trimestre ; elle est certifiée par l'ouvrier intéressé et l'officier d'habillement, vérifiée par le major et arrêtée par le conseil d'administration.

« Art. 131 de l'*Instruction*. Les étoffes destinées aux confections et aux réparations étant toujours prélevées sur les matières existant entre les mains de « l'ouvrier, le compte ouvert comprendra les consommations de toute espèce.

« Les économies de coupe ne devant se produire qu'exceptionnellement, ne « donneront lieu à aucune écriture en dehors du compte ouvert. Elles seront « inscrites comme dernier article des remises à l'ouvrier.

« Les inscriptions du premier tableau seront faites comme suit :

5 tuniques de soldat	4.63	»	0.02	8.15	»	»
Dont 5 de taille exceptionnelle.	»	»	»	2.54	»	»
Employé .. aux confections et transformations				22.87	20.22	0.79
aux réparations au compte de l'Etat				»	»	0.14
TOTAUX				22.87	20.22	0.93
aux réparations à charge de paiement par l'ouvrier				0.06	»	0.16
TOTAUX généraux des quantités employées				22.93	20.22	1.09
Il reste entre les mains de l'ouvrier { En chiffres				3.52	6.08	0.45
En toutes lettres				Trois mètres cinquante - deux centimètres ..	Six mètres huit centimètres ..	Quarante - cinq centimètres ..

« Le certificat administratif trimestriel (modèle nº 9), destiné à appuyer dans « les écritures de l'officier d'habillement les entrées et les sorties résultant des « confections, des transformations et des réparations, comprendra, d'une manière « détaillée, les quantités de matières, d'effets et d'objets employés à ces divers « titres, ainsi que les produits des confections et des transformations.

« De plus, on mentionnera dans la colonne d'observations du certificat les dates « des autorisations spéciales et des procès-verbaux de perte ou détérioration, « ainsi que le nombre d'effets de taille exceptionnelle confectionnés.

(1) Confections par les ateliers de réparations des corps (art. 54 de l'instruction ministérielle du 9 mars 1879).

« Pour les effets de taille exceptionnelle, le conseil d'administration aura à
« demander au sous-intendant militaire chargé de la surveillance administrative
« du corps, les autorisations d'emploi de matières nécessaires en sus des devis.
« Ces autorisations resteront annexées au compte ouvert.

« On opérera de même pour les matières neuves nécessaires aux réparations au
« compte de l'État.

« Les sorties de matières cédées aux ouvriers pour l'exécution des réparations
« à la charge des masses individuelles seront justifiées par des factures trimes-
« trielles de livraison (modèle n° 11), portant mention de la déclaration de verse-
« ment au Trésor.

« Lorsque le premier ouvrier tailleur sera chargé des ateliers de réparations des
« portions détachées, on établira à la portion centrale une seule facture compre-
« nant toutes les matières cédées à charge de remboursement.

« Les registres des comptes ouverts actuellement en service pourront être
« employés jusqu'à épuisement ; mais à l'avenir ces registres seront imprimés sur
« le format du registre des entrées et des sorties de matériel (hauteur : 380^{mm};
« largeur : 245^{mm}). »

Registre-journal des distributions et des réintégrations en magasin.

132. (*Nouvelle rédaction*, décret du 1er mars 1880). Le registre-
journal des distributions et des réintégrations (modèle n° 22 B) est
trimestriel pour les portions détachées. Il n'a pas de durée limitée
pour les portions centrales. Il est destiné à recevoir journellement
l'inscription du nombre d'effets, armes, outils et objets de toute
nature distribués aux compagnies, escadrons ou batteries, aux infirmeries, écoles, musiques, etc., et de ceux qui sont réintégrés en
magasin, sur la présentation de bons ou de bulletins de versement
signés par les capitaines ou autres détenteurs de matériel, et approuvés par le major.

Ces pièces (modèles n°s 36 et 39) relatent, notamment, les mutations ou les causes qui donnent lieu aux distributions et aux réintégrations.

On inscrit au registre-journal, comme réintégrés effectivement,
les effets et objets de toute nature :

1° Emportés par les hommes passant à d'autres corps ;

2° Perdus ;

3° Versés à d'autres corps ou établissements comme provenant
d'hommes rayés des contrôles en position d'absence (art. 248).

On y inscrit aussi, mais pour ordre seulement, tant à la section II
qu'à la section VIII, les effets abandonnés aux hommes.

Ces inscriptions sont faites d'après les bulletins de versement
établis par les capitaines ou autres détenteurs de matériel, comme
pour les autres réintégrations.

Les distributions et les réintégrations sont totalisées par section,
le dernier jour de chaque trimestre, et les totaux sont inscrits au
registre des entrées et sorties de matériel du service courant.

La certification des opérations de chaque trimestre est signée
par l'officier d'habillement et vérifiée par le major et le sous-intendant militaire.

« Art. 132 de l'*Instruction*. Les divisions du registre-journal répondent exac-
« tement aux divisions du registre des entrées et des sorties de matériel, et les
« effets ou objets y sont inscrits dans le même ordre. L'emploi des papillons
« permet également de donner à chaque section le développement nécessaire.

« La hauteur du registre a été calculée de manière à suffire aux inscriptions
« d'un trimestre, dans un régiment d'infanterie de 18 compagnies. Néanmoins,
« des recommandations devront être faites, pour limiter au strict nécessaire, le
« nombre de bons et de bulletins, de manière à diminuer d'autant le travail des
« comptables.

« Conformément à l'article 254 du décret, le registre-journal des portions déta-
« chées sera envoyé trimestriellement au dépôt.

« Les mouvements inscrits au journal étant reportés en total, chaque trimestre,
« au registre des entrées et des sorties de matériel, il ne sera pas utile d'établir
« trimestriellement les certificats administratifs (modèle n° 14) pour justifier la
« mise en service des effets et objets neufs, non plus que les quantités d'effets ou
« d'objets abandonnés aux détenteurs.

« Les compagnies, escadrons ou batteries, tout en ne comprenant dans leurs
« comptes que des effets ou objets au classement *bon*, auront néanmoins à distin-
« guer, sur leurs bons, le nombre d'effets neufs, distinction indispensable pour
« justifier le déclassement au compte annuel de gestion.

« Les bons et bulletins comprendront également les galons, insignes de tir, les
« ornements, les épinglettes et les rubans de médaille, sans qu'il en soit passé écri-
« ture au livre de détail.

« Les insignes et épinglettes de tir et les rubans de médaille étant considérés,
« au moment même de leur distribution, comme abandonnés définitivement aux
« hommes, seront inscrits comme tels au registre-journal et au certificat administratif
« annuel (modèle n° 14).

« Pour les galons, les insignes et les ornements brodés, à comprendre aux exis-
« tants en service, l'officier d'habillement n'ayant pas dans les livres de détail des
« compagnies les éléments de la situation, l'établira au moyen de l'existant en
« service à la fin du trimestre précédent, et en tenant compte des distributions et
« des réintégrations effectuées pendant le trimestre à régler.

« Pour permettre de constater le nombre des effets de la première catégorie
« abandonnés aux détenteurs, on aura aux réintégrations, section II, et aux distri-
« butions, section VIII, et pour chacun des effets, deux colonnes contiguës : la pre-
« mière réservée aux effets bons ou d'instruction ; la seconde destinée aux effets
« abandonnés (A.). Ces derniers effets étant distingués sur les bulletins par la
« lettre A, l'officier d'habillement aura toutes facilités pour les inscriptions à la
« section II ou à la section VIII.

« Quant aux effets d'instruction délivrés en échange des effets bons réintégrés,
« l'inscription en sera faite au journal d'après un bon nominatif (modèle n° 36 du
« décret) établi par l'officier d'habillement.

« Ces renseignements ne figurent au journal que pour mémoire, et dans le
« seul but de pouvoir facilement et sûrement établir les certificats administratifs
« annuels des effets abandonnés (voir art. 130 et 253 *bis*).

« Les quantités d'épinglettes de tir et de rubans de médaille à comprendre sur
« ces certificats administratifs seront celles qui se trouveront inscrites aux distribu-
« tions.

« Pour le matériel hors de service, on n'aura que des distributions à inscrire,
« tout le matériel devant être réintégré en magasin au classement *bon*.

« Le modèle n° 36 du décret pourra, avec de légères additions à la main, être
« employé comme bon de distribution, comme bulletin de versement, bulletin de
« dépôt, etc.

« Le mot *instruction* sera substitué à l'indication de classement *bon*, lorsqu'il

« s'agira de matériel appartenant à la section VIII (habillement d'instruction). De
« plus, la désignation : *section VIII*, devra figurer en tête des bons ou des bulletins
« en caractères apparents.] »

Registre matricule des effets de la 1re catégorie en service.

133. (*Nouvelle rédaction*, décret du 1er mars 1880). Le registre
matricule des effets de la première catégorie en service (modèle
n° 26) est destiné à recevoir l'inscription nominative, dans l'ordre
du registre matricule de la troupe, de tous les sous-officiers, caporaux ou brigadiers, soldats et enfants de troupe, ainsi que la désignation des effets de la première catégorie qui leur sont successivement fournis.

Ce registre est composé de feuillets mobiles, divisés par cases,
dont une est affectée à chaque homme.

Il est tenu un registre spécial pour la deuxième portion du contingent.

Il n'en est pas ouvert pour les hommes de la réserve rappelés
pour des exercices ou des manœuvres.

Les distributions y sont enregistrées par l'inscription des chiffres
indicatifs de l'année et du trimestre où elles ont eu lieu.

Les effets réintégrés en magasin ou abandonnés à l'homme qui
cesse d'appartenir au corps, y sont indiqués par une unité au bas
de leurs colonnes respectives.

Lorsqu'il est délivré des effets ayant parcouru une partie de leur
durée, le nombre de trimestres pendant lequel ils doivent encore
servir est inscrit sur le registre, à la suite du chiffre indicatif du
trimestre de la distribution. On y inscrit, en outre, le numéro matricule du précédent détenteur.

Lorsque toutes les cases d'un feuillet ont été rayées, ce feuillet
est déposé aux archives.

Contrôles généraux des instruments de musique, clairons, trompettes, effets de harnachement, armes et outils portatifs.

134. (*Nouvelle rédaction*, décret du 1er mars 1880). Les contrôles
généraux (modèle n° 28) sont destinés à recevoir les inscriptions
suivantes :

1° Numéros de série empreints sur les instruments de musique,
clairons, trompettes, effets de harnachement, armes et outils portatifs, lorsqu'ils sont mis en service pour la première fois ;

2° Année de la première mise en service ;

3° Numéros matricules des hommes et des chevaux auxquels ils
sont affectés ;

4° Lettre indicative ou numéro de la compagnie, de l'escadron
ou de la batterie ;

5° Cause et date de la perte pour le corps, des instruments, effets,
armes et outils.

Quand un instrument, un effet de harnachement, une arme ou un outil est réintégré en magasin, cette rentrée est indiquée par la simple radiation du numéro matricule.

« [Art. 134 de l'*Instruction*. Les contrôles généraux des instruments de mu-
« sique, des effets de harnachement, des armes, actuellement existants, ne seront
« renouvelés que le jour où les cases ne permettront plus de continuer à y faire
« des inscriptions.

« Le contrôle général des outils du génie sera seul ouvert immédiatement, con-
« formément au modèle joint au décret.] »

Contrôle général des équipages régimentaires et d'état-major.

135. (*Décret du 1er mars* 1880). Dans les corps qui sont pourvus d'équipages régimentaires, ou qui ont reçu en dépôt des équipages destinés aux états-majors, il est tenu un contrôle général des équipages (modèle n° 30) sur lequel on inscrit, au moment de la réception, les marques et numéros qu'ils portent, et successivement les mutations indiquant leur entrée au corps, leur sortie ou leur passage d'une compagnie ou d'un escadron dans un autre.

« [Art. 135. Le contrôle général des équipages sera immédiatement ouvert
« suivant le modèle n° 29 ; la matricule des voitures tenue par le trésorier sera
« ensuite déposée aux archives du corps.] »

136. Supprimé (*Décret du 1er mars* 1880).

Livret des échantillons et modèles-types.

137. Le livret des échantillons et modèles-types (modèle n° 32), est destiné à recevoir l'inscription, dans l'ordre des dates de leur réception, de tous ceux qui sont envoyés au corps par le Ministre.

Lorsqu'un échantillon ou modèle est substitué à un autre, la date de l'annulation de l'ancien est inscrite au livret, où il est, en outre, fait mention de la destination qu'il reçoit.

Livret matricule (1).

138. (*Nouvelle rédaction*, décret du 7 août 1875). 1° *Livret matricule des officiers.* — Les livrets matricules des officiers, conformes au modèle n° 1, sont établis par le trésorier du corps, au moment de l'arrivée des nouveaux officiers venant des écoles ou des sous-officiers, d'après les renseignements concernant l'état civil et les services militaires antérieurs desdits officiers déjà inscrits sur la matricule des officiers du corps en vertu de l'article 121.

Ces livrets sont soumis au visa du major et remis par cet officier supérieur au capitaine commandant la compagnie, l'escadron ou la batterie, dont font partie les officiers que ces livrets concernent.

---

(1) Voir à l'annexe n° 35, l'instruction ministérielle du 11 septembre 1875.
Pour la tenue des livrets matricules des officiers sans troupe, employés militaires, Voir la note ministérielle du 4 juin 1877, *J. M.*, p. 546.
Note ministérielle relative aux documents que les corps doivent adresser directe-ment aux conseils d'administration des écoles, lorsqu'ils ont des militaires détachés dans ces établissements (25 mai 1878, *J. M.*, p. 262).

A compter de ce moment, les livrets matricules sont tenus, sous la surveillance du conseil d'administration, par le capitaine commandant, qui y inscrit successivement les changements qui surviennent dans la position militaire de l'officier, les grades, titres et décorations, blessures, actions d'éclat, campagnes, causes de radiation anticipée, ainsi que les dates y relatives.

Le capitaine commandant mentionne dans la forme indiquée au modèle n° 1, le trimestre, l'année, le numéro du bataillon, de la compagnie, de l'escadron ou de la batterie, et successivement, les mouvements et mutations qui modifient la position de l'officier.

Ces mutations sont inscrites le jour même où s'accomplit le mouvement qu'elles relatent. Il n'est laissé ni ligne blanche, ni lacune entre les mutations.

Les livrets matricules des officiers supérieurs et ceux des autres officiers qui ne comptent pas dans les compagnies, escadrons ou batteries, sont tenus, d'après les mêmes règles, par le trésorier, l'officier payeur ou l'officier commandant.

Lorsque l'officier quitte le corps, l'exactitude de l'inscription des mutations est certifiée par le major.

Les livrets matricules des officiers sont individuels et mobiles; ils sont réunis à ceux des hommes de troupe de la compagnie, de l'escadron ou de la batterie, dans un casier dont la forme et les dimensions sont déterminées par le Ministre. Ceux tenus par le trésorier sont conservés par cet officier.

Les livrets matricules des officiers qui, dans le même corps, changent de compagnie, escadron ou batterie, sont remis au capitaine de la nouvelle compagnie, escadron ou batterie.

Ceux des officiers qui passent à un autre corps sont envoyés au corps aussitôt après la radiation des contrôles.

Les livrets matricules des officiers passant d'un corps de troupe dans un des divers états-majors ou placés hors cadre, sont adressés au chef de service, qui est alors chargé de leur tenue.

Lorsque ces officiers rentrent dans un corps de troupe, leurs livrets matricules sont envoyés au conseil d'administration de ce corps.

Les livrets matricules des officiers mis en non-activité sont adressés au sous-intendant militaire chargé de l'ordonnancement de leur solde. Ce fonctionnaire y mentionne les mutations survenant dans la position de ces officiers.

Quand les officiers sont relevés de la non-activité, les livrets matricules sont envoyés par le sous-intendant militaire, aux conseils d'administration des corps où ces officiers ont été replacés ou au chef de leur nouveau service.

Les livrets matricules des officiers admis à la pension de retraite, réformés ou décédés, sont conservés par les corps ou les chefs de service et renvoyés au ministère de la guerre au bout de trois ans (1).

_____

(1) Les livrets des officiers rayés du contrôle pour quelque cause que ce soit seront

2o *Livret matricule des hommes de troupe* (1). — Les livrets matricules (modèle n° 2) sont ouverts par le commandant du bureau de recrutement pour tout homme inscrit sur le registre matricule dont la tenue est prescrite par l'article 33 de la loi du 27 juillet 1872.

Les livrets matricules des hommes contractant un engagement volontaire avant d'avoir été portés sur ce registre matricule, sont également établis par le commandant du bureau de recrutement de la circonscription dans laquelle l'acte a été souscrit.

Les commandants des bureaux de recrutement mentionnent sur ces livrets matricules : l'état civil de l'homme, son signalement, le titre sous lequel il est lié au service (jeune soldat, engagé volontaire, engagé conditionnel d'un an) et les changements qui surviennent dans la situation militaire de l'homme jusqu'au jour où il est mis en route pour rejoindre le corps de troupe auquel il est affecté.

Les livrets des hommes qui changent de domicile avant d'être appelés à l'activité sont adressés, par les commandants des bureaux de recrutement sur les registres matricules desquels les hommes sont inscrits, aux commandants de recrutement des circonscriptions dans lesquelles les hommes ont fixé leur nouveau domicile.

Le jour où des engagés volontaires, des engagés conditionnels ou des jeunes soldats sont dirigés sur un corps de troupe, leurs livrets matricules sont adressés audit corps, de façon qu'ils y arrivent au moins en même temps que l'homme. Ils sont accompagnés d'un bordereau nominatif qui est renvoyé au commandant du bureau de recrutement, revêtu du récépissé du chef de corps, aussitôt l'arrivée au corps de tous les hommes qui y sont désignés (2).

---

adressés immédiatement à l'administration centrale de la guerre (Bureau des différents personnels. — Décision présidentielle du 26 mars 1879, *J. M.*, applicable aux officiers de réserve et de l'armée territoriale (24 décembre 1880).

(4) Voir la note ministérielle du 29 février 1876, *Journal militaire*, page 199, portant modification des modèles de livret individuel et de livret matricule d'homme de troupe, annexés au décret du 7 août 1875.

(2) Le Ministre de la guerre consulté sur la question de savoir quelle est la date qui doit être portée sur le livret matricule, dans la 2e colonne du tableau de la 2e page, à l'effet d'indiquer l'arrivée au corps des disponibles ou des réservistes rappelés sous les drapeaux, a décidé que la date à inscrire au tableau en question est celle de l'arrivée effective des disponibles ou des réservistes du corps auquel il est affecté (Note ministérielle du 11 mars 1876, *Journal militaire*, page 363).

Après la mise en route des jeunes soldats, les mutations intéressant leur position au point de vue du recrutement (passage dans la disponibilité de l'armée active, dans la réserve de l'armée active ou dans l'armée territoriale, réforme, décès, condamnation entraînant exclusion des rangs de l'armée, etc.) sont notifiées au commandant du dépôt de recrutement par les conseils d'administration des corps, au moyen de l'envoi des feuilles matricules où la mutation est relatée.

Les conseils d'administration feront également connaître au commandant du dépôt de recrutement, au moyen d'un bulletin, sans envoi de feuilles matricules, les mutations des hommes nommés officiers, de ceux qui ont obtenu des brevets ou des commissions, qui ont subi des condamnations entraînant prolongation de service, ou qui

Si, un mois après le jour fixé par l'ordre de route pour l'arrivée du jeune soldat à sa destination, celui-ci n'a point paru au corps auquel il est affecté, le chef de corps renvoie le livret matricule au commandant du bureau de recrutement et certifie sur le bordereau nominatif que l'homme n'a pas rejoint sa destination dans le délai sus-indiqué et que le corps n'a point été informé que la cause du retard provienne d'un cas de force majeure.

A partir du jour de l'arrivée du militaire à son corps, le livret est tenu sous la surveillance du conseil d'administration par le commandant de la compagnie, de l'escadron ou de la batterie, qui y porte la date de l'arrivée au corps; le numéro sous lequel l'homme a été inscrit au registre matricule; les services, positions diverses, grades, campagnes, blessures, actions d'éclat, décorations et les dates y relatives; les déductions à faire sur la durée des services par suite de condamnations; les causes accidentelles des radiations anticipées; les dates de passage dans la disponibilité ou dans la réserve de l'armée active; et, quand il y a lieu, la mention constatant qu'un certificat de bonne conduite a été accordé ou refusé au titulaire (1).

Le degré d'instruction à l'arrivée au corps, la progression de l'instruction militaire, les renseignements sur les cours des écoles régimentaires, de gymnastique et d'escrime suivis par l'homme, y sont également indiqués.

Le capitaine commandant relate, en outre, dans la forme indiquée au modèle n° 2, le trimestre, l'année, le numéro du bataillon, de la compagnie, de l'escadron ou de la batterie; le numéro sous lequel l'homme est inscrit au contrôle et successivement les mutations et mouvements qui modifient la position du militaire. Ces mutations sont inscrites le jour même où elles se produisent. Il n'est laissé ni ligne blanche ni lacune entre ces mutations.

Le capitaine commandant inscrit aussi sur le livret matricule les dates, la nature, la durée et les motifs des punitions qui ont été successivement infligées au militaire. Lorsque celui-ci quitte le corps, ses punitions sont totalisées et certifiées par le capitaine commandant.

Enfin, le capitaine commandant détaille sur le livret matricule les recettes et les dépenses de la masse individuelle. L'inscription de ces opérations se fait d'après les règles tracées aux articles 166 et suivants et aux époques indiquées ci-après, savoir :

---

ont contracté des rengagements. Pour ces derniers, ils indiquent la date et la durée du rengagement et le corps au titre duquel il a été souscrit (Dispositions ministérielles du 14 juillet 1873, *Journal militaire*, page 65, rappelées par la circulaire ministérielle du 25 novembre 1874, P. S., p. 698 et la circulaire manuscrite du 28 janvier 1876, n° 407).

(1) Voir pour ces indications le renvoi (3) à l'article 124.

7

RECETTES.

4re mise ou supplément de 4re mise ... — Au moment de l'incorporation de l'homme ou de la mutation qui lui donne droit à un supplément.

Produit de la prime journalière. . . . . — Le premier jour de chaque trimestre pour toutes les journées acquises pendant le trimestre précédent ; et en ce qui regarde les hommes rayés des contrôles ou entrant dans une position d'absence, au moment où la mutation est inscrite au contrôle (sauf, s'il y a lieu, à rectifier ultérieurement les inscriptions d'après la feuille de décompte de la masse (Art. 187).

Versements faits par les hommes . . . — Au moment où ils s'effectuent entre les mains des capitaines.

Valeur des effets de petit équipement qui ont été détruits comme ayant servi à des chevaux atteints de maladies contagieuses . . . . — Aussitôt que le décompte établi par le capitaine pour servir au remboursement des effets a été vérifié par le major.

DÉPENSES.

Excédent du complet réglementaire des hommes présents.
Avoir à la masse des hommes *présents* qui quittent le service, ou qui sont promus adjudants, sous-lieutenants, gardes d'artillerie, adjoints du génie, etc., etc. . . : — Au moment où le paiement est fait aux hommes.

Prix des effets de petit équipement fournis aux hommes par les magasins du corps . . . . — Au moment où les effets sont remis aux hommes.

Montant des mandats délivrés aux hommes voyageant isolément pour avances en argent ou fournitures d'effets de petit équipement. . . . . — Au moment où le capitaine connaî l'inscription faite sur la feuille de route ou reçoit communication du mandat.

Prix des réparations d'effets ou armes mises au compte des hommes. . . . . . . — Au moment où le capitaine signe le bulletin de réparation,

Montant des pertes et dégradations d'effets de casernement, de campement ou d'hôpital, et des dégradations dans les bâtiments de l'Etat ou chez l'habitant, mises à la charge des hommes . . . . . . — Dès que l'état de répartition dressé par l'officier de casernement a été communiqué au capitaine, ou, en cas de départ du débiteur, au moment de la mutation et sur note appréciative approuvée par le major.

Moins-value des effets et armes perdus ou mis hors de service . . . . — Lorsque la notification est faite au capitaine de l'approbation donnée par le sous-intendant militaire au bulletin d'imputation.

Le compte courant de tout homme de troupe est balancé le premier jour de chaque trimestre et lorsque le militaire entre dans une position d'absence ou qu'il cesse d'appartenir à la compagnie, à l'escadron ou à la batterie.

Toutes les rectifications à faire sur le compte courant des hommes de troupes sont opérées par voie d'augmentations ou de diminutions justifiées par des mentions explicatives. Ces comptes courants ne sont signés par l'homme et par le capitaine qu'au moment où le militaire quitte le corps. Dans ce cas, un trait est passé immédiatement au-dessous des signatures.

L'enregistrement des effets d'habillement, de coiffure, de grand équipement et d'armement confiés à l'homme, les numéros et dates de la mise en service des effets et armes, sont portés sur le livret matricule.

Les livrets matricules sont individuels et mobiles, ils sont réunis dans le casier dont il est parlé ci-dessus et classés dans l'ordre alphabétique.

Les livrets matricules des hommes qui, dans le même corps, changent de compagnie, d'escadron ou de batterie, sont remis au nouveau capitaine, au moment de la mutation.

Ceux des hommes qui passent à un autre corps, sont envoyés au nouveau corps aussitôt après la radiation des contrôles.

Ceux des sous-officiers promus sous-lieutenants ou nommés à des emplois dans divers services sont conservés dans les archives du corps, si le titulaire ne quitte pas ce corps, ou envoyés soit au nouveau corps, soit au chef du service dont le titulaire doit faire partie. Au bout de trois ans, ils sont renvoyés au ministère de la guerre.

Les livrets matricules des hommes envoyés dans la disponibilité ou dans la réserve de l'armée active, dans l'armée territoriale ou sa réserve, sont envoyés au commandant du bureau de recrutement de la circonscription dans laquelle le militaire a été inscrit sur le registre matricule prescrit par l'article 33 de la loi du 27 juillet 1872 (1).

Les livrets des hommes décédés ou de ceux rayés des contrôles pour longue absence reçoivent la même destination.

Si l'homme, en quittant son corps, se retire dans une autre subdivision de région que celle où il est porté au registre matricule, le commandant du bureau de recrutement, après avoir mentionné la mutation sur ses registres, transmet le livret matricule au commandant du recrutement de la circonscription dans laquelle l'homme a fixé son domicile (1).

Les livrets matricules destinés à être envoyés soit à un autre corps, soit à un chef de service, soit à un commandant de bureau de recrutement, sont certifiés au pied des mutations par le capitaine commandant et vérifiés par le major, qui constatent ainsi que l'ensemble des inscriptions faites sur les livrets sont exactes.

Lorsque les livrets matricules venant d'un corps parviennent directement à une portion du nouveau corps autre que la portion centrale, ils sont communiqués au conseil d'administration central, qui fait transcrire sur la matricule du corps et sur les contrôles généraux les renseignements mentionnés sur les livrets matricules.

Lorsque le livret matricule d'un militaire rayé des contrôles d'un

_____

(1) Applicable aux sous-officiers admis à la retraite après 15 ans de service (Décision présidentielle du 26 mars 1879).

corps de troupe parvient au commandant du bureau de recrutement, celui-ci mentionne sur ce livret le corps auquel le militaire
est affecté. Il adresse ensuite le livret matricule au nouveau corps,
accompagné d'un bordereau nominatif d'envoi qui lui est renvoyé
sans délai, revêtu du numéro d'inscription de l'homme au répertoire général du corps.

Les livrets matricules des hommes affectés au même corps sont
compris sur un seul bordereau d'envoi.

Si l'homme change ultérieurement de domicile, le commandant
du bureau de recrutement réclame le livret matricule et l'envoie à
son collègue de la circonscription dans laquelle l'homme a établi
son nouveau domicile.

Ce dernier officier mentionne sur le livret matricule le domicile
du titulaire et opère comme il est dit ci-dessus.

Les livrets matricules des militaires de la disponibilité de la réserve de l'armée active et de l'armée territoriale qui contractent des
engagements ou des rengagements, sont envoyés aux corps pour
lesquels ces hommes ont souscrit leur acte.

Lorsque les livrets matricules des hommes de la disponibilité ou
de la réserve de l'armée active sont parvenus aux corps auxquels
ces hommes sont affectés, les conseils d'administration font établir,
à l'aide de ces livrets, des feuilles matricules mobiles (modèle n° 3)
dont la réunion forme le *registre matricule* des réservistes du corps.
Ils inscrivent en même temps les hommes sur un répertoire général contenant leurs noms, prénoms et grades, et leur donnent un
numéro d'ordre, qui est reproduit sur le bordereau des livrets matricules qui doit être renvoyé aux commandants des bureaux de
recrutement (1).

Le répertoire général est destiné, en outre, à recevoir l'inscription des mutations dont les hommes pourront être l'objet.

Les livrets matricules sont remis aux capitaines commandant
les compagnies, les escadrons ou les batteries auxquels les hommes sont affectés. Ils sont placés dans un casier semblable à celui
qui renferme les livrets matricules des hommes présents sous les
drapeaux (2).

En cas de changement de garnison, les feuillets matricules, le
répertoire général et les livrets matricules concernant les hommes
de la disponibilité ou de la réserve de l'armée active, sont remis par
le corps partant à celui qui le remplace.

Les mutations qui surviennent parmi les hommes dont il est
question à l'alinéa précédent, sont notifiées au corps par les commandants des bureaux de recrutement au moyen de bulletins d'avis
de mutations.

---

(1) Répertoire des disponibles et réservistes et des hommes de l'armée territoriale
(28 décembre 1879).
(2) Voir la note ministérielle du 24 mai 1877, *J. M.*, page 545, relative à la conservation des feuillets matricules mobiles et à la tenue d'une liste des réservistes et
disponibles affectés aux fractions de corps détachées.

Dans le cas où la mutation a pour effet de faire rayer l'homme de la disponibilité ou de la réserve d'un corps, le feuillet matricule et le livret matricule sont renvoyés au commandant du bureau de recrutement.

Livret matricule des chevaux (1).

139. (*Nouvelle rédaction*, décret du 7 août 1875). — Les livrets matricules des chevaux d'officiers et de troupe (modèle n° 4) sont établis par le trésorier au moment de l'arrivée au corps des jeunes chevaux venant de la remonte ou achetés dans le commerce par le conseil d'administration ou par les officiers tenus de se monter à leurs frais.

Le trésorier mentionne sur ces livrets, d'après les inscriptions faites sur la matricule du corps, le nom invariable donné au cheval ou mulet, les dates de réception et d'arrivée, l'origine de l'animal, son signalement, le prix d'achat, les numéros sous lesquels il a été immatriculé au dépôt de remonte et au corps.

Ces livrets sont soumis au visa du major et remis par cet officier supérieur au capitaine commandant la compagnie, l'escadron ou la batterie dans laquelle le cheval ou le mulet est placé.

A compter de ce moment, le livret matricule est tenu, sous la surveillance du conseil d'administration, par le capitaine commandant, qui y relate successivement le numéro matricule et le nom du cavalier auquel le cheval est confié, le trimestre, l'année, le numéro de la compagnie, de l'escadron ou de la batterie, le numéro au contrôle et les mutations et mouvements, les dates d'entrée à l'infirmerie, les dates de sortie, la durée du séjour et le genre de maladie, les renseignements sur l'état physique et sanitaire de l'animal, son classement successif aux inspections générales, la date et les causes de sa radiation des contrôles de l'armée. En outre, pour les chevaux de troupe et les mulets, les numéros et années de mise en service des effets de harnachement.

Les livrets matricules des chevaux sont individuels et mobiles; ils sont réunis dans le même casier que les livrets matricules des hommes; ils sont classés après ceux-ci et dans l'ordre alphabétique.

Les livrets matricules des chevaux des officiers supérieurs et autres qui ne comptent pas dans une compagnie, dans un escadron ou une batterie, sont tenus par le trésorier, l'officier payeur ou l'officier commandant.

Les livrets matricules des chevaux qui, dans le même corps, changent de compagnie, d'escadron ou de batterie, sont remis au nouveau capitaine.

Ceux des chevaux qui passent d'un corps à un autre ou dans un

---

(1) Pour les livrets des chevaux des officiers sans troupe, employés militaires, etc. (Voir la note ministérielle du 4 juin 1877, *J. M.*, page 516).

état-major ou un service spécial, sont envoyés au nouveau corps ou au chef de service aussitôt après la radiation de l'animal des contrôles.

Les livrets matricules des chevaux réformés ou morts sont remis au trésorier et conservés dans les archives du corps pendant deux années.

Registre de comptabilité trimestrielle (1).

140. (*Nouvelle rédaction*, décret du 1er mars 1880). — Le registre de comptabilité trimestrielle comprend :
  Le livre de détail ;
  Le cahier d'enregistrement ;
  La feuille de journées des hommes ;
  La feuille de journées des chevaux ;
  La feuille de décompte de la masse individuelle.

1o LIVRE DE DÉTAIL.

Le livre de détail (modèle no 35) est destiné à présenter les renseignements indiqués par le titre même de chacun des paragraphes ou de chacune des sections des deux parties qui le composent, savoir :

Ire PARTIE. — RENSEIGNEMENTS GÉNÉRAUX.

§ Ier. — *Position de la compagnie, de l'escadron ou de la batterie.*

La position de la compagnie, de l'escadron ou de la batterie, au premier jour du trimestre, est indiquée en tête de ce paragraphe.
Les mouvements s'inscrivent au fur et à mesure qu'ils s'effectuent.

§ II. — *Allocations de vivres de campagne, d'indemnités et de fournitures extraordinaires.*

Les inscriptions se font d'après la mise à l'ordre du jour, ou sur la communication des décisions de l'autorité compétente.

§ III. — *Situations et mutations journalières.*

La situation est établie chaque matin, et inscrite au registre à la date de la journée précédente, d'après les mutations survenues pendant cette journée, de minuit matin à minuit soir.
Les mutations sont inscrites nominativement à la suite les unes des autres sans s'attacher à les faire correspondre avec les lignes des dates.

---

(1) Voir les instructions ministérielles du 28 octobre 1875 (annexe no 36) et 25 mars 1876 (annexe no 37).

§ IV. — *Liste des travailleurs.*

Les sommes retenues aux travailleurs et celles attribuées aux hommes qui les remplacent dans leur service, en exécution des prescriptions de l'article 167, sont inscrites au fur et à mesure de leur remise entre les mains du capitaine.

§ V. — *Solde de la troupe et rations diverses perçues.*

Les prestations en deniers et en nature sont inscrites au fur et à mesure des perceptions et totalisées à la fin du trimestre. Le capitaine, après avoir arrêté la feuille de journées, inscrit les allocations au-dessous des totaux relatifs aux perceptions, opère la balance des unes avec les autres pour faire ressortir les trop-perçus et les moins-perçus.

§ VI. — *Enregistrement sommaire des bordereaux ou relevés et des états de répartition pour réparations, moins-values, dégradations et autres remboursements mis au compte des hommes.*

L'inscription du montant des réparations exécutées aux effets, aux armes, aux outils et objets divers, se fait au moment de la remise du bulletin à l'ouvrier chargé de la réparation : celle des moins-values au moment de la remise du bulletin à l'officier d'habillement ; et celle des dégradations ou autres imputations à faire sur la masse individuelle, lorsque les états de répartition sont communiqués au capitaine.

IIᵉ PARTIE. — COMPTES COURANTS DU MATÉRIEL.

Il ne doit être fait usage de cette seconde partie du livre de détail divisée comme suit, que dans les corps composés de plusieurs unités administratives :

SECTION   II. *Habillement et campement.*
—   III. *Remonte générale.*
—   IV. *Harnachement.*
—   V. *Artillerie et équipages militaires.*
—   VI. *Génie.*
—   VII. *Ecoles.*
—   VIII. *Habillement d'instruction.*
—   X. *Lits militaires, couchage auxiliaire et casernement.*

Les distributions effectuées par le magasin d'habillement, et les réintégrations qui s'y font, sont inscrites aux différentes sections par ordre de date, et d'après les quantités portées aux bons de distributions ou bulletins de versement. Il en est de même des mouvements entre les compagnies, escadrons ou batteries d'un même corps, d'après les indications des livrets matricules et individuels des hommes.

Toutes ces opérations sont totalisées par trimestre et doivent faire ressortir, à chaque section, les quantités d'objets existant au dernier jour du trimestre, à la compagnie, à l'escadron ou à la batterie.

Pour le matériel des lits militaires, du couchage auxiliaire et du casernement, les réceptions et les réintégrations s'inscrivent par ordre de date. Elles sont balancées à l'expiration de chaque trimestre, et lorsque tout le matériel est rendu au service des lits militaires, au magasin du corps ou au service du génie.

Dans les corps qui ne comportent pas l'emploi de tous les paragraphes et de toutes les sections du livre de détail, chacun de ceux qui sont à leur usage conserve néanmoins le numéro qui lui est affecté par le présent article.

Les effets, ustensiles et objets divers, sont toujours inscrits dans l'ordre de nomenclature de chaque service.

Le livre de détail est renouvelé le premier jour de chaque trimestre.

Les deux parties de celui qui vient d'être remplacé sont séparées et envoyées :

La première partie au trésorier, pour la vérification des feuilles de journées et de la feuille de décompte ;

La seconde partie à l'officier d'habillement, pour servir à l'arrêté et à la justification des opérations inscrites au registre des entrées et des sorties du matériel.

Elles sont ensuite déposées aux archives.

Les livres de détail sont joints aux autres documents de comptabilité trimestrielle que les portions détachées doivent adresser au conseil d'administration central (art. 254).

Sur le pied de guerre, les livres de détail sont renvoyés au dépôt en même temps que les feuilles de journées et de décompte, dans les cinq premiers jours du nouveau trimestre.

2º CAHIER D'ENREGISTREMENT.

Le cahier d'enregistrement, composé de cinq feuillets de papier blanc quadrillé, est destiné à l'inscription rapide, au courant de la plume, des notes, bons ou états, ordres, résultats des revues de linge et chaussures servant de minutes de bons, dépenses, recettes, etc., dont les capitaines jugent utile de conserver trace.

Ce cahier a essentiellement le caractère d'un journal ou brouillon ; mais les inscriptions doivent y être faites lisiblement. Il est renouvelé le premier jour de chaque trimestre et reste aux mains du capitaine, qui le détruit quand il juge qu'il ne peut plus lui être utile.

3º FEUILLE DE JOURNÉES DES HOMMES.

4º FEUILLE DE JOURNÉES DES CHEVAUX.

5° FEUILLE DE DÉCOMPTE.

Les règles à suivre pour l'établissement de la feuille de journées des hommes et de celle des chevaux sont déterminées par le règlement sur le service de la solde et sur les revues (1).

La feuille de décompte est tenue d'après les prescriptions de l'article 187.

« [Art. 140 de l'*Instruction*. La division du livre de détail répondant exactement aux divisions du registre des entrées et des sorties de matériel, à l'exception de la section X qui n'existe point à ce dernier registre, le matériel sera classé au livre de détail dans le même ordre qu'au registre des entrées et des sorties. L'emploi du papillon permet, également, de donner à chaque section le développement nécessaire.

« L'exemple chiffré porté au modèle (section II), indique comment doivent opérer les compagnies, escadrons ou batteries pour leurs différents mouvements d'effets ou d'objets divers.

« Pour les troupes à cheval, les opérations relatives aux pantalons d'ordonnance à transformer ou transformés, seront inscrites telles qu'elles se produisent, c'est-à-dire :

« 1° Sortie du pantalon d'ordonnance à transformer ;
« 2° Entrée du pantalon d'ordonnance de remplacement ;
« 3° Entrée du pantalon de cheval transformé;
« 4° Sortie, par abandon au détenteur, du pantalon de cheval remplacé.

« Le remplacement des effets de première et de seconde tenue ayant lieu distinctement, et, de plus, cette transformation ne concernant que les sous-officiers, les inscriptions de ce genre seront très rares.

« A la section III, les chevaux et mulets ne donneront lieu à aucune inscription.

« Les autres parties du registre de comptabilité trimestrielle continuent d'être tenues suivant les règles actuellement en vigueur et notamment, pour ce qui concerne les feuilles de journées, celles qui sont posées par l'instruction ministérielle du 7 novembre 1879]. »

LIVRET INDIVIDUEL DES HOMMES DE TROUPE (2).

141. (*Nouvelle rédaction*, décret du 7 août 1875). — Le livret individuel de l'homme de troupe (modèle n° 5) est ouvert, en même temps que le livret matricule mentionné à l'article 138, par le commandant du bureau de recrutement, qui y indique l'état civil et le signalement de l'homme et le titre sous lequel il est lié au service (3).

Si l'homme change de domicile avant d'être appelé à l'activité, le livret individuel est envoyé au commandant du bureau de recrute-

(1) Voir l'instruction ministérielle du 26 mars 1876 (annexe n° 37).
(2) Note ministérielle prescrivant l'addition d'un *feuillet professionnel* au livret individuel des militaires appartenant aux sections de secrétaires d'état-major et du recrutement, de commis et ouvriers militaires d'administration et d'infirmiers militaires (12 décembre 1877, *J. M.*, p. 269).
(3) Pour les ratures ou surcharges constatées sur les livrets individuels (Note ministérielle du 10 avril 1879, *J. M.*, p. 457).

ment de la circonscription dans laquelle l'homme a établi son nouveau domicile.

Le livret individuel est envoyé au conseil d'administration du corps auquel est affecté le jeune soldat, au moment de la mise en route de ce militaire pour rejoindre ledit corps.

Dès l'arrivée de l'homme, le capitaine commandant la compagnie, l'escadron ou la batterie, inscrit, sur le livret individuel, la date de son incorporation et celle de son arrivée, et tous les autres renseignements qui figurent au livret matricule.

Le livret contient aussi la nomenclature réglementaire des effets de petit équipement, le tableau des mesures de l'homme et les types d'effets correspondant à ces mesures, un tableau des résultats obtenus au tir à la cible, enfin les dispositions des lois et règlements dont les militaires doivent avoir incessamment le texte sous les yeux.

Dans les corps de troupe à cheval, le livret reçoit en outre l'inscription du nom et du numéro matricule du cheval affecté au cavalier, avec celle des numéros et millésimes empreints sur les effets de harnachement dont il est détenteur. Ces renseignements sont extraits du livret matricule du cheval.

Homme qui passe à un autre corps.

142. (*Nouvelle rédaction*, décret du 7 août 1875). — L'homme qui passe d'un corps à un autre emporte son livret, sur lequel sont mentionnés, dès son arrivée, la désignation du nouveau corps, le motif et la date du changement de corps, le nouveau numéro matricule de l'homme, le numéro du bataillon, de l'escadron ou de la batterie, celui de la compagnie où il est placé, enfin toutes les indications nécessitées par le changement de position du militaire.

Inscriptions faites en présence de l'homme.

143. (*Nouvelle rédaction*, décret du 7 août 1875). — Les effets et armes qui sont délivrés aux hommes et les articles de recette et de dépense de leur masse sont inscrits au livret, autant que possible, en leur présence. Dans tous les cas les capitaines commandants doivent mettre les hommes à même de constater l'exactitude de ces inscriptions.

Le capitaine arrête et signe le livret.

144. (*Nouvelle rédaction*, décret du 7 août 1875). — Le capitaine *arrête* et *signe*, sur les livrets des hommes présents, les comptes courants de leur masse individuelle aux époques et dans les circonstances prescrites par l'art. 138 pour la balance de ces comptes au livret matricule.

Le livret ne peut être retiré à l'homme.

145. (*Nouvelle rédaction*, décret du 7 août 1875). — Le livret individuel doit être laissé entre les mains de l'homme à qui il est délivré. Toutefois il lui est momentanément retiré à l'époque où l'homme rentre dans ses foyers, comme il est dit ci-après :

Lorsque le militaire est renvoyé dans la disponibilité ou dans la réserve de l'armée active, le conseil d'administration du corps qu'il quitte mentionne au certificat qui figure à la gauche du livret individuel la nouvelle position de l'homme, et adresse ce livret au commandant du bureau de recrutement de la subdivision de région dans laquelle l'homme est inscrit au registre matricule.

Le commandant du bureau de recrutement indique, à la première page du livret, le nouveau corps auquel l'homme est affecté et qu'il doit rejoindre en cas d'appel pour prendre part aux manœuvres ou en cas de mobilisation. Cet officier remplit également un des ordres de route et porte, sur le certificat ci-dessus mentionné, le numéro d'inscription de l'homme au répertoire général du corps, aussitôt que le bordereau mentionné à l'article 138 lui a été renvoyé. Le livret individuel est ensuite envoyé au militaire par l'intermédiaire de la gendarmerie, qui constate par procès-verbal la remise de ce document au titulaire.

Si l'homme, au moment où il est renvoyé dans ses foyers, se retire dans une subdivision de région autre que celle où il est inscrit au registre matricule, le commandant du bureau de recrutement fait l'envoi du livret individuel en même temps que celui du livret matricule à l'officier de recrutement de la circonscription dans laquelle l'homme a fixé son nouveau domicile. Ce dernier officier opère ensuite comme il a été dit au paragraphe précédent.

Tout homme de la disponibilité ou de la réserve de l'armée active qui change de domicile, est tenu de présenter son livret au commandant de la brigade de gendarmerie. Celui-ci appose un visa constatant le départ, à la suite du certificat dont il a été parlé et fait l'envoi du livret au commandant du bureau de recrutement de sa circonscription, dans le cas où le nouveau domicile de l'homme est transporté dans une autre subdivision de région. Cet officier, après avoir supprimé l'ordre de route qu'il avait précédemment rempli, transmet le livret individuel à son collègue de la circonscription du nouveau domicile. Celui-ci opère, pour les inscriptions à faire sur le livret individuel et pour la remise de ce document au titulaire, comme il a été expliqué ci-dessus, pour le cas où le militaire est renvoyé dans la disponibilité ou dans la réserve de l'armée active.

Cas de perte du livret individuel. — L'homme qui perd son livret en fait la déclaration au commandant de la brigade de gendarmerie, qui porte ce fait à la connaissance du commandant du bureau de recrutement. Celui-ci établit un nouveau livret individuel à l'aide du livret matricule, dont il demande la communication au corps auquel le militaire est affecté. Il inscrit en gros caractère le mot *Duplicata* sur la première page.

Il fait ensuite le renvoi au corps du livret matricule et le nouveau livret individuel est adressé au titulaire avec les mêmes formalités que pour le premier livret.

TITRE IX
De la solde et des accessoires de solde.

CHAPITRE Ier.
DU TRAITEMENT DES OFFICIERS.

Le traitement des officiers est payable par mois.

146. La solde et les accessoires de solde des officiers sont payables à titre de *traitement*, par mois et à terme échu, dans les trois jours qui suivent la date à laquelle la perception en a été faite par le trésorier.

Feuille d'émargement portant décompte.

147. Les officiers présents au dernier jour du mois sont portés nominativement, avec décompte du traitement acquis à chacun d'eux, sur une *feuille d'émargement* (modèle n° 46), certifiée par le trésorier, vérifiée par le major, et sur laquelle ils apposent leur signature au moment où le paiement leur est fait. Les quittances de ceux qui, ne stationnant pas dans la résidence du conseil, ne peuvent remplir cette formalité, restent annexées à ladite feuille.

Traitement payé à l'officier partant. — *Certificat de cessation de paiement.*

148. L'officier qui entre dans une position d'absence, qui passe à une autre portion du corps, ou qui cesse d'en faire partie, est intégralement payé à l'époque de son départ (par exception à l'article 146) du traitement qui lui est acquis; sa quittance doit porter décompte des prestations composant ce traitement.

Il lui est remis *un certificat de cessation de paiement* (modèle n° 47), signé par le trésorier, vérifié par le major, revêtu du visa du président du conseil d'administration et de celui du sous-intendant militaire. Cette pièce relate les retenues dont l'officier peut rester passible, soit au profit de l'Etat ou du corps, soit pour dettes contractées envers des particuliers, lorsque le Ministre en a autorisé le remboursement direct aux créanciers,

Versement à la Caisse des dépôts et consignations du traitement acquis aux officiers décédés (1).

149. Le traitement acquis aux officiers décédés est versé, sous la

---

(1) Circulaire ministérielle du 12 novembre 1875. Le reliquat de solde dû à un officier

déduction de la somme qu'ils peuvent devoir à l'Etat ou au corps, et, s'il y a lieu, des frais d'inhumation et de la dernière maladie, entre les mains des receveurs des finances ou des payeurs d'armée, *au titre de la caisse des dépôts et consignations*, qui en demeure comptable envers les héritiers, conformément aux instructions arrêtées par le directeur général de cette caisse, de concert avec le Ministre de la guerre.

Le décompte qui sert de base au versement, et à l'appui duquel doit rester le récépissé délivré au trésorier, fait connaître, le cas échéant, la cause de la différence entre le traitement intégral porté en dépense au registre-journal et la somme mentionnée dans ce récépissé.

Si la dette de l'officier décédé excède le montant de sa créance sur le corps, le conseil constate cette circonstance dans un décompte explicatif qu'il adresse immédiatement au sous-intendant militaire, et que celui-ci transmet, avec ses observations, à l'intendant de la division territoriale ou du corps d'armée, qui le fait parvenir au Ministre en donnant son avis sur la légalité des imputations mises à la charge de la succession. Au bas de ce décompte doivent être indiqués le dernier domicile du défunt et, autant que possible, celui de ses héritiers.

Un duplicata de cette pièce demeure entre les mains du trésorier, comme justification de l'inscription qu'il fait, au registre-journal, de la somme qu'il a payée avec l'autorisation du conseil, en vertu du présent article.

Mode de remboursement des sommes payées en trop ou en moins.

150. Il est dressé pour chaque trimestre, par le trésorier, aussitôt qu'il a reçu les feuilles de journées vérifiées par le sous-intendant militaire, un *état comparatif* (modèle n° 48) des traitements dont ces feuilles constatent l'allocation au profit des officiers, et des paiements qui leur ont été faits. Ceux qui ont touché plus ou moins que ce qui leur revenait y sont désignés nominativement avec la somme afférente à chacun d'eux. Les créanciers reçoivent le com-

sans troupe décédé sera mandaté au nom de ses héritiers ou ayants cause. Le mandat établi devra être adressé au trésorier payeur général sur la caisse duquel le paiement est assigné, il portera une mention spéciale signée de l'ordonnateur et ainsi conçue : « Si, à l'expiration de l'exercice, le présent mandat n'a pas été touché, le montant en « sera encaissé d'office au titre de la caisse des dépôts et consignations, à la conserva- « tion des droits de qui il appartiendra. »

Dans le cas prévu par ladite mention, la quittance des ayants droit sera remplacée sur le mandat par le récépissé du trésorier payeur général, délivré pour le compte de la caisse des dépôts. Le paiement matériel aura lieu ensuite, lorsque les héritiers seront en mesure de justifier de leurs droits.

Voir également l'instruction ministérielle du 8 mars 1823, tome Ier, page 115, pour la succession des militaires décédés et l'article 193 du règlement du 3 avril 1869 pour les versements à effectuer à la caisse des dépôts et consignations.

La circulaire ministérielle du 13 mars 1877, *J.M.*, page 274 au sujet de l'apposition du timbre de dix centimes sur les récépissés délivrés au corps lors du versement des successions et fonds de masse.

plément auquel ils ont droit, et les débiteurs versent dans la caisse du trésorier ce qu'ils avaient reçu en trop. Les uns et les autres émargent l'état comparatif.

Rations perçues en trop ; retenues sur la solde des capitaines.

151. Au premier paiement mensuel du traitement des officiers qui suit la vérification des feuilles de journées par le sous-intendant militaire, retenue est faite, à chaque capitaine, du prix des rations de vivres, chauffage et fourrages, qui ont été reçues en *trop* pendant le trimestre précédent par la compagnie, l'escadron ou la batterie qu'il commande, sur les bons établis d'après les situations qu'il a produites. Mais, si la comparaison des feuilles de journées avec les bordereaux de fournitures fait ressortir un *moins-perçu* en denrées de même espèce, dans les autres compagnies, escadrons ou batteries, la valeur de ce moins-perçu entre proportionnellement en déduction du débet de chacun des capitaines.

Les sommes à retenir font l'objet d'un *extrait* (modèle n° 49) du registre des distributions, qui est certifié par le trésorier, et sur lequel les capitaines figurent nominativement. Ils l'émargent au moment où le prélèvement de ces sommes est opéré sur leur traitement, et le montant en est porté en recette au titre de la solde.

Si l'ensemble des débets remboursés par les capitaines, dans les différentes portions du corps, excède la somme imputée au décompte de libération pour *trop perçu en nature*, la différence est versée par la solde à la masse générale d'entretien.

Vétérinaires.

152. Les articles 146, 147, 148, 149 et 150 sont applicables aux vétérinaires.

CHAPITRE II.

DU PRÊT.

Le prêt est payable tous les cinq jours.

153. La solde et les accessoires de solde des hommes de troupe sont payables à titre de *prêt*, par le trésorier, entre les mains du capitaine, les 1er, 6, 11, 16, 21 et 26 du mois, pour le nombre de jours formant l'intervalle de chacune de ces dates à la date suivante exclusivement.

Il est payé d'avance ou à terme échu.

154. Le capitaine perçoit le prêt d'avance, sur le pied de paix, et à terme échu lorsque les vivres de campagne sont fournis et que la troupe ne fait pas ordinaire, sur une feuille de prêt portant décompte (modèles n°s 50 et 50 *bis*), certifiée et quittancée par lui, et que le trésorier vérifie avant d'en payer le montant (1).

[Cet article a été modifié de la manière suivante, par la décision présidentielle du 27 novembre 1874, relatée dans la circulaire ministérielle du 3 décembre suivant, *J. M.*, p. 758 :]

« *Le capitaine perçoit le prêt à terme échu sur une feuille de prêt*
« *portant décompte (modèles n°s 50 et 50 bis), certifiée et quittancée*
« *par lui et que le trésorier vérifie avant d'en payer le montant.*

« *Toutefois, pour les troupes en marche et dans les corps et déta-*
« *chements où est appliqué le mode d'achats directs par les ordi-*
« *naires, le prêt peut être perçu d'avance si la nécessité en est recon-*
« *nue par le conseil d'administration ou par l'officier qui, à défaut*
« *du conseil, exerce l'administration du corps ou de la fraction de*
« *corps.* »

Le prêt peut être reçu par le sergent-major ou le maréchal des logis chef.

155. Le montant de la feuille de prêt peut être payé au sergent-major ou au maréchal des logis chef, sur la présentation de cette feuille revêtue de l'acquit du capitaine (2).

Remise immédiate au capitaine.

156. Le sergent-major ou le maréchal des logis chef remet sur-le-champ à son capitaine la somme qu'il a touchée chez le trésorier.

Responsabilité du capitaine.

157. La disposition de l'art. 95, qui rend le capitaine responsable des sommes payées sur ses quittances, est applicable au cas où il fait recevoir le prêt par le sergent-major ou maréchal des logis chef, à moins de circonstances extraordinaires, dont l'appréciation appartient au Ministre.

Renseignements mentionnés sur la feuille de prêt. — Feuille supplémentaire et feuille spéciale.

158. Les hommes sont portés sur la feuille de prêt par la désignation de leurs grades et de leur nombre dans chaque grade. Le décompte s'établit sur l'effectif des présents au jour de la perception même, lorsque le prêt est payable *d'avance*, et sur celui des présents au jour de la dernière perception, s'il est payable à terme échu.

Les mutations survenues dans l'intervalle d'un paiement à l'autre

---

(1) Ordonnance du 2 novembre 1833 sur le service intérieur des corps, article 48 (infanterie), 62 (cavalerie).

(2) Aux termes des instructions contenues dans la circulaire du 15 mai 1844, portant envoi de la présente ordonnance, les commandants de compagnies, escadrons ou batteries doivent avoir soin d'écrire toujours de leur propre main, et en toutes lettres, les quantités totales énoncées dans les feuilles de prêt.

sont inscrites sur la feuille de prêt, nominativement autant que possible, avec les augmentations et diminutions auxquelles elles donnent lieu, sauf l'exception mentionnée au paragraphe suivant, et le capitaine consigne, à la fin de cette feuille, les renseignements propres à justifier ou à éclaircir les rappels ou déductions dont l'explication n'aurait pas trouvé place dans l'espace affecté aux décomptes et aux mutations.

La feuille établie le premier jour du trimestre ne doit point rapporter les mutations applicables au temps écoulé depuis le dernier prêt; elles sont l'objet d'une feuille supplémentaire portant décompte, lorsqu'elles donnent droit à un rappel.

Si la compagnie, l'escadron ou la batterie passe du pied de paix au pied de guerre, et *vice versâ*, la feuille de prêt n'embrasse que le nombre de jours qui précèdent la date à laquelle s'opère cette transition, et il en est fait une spéciale pour les journées postérieures.

Cas d'incorporation dans l'intervalle d'un prêt à l'autre.

159. Lorsque, dans l'intervalle des époques assignées par l'article 153, un certain nombre d'hommes sont incorporés simultanément, et que le commandant de la compagnie, de l'escadron ou de la batterie qui les reçoit réclame la somme nécessaire pour leur faire le prêt jusqu'à la fin de la période commencée, cette somme lui est payée sur une feuille spéciale.

Distribution du prêt.

160. La distribution du prêt est faite aux hommes et aux chefs d'ordinaire, d'après le mode, dans les proportions et aux époques déterminées par le règlement sur le *service intérieur* (1).

Bordereau *récapitulatif* du paiement du prêt.

161. Le trésorier récapitule dans un *bordereau* (modèle n° 51), qu'il certifie, les feuilles de prêt dont il a payé le montant dans le jour, et les porte en dépense en un seul article d'après le total de ce bordereau.

État comparatif des allocations et des perceptions.

162. Dès que les feuilles de journées ont été vérifiées par le sous-intendant militaire, le capitaine dresse un *état comparatif* (modèle n° 52) des sommes qu'il a perçues pour *prêt* pendant le trimestre, et de celles dont ces feuilles constatent l'allocation au profit de la compagnie, de l'escadron ou de la batterie, à titre de solde et acces-

---

(1) Articles 69 (infanterie), 83 (cavalerie) des ordonnances du 2 novembre 1833 sur le service intérieur des corps.

Retenue des centimes de poche aux hommes punis de la prison ou du cachot (art. 287 (infanterie), 350 (cavalerie) des ordonnances précitées).

soires de solde de la troupe. Cet état est remis au trésorier, qui, après s'être assuré de son exactitude, le *certifie* conjointement avec le capitaine. La somme perçue en trop est versée par le capitaine dans la caisse du trésorier. S'il ressort un moins-perçu, le montant en est remis au capitaine.

Tous les états comparatifs sont récapitulés par le trésorier dans un *bordereau* (modèle n° 53) qu'il certifie et dont le montant ne fait qu'un seul article de recette ou de dépense, selon le cas.

Destination à donner aux feuilles de prêt.

163. Les feuilles de prêt sont déposées aux archives du corps, après la vérification trimestrielle de la comptabilité par le sous-intendant militaire.

Aux armées, elles sont remises au dépôt d'artillerie le plus à proximité.

CHAPITRE III.

DISPOSITIONS PARTICULIÈRES AUX DÉTACHEMENTS.

Paiements aux détachements éloignés de la résidence du conseil central (1).

164. Lorsque les détachements qui se trouvent dans le ressort du conseil sont trop éloignés du lieu où il siège pour que les parties prenantes puissent venir en personne recevoir leur traitement ou percevoir le prêt chez le trésorier (2), les fonds nécessaires sont

---

(1) Mandats émis par les receveurs généraux sur leurs collègues pour transmission de fonds (Voir l'instruction du 13 septembre 1833, tome II, page 205).

Au sujet du paiement de la solde et des dépenses de matériel des troupes détachées de leur corps d'armée (19 avril 1876 et 16 mai 1877, *J. M.*, pages 498 et 499).

(2) On doit continuer à inscrire au registre de centralisation, au moment où elles s'effectuent, les remises de fonds que l'article 31 de l'ordonnance autorise en faveur des portions de corps et détachements qui donnent lieu à une administration distincte. Quant à ceux qui restent dans le ressort du conseil central, lorsqu'ils en sont trop éloignés pour que les parties prenantes puissent se présenter en personne chez le trésorier, les fonds remis par ce comptable, pour la solde et le prêt, d'après le mode prescrit par l'article 164, ne sont portés en dépenses et inscrits au registre-journal qu'après l'échange des récépissés provisoires contre les quittances des parties prenantes (Note ministérielle du 12 novembre 1846, *Journal militaire*, tome IV, page 699).

Il résulte de l'article 43 de l'instruction du 8 mai 1858, sur les inspections administratives, qu'il ne doit être remis de nouveaux fonds sur reçus provisoires, qu'après la réception des quittances définitives des envois antérieurs de fonds.

Les fonds qui leur seront nécessaires pourront, à l'avenir, être adressés au moyen de mandats, aux commandants de détachements (Décision présidentielle du 16 décembre 1879, *J. M.*, p. 477).

Dans le but de concilier les dispositions de la note ministérielle du 12 novembre 1846 et la décision présidentielle du 16 décembre 1879, le Ministre de la guerre a prescrit par note en date du 14 janvier 1881, *Journal militaire*, 1er sem., page 7, que « les versements effectués en échange de mandats ou les fonds remis à l'officier ou au « sous-officier chargé de les porter, devront être inscrits immédiatement en dépense, soit « d'après la déclaration de versement de l'agent du trésor, donné au pied de l'extrait « de la délibération du conseil d'administration qui, conformément à l'article 26 de

remis par ce comptable, soit aux officiers ou sous-officiers, que les commandants des détachements ont envoyés pour venir les recevoir, soit à ceux que le président a désignés pour aller les porter. Dans l'un et l'autre cas, les dépositaires de ces fonds en donnent reçu au bas du titre constatant leur mission. Ce titre leur est rendu en échange des quittances des parties prenantes.

TITRE X
De la masse individuelle.

CHAPITRE Ier.
DE L'OBJET DE LA MASSE.

La masse individuelle fournit et entretient les effets de petit équipement.

165. La masse individuelle est destinée à pourvoir et à entretenir les hommes de troupe de tous grades, des effets de linge et chaussure, de pansage et autres quelconques, compris sous la dénomination générique d'*effets de petit équipement*, dans les nomenclatures annexées au règlement général sur le service de l'habillement.

L'objet de cette masse, en ce qui concerne les maîtres ouvriers, est de leur fournir les moyens de se procurer, de faire réparer et de renouveler les effets d'habillement, de coiffure, de grand et de petit équipement dont le règlement précité laisse la première mise et le remplacement à leur charge (1).

Des allocations spéciales sont faites, dans le même but, aux adjudants (1), aides et sous-aides vétérinaires (2), qui les perçoivent avec la solde.

« l'ordonnance du 10 mai 1844, a autorisé l'envoi, soit d'après le reçu provisoire « donné par l'officier ou le sous-officier auquel les fonds ont été confiés et dont, aux « termes de l'article 75 de l'ordonnance précitée du 10 mai 1844, le trésorier a pu lui « faire directement la remise, puisque dans ce cas, ils ne conservent que la solde ac- « quise aux officiers ou le montant d'un prêt échu.

« Dans l'un comme dans l'autre cas, les pièces qui ont servi à l'inscription de la « dépense ne devront être visées par le sous-intendant militaire que sur le vu de la « quittance ou du récépissé du destinataire. »

(1) Modifié par le décret du 10 octobre 1874, art 17, 18 et 19.

(2) Dispositions devenues sans objet depuis la réorganisation des vétérinaires (Décret du 28 janvier 1852).

CHAPITRE II.

DES RECETTES ET DÉPENSES DE LA MASSE.

Enumération des recettes et dépenses.

166. Les *recettes et dépenses* du fonds de la masse individuelle se composent des articles suivants, savoir :

RECETTES.

1° Sommes perçues pour premières mises et primes journalières ;
2° Versements faits par les capitaines, des sommes qu'ils ont reçues des hommes (art. 167) ;
3° Versements faits par les remplacés au corps (art. 168) (1) ;
4° Versements faits par d'autres corps, de l'avoir des hommes qui en sont venus (art. 176), ou remboursement du débet de ceux qui y sont passés (art. 177) ;
5° Versements faits par la masse d'entretien du harnachement (art. 169), et par la masse générale d'entretien (art. 173, 184 et 185).

DÉPENSES (2).

1° Achats des effets de petit équipement (3) ;
2° Paiements faits entre les mains des capitaines, des sommes revenant aux hommes (art. 170 et 172) ;
3° Versements faits à d'autres corps, de l'avoir des hommes qui y sont passés (art. 176), ou remboursement du débet de ceux qui en sont venus (art. 177) ;
4° Versements faits à la Caisse des dépôts et consignations pour le compte des héritiers des hommes décédés (art. 174) ;
5° Versements ou paiements faits au Trésor ou à des tiers, du montant des avances effectuées sur les fonds de l'*indemnité de route* (art. 179) et des pertes, dégradations, réparations et autres imputations à la charge des hommes (art. 180 à 182) ;
6° Versements faits à la masse générale d'entretien (art. 183 et 185) ;
7° Envois de l'avoir à la masse des hommes en congé illimité, ou qui ont quitté le service étant absents du corps (art. 173).

---

(1) Ce paragraphe est devenu sans objet depuis la loi du 27 juillet 1872, qui a supprimé le remplacement.
Voir les instructions sur les inspections administratives, pour le remboursement des débets laissés par les sous-officiers nommés officiers ou à des emplois donnant droit à une première mise d'équipement.
(2) Nature des pièces de comptabilité pour lesquelles la formalité du timbre n'est pas exigible : circulaire du 17 janvier 1840, tome III, page 603, et note ministérielle du 10 avril 1872, tome XIV, page 383 (voir aux annexes n° 25).
(3) Voir les articles 189 à 193 de l'ordonnance.

Versements que font les hommes pour accroître leur masse (1).

167. Les hommes dont la masse est au-dessous du complet réglementaire peuvent en augmenter l'*avoir* jusqu'à concurrence de ce complet, au moyen de versements qu'ils font entre les mains de leur capitaine.

Les travailleurs et les hommes qui les remplacent dans leur service remettent à leur capitaine la moitié du salaire qu'ils touchent respectivement, jusqu'à ce que leur masse ait atteint le complet.

Les sommes que les capitaines ont reçues pour augmenter l'avoir des masses sont versées par eux, à la fin de chaque mois, dans la caisse du trésorier.

Le trésorier (nonobstant les dispositions du 1er § de l'art. 125) n'en fait qu'un seul article de recette, par trimestre, appuyé d'un *bordereau* (modèle n° 54) qui est certifié par lui et vérifié par le major, et sur lequel a été préalablement inscrite et émargée par chaque capitaine la somme dont il effectue le versement.

168 (2) . . . .
. . . .

Remboursement, par la masse d'entretien du harnachement, des effets de pansage (3).

169. La valeur des effets de petit équipement, qui ont été détruits comme ayant servi au pansage des chevaux atteints de maladies contagieuses, est remboursée à la masse individuelle par la masse d'entretien du harnachement au prix d'achat, si les effets ont été distribués dans le trimestre et sur le pied des deux tiers de ce prix, si leur distribution est plus ancienne.

Pour l'exécution du présent article, le capitaine établit, chaque fois que le cas se présente, *un décompte* (modèle n° 55) qui, après avoir été certifié par lui conjointement avec l'officier d'habillement et vérifié par le major, est remis au trésorier pour servir de base au versement à opérer d'une masse à l'autre.

Paiement trimestriel de l'excédent du complet de masse.

170. L'excédent du complet réglementaire de la masse, constaté par la feuille de décompte établie par le capitaine, conformément à l'art. 187, est payé intégralement, aussitôt qu'elle a été vérifiée par le major, aux compagnies, escadrons ou batteries, pour les hommes qui sont alors *présents*, quelles que soient les imputations dont ils peuvent être devenus passibles depuis le premier jour du trimestre.

(1) Voir le décret du 10 octobre 1874, article 9, pour le prélèvement sur la solde des tambours ou clairons au profit de leur masse.
(2) Article devenu sans objet par suite de la loi du 27 juillet 1872, qui a supprimé le remplacement.
(3) Voir la décision du 22 mai 1826, tome Ier, page 202, qui détermine quels sont les effets de pansage et de harnachement qui, ayant servi à des chevaux morveux, doivent être brûlés.

Dans les compagnies de discipline, le capitaine ne paie les excédents de masse qu'aux époques et dans les proportions réglées, individuellement ou collectivement, sur sa proposition, par le lieutenant général commandant la division (1).

Les hommes qui quittent le corps par congé *illimité* reçoivent, au moment de leur départ, l'excédent qui leur est acquis suivant l'arrêté de compte de leur masse.

Le montant des excédents est remis par le trésorier aux capitaines sur *états nominatifs* (modèle n° 56) certifiés et quittancés par eux, et vérifiés par le major.

Le trésorier établit (modèle n° 57) un *bordereau récapitulatif* de ces états, et le certifie à la somme totale des paiements effectués, qu'il inscrit en un seul article au registre-journal des recettes et dépenses.

Les sommes payées aux capitaines pour excédents de masse sont portées en dépense, par le trésorier, au titre du trimestre où il en fait la remise à ces officiers, pour être distribuées aux hommes et inscrites à leurs comptes courants (art. 140, chap. V).

Extrait du livret matricule pour déterminer la situation de la masse des hommes rayés des contrôles.

171. (*Nouvelle rédaction*, décret du 7 août 1875). Dès qu'un homme, présent ou absent, passe à un autre corps ou quitte le service, le capitaine remet au trésorier un *extrait* (modèle n° 58) (2) du livret matricule, constatant la situation de la masse de cet homme. L'extrait est visé par le major, après vérification.

La présente disposition est applicable aux sous-officiers qui sont promus adjudants ou sous-lieutenants (3).

Tous les hommes rayés simultanément du contrôle sont compris sur le même extrait.

Paiement de l'avoir à la masse des hommes présents quittant le service, ou promus adjudants ou sous-lieutenants (4).

172. (*Nouvelle rédaction*, décret du 7 août 1875). L'avoir à la masse des hommes *présents* qui quittent le service, ou qui sont

---

(1) Les excédents de masse des militaires des compagnies de discipline devront être versés à l'avenir à la caisse d'épargne (Décision ministérielle du 27 novembre 1874, 2° semestre, page 754).

(2) Modèle modifié par la circulaire ministérielle du 19 novembre 1874, au *Journal militaire.*

(3) Si, ne satisfaisant pas aux examens de sortie, les élèves des Ecoles polytechnique et de Saint-Cyr sont renvoyés dans un corps, leur fonds de masse les suit (13 mai 1850, tome V, page 403).

(4) Aux termes de l'art. 15 du décret du 10 octobre 1874, 2° semestre, page 367, les hommes qui sont rayés des contrôles de l'armée active pour passer dans la disponibilité ou dans la réserve de cette armée, ou dans l'armée territoriale, avant d'avoir accompli effectivement cinq années de service, subissent, sur le décompte de leur masse individuelle, et déduction faite du montant des imputations qui incombent à cette masse, une retenue dont le montant doit s'élever à 12 francs pour les hommes à pied et 20 francs

promus adjudants ou sous-lieutenants, est payé aux premiers à l'époque de leur radiation des contrôles du corps, et aux autres lors de leur promotion.

La somme qui leur revient est, à cet effet, remise au capitaine, qui en donne quittance au bas de l'extrait du livret matricule, mentionné à l'art. 171.

Paiement de l'avoir à la masse des hommes en congé illimité. — Cas où la masse de l'homme est en débet.

173. L'avoir à la masse des hommes mis en congé illimité (déduction faite de l'excédent, s'ils sont présents), et des hommes qui sont absents du corps lorsqu'ils quittent le service, est envoyé aux premiers à l'époque de leur libération, et aux autres immédiatement après leur radiation des contrôles, lorsque le conseil, d'après les mandats qui ont dû lui être adressés, ou d'après d'autres documents authentiques (1), a pu vérifier s'il ne leur a point été fait d'avances en argent ou en effets de petit équipement, depuis leur départ. A défaut de preuve ou d'avis officiel à cet égard, la certitude qu'ils n'ont reçu aucune avance est réputée acquise six mois après la date du congé illimité ou de la radiation (2).

Le montant des imputations dont ces hommes sont devenus passibles, depuis leur départ du corps, est porté en dépense dans la feuille de décompte spéciale (art. 187).

Si l'imputation à faire sur la masse de l'homme excède son *avoir*, la différence est versée à la masse individuelle par la masse générale d'entretien et portée en recette sur la feuille de décompte.

Cette dernière disposition est applicable au cas où l'homme dont

---

pour les hommes à cheval, toutes les fois que cette masse en offre le moyen. En cas d'insuffisance, la totalité de l'avoir à la masse est retenue.

La reprise du montant de ces diverses retenues s'opère par voie d'imputation dans les revues de liquidation du corps.

Ce qui reste à la masse, après que la retenue prescrite par le paragraphe qui précède a été exercée, est payé au titulaire, dans les formes et conditions prescrites par les articles 172 et suivants de l'ordonnance du 10 mai 1844.

L'avoir à la masse des hommes qui ont accompli effectivement au moins cinq années de service, leur est payé dans les mêmes formes et conditions, sans déduction autre que celle du montant des imputations qui incombent à ladite masse.

Au sujet du paiement de l'avoir à la masse des hommes des troupes d'Algérie, libérés étant présents au corps (Décision présidentielle du 14 décembre 1880, p. 443).

L'avoir à la masse individuelle des engagés conditionnels leur est payé intégralement (Circulaire ministérielle du 19 novembre 1874).

(1) Tels que la feuille de route (Décision ministérielle du 12 juin 1835, tome II, page 727).

(2) A l'avenir, le Ministre de la guerre n'autorisera la délivrance d'aucun duplicata pour fonds de masse, qu'après avoir fait vérifier, à la Caisse des dépôts et consignations, le non-paiement du primata. En conséquence, MM. les intendants militaires n'auront plus à s'adresser, pour cette vérification, aux préposés de ladite caisse dans les départements (Note ministérielle du 27 février 1845, *Journal militaire*, tome IV, p. 552).

Les mandats de fonds de masse individuelle non réclamés dans un délai de trois ans par les titulaires, dont la résidence réelle est d'ailleurs inconnue, doivent être envoyés au Ministre (Circulaire ministérielle du 23 octobre 1852, *Journal militaire*, tome V, page 488).

la masse était en débet à l'époque de sa radiation des contrôles, reçoit, après cette radiation, un paiement ou une fourniture à titre d'avance.

Avoir des hommes décédés après libération du service.

174. L'*avoir* à la masse des hommes définitivement libérés du service, qui décèdent avant qu'il leur ait été payé, est acquis à leurs héritiers ou à leurs ayants droit, et versé (après les justifications et sous les réserves spécifiées en l'art. 173) entre les mains des receveurs des finances ou des payeurs d'armée, *au titre de la Caisse des dépôts et consignations,* qui en demeure comptable.

Mode d'envoi ou de versement de fonds (1).

175. Les envois ou versements de fonds à faire par les corps, en conformité des art. 173 et 174, s'effectuent d'après le mode concerté et arrêté par le Ministre de la guerre et le directeur général de la Caisse des dépôts et consignations.

Avoir à la masse des hommes passant à d'autres corps (1).

176. L'*avoir* des hommes qui passent à un autre corps est remis ou envoyé sans délai à ce corps.

Débet à la masse des hommes passant à d'autres corps (2).

177. Le *débet* des hommes passant à un autre corps est couvert, par la remise que fait le nouveau corps à l'ancien d'une somme équivalente, prélevée sur le fonds de la masse individuelle.

Bulletin de situation de la masse à établir pour constater l'avoir ou le débet. — Mode d'envoi du montant.

178. Pour l'exécution des art. 176 et 177, le trésorier ou l'officier

---

(1) Instruction sur les versements que les corps sont tenus de faire à la Caisse des dépôts et consignations (Voir, 10 août 1837, *J. M.*, tome III, p. 458; 19 juin 1875, *J. M.*, p. 912; 13 mars 1877, p. 274, le renvoi (2) à l'article 173).

(2) Les dispositions des articles 176 et 177 seront suivies à l'égard des militaires passant d'un bataillon d'infanterie légère d'Afrique ou d'une compagnie de discipline dans un autre de ces bataillons ou compagnies (Décision ministérielle du 19 août 1845, *J. M.*, tome IV, p. 600).

Au sujet des militaires passant dans les corps coloniaux (Note ministérielle du 20 novembre 1851, tome V, p. 248).

Militaires passant dans les établissements pénitentiaires (Art. 292 et 293 du règlement du 23 juillet 1856, tome VI, p. 449).

Militaires passant dans les compagnies de discipline (Décret du 10 octobre 1874, art. 8).

Militaires condamnés à une peine correctionnelle de plus de six mois (Circulaire ministérielle du 6 février 1877, *J. M.*, p. 69).

Destination à donner aux fonds de masse des militaires condamnés à la réclusion (versés ou remboursés par la masse d'entretien, note ministérielle du 15 avril 1875, *J. M.*, p. 628).

Voir également la note ministérielle du 27 août 1875, *Journal militaire*, page 123, indiquant les pièces à produire par les corps de troupe pour la justification des envois de fonds à d'autres corps ou à des parties prenantes isolées.

payeur dresse, en double expédition, au titre de chacun des corps où les hommes passent, un *bulletin de situation* de leur masse individuelle à l'époque de leur radiation des contrôles (modèle n° 59), qui est *certifié* par lui, *vérifié* par le major et *visé*, pour légalisation, par le sous-intendant militaire.

La somme qui doit être envoyée à chaque corps ou portion de corps, d'après les bulletins, est versée dans la caisse du receveur des finances (et à l'armée dans celle du payeur), contre un mandat payable sur l'acquit du conseil d'administration dans le lieu de la destination des hommes qu'il concerne.

Le receveur inscrit, au bas de l'une des expéditions de chaque bulletin, le récépissé de la somme qu'il a reçue.

L'autre expédition est adressée par le conseil, avec le mandat, au corps ou à la portion de corps dont les hommes vont faire partie.

L'envoi d'une des expéditions de ce bulletin a lieu, même dans le cas où cette pièce a seulement pour objet de constater que balance faite de l'avoir ou du débet à la masse des hommes qui y figurent, le corps d'où ils sortent est constitué créancier de celui dans lequel ils entrent, afin de mettre celui-ci en demeure de faire parvenir à l'autre la somme dont il se trouve débiteur envers lui.

Versement trimestriel au Trésor du montant des avances ou fournitures faites sur les fonds de l'indemnité de route (1).

179. Le montant des avances ou des fournitures d'effets de petit équipement faites pendant chaque trimestre, sur les fonds de l'*indemnité de route*, aux militaires isolés, est versé par le trésorier dans la caisse du receveur des finances, d'après un *extrait du registre des avances* (modèle n° 60), établi en double expédition et certifié par le conseil, après qu'il a arrêté ce registre.

Le receveur délivre au trésorier un récépissé et une déclaration du versement de la somme qu'il reçoit. Le récépissé est adressé, avec une expédition de l'extrait susmentionné, au sous-intendant militaire, pour être transmis à l'intendant, qui le fait parvenir au Ministre de la guerre ; la déclaration reste entre les mains du trésorier, comme justification de la dépense portée au registre-journal.

Les paiements effectués pendant l'exercice qui précède le trimestre où ils ont été inscrits au registre des avances font l'objet d'un versement distinct au titre de ce même exercice.

Imputations sur la masse individuelle pour la réparation aux effets et aux armes (2).

180. Le prix de réparation des effets ou armes dont la dégradation provient de la faute des hommes (art. 93) est imputé sur leur

---

(1) Voir, pour l'exécution, les articles 107, 110, 124 et 127 du décret du 12 juin 1867 sur les frais de route, tome XI, pages 705 et suivantes.

(2) Voir la note ministérielle du 11 avril 1873, *Journal militaire*, p. 375, portant que les détériorations d'effets produites par des militaires en état d'ivresse leur seront imputées.

masse individuelle, et payé aux ouvriers d'après les règles établies au chapitre VI du présent titre, ou versé au Trésor dans le cas spécifié en l'art. 219.

Imputation sur la masse individuelle pour pertes et dégradations d'effets de casernement, etc.

181. Le montant des pertes et dégradations d'effets de casernement, de campement ou d'hôpital, et des dégradations dans les bâtiments de l'État ou chez l'habitant (1), imputables aux hommes de troupes, est payé aux ayants droit ou versé au Trésor, selon le cas, au moyen d'un prélèvement sur les fonds de la masse individuelle.

Les retenues à opérer pour couvrir ce fonds de la somme dont il a fait l'avance s'effectuent par l'inscription de la part contributive de chaque homme à son compte courant, d'après l'état que l'officier chargé du casernement a dressé pour en régler la répartition entre les compagnies, escadrons ou batteries, et qui est communiqué aux capitaines après avoir été revêtu du visa du major.

Lorsque les pertes ou dégradations ont été commises par des hommes qui entrent dans une position d'absence ou qui cessent d'appartenir à la compagnie, l'officier de casernement, et, à son défaut, le capitaine en dresse lui-même une note appréciative, qui, après avoir été revêtue de l'approbation du major, sert de base aux inscriptions à faire aux comptes courants des débiteurs.

Les paiements que fait le trésorier, en exécution du présent article, sont portés en dépense au titre du trimestre pendant lequel les imputations ont été ou doivent être inscrites aux comptes courants.

Imputation sur la masse individuelle de la valeur du matériel perdu, détérioré ou mis hors de service par la faute des hommes (2).

Art. 182. (*Nouvelle rédaction*, décret du 1er mars 1880). La valeur, calculée comme il est dit à l'art. 249, de tous les objets dont les

___

(1) Voir, pour le mode de constatation spéciale de ces pertes ou dégradations et leur mode d'imputation, les circulaires des 4 juin 1866, tome XI, page 356 ; 23 avril 1870, tome XIII, page 58 ; 24 mai 1870, tome XIII, p. 154, et le règlement du 30 juin 1856, art. 104 à 112. L'art. 108 de ce dernier règlement est modifié par une circulaire ministérielle du 19 novembre 1877, page 224 dont la teneur suit :
« Le ministre des finances me fait connaître que l'application de la disposition édictée par l'art. 108 du règlement du 30 juin 1856, relativement à l'acquittement par « un agent du Trésor des mandats délivrés aux entrepreneurs pour paiement des dégra- « dations mises à la charge des corps, entraîne de réels inconvénients pour les tréso- « riers payeurs généraux.
« Afin de faire disparaître ces inconvénients, j'ai décidé qu'à l'avenir les mandats « dont il s'agit seront acquittés par le trésorier du corps. »
Et l'art. 103, du règlement du 13 octobre 1863, pour les dégradations aux postes de police des corps.
(2) Au sujet du remplacement par anticipation des effets d'habillement (Circulaire ministérielle du 24 décembre 1833, *Journal militaire*, tome II, page 559, et 4 octobre 1834, *Journal militaire*, page 583). — Pour les livrets matricules, 27 octobre 1877, page 206.

hommes sont détenteurs et qui sont perdus, détériorés ou mis hors de service par leur faute, est imputée à leur masse individuelle. Le

---

Voir également les circulaires des 4 mai et 6 septembre 1853 ci-après et l'art. 251 de l'ordonnance.

Par dépêche en date du 31 mars 1876, n. 1954, adressée à M. l'intendant militaire du gouvernement de Paris, le ministre fait connaître que l'imputation, sur la masse individuelle, de la valeur des galons de grade en métal aura lieu quand l'effet aura été perdu ou non réintégré en magasin au titre des effets hors de service, la vente par les Domaines des galons hors de service s'effectuant presque toujours assez bien pour couvrir l'Etat, en partie du moins, de la perte résultant de l'usure anticipée.

Paris, le 14 mai 1853, tome V, page 584.

Dispositions relatives à l'imputation de la valeur des effets d'habillement, de coiffure, de grand équipement et de harnachement perdus ou détériorés dans les corps.

Messieurs, la fixation des imputations à faire subir à la masse individuelle des hommes qui détériorent, ou mettent hors de service leurs effets d'habillement, de coiffure, de grand équipement et de harnachement, a donné lieu à quelques divergences d'opinion, concernant l'application des dispositions prises à ce sujet par mes prédécesseurs, je crois donc utile de rappeler, en les précisant, celles de ces dispositions dont l'exécution a été l'objet de quelques doutes.

D'après la circulaire du 4 octobre 1834 (*Journal militaire*, 2e sem., p. 583), lorsque des effets d'habillement, de coiffure, d'équipement ou de harnachement, ont été perdus ou mis hors de service, avant d'avoir atteint le terme de leur durée légale, il est procédé à la constatation de ces pertes ou de ces détériorations, ainsi qu'à celle de leurs causes, à l'aide de procès-verbaux rédigés par les sous-intendants chargés de la surveillance administrative des corps.

Ces procès-verbaux s'appliquent d'une manière distincte, soit aux pertes et aux détériorations provenant d'un service très actif ou de circonstances extraordinaires, indépendantes de la volonté de l'homme, soit aux pertes et aux détériorations provenant du fait des hommes.

Les intendants militaires auxquels ces deux catégories de procès-verbaux sont adressés, doivent, dans le premier cas, prendre mon approbation sur l'urgence des remplacements des effets au compte de l'Etat, à moins que ces remplacements n'entraînent qu'une dépense de peu d'importance, ou que les effets n'aient été perdus, brûlés ou entièrement mis hors de service par suite d'événements de force majeure ; alors les intendants militaires statuent, sauf à m'en rendre compte immédiatement. Dans le second cas, ces fonctionnaires statuent définitivement sur les imputations à effectuer au compte des hommes.

D'un autre côté, l'art. 182 du règlement du 10 mai 1844 prescrit que le prix intégral des armes et la moins-value des effets et des instruments de musique, qui sont perdus ou reconnus hors de service par la faute des hommes, soient imputés sur leur masse individuelle.

Cet article doit être interprété conformément à la décision ministérielle du 13 novembre 1834 (*Journal militaire*, page 220) (ne figure pas dans l'édition refondue du *Journal militaire*) qui veut que toutes les fois qu'il ne s'agit pas d'armes, l'homme paie, non pas le prix intégral des effets qu'il a détériorés, mais seulement leur valeur eu égard à la diminution qui est apportée, par son fait, à la durée qu'il leur restait à parcourir, valeur qui doit être calculée d'après les divers modes indiqués dans l'art. 251 du règlement précité.

Mais on a émis des doutes sur le mode à suivre quand l'effet a été détérioré par l'homme, sans toutefois être complètement hors de service. Partant du principe que l'homme doit rembourser à l'Etat la perte qu'il lui a fait subir par son fait, mais rien de plus, il y a lieu d'apprécier la dépense que doit nécessiter la réparation ou le nettoyage de l'effet détérioré, et de la mettre au compte de sa masse individuelle. L'effet remis ainsi en état doit être maintenu en magasin, ou distribué avec la même durée que celle qu'il lui restait à parcourir au moment de la détérioration.

Dans les cas, très rares, où la détérioration, bien que constante, ne peut entraîner la mise hors de service, et ne nécessite pas une réparation actuelle, il ne sera point fait

montant de la perte ou de la moins-value est constaté par un bulletin (modèle n° 61) établi par le capitaine, certifié par lui et par l'officier d'habillement, et approuvé par le major.

Ces dispositions sont applicables aux effets que les hommes, venant d'un autre corps, ne peuvent représenter à leur arrivée, ou qui sont reconnus hors de service, bien qu'ils n'aient pas accompli leur durée réglementaire.

Au commencement de chaque trimestre, l'officier d'habillement,

---

d'appréciation de la durée dont l'effet pourrait être diminué. Cet effet, s'il est abandonné par son détenteur, sera déposé en magasin, pour être délivré avec la durée qu'il a encore à parcourir légalement, sauf à prononcer ultérieurement, s'il y a lieu, son remplacement anticipé.

Quelques conseils d'administration ont pensé que lorsque, au moment de la libération d'un homme, il est constaté que le pantalon qu'il doit laisser au corps a été détérioré par sa négligence, il y avait lieu de le lui abandonner après lui en avoir fait payer la moins-value. Cette manière de procéder est contraire, sinon au texte, du moins à l'esprit de la décision du 13 décembre 1832 (*Journal militaire*, page 547), (ne figure pas dans l'édition refondue du *Journal militaire*) qui s'oppose à ce que l'homme libéré emporte plus d'un pantalon de drap ; dans ce cas, l'estimation de la moins-value à payer par le détenteur s'opère d'après les bases posées par le § 1er de l'art. 254 (1) du règlement susmentionné, c'est-à-dire sans être augmentée de la valeur d'un trimestre ou d'une année, suivant qu'il appartient à la première ou à la deuxième catégorie comme s'il n'était pas représenté, et l'effet détérioré est réintégré en magasin, pour servir aux réparations, ou pour être abandonné aux domaines. Cette disposition doit s'appliquer à tous les effets en général, et à toutes les positions du soldat ; car on ne saurait admettre, sans s'exposer à de graves abus, qu'un effet soit abandonné à un homme en surplus de ceux qu'il doit posséder, parce qu'il aurait été astreint, ou même parce qu'il aurait consenti à en payer la valeur relative.

Le mode de paiement des dépenses à faire pour la réparation des effets détériorés par les hommes, mais encore susceptibles d'être maintenus en service, a été réglé par la circulaire manuscrite du 19 mai 1837, qui confère aux sous-intendants militaires la faculté de statuer sur la nécessité des réparations, sur leur importance, sur les imputations à faire à la masse individuelle, et sur les versements à opérer dans les caisses publiques pour la valeur des étoffes employées aux réparations, et sur les paiements à faire aux maîtres ouvriers pour les frais de main-d'œuvre. Lorsque la détérioration des effets provient de circonstances indépendantes de la volonté des hommes, elles doivent être constatées dans des procès-verbaux détaillés dont les conclusions sont soumises à mon approbation, toutes les fois qu'elles entraînent une dépense de quelque importance, afin que j'apprécie au compte de qui retombera cette dépense.

J'ajouterai que lorsque la réparation des effets a été autorisée au compte de l'Etat, et qu'elle est payée par la masse générale d'entretien, cette masse doit supporter non seulement la dépense de la main-d'œuvre, mais aussi celle des étoffes qui, employées à cette réparation, sont prélevées sur les ressources du service courant, en opérant le versement de la valeur desdites étoffes dans une caisse publique ; le récépissé du versement m'est transmis (*bureau de l'habillement*), afin que je puisse faire opérer le remboursement, au titre du budget de l'habillement, de la somme qu'il représente.

Enfin, je vous rappellerai que, d'après les termes de la circulaire manuscrite du 22 novembre 1844, l'imputation, au compte de la masse individuelle, de la valeur des effets perdus ou détériorés par les hommes, et qui ont été achetés sur les fonds de la masse générale d'entretien, ne doit pas donner lieu à un remboursement en faveur de cette masse, mais être versée dans une caisse publique. Cette disposition s'appliquera, par voie d'analogie, aux effets qui sont achetés sur les fonds de la masse d'entretien du harnachement et ferrage.

Je désire, Messieurs, que vous vous pénétriez des dispositions de la présente dépêche, et je vous invite à en assurer, chacun en ce qui vous concerne, la stricte exécution.

Recevez, etc.

(1) Article devenu 249 (décret du 1er mars 1830).

au moyen des bulletins d'imputation dont il est resté dépositaire, établit, par article du budget :

1° Un état à talon, en simple expédition, des imputations applicables au trimestre précédent ;

2° Un état récapitulatif (modèle n° 62), aussi en simple expédition, des bulletins d'imputation.

Ces états, arrêtés par le conseil d'administration, sont remis au trésorier, qui, dans les vingt premiers jours du trimestre, en verse le montant au Trésor.

Le premier état séparé du talon reste entre les mains de l'agent du Trésor. Le talon et l'état récapitulatif (modèle n° 62) reçoivent tous deux l'inscription, faite par cet agent, de la déclaration de versement, et font retour : le premier à l'officier d'habillement, comme pièce justificative de la sortie des matières et effets ; le second au trésorier, avec les bulletins d'imputation, pour justifier la dépense en deniers.

Le récépissé délivré au trésorier par l'agent du Trésor, est adressé

Paris, le 6 septembre 1853, tome V, page 756.

Dispositions relatives au mode de constatation des pertes d'effets d'habillement, de coiffure, de grand équipement et de harnachement dont la moins-value est mise au compte de la masse individuelle.

Messieurs, la circulaire du 4 octobre 1834 (*Journal militaire*, page 583), a prescrit de faire constater dans les corps de troupe, par des procès-verbaux, toute perte ou mise hors de service prématurée d'effets d'habillement, de coiffure, de grand équipement ou de harnachement. Ces procès-verbaux, destinés à être soumis à l'approbation de MM. les intendants divisionnaires, doivent être établis d'une manière distincte, les uns pour les effets dont il y a lieu d'effectuer le remplacement aux frais de l'État, et les autres pour les effets à remplacer au compte des masses individuelles.

Des doutes s'étant élevés sur la manière dont il convient, dans le cas de perte ou de mise hors de service des effets, par la faute des hommes, de régler le décompte des imputations à faire supporter par les masses individuelles, ma circulaire du 14 mai dernier (insérée au *Journal militaire*, page 584), a statué sur ce point.

Mais comme déjà l'ordonnance du 10 mai 1844 sur l'administration et la comptabilité intérieure des corps de troupe avait, par son art. 182, substitué des bulletins d'imputation (modèle 61) aux procès-verbaux prescrits par la circulaire du 4 octobre 1834, toutes les fois que les remplacements tomberaient à la charge de la masse individuelle, et que la circulaire du 14 mai 1853, interprétative de celle du 4 octobre 1834, n'a point fait mention de cette substitution, on a demandé si cette dernière était maintenue, ou bien si les bulletins (modèle 61) devaient être désormais remplacés par des procès-verbaux.

Vous remarquerez que les dispositions de la circulaire du 14 mai 1853 ont en spécialement pour but de régler le mode de décompte des imputations dont les masses individuelles devaient être grevées en certains cas, mais elles ne sauraient abroger celles de l'ordonnance du 10 mai 1844 ; dès lors, les bulletins dont le modèle est annexé à cette ordonnance, sous le n. 61, doivent continuer à être établis, quand, toutefois, il s'agit d'imputations à faire supporter par la masse individuelle ; et MM. les sous-intendants militaires peuvent autoriser les remplacements extraordinaires reconnus nécessaires au compte de ces masses, sans en référer à l'intendant divisionnaire, comme le prescrivait la circulaire de 1834. Toutefois, lorsque ces sortes de remplacements s'appliqueront à un grand nombre d'effets, ou qu'ils acquerront, dans le même corps, un caractère de périodicité, les sous-intendants militaires devront prendre les ordres des intendants divisionnaires avant de consigner un arrêté approbatif sur les bulletins d'imputations.

Recevez, etc.

au sous-intendant militaire pour être transmis à l'intendant, qui le fait parvenir au Ministre de la guerre. Une expédition de l'ordre de reversement est jointe au récépissé.

« [Art. 182 de l'*instruction*. Les sous-intendants militaires auront toujours à
« établir un ordre de reversement pour les sommes que les corps devront verser
« au Trésor, tant pour les déficits imputés que pour les imputations comprises
« dans les états à talon (modèle n° 18) (1).

« Les bulletins d'imputation, dont l'établissement est prescrit par les arti-
« cles 182 et 250, sont réunis dans l'état trimestriel où doivent être récapitulées
« toutes les imputations.

« Le trésorier, par une annotation spéciale, indique sur l'état modèle n° 62 de
« l'ordonnance, la division de la somme totale, entre les militaires qui ont et
« ceux qui n'ont pas de masse individuelle.

Exemple :

Masse individuelle.	19ᶠ	08
Divers	4	50
Total égal au montant des imputations. .	23	58

Avoir des hommes désertés, disparus, prisonniers de guerre ou morts.

183. L'*avoir* des hommes désertés, disparus ou prisonniers de guerre et de ceux qui sont morts, soit dans une position de présence ou d'absence, soit dans la réserve, est versé à la masse générale d'entretien (2ᵉ portion) (2).

Débets des hommes en congé illimité, désertés, disparus, prisonniers de guerre, réformés, libérés, retraités ou morts.

184. Le *débet* des hommes mis en congé illimité, désertés, disparus, prisonniers de guerre, réformés, libérés, retraités ou morts, tombe à la charge de la masse générale d'entretien (2ᵉ portion), qui en verse le montant à la masse individuelle (3).

---

(1) On doit continuer à appliquer les dispositions de la circulaire ministérielle du 3 janvier 1880, relative aux versements au Trésor.

Toutefois, pour ordre, les états des sommes imputées, modèle n° 18, indiquant, pour le seul service de l'habillement et du campement, la division de la somme totale, comme suit :

Exemple :

Habillement.	17ᶠ	20
Grand équipement.	2	25
Campement.	4	50
Total.	23	95

L'ordre de versement de la somme totale établira cette distinction, qui sera elle-même reproduite sur l'unique récépissé de versement, pour faciliter l'établissement du bordereau dont le modèle est annexé à la circulaire précitée du 3 janvier 1880 (Note ministérielle du 30 juin 1880).

(2) Le fonds de masse des hommes non détenus dans les établissements pénitentiaires, condamnés à la réclusion, sera versé à la masse d'entretien des corps dont ils font partie (Note ministérielle du 15 avril 1875, *Journal militaire*, page 628).

(3) Dans les compagnies de discipline et les bataillons d'infanterie légère d'Afrique,

Versements réciproques de la masse individuelle et de la masse générale d'entretien.

185. En cas de réintégration sur les contrôles du corps, des hommes dont l'*avoir* ou le *débet*, à l'époque de leur radiation, avait été versé par la masse individuelle à la masse générale d'entretien, ou par cette dernière à l'autre, conformément aux articles 183 et 184, la masse qui a reçu le versement en rembourse le montant à celle qui l'avait effectué.

Toutefois, si l'homme réintégré reçoit une première mise, la masse générale d'entretien ne verse à la masse individuelle que la portion de l'ancien avoir excédant cette première mise.

Les versements s'opèrent par virements.

186. Les versements que la masse individuelle doit recevoir des masses d'entretien, et ceux qu'elle est tenue de leur faire (art. 166), s'opèrent par *virements*, sur le registre de centralisation, à l'époque de la clôture de la comptabilité trimestrielle.

Feuille de décompte de la masse individuelle (1).

187. (*Nouvelle rédaction*, décret du 7 août 1875). Les feuilles de décompte de la masse individuelle des compagnies, escadrons ou batteries, sont ouvertes le premier jour du trimestre auquel elles se rapportent.

Les capitaines commandants y font inscrire, ledit jour, dans le même ordre que sur les contrôles, les militaires qui comptaient à l'effectif la veille au soir.

Il est laissé à la suite des noms des militaires de chaque grade ou emploi, un nombre de lignes en blanc égal à celui des hommes formant le complet de chaque grade ou emploi.

La position des hommes absents au premier jour du trimestre est sommairement indiquée dans la colonne 4.

Les mutations des hommes qui s'absentent momentanément de la compagnie, de l'escadron ou de la batterie, ne seront indiquées sur la feuille de décompte que si ces militaires ne sont pas rentrés au dernier jour du trimestre.

Les mutations des militaires venus d'un autre corps ou d'une autre compagnie, escadron ou batterie, ou qui cessent de compter à une compagnie, escadron ou batterie, seront toujours portées sur la feuille de décompte.

Les inscriptions des recettes et dépenses se font comme ci-après.

L'avoir ou le débet à la masse des hommes comptant à l'ef-

---

le débet tombe à la charge de la masse de secours (Décision ministérielle du 19 août 1845, tome IV, page 600).

Dans les établissements pénitentiaires, la masse du trésor se substitue à la masse d'entretien, en ce qui concerne les art. 183 et 184 de la présente ordonnance (Art. 280 et 281 du règlement du 23 juillet 1856).

(1) Voir aux annexes n. 36, l'instruction ministérielle du 28 octobre 1875.

fectif est porté sur la feuille de décompte au moment de son ouverture.

L'avoir ou le débet des militaires venus d'un autre corps ou
d'une autre compagnie, escadron ou batterie, ou cessant de compter à la compagnie, escadron ou batterie, à l'époque de la mutation.

Les premières mises ou suppléments de premières mises, lors de
l'arrivée au corps des hommes y ayant droit.

Les sommes payées comptant aux hommes, au moment du paiement.

Le montant des avances en route, lorsque le capitaine commandant connaît ces avances.

Les autres recettes et dépenses ne sont inscrites à la feuille de
décompte qu'en fin de trimestre.

Les sommes portées dans les colonnes de la feuille de décompte
sont totalisées au bas de chaque page. Ces totaux partiels sont récapitulés à la gauche de la feuille de décompte.

Le total général ainsi obtenu présente les résultats des comptes
de la masse individuelle des hommes de la compagnie, de l'escadron ou de la batterie pendant le cours du trimestre.

La feuille de décompte est arrêtée par le capitaine, qui la remet
ensuite au trésorier. Ce comptable, après avoir réuni celles des
compagnies, escadrons ou batteries du corps, les vérifie d'abord
sous le rapport des supputations, ensuite par la comparaison des
unes avec les autres pour les articles correspondants, et enfin par
les inscriptions faites au registre-journal.

La feuille de décompte se termine par la situation générale des
masses individuelles au dernier jour du trimestre, comme le comporte le modèle.

Les hommes absents lors de leur libération et dont l'avoir à la
masse n'a point encore été soldé au dernier jour du trimestre précédent, sont portés sur une feuille de décompte spéciale établie par
le trésorier.

Le trésorier récapitule toutes les feuilles de décompte dans un
relevé général du même modèle que la feuille de décompte qu'il
soumet au major. Cet officier supérieur s'assure de leur exactitude
d'après les comptes courants et les rend ensuite au trésorier revêtues de son visa.

Imputations extra-réglementaires interdites.

188. Aucune imputation autre que celles qui sont spécifiées au
présent règlement ne peut être faite aux hommes sur leur masse individuelle qu'en vertu d'une décision du Ministre.

CHAPITRE III.

De la fourniture des effets de petit équipement aux corps de troupe.

189. (*Nouvelle rédaction*, décret du 1er mars 1880). Les corps et
les détachements sont pourvus d'effets de petit équipement, soit par
les magasins de l'Etat, soit par les entrepreneurs, soit au moyen
d'achats qu'ils effectuent directement selon les instructions du Ministre, soit enfin par d'autres corps ou d'autres portions d'un même
corps, sur l'autorisation des intendants militaires (1).

« [Art. 189 de l'*instruction*. Les factures et les récépissés comptables devront
« être en tout conformes aux modèles joints à la présente instruction ; en outre, on
« observera, pour toutes autres mesures de détail, les diverses instructions des 9 et
« 13 mars, 3 avril 1879, et les cahiers des charges des 16 et 19 septembre 1878].

Achat et réception des effets de petit équipement (2).

190. (*Nouvelle rédaction*, décret du 1er mars 1880). Les opérations relatives à la passation des marchés pour la fourniture des
effets de petit équipement et à la réception de ces effets sont confiées au conseil d'administration. Il se conforme, à cet égard, aux
dispositions des articles 21, § 1er, 27, 28, 39, 45 et 50 du présent
règlement et aux instructions du Ministre.

*Versement au Trésor de la valeur des effets de petit équipement reçus par les corps
à charge de remboursement (3).*

191. (*Nouvelle rédaction*, décret du 1er mars 1880). La valeur
des effets de petit équipement reçus des magasins de l'Etat ou pré-

---

(1) Dans les effets de petit équipement à acheter par les corps sont exceptées les
« chaussures et les guêtres en cuir » (Art. 39 de l'instruction ministérielle du 9 mars
1880).
Voir également : l'art. 43 de cette instruction pour les envois d'effets aux détachements dans la même région que le dépôt.
L'art. 44, pour les achats que peuvent faire les détachements se mobilisant sur place.
Aux termes de l'art. 45 de l'instruction du 9 mars 1879 : « Si la portion centrale
« comprend, dans des marchés, les effets nécessaires aux besoins de ces fractions détachées, elle doit stipuler l'obligation, pour les fournisseurs, d'effectuer leurs livraisons
« sur les divers points où les détachements se trouvent stationnés. »
(2) Les prix d'achats ne doivent pas dépasser ceux assignés par la nomenclature H.J.
(18 janvier 1879, J.M., page 30).
(3) « Les effets de petit équipement qui, par l'effet du roulement prescrit par l'art. 3,
« sont prélevés sur la réserve et passent au service courant, y sont tarifés dans les
« comptes de la masse individuelle, au prix des effets de même nature récemment
« achetés et qui ont pris leur place dans la réserve.
« Il est fait exception lorsque les effets prélevés et ceux achetés ne sont pas de même
« nature ou du même type, et que les tarifs ministériels assignent aux uns et aux autres
« une valeur différente. Dans ce cas, on opère comme il est dit au dernier paragraphe
« de l'art. 109 » (Art. 147 de l'instruction ministérielle du 9 mars 1879).

levés sur les approvisionnements de réserve dont le corps a la gestion, à charge de remboursement par les fonds de la masse individuelle, est versée au Trésor par le conseil d'administration.

« [Art. 191 de l'*instruction*. Lorsque des effets de petit équipement seront pré-
« levés sur les approvisionnements de réserve dont le corps a la gestion, pour être
« cédés au service courant (masse individuelle), on établira des factures de li-
« vraison décomptées, dont le montant devra être versé au Trésor (voir modèle n° 11).

« Lorsque ces effets proviendront des approvisionnements des services gérés
« par un autre corps, la livraison ou l'expédition et la réception auront lieu
« au titre du service de réserve, et le reste de l'opération aura lieu comme ci-
« dessus].

Paiement par les corps des effets reçus directement des entrepreneurs.

192. (*Nouvelle rédaction*, décret du 1er mars 1880). Lorsque les effets reçus directement des entrepreneurs de confections, à charge de remboursement par les fonds de la masse individuelle, doivent, d'après les ordres du Ministre, être payés par les corps, le paiement a lieu sur la production des factures de livraison.

Chaque facture, revêtue de l'acquit du livrancier, ou appuyée de traites acquittées, justifie la dépense portée au registre-journal du trésorier.

L'entrée dans les comptes du matériel est justifiée par le talon de chaque facture.

Aux factures qui comprennent plusieurs livraisons dans le courant d'un même mois, sont joints les récépissés comptables à talon.

Paiement des effets achetés par le corps.

193. (*Nouvelle rédaction*, décret du 1er mars 1880). Les effets achetés par les corps, au compte de la masse individuelle, sont payés aux fournisseurs sur la production de factures à talon, d'après les règles indiquées à l'article précédent.

194 à 202. *Supprimés*. (Décret du 1er mars 1880).

CHAPITRE V.
DES DISTRIBUTIONS D'EFFETS DE PETIT ÉQUIPEMENT.

Bons nominatifs (1).

203. Les effets de petit équipement sont délivrés par l'officier d'habillement, sur la présentation de *bons* nominatifs, conformes au modèle n° 39 (art. 132).

Distribution aux hommes en présence du capitaine.

204. La distribution des effets de petit équipement reçus du ma-

(1) Bons timbrés de la lettre alphabétique de la compagnie (Décision du 20 août 1835, t. II, p. 747).

gasin est faite, dans l'intérieur des compagnies, escadrons ou batteries, par le sergent-major ou maréchal des logis chef, en présence du capitaine.

Chaque homme doit être pourvu de tous les effets de petit équipement que son arme exige.

205. Tout homme de troupe doit, à dater du jour de son immatriculation, être constamment pourvu des effets de petit équipement compris dans la nomenclature de l'arme à laquelle il appartient.

Si les jeunes soldats, les engagés volontaires ou les remplaçants sont munis, à leur arrivée, d'effets de même nature qui soient en bon état, il ne leur en est fourni d'autres par le magasin du corps que lorsque les premiers sont hors de service.

Cas où les hommes ne doivent pas rester au corps (1).

206. (*Nouvelle rédaction*, décret du 1er mars 1880). Par dérogation à l'article précédent, les hommes qui, vu leur état de santé ou pour toute autre cause, sont présumés ne devoir pas rester au corps, ne reçoivent que les effets qui leur sont strictement nécessaires.

De même, les hommes qui doivent passer dans la disponibilité ou la réserve, ne reçoivent, à partir du 1er avril qui précède l'époque de leur renvoi, que les effets strictement nécessaires, si leur avoir à la masse ne peut supporter une dépense supérieure sans descendre au-dessous de 12 francs pour les hommes à pied et de 20 francs pour les hommes à cheval.

Versailles, le 16 octobre 1876.

(1) Imputations abusives faites aux masses des militaires libérés, au moment de leur renvoi dans leurs foyers.

Messieurs, l'examen des rapports d'inspection administrative des corps de troupe en 1876, a donné lieu de remarquer qu'une assez grande quantité d'effets de petit équipement ont été, contrairement aux prescriptions de l'art. 206 de l'ordonn. du 10 mai 1844, distribués dans le trimestre qui précède leur libération, non seulement aux militaires dont le fonds de masse pouvait supporter la dépense, mais encore à ceux qui avaient leur masse en débet.

D'autre part, des imputations non moins importantes ont été faites à des hommes au moment de leur libération ou même après, pour des pertes d'effets qui n'avaient pas été constatées avant leur départ.

Ce mode d'opérer est fort préjudiciable aux intérêts du Trésor; il en est résulté que des débets considérables ont été indûment supportés par les masses générales d'entretien et que des masses individuelles, qui avaient un actif assez élevé, se sont trouvées réduites à un chiffre inférieur à la somme à reprendre au profit de l'État, d'après le décret du 10 octobre 1874.

Je vous prie de rappeler aux conseils d'administration que les imputations de la nature de celles indiquées ci-dessus resteraient irrévocablement à leur charge, si elles se reproduisaient à l'avenir.

Agréez, etc.

Le Ministre de la Guerre,
Signé : Général A. BERTHAUT.

Marque des effets.

207. Les effets de petit équipement qui, par leur forme ou leur nature, peuvent recevoir une empreinte, sont marqués du numéro matricule des hommes qui en sont pourvus, au moyen de chiffres en métal que le conseil fait fournir aux capitaines, et dont ces officiers restent dépositaires et responsables.

Bordereau récapitulatif portant décompte des effets délivrés pendant le trimestre expiré.

208. Dans les cinq premiers jours de chaque trimestre, l'officier d'habillement établit, en double expédition, un bordereau récapitulatif (modèle n° 65) portant décompte des effets délivrés à chaque compagnie, escadron ou batterie, pendant le trimestre précédent. Ce bordereau est soumis à la vérification du major et à l'approbation du conseil; une expédition en est remise au trésorier pour rester à l'appui des feuilles de décompte de la masse individuelle, comme contrôle des imputations du prix des effets de petit équipement fournis aux hommes par les magasins du corps.

CHAPITRE VI.

DES RÉPARATIONS AU COMPTE DE LA MASSE INDIVIDUELLE.

SECTION Ire.

Les réparations d'effets.

Réparations faites d'après les tarifs, ou par marchés, ou à prix débattu (1).

209. Les réparations d'effets de toute nature dont la dépense est imputable sur la masse individuelle (art. 180) sont faites sous l'approbation du sous-intendant militaire, soit d'après les tarifs ou d'après des marchés passés par le conseil, qui déterminent l'espèce et le prix de chaque réparation, soit à *prix débattu* entre les capitaines et les ouvriers : le choix entre ces deux modes appartient au conseil d'administration, et ce n'est qu'avec son assentiment que, dans le dernier cas, les capitaines peuvent avoir recours aux ouvriers du corps.

Bulletins à établir pour les réparations.

210. Les réparations sont exécutées d'après des *bulletins* nominatifs (modèle n° 66) délivrés par les commandants de compagnie,

---

(1) Voir l'instruction ministérielle du 24 avril 1879, annexe n. 26, portant envoi de modèles de marchés uniformes pour l'entretien de l'habillement, de l'équipement et de la coiffure dans les corps.

d'escadron ou de batterie, aussitôt que les dégradations sont connues et appréciées par eux.

Chaque bulletin désigne le maître ouvrier ou l'ouvrier civil qui doit exécuter la réparation, et contient, outre les noms des détenteurs des effets, l'indication sommaire et le prix de l'ouvrage à faire.

Bordereau d'enregistrement journalier des bulletins pour les réparations.

211. Les bulletins pour les réparations sont inscrits par les capitaines au fur et à mesure qu'ils les délivrent, *sur un bordereau d'enregistrement journalier* (modèle n° 67), pour celles à exécuter par les ouvriers du corps au prix du tarif ou par voie de marché, et (modèle n° 69), pour celles qui sont faites à prix débattu, par les ouvriers civils ; les prix alloués aux maîtres ouvriers sont relatés distinctement pour chaque objet et par nature de réparation.

Ces bordereaux sont totalisés à la fin de chaque trimestre, après que les capitaines se sont assurés de l'exécution des réparations ; ils les *certifient* et les font parvenir immédiatement à l'officier d'habillement.

Bordereaux récapitulatifs trimestriels.

212. A la fin de chaque trimestre, l'officier d'habillement réunit aux bordereaux des compagnies les bulletins journaliers remis aux ouvriers et dresse deux *bordereaux récapitulatifs* (modèles n° 68 et 70), indiquant le montant des réparations exécutées, tant pour chaque compagnie, escadron ou batterie que pour l'ensemble du corps ou de la portion du corps, ainsi que la somme qui revient à chacun des ouvriers.

Il signale au major les erreurs qu'il peut avoir reconnues dans les bulletins.

Le major, après vérification des bordereaux récapitulatifs et des bulletins y annexés, les remet au trésorier, qui solde les ayants droit sur leurs quittances, et inscrit la dépense au registre-journal.

Cas de paiement immédiat du travail exécuté à prix débattu.

213. Lorsque les réparations s'opèrent à *prix débattu* et qu'un ouvrier réclame le prix de son travail au moment où il rapporte l'effet réparé, le capitaine soumet le bulletin au major, qui y appose son autorisation d'acquittement, ainsi conçue : *Bon à payer par le trésorier.* Ce bulletin est ensuite remis à l'ouvrier, qui en touche le montant sur son acquit.

Dans ce cas, et par dérogation spéciale au principe posé en l'article 125, le trésorier est autorisé à ne pas faire écriture, par ordre de date, des paiements qu'il effectue. En conséquence, il dépose dans sa caisse les bulletins quittancés, dont le montant lui est compté comme espèces, et il les comprend à l'expiration du trimestre dans le bordereau récapitulatif prescrit par l'art. 212.

Destination à donner aux bulletins vérifiés.

214. Lorsque le sous-intendant militaire a vérifié la comptabilité trimestrielle, tous les bulletins sont distraits des bordereaux et états récapitulatifs et déposés aux archives du corps.

Aux armées, ils sont remis au dépôt d'artillerie le plus à proximité.

SECTION II.
Des réparations d'armes.

Réparations d'armes au compte de la masse individuelle.

215. Les réparations d'armes dont la dépense est mise à la charge de la masse individuelle sont exécutées par les ouvriers qui entretiennent l'armement du corps, ou par les établissements de l'artillerie.

Tarifs des réparations.

216. Les imputations à faire aux hommes sont effectuées aux prix des tarifs arrêtés par le Ministre pour les réparations d'armes *au compte de la masse individuelle.*

Les dispositions pour réparations d'effets sont applicables aux réparations d'armes (1).

217. Les dispositions des art. 210, 211, 212 et 214 sont communes aux réparations d'armes.

Il n'est pas établi de bulletins pour les réparations qui doivent être faites dans les établissements de l'artillerie. Elles sont constatées dans chaque compagnie, escadron ou batterie, par le capitaine et l'officier d'habillement ou l'officier chargé des détails de l'armement, assistés de l'armurier; les résultats de cette opération sont consignés dans un *état* (modèle n° 71) qu'ils certifient. Cet état désigne nominativement les hommes qui ont commis les dégradations et il indique les supputations dont ils sont passibles.

Cas où le prix des réparations excède les fixations des tarifs.

218. Lorsque les prix auxquels les corps ont traité pour les réparations excèdent les fixations des tarifs, la différence reste à la charge du fonds d'entretien des armes.

Versement au Trésor du montant des réparations; bordereaux récapitulatifs (2).

219. Le montant des imputations effectuées sur la masse indivi-

(1) Art. 437 du règlement du 1er mars 1854. — L'officier d'armement vérifie si la réparation est bien faite, et vise le bulletin. — Ce visa est daté (Note ministérielle du 20 janvier 1857 et Circulaire ministérielle du 22 septembre 1874).
(2) Voir la note ministérielle du 11 juin 1853, J.M., page 607, relative à la destination à donner aux récépissés délivrés aux corps.

duelle, pour dégradations aux armes qui doivent être réparées dans les établissements de l'artillerie, est versé au Trésor, soit immédiatement, soit à l'expiration du trimestre pendant lequel ces dégradations ont été constatées au corps. A cet effet, un *bordereau récapitulatif* (modèle n° 72) est dressé en double expédition par l'officier d'habillement et *certifié* par le conseil.

Il est donné au récépissé et à la déclaration de versement, que le receveur (ou payeur d'armée) délivre au trésorier, la destination indiquée par les deux derniers paragraphes de l'art. 182.

Le montant des réparations qui ne peuvent être immédiatement effectuées, ou qui sont suspendues, est versé en dépôt aux *fonds divers* (1).

220. Le montant des réparations qui ne peuvent être immédiatement effectuées, et qui sont supportées par la masse individuelle des militaires libérés ou envoyés en congé pour attendre leur libération, est versé aux *fonds divers*, d'après le bon du capitaine approuvé par le major.

La valeur des bois de monture des armes à feu dont le remplacement est suspendu, est également versée aux fonds divers (2).

Lorsque ces réparations sont faites ou qu'il devient nécessaire de remplacer les bois de monture, la dépense en est payée au maître armurier, sur états quittancés.

CHAPITRE VII.

DES EFFETS DE PETIT ÉQUIPEMENT FOURNIS AUX PORTIONS DE CORPS AYANT UNE ADMINISTRATION DISTINCTE.

221. *Article supprimé* par le décret du **16 février 1875**.
222. *Article supprimé* par le décret du **16 février 1875**.
223. *Article supprimé* par le décret du **16 février 1875**.

CHAPITRE VIII.

DE LA DESTINATION À DONNER AUX EFFETS DE PETIT ÉQUIPEMENT PROVENANT D'HOMMES RAYÉS DES CONTRÔLES.

Destination à donner aux effets de petit équipement provenant des hommes décédés, disparus, etc. (3).

224. (*Nouvelle rédaction*, décret du 1er mars 1880). — Les effets

---

(1) Il est interdit aux corps de faire réparer les armes qu'ils ont à verser à l'artillerie (Art. 58 du Règlement du 1er mars 1854). — Tous les fonds provenant de retenues opérées sur les masses individuelles, et qui, par quelque cause que ce soit, n'ont pu être employés à la réparation des armes, pendant le cours de l'année, doivent être versés dans une caisse publique (Art. 196 du règlement du 1er mars 1854).
(2) Ces bois doivent être marqués de la lettre P et sont distribués aux jeunes soldats pour éviter les dégradations qu'ils commettraient sur les bois neufs (Art. 117 et 118 du règlement du 1er mars 1854).
(3) Destination à donner aux effets de petit équipement des militaires décédés dans

de petit équipement laissés au corps par les hommes qui cessent d'y appartenir, ou par les hommes décédés, disparus, etc., sont versés au magasin d'habillement, au moyen d'un bulletin (modèle n° 36) inscrit au registre-journal (Réintégrations, section VIII, habillement d'instruction).

« [Art. 224 de l'*instruction*. L'arrêté de la section VIII du journal sera établi « comme suit :

TOTAUX	. . . . . .	30	12
Laissé p. les h. rayés. . . .	. . . . . .	2	1
Reste c. réintégrations. . .	. . . . . .	28	11

« Les effets provenant des décédés, disparus, etc., compris sur les certificats « administratifs trimestriels (modèle n° 5), établis à la portion centrale, font « l'objet d'une inscription spéciale au registre des entrées et des sorties de ma- « tériel.]

TITRE XI

Masses d'entretien, Fonds spéciaux et masses de secours.

—————

Emploi de ces masses ou fonds réglé par le Ministre (1).

225. L'emploi du produit des masses d'entretien affectées aux corps de troupe, des fonds spéciaux qui sont mis à leur disposition, et des masses de secours, est réglé par le ministre de la guerre.

———————————————————————

les hôpitaux. Les intendants font opérer, pour les besoins des militaires détenus, des prélèvements d'effets de linge et chaussure parmi les meilleurs effets de petit équipement laissés par les décédés et les évadés. De leur côté, les sous-intendants sont autorisés à faire puiser dans ces effets, pour venir en aide aux militaires isolés ou autres dont la masse individuelle est obérée ou la position intéressante. Les autres effets de petit équipement sont, quel que soit leur état, remis au Domaine et vendus au profit du Trésor (Art. 744 du règlement du 31 août 1865 V. l'article 228 ci-après).

(1) Voir la décision ministérielle du 22 août 1834, *J.M.*, page 580, relative au mode de paiement des dépenses imprévues à la charge de la masse générale d'entretien :

Emploi des masses d'entretien (Circulaire du 13 décembre 1827 ; Décision présidentielle du 19 novembre 1871 ; Instruction du 15 mars 1872 (Voir aux annexes, n. 1 à 4) ;

Emploi des masses de secours des bataillons d'infanterie légère d'Afrique et des compagnies de discipline (Décision du 19 août 1845, page 600) ;

Emploi des masses de remonte dans les régiments de spahis (Arrêté du 5 août 1845, page 585).

TITRE XII

DISPOSITIONS SPÉCIALES AU MATÉRIEL.

Classement du matériel.

226. (*Nouvelle rédaction*, décret du 1er mars 1880). — Le matériel mis à la disposition des corps se distingue en :

1º Matériel du service courant ;
2º Matériel du service de réserve.

Détermination et formation des approvisionnements.

227. (*Nouvelle rédaction*, décret du 1er mars 1880). — La nature, l'importance et l'objet des approvisionnements de chaque service, sont déterminés, pour chaque corps, par des instructions ministérielles.

Les corps de troupe sont pourvus du matériel nécessaire, soit par des livraisons des magasins de l'Etat, soit par des livraisons directes des entrepreneurs, soit, enfin, par des achats qu'ils sont autorisés à effectuer directement.

« [Art. **227** de l'*instruction*. Ainsi qu'il a été dit à l'article 189, les corps se
« conforment, pour la réception du matériel de l'habillement et du campement,
« aux instructions spéciales des 9 et 13 mars, 3 avril 1879 et aux cahiers des
« charges des 16 et 19 septembre 1878.

« Les factures de livraison ou d'expédition seront conformes au modèle n° 6,
« joint à la présente instruction. Les récépissés comptables qui les accompagnent
« seront conformes au modèle n° 361 de la nomenclature. Les factures et les
« récépissés seront complétés par les dates des commandes].

RÈGLES PARTICULIÈRES AU MATÉRIEL DU SERVICE COURANT.

Composition du matériel du service courant.

228. (*Nouvelle rédaction*, décret du 1er mars 1880). — Le matériel du service courant comprend tous les approvisionnements destinés à satisfaire aux besoins courants des corps de troupe.

Pour le matériel de l'habillement seulement, le service courant comprend deux approvisionnements distincts : l'un, destiné à l'habillement et à l'équipement des hommes de l'armée active ; l'autre, destiné à l'habillement et à l'équipement des hommes de la réserve et de l'armée territoriale.

Ce dernier approvisionnement prend le nom d'Habillement d'instruction.

« [Art. **228** de l'*instruction*. L'habillement d'instruction comprend :
« 1° Les effets d'habillement retirés aux détenteurs après durée expirée et
« encore utilisables ;
« 2° Les effets d'habillement, tant en magasin qu'en service, dont les inten-

« dants militaires prescrivent le passage à la section VIII, avant durée expirée
« (art. 231) ;
« 3° Les effets de grand équipement qui peuvent encore être utilisés, mais non
« emportés en campagne (hors modèle ou autres), suivant les ordres des inten-
« dants militaires, comme ci-dessus ;
« 4° Les effets de petit équipement provenant des hommes rayés (y compris
« ceux de la 2° portion du contingent) et, suivant les besoins, des cessions faites,
« soit par la masse individuelle du corps, soit par d'autres magasins.
« Dans les trois mois qui précèdent les appels des réservistes ou des hommes de
« l'armée territoriale, les corps adressent, en simple expédition, au sous-intendant
« militaire, la situation de leur approvisionnement d'instruction (modèle n° 22),
« en formulant leurs propositions. Cette situation est annotée par le sous-inten-
« dant militaire qui la transmet à l'intendant militaire, lequel, suivant le cas,
« autorise le passage à la section VIII des effets nécessaires, ou prescrit des ver-
« sements d'un corps à un autre.
« Pour les effets d'habillement, les remplacements anticipés et les prélèvements
« faits sur les ressources existant en magasin, devront toujours porter sur les
« effets qui seront le plus près d'atteindre le terme de la durée qu'ils doivent
« accomplir en service.
« Les effets de grand équipement, hors modèle ou autres, seront toujours choisis
« parmi les moins bons.
« Pour les effets de petit équipement, les cessions faites par la masse indivi-
« duelle auront lieu à charge de remboursement par le service de l'habillement
« (voir l'exemple porté au modèle n° 11).
« Les conseils d'administration et les sous-intendants militaires tiendront la
« main à ce que ces cessions, dont l'importance ne peut être fixée à l'avance,
« soient réduites à leur minimum. Du reste, l'expérience des derniers appels in-
« dique que les distributions de cette nature tendent à se réduire de plus en plus,
« eu égard à l'allocation des indemnités spéciales accordées aux hommes qui se
« présentent pourvus d'effets]. »

Division du matériel en deux catégories.

229. (*Nouvelle rédaction*, décret du 1er mars 1880). — Le matériel du service courant se divise en deux catégories :

La première catégorie comprend les effets d'habillement et de
coiffure auxquels on a assigné une durée à accomplir en service
(tableau A).

La deuxième catégorie comprend tous les autres objets auxquels
on n'a pas assigné de durée fixe ou seulement une durée de convention.

Les effets d'habillement et de coiffure de l'habillement d'instruction, devant être employés jusqu'à usure complète, sans considération de durée, appartiennent à la deuxième catégorie.

Supputation de la durée réglementaire des effets.

230. (*Nouvelle rédaction*, décret du 1er mars 1880). — La durée
réglementaire des effets de la première catégorie est supputée
par trimestre, depuis et y compris celui où la distribution en est
faite par le magasin d'habillement aux compagnies, escadrons ou
batteries.

La durée des effets de première et de deuxième tenue, est supputée d'une manière distincte pour chaque effet.

Quand les effets rentrent en magasin avant d'avoir accompli leur durée réglementaire, elle est suspendue pendant le temps qu'ils y séjournent. Le trimestre dans lequel s'effectue la réintégration est considéré comme accompli, sauf dans le cas où l'effet est remis en service dans le même trimestre.

La durée n'est pas suspendue pour les effets déposés en magasin par les hommes entrant dans une position d'absence.

« [Art. 230 de l'*instruction*. Aux termes du deuxième alinéa de l'article 230,
« les effets de sous-officiers, de première et de deuxième tenue, ayant des durées
« distinctes, il en résulte l'obligation de remplacer chaque effet au moment où la
« durée qui lui est assignée aura été parcourue.

« Le sous-officier ayant un pantalon de cheval à remplacer avant l'époque fixée
« pour la transformation de son pantalon d'ordonnance, recevra du magasin un
« pantalon de cheval transformé. Plus tard, à l'expiration de sa durée, le panta-
« lon d'ordonnance sera réintégré et remplacé par un effet neuf.

« La même règle s'applique à tous les effets d'habillement de première et de
« deuxième tenue.

« Dans les corps de troupe à cheval, les pantalons de troisième tenue sont tou-
« jours considérés comme abandonnés aux détenteurs, sous la réserve qu'ils ne
« pourront en disposer qu'après remplacement, suivant les prescriptions de l'ar-
« ticle 240]. »

Mode de remplacement du matériel en service (1).

231. (*Nouvelle rédaction*, décret du 1er mars 1880). — Les effets de la première catégorie sont remplacés après avoir accompli, en service, la durée qui leur est assignée.

Paris, le 29 mars 1881.

(1) Le ministre de la guerre à Messieurs les gouverneurs militaires de Paris et de Lyon, les généraux commandant les corps d'armée, les intendants militaires des gouvernements de Paris et de Lyon, des corps d'armée et des divisions de l'Algérie.

Au sujet du remplacement des effets portés successivement en 1re et en 2e tenue.

Messieurs, j'ai été consulté sur l'application de certaines dispositions du décret du 1er mars 1880 et de la circulaire du 30 juin suivant, en ce qui concerne le remplacement, après durée expirée, des effets qui doivent être portés successivement en 1re et en 2e tenue, tels que les dolmans ou tuniques de sous-officiers et surtout les pantalons de cheval.

Pour éviter toute indécision, j'ai l'honneur de vous indiquer ci-après les règles à suivre pour opérer le remplacement de ces effets, en faisant remarquer que les effets de 1re tenue ne sont portés que le dimanche, les jours de fête et de revue, etc., soit, en moyenne, 60 ou 70 jours par an, c'est-à-dire moins d'un trimestre :

1° Le pantalon de cheval distribué neuf pour la 2e tenue sera remplacé après avoir accompli une durée de cinq trimestres dans cette tenue ;

2° Le pantalon de cheval distribué pour la 2e tenue, après avoir accompli un trimestre en 1re tenue, sera également remplacé après cinq trimestres accomplis en 2e tenue ;

3° Le pantalon de cheval distribué pour la 2e tenue, après avoir accompli deux, trois ou quatre trimestres en 1re tenue, sera remplacé après quatre trimestres accomplis en seconde tenue ;

4° Le pantalon de cheval distribué neuf aux hommes de la deuxième portion du contingent sera versé à l'habillement d'instruction après avoir accompli une durée de quatre trimestres ;

Les objets de la deuxième catégorie ne sont remplacés qu'après avoir été réformés suivant les règles tracées par les instructions ministérielles (1).

Toutefois, le Ministre de la guerre peut prescrire le remplacement, avant durée expirée ou réforme, des objets de première et de deuxième catégorie, pour entretenir l'approvisionnement de l'habillement d'instruction (section VIII).

Le remplacement des objets de toute nature perdus ou mis hors de service, avant durée expirée ou réforme (2), s'opère dès que le fait

---

5° Le brigadier ou caporal promu sous-officier conservera son pantalon en drap 19 ains pour la seconde tenue.

Pour le brigadier, cet effet sera son pantalon de cheval n° 1 en drap 19 ains. Le pantalon de cheval n° 2 sera réintégré en magasin.

Le maréchal des logis nouvellement promu se trouvera ainsi pourvu d'un pantalon d'ordonnance neuf, d'un pantalon de cheval neuf ou transformé en drap 23 ains et, enfin, d'un bon pantalon de cheval en drap 19 ains.

6° Les dolmans de première tenue retirés aux sous-officiers passés dans la disponibilité seront réintégrés en magasin pour six trimestres au plus, quelle que soit la durée parcourue, pour être distribués ensuite comme dolmans de deuxième tenue aux sous-officiers nouvellement promus.

S'il arrive, exceptionnellement, que les effets, ne soient pas susceptibles de parcourir les durées, indiquées ci-dessus, ils seront proposés pour la réforme à l'inspection générale, conformément aux indications de la solution n° 4 du 30 juin 1880 (V. ci-après).

Veuillez, Messieurs, assurer, chacun en ce qui vous concerne, l'exécution de ces dispositions.

FARRE.

(1) Réforme des effets de harnachement de cavalerie (15 mai 1879, *J.M.*, page 771).

(2) Les dispositions du 3e alinéa de l'art. 234 ne concernent que le remplacement d'objets perdus ou mis hors de service par événement de force majeure, ainsi que l'indique le titre de l'art. 251 réglant le mode de justification de ce remplacement, qui doit s'opérer dès que le fait a été dûment constaté.

Quant au remplacement pour usure prématurée, il ne peut avoir lieu, à la charge de l'État, avant que la réforme des effets usés ait été prononcée aux inspections générales annuelles.

Toutefois, pourront être remplacés par anticipation, pour usure prématurée, avant l'époque des inspections générales, les objets qui ont été distribués aux hommes de l'armée active, après avoir servi aux réservistes ou aux hommes de l'armée territoriale, à défaut d'*effets de l'approvisionnement d'instruction*.

Les procès-verbaux (modèle n. 15) à établir dans ce cas devront être intitulés : *mise hors de service par usure prématurée.*

Afin de limiter l'établissement de procès-verbaux pour le motif qui vient d'être indiqué, la mesure transitoire suivante devra être appliquée aux inspections générales de 1880.

Seront exceptionnellement proposés pour une réduction du nombre de trimestres qu'ils auront encore à parcourir, lors de ces inspections, pour atteindre le terme de leur durée légale, les effets en service ou en magasin (service courant et réserve), ayant servi à des réservistes ou à des hommes de l'armée territoriale, et qui ne paraîtront pas susceptibles d'accomplir intégralement cette durée en service (Note ministérielle du 30 juin 1880).

Dispositions relatives aux soldats employés comme ordonnances (Circulaire ministérielle du 20 décembre 1867, *J.M.*).

« Il est pourvu au remplacement de leurs effets d'habillement et d'équipement par
« les compagnies de remonte (maintenant escadrons du train) après qu'il a été constaté
« par le sous-intendant militaire que les effets dont il s'agit ne peuvent plus être
« maintenus en service. »

a été dûment constaté, sauf imputation, s'il y a lieu, de leur valeur à qui de droit (Art. 182, 249 et 250).

« [Art. 231 de l'*instruction*. Les intendants militaires, se conformant aux in-
« structions annuelles données par le Ministre, pour l'habillement des réservistes
« et des hommes de l'armée territoriale, fixent les quantités d'effets à prélever sur
« les existants en magasin ou en service, avant durée expirée, pour satisfaire aux
« besoins prévus (art. 240)]. »

Règles suivies pour les distributions et les versements en magasins.

232. (*Nouvelle rédaction*, décret du 1er mars 1880). — En temps ordinaire, les distributions et les réintégrations d'effets, armes, etc., sont faites au magasin du corps par les soins de l'officier d'habillement, avec le concours des commandants de compagnie, escadron et batterie, et sur la présentation de bons de distribution ou de bulletin de versement (art. 132).

Au moment de l'appel des réservistes ou des hommes de l'armée territoriale, soit pour une mobilisation, soit pour une période d'instruction, l'officier d'habillement remet en bloc aux capitaines commandant les compagnies, escadrons ou batteries, les effets de toute nature présumés nécessaires pour habiller et équiper les hommes y compris le supplément pour essayage fixé par les instructions ministérielles spéciales.

La remise de ces effets a lieu sur la production d'un bon numérique portant en caractères apparents le mot : *provisoire*.

Dès que les hommes sont habillés et équipés, les effets, demeurés sans emploi, sont rendus au magasin, le bon provisoire est annulé et remplacé par un bon régulier.

Si les distributions ou réintégrations donnent lieu à des contestations entre l'officier d'habillement et les commandants de compagnie, d'escadron ou de batterie, le major prononce.

Les effets de la première catégorie qui rentrent en magasin avant d'avoir accompli, en service, leur durée réglementaire, reçoivent immédiatement l'indication du trimestre de leur réintégration, avec la lettre R (réintégré). Ils reçoivent, en outre, l'indication du nombre de trimestres restant à parcourir, au moment où ils sont distribués de nouveau ou versés à l'habillement d'instruction, si ces opérations ont lieu pendant le trimestre de la réintégration, et à la fin de ce trimestre, dans le cas contraire.

De la nature et des époques des distributions d'effets, objets, armes, etc.

233. (*Nouvelle rédaction*, décret du 1er mars 1880). — Les hommes sont habillés et équipés immédiatement après leur incorporation et la constatation de leur aptitude.

Les jeunes soldats de la première et de la deuxième portion du contingent ne reçoivent d'effets neufs qu'à défaut d'effets en cours de durée. Dans ce dernier cas, les effets neufs sont attribués de préférence aux hommes de la première portion.

Les hommes de la réserve et de l'armée territoriale, appelés pour des exercices ou des manœuvres, reçoivent des effets de l'habillement d'instruction. A défaut de ressources suffisantes on prélève temporairement les quantités d'effets nécessaires sur les autres approvisionnements du corps.

On distribue aux anciens soldats, à titre de remplacement, des effets d'habillement neufs, quand le nombre des effets en cours de durée, existant en magasin ou dont la réintégration est prochaine, n'excède pas les besoins prévus pour l'habillement des jeunes soldats et l'entretien de l'approvisionnement de l'habillement d'instruction.

Les caporaux ou brigadiers promus sous-officiers sont, au moment de leur promotion, complètement habillés en effets de sous-officiers. Leurs effets de première tenue sont, autant que possible, pris parmi les effets neufs et ceux de deuxième tenue parmi les effets en cours de durée (1).

Les engagés conditionnels d'un an ne reçoivent que des effets d'habillement neufs (2).

Lorsqu'on distribue des effets en cours de durée, on délivre d'abord, autant que possible, ceux qui sont le plus près d'atteindre le terme de leur durée.

Les hommes qu'on présume ne pas devoir être maintenus au corps, pour une cause quelconque, ne reçoivent que les effets rigoureusement nécessaires, pris dans l'habillement d'instruction.

> • [Art. 233 de l'*instruction*. Lorsque les ressources de l'habillement d'instruc-
> • tion ne permettent point d'habiller et d'équiper les hommes de la réserve et
> • de l'armée territoriale, les corps comprennent dans l'état modèle n° 22 (art. 228)
> • leurs propositions pour le prélèvement temporaire, sur leurs autres approvi-
> • sionnements, du nombre d'effets en cours de durée ou d'effets neufs nécessaires]. •

Remplacement des effets des hommes qui doivent quitter le corps.

234. (*Nouvelle rédaction*, décret du 1er mars 1880). — A l'inté-

---

(1) Le caporal promu sous-officier doit conserver, au moment de sa promotion, le pantalon en drap 19 ains dont il est détenteur.

Le brigadier promu sous-officier doit conserver, au moment de sa promotion, le pantalon de cheval en drap 19 ains de 1re tenue, et verser en magasin le pantalon de 2e tenue.

Lorsqu'on a été obligé de distribuer, comme effets de 2e tenue, des effets neufs ou n'ayant pas encore accompli leur durée en 1re tenue, il ne doit pas y avoir de difficulté, si on ne perd pas de vue :

1° Que les effets doivent parcourir la durée totale qui leur est assignée ; s'ils n'ont pas accompli en 1re tenue tout le temps qu'ils avaient à parcourir, ils doivent être prolongés d'autant en 2e tenue ;

2° Que les remplacements se font d'une manière indépendante, pour les effets de 1re et pour les effets de 2e tenue, comme s'il s'agissait d'effets de nature distincte (Note ministérielle du 30 juin 1880, J.M., P.R., page 419. Voir le renvoi (1), page 138).

(2) L'engagé conditionnel d'un an doit payer tous les effets dont il peut avoir besoin pendant son séjour normal sous les drapeaux, en sus de ceux qui lui ont été réglementairement délivrés au moment de son arrivée au corps (Note ministérielle du 8 juillet 1876, J.M., P.R., page 6).

rieur et en **Algérie**, aucun remplacement d'effets n'a lieu dans le trimestre qui précède celui pendant lequel expire le temps de service actif auquel les hommes sont astreints.

Ceux qui sont désignés ou proposés pour quitter le corps avant cette époque, pour toute cause emportant radiation des contrôles du corps, ne reçoivent pas d'effets de remplacement à partir de la date de la notification au corps de l'ordre ou de la décision qui motive cette radiation (1).

Ces dispositions ne sont pas applicables aux militaires qui font partie des troupes en campagne ou mobilisées, auxquels on peut remplacer, en tout temps, les effets ayant parcouru la durée fixée.

Effets emportés par les hommes faisant mutation (2).

235. (*Nouvelle rédaction*, décret du 1er mars 1880). — Les effets que doivent emporter les hommes faisant mutation sont indiqués au tableau B.

Dans le cas de changement de corps, les effets emportés par les hommes sont versés pour ordre au magasin, en même temps que les effets qui leur sont retirés y sont versés effectivement.

Les hommes de la deuxième portion du contingent et ceux de la disponibilité, de la réserve ou de l'armée territoriale appelés pour une période d'instruction, retournent dans leurs foyers avec les effets dont ils étaient pourvus à leur arrivée au corps.

« [Art. **235** de l'*instruction*. Les effets emportés par les hommes passant à un
« autre corps donnent lieu à l'établissement de factures (modèles nos 6 et 11).
  « Pour les militaires nommés élèves à l'École d'administration, les comman-
« dants de sections (état-major et recrutement, commis et ouvriers, infirmiers)
« doivent faire enlever sur les tuniques les pattes à numéros, foudres, cadu-
« cées, etc., et y faire placer des boutons à l'uniforme de l'École, s'il en existe
« en magasin. Les collets en drap garance des infirmiers seront remplacés par
« des collets en drap du fond; les galons en argent seront remplacés par des ga-
« lons en or]. »

Échanges des effets délivrés.

236. *Nouvelle rédaction*, décret du 1er mars 1880). — Les effets d'habillement, de coiffure et de grand équipement, délivrés par le

_____

(1) Pour les distributions d'effets de la 1re catégorie aux hommes de la classe dont le renvoi anticipé est probable pendant l'année courante, le 2e alinéa de l'art. 234 indique les règles à suivre. Tant que l'ordre de renvoi n'est pas donné, les remplacements s'effectuent d'après les règles habituelles.

Les caporaux et brigadiers promus sous-officiers, alors qu'un ordre a été donné ou qu'une proposition a été faite pour leur renvoi dans leurs foyers, sont traités comme il est dit à l'art. 233, si leur promotion a lieu dans le trimestre qui précède leur renvoi.

Si la promotion est faite dans le trimestre du renvoi, le pantalon en drap 19 ans (de 1re tenue pour les troupes à cheval) n'est abandonné aux caporaux ou brigadiers que dans le cas où cet effet a déjà parcouru trois trimestres (Note ministérielle du 30 juin 1880).

(2) Voir aux annexes, n° 31, le tableau des effets d'habillement que les hommes emportent en cas de mutations.

magasin d'habillement, peuvent y être échangés dans les huit jours qui suivent la distribution sur l'ordre du commandant du corps ou de la portion de corps.

Passé ce délai, l'échange ne peut plus avoir lieu qu'avec l'autorisation du sous-intendant militaire chargé de la surveillance administrative du corps, sur la demande motivée du conseil d'administration. L'approbation du sous-intendant est constatée par l'apposition de son visa sur le bon de distribution.

Marques à apposer sur les effets de la première catégorie (1).

237. (*Nouvelle rédaction*, décret du 1er mars 1880). Les effets de la première catégorie sont marqués, chaque fois qu'ils sont distribués :

1º Par les soins de l'officier d'habillement, du numéro du trimestre et de l'année de la distribution ;

2º Par les soins des capitaines commandant les compagnies, escadrons ou batteries, du numéro matricule de l'homme qui les reçoit.

Les effets qui rentrent en magasin avant d'avoir accompli leur durée réglementaire, reçoivent les marques prévues à l'article 232.

En outre de ces diverses marques, les effets neufs sont marqués du numéro du corps par les soins de l'officier d'habillement au moment de la première distribution.

Des instructions ministérielles déterminent le mode et l'ordre suivant lesquels les marques doivent être apposées sur chaque effet.

Marques à apposer sur les effets et objets de la deuxième catégorie (2).

238. (*Nouvelle rédaction*, décret du 1er mars 1880). Les effets et objets de la deuxième catégorie, affectés individuellement aux hommes, sont marqués au moment où ils sont distribués pour la première fois :

1º Par les soins de l'officier d'habillement, du numéro du corps ;

2º Par les soins des commandants de compagnie, d'escadron ou de batterie, du numéro matricule de l'homme, auquel les objets sont affectés.

Toutefois, les effets et objets divers qui, bien qu'affectés individuellement aux hommes, sont marqués du numéro de série figurant aux contrôles généraux (art. 134), ne reçoivent pas le numéro matricule du détenteur.

Quand des portions de corps reçoivent directement des magasins de l'État ou d'autres corps des effets de harnachement, des instru-

---

(1) Pour la composition et la disposition des marques à apposer sur certains effets d'habillement, d'équipement et de coiffure (Voir les art. 168, 169 et 171 de la description des uniformes du 15 mars 1879. — Modifications à ces articles, 7 avril 1880).
(2) Voir l'instruction ministérielle du 19 janvier 1876, *Journal militaire*, page 50, sur la manière de marquer les effets de harnachement de la cavalerie, modèle 1874.

ments de musique, clairons et trompettes, les numéros de série ne peuvent être empreints que sur les indications du conseil d'administration central.

Réapposition des marques.

239. (*Nouvelle rédaction*, décret du 1ᵉʳ mars 1880). Les commandants de compagnie, escadron ou batterie, doivent, sous leur responsabilité, faire réapposer les marques qui disparaissent par suite des réparations ou d'accidents, et celles qui cessent d'être apparentes.

Ils veillent spécialement à la conservation des anciennes marques sur les effets de la première catégorie qui ont été mis en service après avoir accompli une partie de leur durée.

Destination des objets en service remplacés (1).

240. (*Nouvelle rédaction*, décret du 1ᵉʳ mars 1880). Les objets de toute nature remplacés par ordre avant durée expirée ou réforme (art. 231), sont réintégrés en magasin et inscrits en entrée à la section VIII (habillement d'instruction) du registre des entrées et des sorties de matériel. Ces objets sont immédiatement remis en bon état d'entretien, et la dépense qui en résulte est imputée, suivant le cas, aux masses individuelles des détenteurs ou à la masse générale d'entretien.

Les effets de la première catégorie qui sont remplacés après avoir accompli en service la durée totale qui leur est assignée comme effets de première et de deuxième tenue, sont classés, soit à l'habillement d'instruction (section VIII), soit au matériel hors de service (section IX), suivant leur état de conservation, d'après les propositions du conseil d'administration et la décision du sous-intendant militaire.

---

(1) Les dépenses résultant de la mise en état des effets remplacés après durée expirée, et destinés à l'approvisionnement de l'habillement d'instruction, sont imputées aux fonds du budget de l'habillement, pour figurer dans les dépenses occasionnées par l'appel des réservistes ou des hommes de l'armée territoriale.

Les soldats du génie, de l'artillerie et des trains, pourront recevoir, au moment de leur arrivée au corps, une veste de corvée choisie parmi les effets classés hors de service.

On doit laisser aux sous-officiers des corps de cavalerie, des régiments d'artillerie, des trains et du génie, comme effets de 3ᵉ tenue ou de corvée, les tuniques ou dolmans de 2ᵉ tenue remplacés après durée expirée ou réforme.

Les dolmans, les tuniques ou les vestes remplacés après durée expirée ou réforme et laissés aux hommes comme effets de corvée, doivent être réintégrés en écritures (section II), puis classés à la section IX, matériel hors de service.

Les compagnies, escadrons ou batteries ne devant pas avoir d'écritures à tenir pour le matériel hors de service, ces effets seront considérés comme en dépôt provisoire, et ne donneront point lieu à des sorties ou à des entrées dans les comptes du service de l'habillement.

Les bons tiendront lieu, entre les mains de l'officier chargé de ce service, des effets qui, dans les écritures, continueront de figurer comme existant en magasin (Note ministérielle du 30 juin 1880, *J.M.*, page 417).

Les objets de deuxième catégorie remplacés après réforme sont toujours classés au matériel hors de service.

Les képis, les pantalons et les épaulettes sont abandonnés en toute propriété aux détenteurs, qui ne peuvent toutefois en disposer qu'avec l'autorisation de leur capitaine.

« [Art. 240 de l'*instruction*. Dans les corps de troupe de l'artillerie, du génie et
« du train des équipages, la veste remplacée peut être laissée à l'homme comme
« vêtement de corvée. Cet effet est reversé en magasin lorsque la veste de première
« tenue est à son tour remplacée, ou lorsque l'homme quitte définitivement le corps].

Effets apportés par les hommes venant d'autres corps.

241. (*Nouvelle rédaction*, décret du 1er mars 1880). Lorsque les effets des hommes venant d'un autre corps ne peuvent être utilisés au corps comme effets de première ni de deuxième tenue, le conseil d'administration en rend compte au sous-intendant militaire chargé de la surveillance administrative, qui prescrit, suivant le cas, le versement de ces effets à un autre corps ou magasin où ils puissent être utilisés, ou leur passage à la section VIII ou IX.

« [Art. 241 de l'*instruction*. Voir ci-dessus l'article 130, section II, Habille-
« ment et campement]. »

Classement des galons et ornements réintégrés en magasin.

242. (*Nouvelle rédaction*, décret du 1er mars 1880). Les galons, ornements et marques distinctives en métal et en laine, réintégrés en magasin avec les effets qui les portent, reçoivent le même classement que ces effets, tant qu'ils y restent adhérents.

Dès que, pour quelque motif que ce soit, les galons et ornements réintégrés sont détachés des effets, le major décide, d'après leur état de conservation, quel classement leur sera définitivement attribué.

Les galons et ornements d'or ou d'argent peuvent être classés à l'une des sections II, VIII ou IX. Si c'est à la section IX, ils y sont portés en recette *au poids*.

Les galons et ornements de laine, séparés des effets qui les ont portés, ne peuvent plus rentrer à la section II; ils sont toujours versés à l'une des sections VIII ou IX.

Marques à apposer sur le matériel classé à l'instruction ou hors de service.

243. (*Nouvelle rédaction*, décret du 1er mars 1880). Les objets pouvant recevoir une empreinte sont marqués des lettres HI lorsqu'ils sont classés à l'habillement d'instruction; ils sont marqués des lettres HS, lorsqu'ils sont classés au matériel de service.

Destination du matériel classé à l'instruction.

244. (*Nouvelle rédaction*, décret du 1er mars 1880). Les objets de l'habillement d'instruction sont destinés :

10

1º A habiller et équiper les hommes de la réserve et de l'armée territoriale appelés pour des exercices ou manœuvres;

2º A habiller les hommes qu'on présume ne pas devoir être maintenus au corps (art. 233);

3º A remplacer, le cas échéant, les effets dont sont détenteurs les hommes quittant le corps (tableau B).

Lorsque ces objets ne sont plus susceptibles d'être utilisés pour l'instruction, ils sont classés hors de service (section IX), d'après les propositions du conseil d'administration et la décision du sous-intendant militaire.

« [Art. 244 de l'*instruction*. L'attention du sous-intendant militaire se por-
« tera surtout, pour la réforme du matériel appartenant à l'habillement d'instruc-
« tion, sur les effets provenant des remplacements anticipés (articles 231 et 240).

« Cette opération aura lieu, en général, après chaque période d'instruction des
« réservistes ou des hommes de l'armée territoriale, c'est-à-dire au moment où
« les sous-intendants militaires ont à se prononcer sur les réparations à faire aux
« effets de l'habillement d'instruction, réintégrés par les compagnies, escadrons ou
« batteries]. »

Destination du matériel hors de service (1).

245. (*Nouvelle rédaction*, décret du 1er mars 1880). Le matériel hors de service est utilisé en partie :

1º Pour les réparations, la couverture des petits bidons, la confection des chaussons, des calottes de travail et d'écurie, et, le cas échéant, pour l'habillement des enfants de troupe;

2º Pour le service de l'artillerie, des prisons, des hôpitaux et des ambulances.

Les objets qui ne sont employés à aucun de ces usages sont remis à l'administration du domaine pour être vendus.

Les boutons sont retirés des effets hors de service; ceux qui ne peuvent plus être utilisés sont remis à l'administration du domaine, après avoir été brisés. Le reste est versé dans les magasins de l'État, à l'exception des quantités qui peuvent être nécessaires pour les réparations, et qui sont remises aux ouvriers.

Les armes hors de service sont versées dans les magasins de l'artillerie.

« [Art. 245 de l'*instruction*. Dans le courant du premier mois de chaque tri-
« mestre, les conseils d'administration établissent les états d'emploi du matériel
« hors de service (modèle nº 21) et les adressent en double expédition au sous-
« intendant militaire, qui les transmet à l'intendant.

« L'intendant militaire renvoie les deux expéditions de l'état, après l'avoir
« modifié s'il y a lieu, au sous-intendant, qui en conserve une dans ses archives,
« et adresse l'autre au corps pour exécution.

« Les conseils d'administration livrent ou expédient aux autres corps ou éta-

---

(1) Dispositions relatives à l'intervention de l'intendance militaire dans la composition des lots des effets réformés dans les corps de troupe de toutes armes (Circulaire ministérielle du 22 octobre 1848, *J. M.*, tome IV, page 857).

« blissements, sur des factures (modèles n° 6 ou 11), les effets ou objets qui leur
« sont destinés.

« Quant au matériel à remettre à l'administration du domaine, les corps atten-
« dent les ordres du sous-intendant militaire chargé de leur faire connaître la
« date de la vente. La sortie du matériel vendu est justifiée par des extraits de
« procès-verbaux (modèle n° 17)]. »

Avis à donner à l'officier d'habillement des mutations et des pertes de matériel.

246. (*Nouvelle rédaction*, décret du 1er mars 1880). L'officier
d'habillement est informé par le major du passage des hommes et
des chevaux à d'autres compagnies, escadrons ou batteries du
corps; mais ce sont les capitaines commandant les compagnies,
escadrons ou batteries qui lui font connaître directement, au moyen
de bulletins de versement (modèle n° 36), les objets emportés par
les hommes qui ont déserté, disparu, ou qui sont faits prisonniers
de guerre (art. 132).

*Dépôt dans les magasins du corps des objets en la possession des hommes
qui s'absentent (1).*

247. (*Nouvelle rédaction*, décret du 1er mars 1880). Les objets
que les hommes entrant dans une position d'absence ne doivent
pas emporter avec eux sont déposés au magasin d'habillement,
avec un bulletin de dépôt (modèle n° 36), qui en présente exactement la désignation et indique la valeur approximative des dégradations qui y sont reconnues. Cette indication est aussi inscrite,
pour mémoire, aux livrets matricule et individuel de l'homme à la
suite de l'arrêté provisoire de son compte.

Si les objets restent en dépôt dans le magasin de la compagnie,
de l'escadron ou de la batterie, le capitaine conserve le bulletin,
qui, dans ce cas, est revêtu du visa daté du major.

Ce bulletin de dépôt est rendu, avec les effets, à l'homme rentrant dans la position de présence. Dans le cas où l'homme est rayé
des contrôles du corps pendant son absence, ce bulletin est conservé
par l'officier d'habillement, pour justifier les imputations au compte
de la masse individuelle.

« [Art. 247 de l'*instruction*. Pour les objets déposés au magasin d'habillement
« par des hommes qui sont ultérieurement rayés des contrôles, l'officier d'habille-
« ment procède comme il est indiqué ci-après pour l'application de l'article 248].

*Destination à donner aux objets de la première et de la deuxième catégorie provenant
des hommes rayés des contrôles en position d'absence.*

248. (*Nouvelle rédaction*, décret du 1er mars 1880). Les objets
de la première et de la deuxième catégorie en la possession des

---

(1) Voir aux annexes n° 33, le tableau B, effets à emporter par les sous-officiers, caporaux ou brigadiers et soldats en cas de mutations.
Au sujet des effets d'habillement des engagés conditionnels abandonnant leurs corps
pendant le 1er trimestre pour cause de santé (4 août 1879, *J.M.*, page 62).

hommes qui décèdent à l'hôpital du lieu ou qui s'en évadent, sont compris sur un état dressé par l'officier comptable ou l'économe de l'établissement, et réintégrés au magasin du corps à la diligence du major, chargé d'en donner avis aux compagnies, escadrons ou batteries.

Les objets laissés dans un hôpital externe, et ceux qui y sont déposés par la gendarmerie comme provenant des hommes décédés ou maintenus définitivement dans leurs foyers, reçoivent la destination assignée par le sous-intendant militaire de la subdivision territoriale (1).

« [Art. 248 de l'instruction. Si les objets laissés dans un hôpital externe et ceux qui y sont déposés par la gendarmerie (instruction ministérielle du 23 octobre 1862) doivent être expédiés au corps auquel ils appartiennent, l'expédition en est faite, selon les ordres du sous-intendant militaire, qui transmet au corps les états dressés par le comptable de l'établissement. Une expédition de cet état, revêtue du récépissé du corps, est renvoyée au comptable de l'hôpital.

« Si les objets doivent être versés à un autre corps ou établissement, le sous-intendant militaire fait connaître au conseil d'administration du corps auquel les objets appartiennent, la destination qu'il leur a assignée, en lui transmettant, à titre d'avis, une expédition de l'état dressé par le comptable de l'hôpital.

« Ce conseil adresse aussitôt au sous-intendant militaire qui a donné l'avis, les factures (modèles n°° 6 et 11), dont l'une (modèle n° 11) est renvoyée audit conseil, revêtue de la prise en charge du corps ou établissement réceptionnaire. Ce corps ou établissement donne également récépissé au comptable de l'hôpital, sur la deuxième expédition de l'état, en y indiquant que les objets ont été compris sur une facture, dont on rappellera la date et le numéro.

« Dès que le corps auquel appartient l'homme rayé reçoit les effets ou la facture portant récépissé d'un autre corps ou établissement, le major avise le commandant de la compagnie, de l'escadron ou de la batterie. Cet officier établit les bulletins de versement, qu'il remet à l'officier d'habillement, après avoir inscrit la réintégration au livre de détail (2e partie). Cette réintégration pour ordre est, comme toute autre, inscrite au registre-journal.

« Les états particuliers établis par les comptables des établissements, sont toujours joints aux bulletins de versement]. »

Mode d'après lequel sont décomptés le prix ou la moins-value des objets détériorés, mis hors de service ou perdus par la faute des détenteurs,

249. (*Nouvelle rédaction*, décret du 1er mars 1880). Le décompte de la valeur des objets détériorés, mis hors de service ou

_____

(1) Effets à reprendre au domicile des militaires décédés, etc.

« Tous les effets que l'administration peut avoir à faire rentrer en la possession de l'État continueront à être repris au domicile du militaire qui en était détenteur, par les soins de la gendarmerie qui les portera jusqu'à l'établissement hospitalier le plus à proximité (hôpital militaire ou hospice civil recevant habituellement des militaires). « Les fonctionnaires de l'intendance feront ensuite verser ces effets dans les magasins de l'administration ou des corps de troupe, en employant les transports généraux de la guerre, pourvu toutefois que la valeur des effets soit supérieure au prix du transport » (Instruction ministérielle du 31 décembre 1879, pour l'exécution du traité sur les transports généraux de la guerre).

perdus, dont le montant doit être versé au Trésor aux termes de l'article 182, s'établit de la manière suivante :

I. — OBJETS DÉTÉRIORÉS, MAIS RÉPARABLES.

Le décompte comprend la valeur de la fourniture et de la main-d'œuvre nécessaires pour les mettre *complètement* en état de faire le même service qu'avant la dégradation.

II. — OBJETS MIS HORS DE SERVICE.

1º *Matériel de la première catégorie.* — Le décompte est basé sur le nombre de trimestres, y compris le trimestre courant, que l'effet aurait encore à parcourir pour atteindre le terme de sa durée régle-mentaire, et sur le prix que la nomenclature lui attribue au classement *neuf.*

2º *Habillement d'instruction.* — Le dixième du prix de l'objet *neuf* ;

3º *Armes ou accessoires d'armes.* — Le prix de l'objet *neuf;*

4º *Tous autres objets.* — Le prix de l'objet *neuf* ou *bon*, suivant le cas, diminué de la valeur que la nomenclature lui attribue au classement *hors de service.*

III. — OBJETS PERDUS.

1º *Matériel de la première catégorie.* — Le décompte, établi comme ci-dessus, est augmenté de la valeur d'un trimestre, sans que l'imputation totale puisse excéder le prix de l'objet *neuf;*

2º *Habillement d'instruction.* — Le cinquième du prix de l'objet *neuf;*

3º *Armes et accessoires d'armes.* — Le prix de l'objet *neuf;*

4º *Tous autres objets.* — Le prix de l'objet *neuf, bon* ou *hors de service,* suivant le cas.

« [Art. 249 de l'*instruction*. Les effets d'habillement, en passant à la section
« VIII, cessent d'appartenir à la première catégorie ; aussi a-t-on dû faire les dé-
« comptes en cas de mise hors de service ou de perte de ces effets, d'après les
« bases adoptées pour le matériel de la deuxième catégorie.
« Les réparations à faire aux objets de toute nature détériorés, devront toujours
« être effectuées assez complètement pour que la valeur des objets réparés ne soit
« pas inférieure à celle qu'ils avaient avant la dégradation, et qu'ils puissent
« parcourir la même durée.
« Toutefois, si le prix de la réparation d'un objet excède la somme qu'aurait
« à payer le détenteur pour la mise hors de service, la réparation ne sera pas
« faite ; l'objet sera classé hors de service, et l'imputation aura lieu en consé-
« quence]. »

Imputations diverses aux militaires n'ayant pas de masse individuelle.

250. (*Nouvelle rédaction*, décret du 1er mars 1880). Le montant des imputations à faire à des détenteurs n'ayant pas de masse individuelle (officiers, adjudants, etc.) est remboursé par eux directement entre les mains du trésorier. L'établissement des bulletins d'imputation et le versement au Trésor se font conformément aux règles établies aux articles 182 et 249.

Pertes ou détériorations par cas de force majeure (1).

251. (*Nouvelle rédaction, décret du 1er mars 1880*). Les pertes et détériorations ne provenant pas de la faute des détenteurs, font l'objet de procès-verbaux décomptés, suivant les prescriptions de l'article 249.

Les sous-intendants militaires, après enquête, peuvent décider la mise au compte de l'État des pertes, moins-values et détériorations, lorsque la somme ne dépasse pas 50 francs. La décision appartient aux intendants militaires lorsque la dépense, supérieure à 50 francs, ne dépasse pas 100 francs. Dans tout autre cas, la décision est réservée au Ministre (2).

« [Art. **251** de l'*instruction*. Les procès-verbaux destinés à constater les pertes
« ou les détériorations seront conformes au modèle n° 15, complété suivant les
« besoins.
« Les actes soumis à l'approbation de l'autorité supérieure sont adressés en
« simple expédition et renvoyés après approbation définitive au sous-intendant
« militaire pour être conservés dans ses archives.
« Des extraits (modèle n° 16) signés par le sous-intendant militaire détenteur
« de la minute de l'acte, justifient les sorties dans les comptes du corps, ainsi que
« les dépenses pour réparations.

---

(1) Voir l'annotation (1) à l'article 231, précédent.
Les dépenses résultant de la mise en état du matériel de l'approvisionnement d'instruction, lorsque les détériorations ne résultent point d'un cas de force majeure, ne doivent pas être comprises dans des procès-verbaux de détérioration.
Les dispositions de l'art. 251 du décret et de l'instruction du 1er mars 1880, ne sont donc point applicables dans l'espèce, et les mémoires des ouvriers sont les seules justifications qu'on ait à établir.
On doit régulariser les pertes, les mises hors de service et les détériorations (réparables) de matériel provenant du fait des hommes de la réserve et de l'armée territoriale, en dehors des cas de force majeure ou de service ordinaire, lorsque, *par exception*, la responsabilité des conseils n'est pas engagée, suivant les règles prescrites par l'article 251, et au moyen de procès-verbaux modèle n° 15 de l'instruction en remplaçant les mots : *Par cas de force majeure*, par : *résultant de l'appel des hommes de la réserve ou de l'armée territoriale.*
Les déclassements de matériel résultant de ces procès-verbaux devront toujours être reportés au certificat trimestriel de déclassement, et les extraits de ces actes seront annexés audit certificat, s'ils n'appuient déjà des sorties (Note minist. du 30 juin 1880. *J. M.*, P. R., p. 424).
(2) Le Ministre de la guerre, par deux dépêches du 7 janvier 1881, n°s 549 et 552, portant renvoi de divers procès-verbaux, confirmées par la circulaire n° 3 du 11 janvier suivant, fait connaître que la perte des divers accessoires ressortissant du matériel de l'artillerie et dont la valeur ne dépasse pas cent francs, doit être approuvée conformément à l'art. 251 du règlement du 1er mars 1880.
Les procès-verbaux constatant des pertes d'armes, d'étuis en laiton et de munitions, seront seuls soumis à son approbation dans les conditions indiquées à l'instruction ministérielle du 7 février 1875.
Pour les pantalons perdus ou mis hors de service dans un incendie (Circulaire ministérielle du 9 février 1818, citée tome XIV, page 879).

« Lorsque les procès-verbaux de perte approuvés définitivement entraîneront
« une dépense en deniers, et que l'imputation de cette dépense au fonds spécial
« de l'un des divers services ne sera prescrite par aucun règlement ou instruc-
« tion, l'imputation en sera faite à l'une des masses d'entretien du corps]. »

Remise de matières, effets et galons.

252. (*Nouvelle rédaction*, décret du 1er mars 1880). Les matières nécessaires pour les confections et les réparations, y compris les galons de grade et de chevrons à poser sur les effets neufs,
sont délivrées successivement aux ouvriers dans la proportion qu'indique le conseil.

Toutefois, les galons de grade et de chevrons à distribuer par
suite de promotions ou de mutations sont remis aux capitaines, qui
les font poser par l'ouvrier tailleur du corps ou de la portion de
corps, sur les vêtements des militaires auxquels ils sont destinés.

Habillement des enfants de troupe et réparations (1).

253. (*Nouvelle rédaction*, décret du 1er mars 1880). L'habillement des enfants de troupe est assuré au titre de service courant,
suivant les instructions du Ministre de la guerre.

Il est pourvu aux réparations au moyen des effets hors de
service.

A défaut de ces ressources on emploie des étoffes neuves prélevées sur les approvisionnements des corps.

Lorsque les réparations sont imputables aux masses individuelles,
les matières neuves employées sont cédées aux ouvriers des corps à
charge de remboursement.

La valeur des matières figure distinctement sur les bulletins de
réparation.

« [Art. 253 de l'*instruction*. Dans tous les cas où les réparations ne sont pas
« imputables aux masses individuelles, les matières neuves prélevées sur les ap-
« provisionnements des corps, pour ces réparations, ne donnent pas lieu à rem-
« boursement par les masses d'entretien.

« Les sorties de matières employées aux réparations de toute nature, sont jus-
« tifiées comme il a été dit à l'article 131 ci-dessus].

Comptes annuels de gestion portant inventaire du matériel.

253 bis. (*Nouvelle rédaction*, décret du 1er mars 1880). Pour

---

(1) Les décomptes en deniers pour les matières, effets, objets, etc., doivent être
effectués pour tous les services, conformément aux exemples chiffrés figurant aux modèles annexés au décret et à l'instruction.

La fixation du prix des matières, effets, objets, etc., aux classements autres que le
classement neuf, résulte du prix déterminé pour ce dernier classement, réduit du p. 100
déterminé pour le matériel de chaque service, sans arrondir à 5 ou 10 centimes et sans
tenir compte des millièmes.

Toutefois, pour les imputations d'effets de campement, on continuera à appliquer
les prix de base spécialement indiqués dans la 2e annexe de la nomenclature (Note
minist. du 30 juin 1880. J. M. P. R., p. 421).

tout le matériel du service courant, dont le conseil d'administration d'un corps est responsable, il est produit des comptes annuels de gestion portant inventaire (modèle nº 32 F), appuyés des pièces justificatives des entrées et des sorties.

Il est établi un compte séparé pour chaque catégorie de matériel appartenant à un même service de la guerre, et ayant une nomenclature distincte.

Le 1er mars de chaque année, au plus tard, pour l'année écoulée, ces documents sont remis en simple expédition au sous-intendant militaire, chargé, après vérification, de les adresser avec pièces à l'appui, aux intendants militaires, pour être transmis au Ministre dans le courant du mois de mai.

« [Art. 253 *bis* de l'*instruction*. Les opérations d'entrée et de sortie figurant « aux comptes annuels de gestion, sont justifiées conformément aux indications « de la nomenclature ci-annexée.

« Les pièces justificatives reçoivent un numéro d'ordre spécial, reproduit au « compte et sur le bordereau (modèle nº 20).

« A l'appui des comptes annuels de gestion de l'habillement et du harnachement « on produira un relevé des quantités de matières employées (modèle nº 19).

« A l'appui de tous les comptes de gestion il sera produit, s'il y a lieu, une expé- « dition de chacun des relevés des dépenses (modèle nº 21 *bis* du décret) dont le « montant aura été remboursé au corps pendant l'année.

« Ainsi que l'indique le modèle de compte annuel de gestion, on ne distinguera « point les effets de première et de deuxième tenue ; les totaux des colonnes « affectées aux effets bons de première et de deuxième tenue, seront réunis, pour « ordre, au-dessous des totaux de la section II, du registre des entrées et des sor- « ties de matériel du quatrième trimestre.

« Pour le matériel des infirmeries régimentaires, et pour le matériel d'ambu- « lance, on ne produira qu'un compte annuel par corps.

« Toutefois, on portera à la première page du compte, après le nota, les indi- « cations relatives aux divers casernements où existent des infirmeries.] »

Exemple :

Dépôt et 1er bataillon à Melun. Infirmerie : caserne Saint-Liesne.
2e, 3e et 4e bataillons à Paris-Courbevoie : Infirmerie ; caserne A.

« [Les prix à attribuer à tous les objets compris aux inventaires seront « déterminés conformément aux indications portées en tête de chaque nomencla- « ture et pour chaque classement : *neuf, bon, à réparer, hors de service.* Les « effets de l'habillement d'instruction (section VIII) ne correspondant à aucun des « classements prévus par les nomenclatures, seront décomptés (dans les inven- « taires seulement) au cinquième du prix de l'objet neuf (voir art. 182).

« Toutes les quantités fractionnaires sont exprimées en décimales, qui sont au « nombre de trois pour les quantités évaluées au mètre cube, et au nombre de « deux pour les autres unités réglementaires.] »

RÈGLES PARTICULIÈRES AU MATÉRIEL DU SERVICE DE RÉSERVE.

Instructions générales. — Cas de mobilisation. — Comptes annuels de gestion.

253 *ter.* (*Nouvelle rédaction*, décret du 1er mars 1880). Le Mi- nistre de la guerre donne toutes les instructions pour la compo-

sition, l'entretien et le renouvellement des approvisionnements du matériel du service de réserve.

Au moment d'une mobilisation tout le matériel du service de réserve est classé au service courant.

Pour le matériel du service de réserve, il est produit des comptes annuels de gestion, établis conformément aux prescriptions de l'article 253 *bis*.

« [Art. **253** *ter* de l'*instruction*. Toutes les dispositions générales indiquées au « précédent article sont applicables aux comptes annuels du service de réserve.

« Ces comptes annuels, établis séparément pour chaque catégorie de matériel « appartenant à un même service de la guerre, comprendront l'ensemble des appro-« visionnements dont chaque corps aura la gestion.

« Par suite, les mouvements de matériel entre les approvisionnements spé-« ciaux gérés par le même corps, ne figureront point dans les comptes annuels du « service de réserve.

« On complétera l'entête de chaque compte conformément à l'exemple suivant :

112ᵉ rég. d'infanterie et { 26ᵉ *bis*, section de chasseurs forestiers.
{ 145ᵉ régiment territorial d'infanterie.
{ 145ᵉ régiment territorial d'infanterie.

TITRE XIII

Pièces et renseignements à fournir par les conseils éventuels au conseil d'administration centrale (1).

254. (*Nouvelle rédaction*, décret du 1ᵉʳ mars 1880). Les conseils d'administration éventuels ou les officiers auxquels leurs attributions sont dévolues, adressent trimestriellement au conseil d'administration central, *immédiatement après la vérification de la comptabilité par le sous-intendant militaire* (art. 257) :

1º Un extrait du registre-journal des recettes et dépenses, où toutes celles qui sont afférentes au trimestre seulement, doivent être transcrites littéralement, avec énonciation en toutes lettres du *restant en caisse* (2) ;

Cet extrait est certifié par les membres du conseil d'administration éventuel ou l'officier qui en tient lieu, et vérifié par le sous-intendant militaire ;

2º Le registre des entrées et des sorties de matériel.

---

(1) Voir la décision présidentielle du 1ᵉʳ octobre 1875, relative à l'administration des petits dépôts de zouaves.

(2) Voir l'avant-dernier alinéa de la lettre ministérielle du 15 mai 1844 portant envoi de l'ordonnance.

Extrait d'une note ministérielle du 14 avril 1880, *Journal militaire*, page 150.

« Le Ministre, vu l'article 254 du décret du 1ᵉʳ mars 1880, modifiant l'ordonnance « du 10 mai 1844 portant règlement sur l'administration et la comptabilité des corps « de troupe, prescrit, en conséquence, qu'à l'avenir les extraits du registre-journal des « recettes et dépenses que les portions de corps détachés, qu'elles s'administrent ou « non séparément, doivent adresser au conseil d'administration central, seront con-« formes au modèle ci-annexé, et que le registre de centralisation ainsi que le relevé « sommaire de ce registre devront présenter les mêmes divisions que ledit extrait. »

Ces documents sont appuyés : 1° des pièces justificatives de toutes les recettes et dépenses en deniers, et de toutes les entrées et sorties de matériel, faites pendant le trimestre ; 2° du registre-journal des distributions et des réintégrations en magasin ; 3° des livres de détail des compagnies, escadrons ou batteries ; 4° des feuilles de décompte de la masse individuelle ; 5° du bordereau que l'officier délégué pour l'habillement est tenu d'établir conformément à l'article 208 ;

3° Un extrait, *certifié* comme le précédent, du registre des distributions de vivres, chauffage et fourrages, relatant les fournitures reçues pendant le trimestre par chaque compagnie, escadron ou batterie.

Ils font parvenir en même temps au conseil d'administration central les registres et pièces de toute nature qui doivent être classés dans les archives du corps.

Enfin, ils fournissent à ce conseil tous les documents et renseignements qu'il leur demande, pour faciliter les écritures tenues à la portion centrale et l'établissement des comptes qu'il doit rendre.

Les conseils éventuels et commandants de détachement qui ont la gestion d'un approvisionnement de réserve envoient à la fin de chaque année leurs registres à la portion centrale, sauf dans le cas où, d'après les instructions du Ministre, c'est à la portion détachée que le compte annuel de gestion de la réserve doit être établi.

TITRE XIV

Du contrôle administratif des corps, et de l'arrêté de leur compte.

Administration et comptabilité soumises au contrôle de l'intendance militaire.

255. L'administration et la comptabilité des corps de troupe sont soumises au contrôle de l'intendance militaire.

Les fonds, les registres et les pièces à l'appui sont représentés aux officiers de l'intendance militaire toutes les fois qu'ils le requièrent pour leurs vérifications (1).

(1) D'après l'article 255 de l'ordonnance du 10 mai 1844, relatif au contrôle administratif des corps de troupe et à l'arrêté de leurs comptes, les fonds, les registres et les pièces à l'appui doivent être représentés aux officiers de l'intendance militaire, toutes les fois qu'ils le requièrent pour leurs vérifications.

D'un autre côté, l'article 29 de l'instruction du 3 juin 1852 sur les inspections administratives, autorise l'intendant militaire à se faire remettre, préalablement à l'examen de la comptabilité, les registres et pièces pour l'exercice expiré et pour l'exercice courant, jusqu'au jour de la vérification.

Considérant que les vérifications dont il s'agit ne sauraient se faire en séance du conseil avec le calme et l'attention qu'elles exigent, et que d'ailleurs l'instruction pour les inspections administratives a suffisamment fixé le sens de l'article 255 précité, le Ministre de la guerre fait connaître qu'en aucun cas, les conseils d'administration

Vérification *trimestrielle* par les sous-intendants militaires. — Vérification *annuelle* par les intendants.

256. (*Nouvelle rédaction*, décret du 1ᵉʳ mars 1880). Les écritures de comptabilité tenues dans les corps de troupes sont vérifiées sur pièces, trimestriellement par les sous-intendants militaires, et annuellement par les intendants militaires.

Les sous-intendants militaires vérifient le *registre-journal des recettes et dépenses* dans le délai de quinze jours, à compter de celui où la balance doit être établie par le conseil (art. 125); le *registre de centralisation* et le *registre des entrées et des sorties du matériel*, ainsi que les comptes ouverts avec les ouvriers, dans les dix jours qui suivent l'époque à laquelle les inscriptions de ces deux registres doivent être closes et certifiées ou arrêtées par le conseil (art. 126, 130 et 130 *bis*).

La vérification annuelle des intendants militaires a lieu à l'époque des tournées d'inspection administrative.

Les intendants et sous-intendants militaires s'assurent, lors de leurs vérifications périodiques et dans leurs revues, de la bonne tenue de tous les registres qui ne comportent pas d'arrêté de compte, et de la régularité des écritures concernant l'administration intérieure des compagnies, escadrons ou batteries, des écoles, musiques, etc.

Ils consignent au registre des délibérations, après avoir entendu les explications du conseil d'administration, les rectifications, instructions ou observations qu'ils jugent nécessaires.

Relevé sommaire trimestriel du registre de centralisation.

257. Les sous-intendants militaires apposent un *vérifié* et *arrêté* sur le relevé sommaire trimestriel du registre de centralisation qui leur est remis (art. 126), et qu'ils adressent à l'intendant divisionnaire en y consignant les rectifications ou observations auxquelles leur vérification a donné lieu. L'intendant transmet immédiatement ce relevé sommaire au Ministre (1).

---

ne peuvent se refuser à remettre aux officiers de l'intendance militaire, pour être examinés dans leurs bureaux, les registres et pièces de comptabilité nécessaires à leur vérification, à la seule exception du carnet de caisse. Toutefois, ces fonctionnaires ne peuvent exiger la remise de ces documents que *lorsqu'ils se trouvent dans le lieu où réside le conseil d'administration* (Modification à ce paragraphe, voir 20 mai 1881, J. M., p. 302).

Du reste, le Ministre rappelle aux officiers de l'intendance militaire, qu'aux termes du dernier alinéa de l'article 256 de l'ordonnance du 10 mai 1844, ils ne doivent consigner leurs observations au registre des délibérations qu'après avoir entendu les explications du conseil d'administration (Note ministérielle du 4 août 1852, *Journal militaire*, t. V, p. 452).

Voir la note ministérielle du 28 avril 1863; tome X, page 238, relative aux vérifications des caisses des trésoriers et des officiers payeurs, par les fonctionnaires de l'intendance militaire.

Pour le contrôle des fonctionnaires de l'intendance sur les directions d'artillerie : le Règlement du 15 décembre 1869 (art. 67 et 68).

(1) Extrait de la circ. minist. du 2 juin 1863, adressée à MM. les intendants mili-

Recensements inopinés du matériel existant dans les magasins des corps (1).

258. (*Nouvelle rédaction*, décret du 1er mars 1880). Les fonction-naires de l'intendance militaire doivent procéder au recensement partiel ou général des matières et objets existant dans les magasins des corps de troupe, à des époques indéterminées, et de préférence à celles où, en raison de la situation des magasins, l'opération peut se faire avec plus de célérité et de certitude.

Ces opérations seront inopinées et auront lieu sans avis préa-lable.

Les résultats de chaque recensement sont consignés en tête du registre des entrées et des sorties de matériel.

Si les quantités trouvées en magasin sont supérieures à celles qui doivent y exister d'après les écritures, les corps sont tenus de dé-clarer l'origine de l'excédent et d'en prendre charge immédiate-ment.

Si les quantités trouvées en magasin sont inférieures à celles qui doivent y exister, les corps sont déclarés en déficit des quantités manquantes, sauf décision contraire du Ministre.

Les fonctionnaires de l'intendance qui ont procédé à des recense-ments en consignent eux-mêmes les résultats sommaires sur les registres des entrées et des sorties de matériel.

Dans le cas d'excédent ou de déficit, ils établissent, en outre, un procès-verbal de l'opération.

« [Art. 258 de l'*instruction*. Les procès-verbaux d'excédent (modèle n° 7),
« établis en simple expédition, sont soumis à l'approbation définitive des inten-
« dants militaires.
« Les procès-verbaux de déficit (modèle n° 12), établis en simple expédition,
« sont adressés aux intendants militaires, qui les soumettent au Ministre, en
« approuvant les conclusions des sous-intendants militaires ou en formulant, s'il
« y a lieu, leurs observations et propositions.
« Ce sont des extraits de ces actes (modèles n°s 8 et 13) qui justifient les
« entrées ou les sorties dans les comptes.
« Les intendants militaires ne devant pas conserver en double des actes qu'ils
« approuvent ou qu'ils transmettent au Ministre, auront à les enregistrer sur le
« répertoire prescrit par l'article 620 de l'ordonnance du 25 décembre 1837.] »

Annulation des récépissés des receveurs des finances dont le montant a été remboursé.

259. Lorsque les sous-intendants militaires ont procédé à leurs

_____

taires. — Vous prescrirez aux fonctionnaires du contrôle placés sous vos ordres d'ap-porter la plus sérieuse attention dans la vérification de la comptabilité des corps de troupe. Vous les inviterez à se faire représenter, lors de leur vérification, les pièces justificatives des excédents et à consigner à la suite de leurs visas de vérification et d'arrêté apposés sur les relevés sommaires, les observations et propositions qu'ils juge-ront utile de faire pour arriver à purger d'excédents surannés les centralisations des corps. — En me transmettant ces documents selon les prescriptions de l'article 257 de l'ordonnance, vous me ferez connaître les mesures que vous aurez pu prendre, ou vous provoquerez de mon administration (bureau compétent) celles qu'il vous paraîtrait convenable d'appliquer.

(1) Applicable au service de l'artillerie (Circ. minist. du 11 février 1881, n° 3).

vérifications trimestrielles, ils annulent, pour être classés dans les archives du corps, les récépissés des receveurs des finances, dont le remboursement a été effectué intégralement par ces comptables, suivant les inscriptions faites au livret de compte courant avec le Trésor. Ils mentionnent sur les autres récépissés la somme à laquelle ils se trouvent réduits.

Époques où la situation matérielle des fonds est constatée.

260. Les sous-intendants militaires constatent toujours la situation matérielle des fonds aux époques où ils vérifient la centralisation ; et en ce qui concerne les portions de corps ayant une administration distincte, dès que la balance des recettes et dépenses a été établie et certifiée par le conseil éventuel sur le registre-journal (art. 125).

Les intendants procèdent à la même opération lors de leurs inspections administratives.

Arrêté des comptes par les intendants militaires. — Leur arrêté n'est définitif qu'après l'approbation de l'inspecteur général (1).

261. Les intendants militaires arrêtent les comptes des corps de troupe.

Toutefois, l'arrêté des intendants n'est définitif qu'après que l'inspecteur général, ayant statué sur les questions et propositions qu'ils peuvent avoir eu à lui soumettre, l'a revêtu de son approbation. Dans les cas exceptionnels qui nécessitent un rapport spécial de l'intendant à l'inspecteur général, ce rapport est laissé cacheté entre les mains du président du conseil d'administration.

Lorsque l'intendant militaire n'a pu arrêter la comptabilité qu'après l'inspection générale, en raison des circonstances qui s'étaient opposées à la clôture de la centralisation, il soumet directement au Ministre les résultats de ces opérations.

Les décisions de l'inspecteur général sont consignées par lui au registre des délibérations. Celles qui émanent du Ministre sont notifiées au conseil d'administration par l'intermédiaire de l'intendance militaire, et le sous-intendant veille à ce qu'elles soient transcrites sur ce registre.

Mode de redressements des irrégularités ou abus dans la comptabilité des portions de corps ayant une administration distincte.

262. Les sous-intendants militaires informent, immédiatement après leurs vérifications trimestrielles, l'intendant sous l'autorité duquel ils exercent, des irrégularités ou des abus qu'ils ont remarqués dans la comptabilité des portions de corps ayant une adminis-

---

(1) Par décision du 8 mai 1874, *Journal militaire*, page 487, le président de la République a prescrit que les intendants militaires inspecteurs seraient désormais chargés d'arrêter et de clore définitivement les comptes des corps de troupes et établissements considérés comme tels, par modification à ce paragraphe.

tration distincte, et peuvent, lorsqu'il importe essentiellement que les pièces lui soient communiquées, en faire suspendre l'envoi au conseil d'administration (art. 254).

L'intendant, dès qu'il a pris connaissance des faits qui lui sont signalés, transmet le rapport du sous-intendant militaire à l'intendant de la division où doit s'opérer la centralisation des comptes du corps, et lui donne avis des mesures administratives ou des imputations qu'il peut avoir prescrites. Il en réfère, en outre, au Ministre, s'il y a lieu.

Timbre d'annulation sur les pièces de comptabilité.

263. Les pièces produites aux intendants militaires, à l'appui des comptes qu'ils arrêtent, sont marquées d'un timbre d'annulation, par eux ou par les sous-intendants qui les assistent dans leurs vérifications.

Rejet des registres et pièces non conformes aux modèles réglementaires.

264. (*Nouvelle rédaction*, décret du 1er mars 1880). Les fonctionnaires de l'intendance militaire n'admettent que des registres et pièces de comptabilité conformes aux modèles réglementaires.

Des instructions ministérielles complètent et modifient ces modèles suivant les besoins.

TITRE XV

De la destination à donner aux registres et pièces qui cessent d'être utilisés.

Dépôt, aux archives du corps, des registres et pièces à garder comme renseignements. — Versement au domaine après ce dépôt (1).

265. (*Nouvelle rédaction*, décret du 1er mars 1880). Les registres et les feuillets mobiles des registres, sur lesquels il ne doit plus être fait d'inscription, faute d'espace ou pour toute autre cause, les revues de liquidation, les feuilles de journées, et les pièces qui s'y rattachent, ainsi que celles qui ont été soumises à la vérification définitive de l'intendant militaire et à l'approbation de l'inspecteur général, sont déposés aux archives du corps.

Les registres et pièces de comptabilité déposés aux archives sont versés, sur inventaire, à l'administration du domaine, aux époques

---

(1) Voir la décision du 12 novembre 1862, *J. M.*, page 599, au sujet du versement au domaine du *Moniteur universel*, actuellement *Journal officiel*.

fixées par le Ministre dans ses instructions annuelles sur les inspections administratives.

L'inventaire (modèle n° 74), dressé en double expédition, relate les intitulés des registres, leur nombre, celui des pièces contenues dans chaque liasse par nature de service, et l'année du dépôt aux archives. Il est *certifié* par le conseil d'administration et *visé* par le sous-intendant militaire.

La pesée des papiers est faite en présence du trésorier, par les soins de l'agent du domaine, qui en mentionne le résultat dans le récépissé qu'il inscrit au bas de l'expédition de l'inventaire, que conserve le conseil pour sa décharge.

Registres matricules, actes et titres authentiques à envoyer au Ministre, ou à transmettre aux familles des militaires décédés.

266. Les registres matricules sont conservés dans les corps jusqu'à l'époque où le Ministre prescrit de lui en faire l'envoi.

Les actes et titres authentiques concernant l'état civil ou les services des militaires rayés des contrôles par suite de désertion, disparition ou captivité, sont envoyés au Ministre. Ceux qui appartenaient aux décédés sont remis au sous-intendant militaire, qui les fait parvenir à leurs familles par l'intermédiaire des maires des communes qu'elles habitent.

(Au sujet de la suppression des registres et papiers inutiles à conserver dans les archives des corps de troupe et des établissements militaires.

Paris, le 1er novembre 1863.
(Journal militaire, p. 703).

Le maréchal de France, Ministre secrétaire d'État de la guerre, a décidé que MM. les sous-intendants militaires auront, à l'avenir, la faculté de prononcer définitivement sur la destination à donner aux registres et papiers provenant des corps de troupe et des établissements militaires, et qui seront devenus inutiles.

Ces fonctionnaires se conformeront, à cet égard, aux dispositions du titre XV de l'ordonnance du 30 mai 1844, en ce qui concerne les corps de troupe, et quant aux établissements militaires, aux règles particulières à chaque service.

Les papiers de comptabilité susceptibles d'être livrés intacts au commerce, tels que revues de liquidations, feuilles de journées, feuilles de décompte de la masse individuelle, etc., seront remis au domaine, pour être vendus au profit du trésor public, selon les règles prescrites par le règlement du 1er décembre 1838 (remplacé par le règlement du 3 avril 1869, art. 247 à 251).

Quant aux registres et papiers qui ne pourraient, sans inconvénients, être mis dans la circulation, ils seront livrés au service de l'artillerie pour la confection des cartouches, notamment les registres des délibérations, les registres et pièces de correspondance, les registres et feuilles de punition, les registres de vaguemestres, les feuilles de route, et autres documents analogues. Lorsque ces papiers ne pourront être utilisés par l'artillerie, ils seront versés au domaine, après avoir été lacérés avec soin.

La destruction des registres et papiers de la gendarmerie aura lieu conformément au titre XVII du décret du 18 février 1863.

Il n'est pas dérogé aux règles établies en ce qui touche les papiers jugés inutiles à conserver dans les archives des divisions militaires et des intendances. Les inventaires de ces papiers continueront d'être soumis à l'approbation du Ministre.

TITRE XVI
Dispositions générales.

Époque de la mise à exécution de l'ordonnance.

267. La présente ordonnance recevra son exécution à partir du 1er juillet prochain.

Abrogation des dispositions contraires à l'ordonnance.

268. Toutes dispositions contraires à la présente ordonnance sont et demeurent abrogées.

Exécution de la présente ordonnance.

269. Nos Ministres Secrétaires d'Etat de la guerre et des finances sont chargés, chacun en ce qui le concerne, de l'exécution de la présente ordonnance, qui sera insérée au *Bulletin des lois.*

Donné au palais des Tuileries, le dixième jour du mois de mai, l'an mil huit cent quarante-quatre.

Signé : LOUIS-PHILIPPE.

Par le Roi :

Le Président du Conseil,
Ministre Secrétaire d'Etat de la guerre,

Signé : Mal Duc DE DALMATIE.

ANNEXES

ANNEXE N° 1

MASSE GÉNÉRALE D'ENTRETIEN

1re PORTION.

RECETTES.

ABONNEMENT ANNUEL.

Décret du 25 décembre 1875 (1).

Régiments d'infanterie, de zouaves, légion étrangère, du génie, et école
  d'artillerie (2). . . . . 7,000 francs.
Régiments de tirailleurs algériens, bataillons de chasseurs et d'infanterie
  légère d'Afrique. . . . . 800 —
Régiments de cuirassiers, dragons, chasseurs, hussards et chasseurs
  d'Afrique. . . . . 1,000 —

DÉPENSES.

PRIMES DE FONCTIONS AUX MUSICIENS (3).

Les conseils d'administration des régiments d'infanterie auront, à l'avenir, la libre disposition du crédit qui est alloué pour l'entretien de leurs musiciens. Ainsi, les musiciens classés, les musiciens commissionnés, sans attribution de classe, et les soldats musiciens pourront recevoir une prime de fonctions en rapport avec les services qu'ils rendent, sans que les conseils soient arrêtés par un maximum, ni par un minimum, sous la condition expresse, d'ailleurs, qu'ils ne dépasseront jamais la somme de 7,000 fr. attribuée à chaque musique à titre d'abonnement.

En ce qui concerne les musiques des écoles d'artillerie, le conseil d'administration du corps qui administre la musique de chaque école, devra con-

---

(1) Composition des musiques :
Régiments d'infanterie, du génie et école d'artillerie (art. 1er du décret du 5 octobre 1872 et loi du 13 mars 1875) ; zouaves et légion étrangère (loi du 13 mars 1875).
Fanfares :
Bataillons de chasseurs à pied (18 juillet 1875) ; des régiments de tirailleurs algériens (loi du 13 mars 1875) ; bataillons d'infanterie légère d'Afrique et des régiments de cavalerie (7 juillet 1875) ; spéciale à la cavalerie (25 août 1875).
(2) Somme perçue par le régiment d'artillerie désigné pour administrer la musique affectée à l'école d'artillerie.
(3) Le 1er janvier de chaque année, les conseils d'administration doivent arrêter le tableau des primes à accorder aux musiciens et le transcrire ensuite sur le registre des délibérations (Circulaire du 13 décembre 1827 et du 25 février 1835).
Voir la décision ministérielle du 4 mars 1858, qui détermine les cas dans lesquels les musiciens militaires doivent continuer ou cesser d'avoir droit à la prime de fonctions.
Explications des règlements en vigueur pour la fixation des primes de fonctions de chefs et sous-chefs de musique et des soldats-musiciens (14 août 1878, P. S., p. 198 17 octobre 1878, P. S., p. 446).

tinuer à soumettre à l'approbation du général les propositions de fixation des primes à allouer aux musiciens de ces écoles (Décision présidentielle du 12 janvier 1875, *J. M.*, p. 61).

La prime des fonctions des musiciens des régiments de cavalerie continuera à être allouée, comme par le passé, sur la 1re portion de la masse tretien (Circ. min. du 7 juillet 1875).

Tableau indicatif du prix et de la durée réglementaire des instruments en usage dans les musiques des régiments d'infanterie et des écoles d'artillerie, ainsi que dans les fanfares de cavalerie et des chasseurs à pied (Note min. du 11 août 1873; *J. M.*, p. 543) (1).

Composition instrumentale (1).

Chasseurs à pied. (2)	Infanterie, génie, école d'artillerie.		Prix.	Sacs en basane.	Durée.
»	1	Petite flûte en ré bémol.... modèle 1861.	100 fr.	» fr.	10 ans.
»	1	Grande flûte en ut........ —	250	»	10 —
»	2	Petite clarinette en mi bémol —	200	»	8
»	4	Grande clarinette en si bémol —	200	»	8
»	2	Hautbois, système Boëhm, mais de préférence le système du Conservatoire de Paris, bois en palissandre fin, garni de 15 clefs en maillechort, y compris la clef d'octave à bascule, ayant deux tiges s'opposant à l'obstruction des trous ; un levier à double effet fait correspondre les clefs de si bémol et d'ut, avec le pouce de la main gauche	200	»	7
1	2	Saxophone soprano .... Modèle 1861.	175	6	6
»	2	Saxophone alto .... —	200	22	6
»	2	Saxophone ténor........... —	200	24	6
»	2	Saxophone baryton .... —	225	25	6
2	2	Cornet à pistons .... —	100	13	6
2	2	Saxhorn-contre-alto, si bémol —	85	13	6
»	2	Trompette à trois pistons... —	125	15	6
2	3	Saxotromba alto........... —	100	15	6
2	2	Saxhorn baryton .... —	110	22	6
3	3	Trombone à quatre pistons.. —	130	15	6
3	3	Saxhorn basse, si bémol.... —	150	23	6
»	1	Saxhorn contre - basse mi bémol .... —	160	24	6
1	1	Saxhorn contre-basse grave, si bémol .... —	250	30	6
»	1	Grosse caisse .... —	150	»	10
»	1	Caisse claire............. —	60	»	20
»	1	Cymbales .... —	110	»	6

Les cymbales ont subi une augmentation de 10 p. 100 en Turquie : elles doivent être à 12 pouces pour qu'on puisse les maintenir au prix de 110 fr.

---

(1) Composition instrumentale :
    Troupes à pied.— 26 mars 1860, p. 77 (Infanterie, génie et écoles d'artillerie). Bataillons de chasseurs à pied. — 18 juillet 1875, p. 54. Cavalerie. — 20 mai 1873.
(2) Le chef de fanfare a un instrument de son choix, ce qui porte la composition instrumentale à 17 musiciens.

INSTRUMENTS SAX A SIX PISTONS.

	Prix.	Sacs en basane.	Durée.
Trombone	200 fr.	15 fr.	6 ans.
Trompette	195	15	6
Cornet	185	13	6
Petit saxhorn soprano, mi bémol	150	12	6
Saxhorn contralto, si bémol	165	15	6
Saxhorn alto	200	15	6
Saxhorn baryton	225	22	6
Saxhorn basse	250	23	6
Saxhorn contrebasse, mi bémol	300	24	6
Saxhorn contre-basse, si bémol	350	30	6

L'emploi des trombones et des trompettes à 6 pistons sera obligatoire dans les musiques d'écoles d'artillerie qui restent à créer et, d'autre part, l'emploi de tous les instruments à six pistons sera laissé facultatif pour les musiques d'écoles d'artillerie comme pour les musiques d'infanterie qui fonctionnent déjà, ainsi que pour les fanfares de cavalerie.

Clairons d'ordonnance pour les régiments de cavalerie (Déc. min. du 13 août 1869, p. 749).

Entretien et réparation des instruments de musique.

Le prix des réparations est débattu par le chef de musique, lequel doit aussi reconnaître si les réparations effectuées ont été bien faites et le certifier sur les factures.

Les accessoires de musique, tels que les anches, roseaux, etc., etc., sont compris comme réparations.

Abonnement aux journaux de musique (*Moniteur musical*, 130 fr. par an) (Autoris. min. du 30 juillet 1864).

Achat de méthodes. Voir les notes ministérielles des 24 mai 1862, p. 585 et 8 août 1864, p. 962, méthodes de chant Wilhem (Note min. du 31 déc. 1841 et déc. min. du 22 mars 1846). *Méthode Stiéger* (Note min. du 7 juillet 1879) et 20 février 1880.) Frais de transport, 12 septembre 1879.

Achat de partitions, de cahiers, cartons et papiers à musique.

Aucune disposition précise ne détermine le mode à suivre par les corps pour se procurer les morceaux de musique ni le chiffre de la dépense pour cet objet.

Il ne doit être fait aucune dépense pour copies de musique, la rémunération de ce travail est comprise dans les primes de fonctions (Art. 30 de l'instr. du 15 mai 1864, sur les inspections administratives).

Excédent de recette à verser à la 2ᵉ portion de la masse d'entretien (Déc. min. du 14 janvier 1868 et circulaire du 18 juin 1874, n° 4,237) (1).

Instruments et méthodes à mettre entre les mains des élèves (Note min. du 24 mai 1862).

Métronome (achat de) 20 fr. (Déc. min. du 13 mars 1848).

---

(1) Les sommes au-dessus desquelles ces virements devront être effectués sont indiquées ci-après :

Régiments d'infanterie et du génie	2,500 francs.
Régiments d'artillerie et pontonniers	2,000
Régiments de cavalerie	400 —
Bataillons de chasseurs à pied	250 —

ANNEXE N° 2

MASSE GÉNÉRALE D'ENTRETIEN
2ᵉ PORTION.

RECETTES.

Tarif réglant les allocations annuelles des masses générales d'entretien.
(2ᵉ portion) Décret du 25 décembre 1875.

Régiment d'infanterie de ligne....................	5,600 francs.
Bataillon de chasseurs à pied....................	2,200 —
Régiment de zouaves...........................	6,600 —
Régiment de tirailleurs algériens................	6,500 —
Légion étrangère (1)...........................	6,200 —
Bataillon d'infanterie légère d'Afrique (2)....	330 —
Régiment de cuirassiers, dragons................	3,000 —
Régiment de chasseurs et de hussards............	2,700 —
Régiment de chasseurs d'Afrique	3,200 —
Régiment de spahis...........................	2,900 —
Régiment d'artillerie (3).......................	4,500 —
Régiment d'artillerie (pontonniers) (4)	4,750 —
Régiment du génie (5)........................	7,500 —
Escadron du train des équipages militaires (6).........	4,200 —

Compagnies ou sections formant corps (7).	Compagnie de fusiliers de discipline..... Compagnie de pionniers de discipline... Compagnie de cavaliers de remonte..... Compagnie d'ouvriers d'artillerie.......	250 —

(1) La fixation s'applique à un régiment composé de 16 compagnies. Elle est augmentée ou diminuée de 300 fr. pour chaque compagnie en plus ou en moins.

(2) Allocation par compagnie. La section hors rang ne participe pas à cette allocation.

(3) Cette allocation est fixée pour un régiment de 13 batteries prévue par la loi des cadres. Pour chaque batterie en moins, elle est diminuée de 250 fr. Il est alloué, en sus de la fixation de 4,500 fr., 250 fr. pour chaque compagnie du train d'artillerie administrée par un régiment d'artillerie.

(4) Cette allocation est fixée pour un régiment de 14 compagnies, prévues par la loi des cadres. Elle est diminuée de 250 fr. pour chaque compagnie en moins.

(5) Cette allocation est fixée pour un régiment composé de 23 compagnies, prévues par la loi des cadres. Pour chaque compagnie en plus ou en moins, elle est augmentée ou diminuée de 250 fr.

(6) Cette fixation est augmentée de 500 fr. pour chaque compagnie mixte, employée en Algérie et rattachée pour l'administration à un escadron de l'intérieur.

(7) Cette fixation est augmentée de 1 fr. par homme et par an. L'allocation est faite trimestriellement, en raison de la moyenne de l'effectif, calculée d'après le nombre de journées constaté par la revue et divisé par le nombre de jours dont se compose le trimestre.

Aux termes d'une note ministérielle du 16 juillet 1877, *J. M.*, P. R.. page 34, le décompte sera uniformément basé sur le nombre de journées de prime d'entretien de la masse individuelle, divisé par le nombre de jours dont le trimestre est composé.

| Compagnies ou sections formant corps (*Suite*). | Compagnie d'artificiers................ Section de secrétaires d'état-major et du recrutement................... Section de commis et ouvriers militaires d'administration .... Section d'infirmiers militaires .... | 250 francs. |

Cette masse s'accroît, en outre :

1° De l'avoir des hommes morts, désertés, disparus, etc., etc. (art. 183 de l'ordonnance du 10 mai 1844) et de celui des militaires condamnés à la réclusion (Déc. min. du 15 avril 1875);

2° Excédent de recette de la 1re portion de la masse au 31 décembre (Déc. min. du 14 janvier 1868) ;

3° Excédent des débets remboursés par les capitaines pour rations perçues en trop (Art. 151 de l'ordonnance du 10 mai 1844);

4° Valeur des effets de petit équipement laissés au corps par les hommes de la 2e portion du contingent (Circ. min. du 10 décembre 1877. Manuscrite).

DÉPENSES.

Aux termes de l'instruction ministérielle du 15 mars 1872, rappelée dans une circulaire ministérielle du 7 août 1873, n° 65, toutes les dépenses ci-après pourront être effectuées directement par les Conseils d'administration des corps lorsqu'il y aura utilité réelle, sans qu'il soit besoin d'aucune autorisation, à moins que les sommes auxquelles elles s'élèveraient ou le nombre des objets à acheter ne se trouvent dépasser, pour un motif quelconque, le maximum des fixations déterminées par les règlements ou condamnées par l'usage.

Annuaire militaire. —Achat, reliure et transport (Circ. des 12 octobre 1837, 10 juillet 1857 et 15 mars 1872.

Bains dans les casernes d'infanterie (Déc. min. du 13 juillet 1879).
   — dans les quartiers de cavalerie (18 mai 1880). Artillerie et train (21 mai 1880). 1re mise, 300 francs. Chauffage et entretien annuel, 100 francs.

Balances pour corps de garde (11 janvier 1862).

Banderole de giberne porte-musique (15 mars 1879).

Banderole porte-drapeau ou étendard, en cuir verni (15 mars 1879).

Bascule et accessoires pour le pesage des colis. prix, 70 fr. (7 février 1879, page 221). Gendarmerie (31 mars 1879, p. 442).

Blanchissage du linge de la troupe (Fournitures nécessaires à la constatation du) 2 fr. par an (Cir. min. des 9 janvier et 19 février 1867).

Blouses et pantalons d'infirmerie (28 mars 1825 et 10 février 1829).

Boîtes à marques pour le marquage des effets (6 juin et 15 septembre 1876).
   — pour les Conseils de discipline de régiment (25 novembre 1878).
   — A casiers pour livrets matricules (Entretien et réparations) (25 octobre 1875, 9 mars 1877, p. 223).

Bottines sans éperons pour les exercices de voltige (9 décembre 1842).

Cachet à la cire et timbre humide (31 octobre 1870).

Caisse à charbon. — Entretien et réparations (11 janvier 1862).

Caisse coffre-fort pour le trésorier (17 décembre 1834).

Caisse spéciale pour le Conseil d'administration (14 juin 1818).

Campement. — Entretien du matériel en dépôt dans les corps (22 septembre 1863, 7 août 1871, 28 septembre 1874).

Capotes de sentinelles (Dégradation aux) 29 septembre 1875).

Cartes des étapes, collage, vernissage et reliure des livrets des étapes et du règlement sur les transports (5 novembre 1874).

Casernement, achat du registre que doit tenir l'officier chargé du service (21 mars 1876).

Casiers destinés à contenir les livrets matricules (Entretien et remplacement), (28 octobre 1875).

Chambrées (26 mars 1874).

Cruche en grès Gamelle en terre {	Une par chambre de sous-officiers ou soldats occupée par 1 à 6 sous-officiers et 1 à 12 hommes de troupe.

Il sera ajouté à cette dernière fixation une cruche et une gamelle pour chaque groupe ou fraction de groupe de 6 sous-officiers et de 12 hommes en sus.

Il n'y aura pas lieu d'acheter des gamelles dans les casernements pourvus de lavabos (26 mars 1874).

Achat et entretien des engins, balais, baquets et pour le nettoyage des chambrées (Cir. min. du 11 décembre 1876, M.)

(Les ordinaires seront chargés de la fourniture de la sciure et du sable).

Pour l'exécution de cette décision, le Ministre par une circulaire du 26 mars 1877 au *Journal militaire*, a fixé ainsi qu'il suit le nombre et le prix des objets.

Par compagnie, escadrons, batterie section ou peloton H. R. et infirmerie : {	1 baquet du prix de 3 fr. 25 à 4 fr.; 2 brosses en jonc à long manche du prix de 3 fr. 25 à 4 fr. l'une.

Etat de casernement. — Liste d'appel. — Etiquettes mises au-dessus du lit de chaque homme. — Planchettes en bois ou en carton sur lesquelles doivent être placardés les divers règlements à l'exception de l'état de casernement (11 janvier 1862 et 12 septembre 1872).

Chaussons de laine (11 janvier et 19 mars 1858), prix 0,075 c. par paire (10 avril 1877, 5 corps).

Composition Burdel, pour raviver la couleur écarlate (12 avril 1859) prix 0,75 c. à Paris et 1 fr. hors Paris.

Cordes pour l'embarquement des chevaux en chemins de fer (10 février 1877. Pagination spéciale).

Coton pour marquer le linge des hommes, dépense fixée à 0,10 c. par homme et par an (26 janvier 1867).

Couvertures et barrettes à écrous pour les registres matricules (25 avril 1879, p. 701).

Crêpes destinés à recouvrir les tambours pour les honneurs funèbres rendus aux officiers décédés sur un champ de bataille ou dans un service commandé (24 Messidor, an XII).

Cuisines. — Scies et haches, 1 par ordinaire (30 juin 1856).

Bourgerons, 2 par cuisinier (10 avril 1831).

Pantalons, 2 par cuisinier (10 avril 1831).

Torchons, 12 par cuisinier (1er août 1854 et 21 octobre 1873).

Sacs à distributions, 1 par escouade.

Balances à bras égaux (Réparations à la charge des ordinaires) (19 février 1859).

Paniers à charbon, entretien, réparations et remplacement en cours de durée à la charge des ordinaires. En osier brut: prix 3 fr.; en osier blanc, prix 4 fr. (16 novembre 1863).

Seau en bois, cerclé de fer.........	par ordinaire de 50 hommes et au-dessous.
Baquet en bois, cerclé de fer	Il est ajouté une 2e terrine par ordinaire comptant plus de 50 hommes.
Terrine en terre destinée à recevoir les légumes et la viande retirés de la marmite après la cuisson et en attendant le partage des rations.	Pour les ordinaires comptant plus de 100 hommes, un 2e baquet et une 3e terrine pourront être accordés (26 mars 1874).

1 Ecumoire..
1 Passoire à bouillon,..............................
1 Cuiller à pot....................................... } Par
1 Grande fourchette en fer battu et étamé........... } compagnie,
1 Couteau à découper................................ } escadron
1 Boîte à sel et à poivre............................ } ou
2 Porte-gamelle en fer avec poignée en bois......... } batterie.
(Note ministérielle du 16 juin 1874).

Cuisines à vapeur. — Objets mobiliers (16 octobre 1877. — Errata, 1er semestre 1878, p. 32.

	Prix.
Une grande gamelle par compagnie	48 à 11fr »
Un grand égouttoir par corps......................	1 à 25 »
Un grappin (fourchette)............................	5 à 1 50
Une écumoire.....................................	5 à 1 75
Une poche à bouillon	5 à 3 75
Une poche à légumes (passoire)...................	5 à 4 50
Une grande spatule en bois.......................	5 à 4 50
Cuisine de sous-officier	16 75

Débet à la masse individuelle des hommes mis en congé illimité, désertés, disparus, retraités, etc., etc. (Art. 184 de l'ordonnance du 10 mai 1844).

Dégradations au casernement (4 juin 1856, 23 avril et 24 mai 1870. Nomenclature. 11 janvier 1862).

Dragonne de sabre pour maréchaux des logis chefs (24 décembre 1877).

Éclairage des escaliers et des corridors (20 août 1838. Art. 71 du règlement du 30 juin 1856, et tableau n° 6 joint au règlement du 26 mai 1866).
— Subsistances militaires. — Abonnement (16 décembre 1826, 13 décembre 1827).
— des infirmeries dans les troupes à pied (22 mai 1873).

Écrous pour les registres matricules du corps (25 avril 1879).

Effets de pansage distribués aux hommes de l'infanterie détachés comme auxiliaires dans les compagnies du train des équipages militaires (22 octobre 1873 et 19 septembre 1878).

Enfants de troupe. — Dépenses relatives à ceux âgés de moins de 15 ans. Achat de balais, cruches, chandelles, ustensiles divers, etc. (20 septembre 1837 et arrêté présidentiel du 25 juillet 1875).
— Petit équipement, 28 janvier 1828; 6 octobre 1873; 7 août 1877. — Allocation, 30 fr. par an (29 mars 1876).
— Fonds de masse des enfants envoyés à l'école d'essai (30 francs) (20 avril 1875).

Entretien de l'habillement, de l'équipement et de la coiffure dans les corps (Inst. min. du 21 avril 1870. Modèles et marchés à l'appui) Voir aux annexes n° 26.
Les tarifs à appliquer pour l'entretien annuel de l'habillement, de l'équipement et de la coiffure, sont indiqués dans le tableau suivant:

	Régiments d'infanterie et bataillons de chasseurs.	Régiments de cuirassiers et de dragons.	Régiments de chasseurs, hussards et cavaliers de remonte.	Artillerie.		Génie.			Train des équip. militaires.	
				Hommes montés.	Hommes non montés.	Sapeurs-mineurs.	Sapeurs des compagnies d'ouv. de chemins de fer.	Sapeurs-conducteurs.	Escadron, à l'exception des compagnies mixtes.	Compagnies mixtes quand il y a lieu.
Entretien de l'habillement.	0.85	0.95	0.95	1.45	1.00	0.95	1.05	1.05	1.00	0.35
— du grand équipement.	0.25	0.55	0.55	0.55	0.25	0.30	0.30	0.55	0.55	0.25
— de la coiffure	0.08	0.55 (1)	0.45	0.12	0.08	0.08	0.08	0.12	0.12	0.10

(1) Cette allocation de 0,35 ne concerne que les corps pourvus du casque du nouveau modèle. Pour les corps pourvus du casque de l'ancien modèle elle est de 0,65.

Ces prix doivent être considérés comme des maxima.

Le décompte de l'abonnement sera réglé à la fin de chaque trimestre, en prenant pour base le nombre de toutes les journées de prime d'entretien de la masse individuelle allouées par les revues générales de liquidation.

Ce nombre sera multiplié par le taux annuel de l'abonnement et le produit sera divisé par 365 ou 366 selon le cas.

Les commis et les ouvriers militaires d'administration, les infirmiers militaires, les secrétaires d'état-major et du recrutement et les cavaliers de remonte, à raison de la nature spéciale de leur service, doivent faire réparer leurs effets sous le régime de clerc à maître. La dépense incombe à la masse générale d'entretien.

Éperons (enlèvement) aux bottines des hommes prenant part aux exercices de voltige (9 mars 1842).

Étui à cartouches en fer-blanc (16 mai 1872) Marque (15 mai 1874-11 août 1876).

Étui de drapeau en coutil (15 mars 1879).

Étuis d'outils à l'usage des sapeurs d'infanterie (9 août 1871).

Excédent du poids des bagages causé par les munitions de guerre (1er mars 1854).

Fanion d'alignement (15 mars 1879).

Ferrure et médicaments des chevaux des capitaines adjudants-majors des corps d'infanterie et du génie montés (19 juillet 1855 et 15 mars 1869. — Voir Masse des équipages régimentaires).

Feuillets mobiles A et B et reliure de registres pour engagés conditionnels (28 mars 1873).

Fonds manquant aux barils de poudre vides (2 janvier 1850).

Frais de confection de chaussons de drap pour le service des écuries et du pansage (11 janvier 1858) Prix et durée (19 mars 1858).

Frais de sépulture des hommes morts au quartier, ou en tout autre lieu, hors et non à proximité d'un établissement hospitalier (3 août 1874-25 juillet 1875).

Frais d'expertise mis au compte des corps (3 août 1874; 25 juillet 1875).

Frais divers des magasins (1).

Le tarif du 30 novembre 1855 concernant le matériel à emporter par les corps donne une énumération de certains objets nécessaires à l'entretien des magasins régimentaires, tels que tours, cachets, lettres, numéros, jeux de marques à chaud et à froid, réchaud, composition pour marquer, pinceaux, pots, règles à pointure, formes de coiffure, moules et clefs pour plomber, marteaux, tenailles, haches, scies, etc., mètres, placards, toises, etc., etc., emporte-pièces (5 octobre 1880).

Camphre, poudre de pyrèthre et soufflet, papier goudronné, matières pour le graissage des casques, papier gris pour envelopper les casques, idem pour envelopper les shakos, coalthar, potasse (18 nov. 1874, p. 645, 2 mai 1881, p. 276).

Huile antoxyde pour l'entretien des effets de campement (16 novembre 1876, page 219).

Pièges et ingrédients destructeurs, nourriture des chats (allocation annuelle de 30 francs par régiment d'infanterie et de 22 fr. 50 pour les régiments de cavalerie et les bataillons formant corps, et 15 francs pour les compagnies et sections) (13 mai 1876). Cette dépense ne s'applique pas à l'achat du camphre et d'autres ingrédients nécessaires pour l'entretien du matériel (17 juillet 1876).

Chauffage des magasins humides, armement (13 mai 1876; 10 janvier 1880). Pour ceux de l'habillement au compte du budget de ce service.

Entretien des tresses et des galons de laine jonquille en jaune d'or et en drap écarlate (système Darroux) (22 juin 1854, p. 380) ; idem système Bazeilles et Sève; prix de la tablette, 0 fr. 60, dépense évaluée à 0 fr. 12 par homme et par an (18 mars 1875) Composition Burdel, pour raviver la couleur écarlate, prix 0 fr. 75 à Paris et 1 franc hors Paris (12 avril 1859).

Nourriture Mironde, pour l'entretien et le graissage de la chaussure dans les magasins (21 février 1881, page 75). Acide phénique (5 septembre 1879). Rideaux pour les fenêtres (23 décembre 1874, page 796).

Etalonnage de la table pour le mesurage des étoffes (Art. 50, 30 juin 1856).

Meubles et ustensiles qui ne sont pas spécifiés à l'article 50 du règlement du 30 juin 1856.

Caisses d'emballage, toile d'emballage, clous, pointes, ficelle, corde, etc. (13 décembre 1827).

Entretien du matériel de campement en dépôt dans les corps (22 septembre 1863, 7 août 1871, 28 septembre 1874).

Voir également les circulaires ministérielles indiquées ci-après sur la manière de manutentionner et d'entretenir les effets dans les magasins régimentaires (18 novembre 1874, 23 décembre 1874, 17 juillet 1876, 18 juin 1877, 9 novembre 1877, 19 novembre 1878.

Frais de transport du linge envoyé aux hommes qui ont quitté le corps (22 août 1867).

Gibernes porte-musique (15 mars 1879).

Gratifications aux inspecteurs de la boucherie à Paris (31 octobre 1867).

---

(1) Pour les approvisionnements du *service de réserve*, les frais d'entretien sont imputables sur les fonds du service de l'habillement (budget ordinaire), art. 27 de l'instruction du 1er septembre 1879.

Ces dépenses ne devront être engagées que sur l'autorisation du fonctionnaire de l'intendance militaire (art. 18 de l'instruction du 20 octobre 1879).

Gratifications aux sous-officiers de cavalerie attachés comme instructeurs au cours d'équitation, prélevées sur la masse générale d'entretien des troupes à pied dont les officiers ont profité du cours (20 novembre 1868).

Gratifications aux sous-officiers gardes-magasins des corps de troupes et aux caporaux et soldats employés au magasin (Circulaire ministérielle du 20 octobre 1879).

Guide à l'usage des militaires et marins voyageant sur les chemins de fer (6 août 1862).

Habillement (Entretien) Voir le marché d'abonnement, annexe n° 26. Frais de lavage et de lessivage des effets réintégrés en magasin (18 juin 1877). Pantalon n° 2 perdu dans un incendie (9 février 1848) Changement dans les marques distinctives des effets des hommes venant d'autre corps (Art. 130 de l'inst. minist. du 1ᵉʳ mars 1880).

Illuminations (22 janvier 1827 ; 17 novembre 1858).

Inhumations (3 août 1874 ; 4 octobre 1876).

Infirmerie. Objets ou ingrédients de propreté (Diverses décisions). Eclairage (22 février 1876). Poudre de pyrèthre et soufflet à entonnoir (22 févr. 1876). Blouses et pantalons (28 mars 1825 et 10 février 1829).

Jardins potagers. Fumier pour l'entretien (24 décembre 1863).

Journal des marches et opérations (17 mars 1875).

Magasins (Voir frais divers des).

Manuel des circonscriptions militaires de la France (24 septembre 1877).

Marquage des cordes à fourrage par les chefs armuriers (0,50 c. par cent) (18 février 1879. S., p. 254).

Marquage des étuis en fer-blanc pour cartouches libres (15 mai 1874).

Marquage des outils mis à la disposition des corps d'infanterie par le service du génie (10 juillet 1876).

Marquage des cantines à vivres et des caisses à bagages (6 mars 1876).

Marques nécessaires pour les chevaux et mulets mis à la disposition des corps d'infanterie (20 mars 1873).

Matériel nécessaire au fonctionnement des ateliers de tailleurs et de cordonniers dans les corps de troupe (21 février 1876).

Mètre (Double) Etalonné pour mesurer la taille des hommes nouvellement incorporés. — Prix 50 francs au maximum (26 juin 1875).

Nettoyage des effets d'habillement réintégrés dans les magasins du corps (18 juin 1877 au *Journal militaire*).

Numérotage des petites gamelles et des quarts. — Gamelles, 1 fr. 50 par cent ; quart 1 franc (11 octobre 1865). Des cordes à fourrages (18 février 1879, S. P., page 254).

Outils à fournir aux sapeurs (Réparations) (25 septembre 1843 ; 9 août 1871). — nécessaires à l'aide-maréchal ferrant dans les corps de troupe d'infanterie (20 décembre 1878) prix maximum, 32 francs.

Paille de couchage aux hommes punis disciplinairement (9 août 1874 ; 25 juillet 1875).

Paniers à charbon (16 novembre 1863).

Pantalon n° 2 perdu par un militaire appelé à porter secours dans un incendie (9 février 1848).

Petits bidons. Frais de confection des enveloppes en drap (3 décembre 1866 ; 28 juillet 1871 ; 1ᵉʳ mai 1875). Pour les enveloppes, prix pour un bidon de un litre, 0 fr. 18 ; de deux litres, 0 fr. 21 (1ᵉʳ mai 1875). Bidon modèle 1877, 0 fr. 15 (30 septembre 1878).

Poudre de pyrèthre du Caucase et soufflet à entonnoir. — Prix 4 francs.
Tirée des hôpitaux militaires, même prix pour les soufflets (12 mars 1861
et 11 février et 2 mai 1881).

Prisons disciplinaires (Achats de paille et de cruches) (3 août 1874).

Questionnaire sur les obligations militaires des disponibles, des réservistes,
des hommes de l'armée territoriale et de sa réserve (2 février 1881).

Recueil administratif de M. Charbonneau (7 octobre 1878).

Registre relatif aux réservistes et disponibles (23 janvier 1875).

Registre à tenir par l'officier chargé du casernement (21 mars 1876).

Registre du vaguemestre (25 décembre 1875), compris dans l'allocation
annuelle.

Registre des médicaments et objets de pansement (13 octobre 1869).

Reliure du *Journal militaire* (21 octobre 1837, 2 février et 16 février 1871).

Répertoire général des disponibles et des réservistes. Etats dont l'emploi est
prescrit par la circulaire du 16 juillet 1879. Allocation, 20 francs par an
pour chacun des régiments d'infanterie, d'artillerie, de pontonniers et du
génie. 10 francs par an pour les régiments de cavalerie, les escadrons du
train des équipages militaires et les bataillons de chasseurs. 5 francs par
an pour les compagnies du train et d'ouvriers d'artillerie et les sections
qui, formant unité, n'ont point à établir le bordereau destiné aux fractions de corps (Cir. min. du 7 novembre 1879).

Sacs à blanchissage pour l'artillerie et la cavalerie (2 par batterie ou escadrons) (30 novembre 1866).

Sifflets destinés aux commandants de compagnie, d'escadron, etc. (16 août
1875 et 20 juin 1877).

Table du Journal militaire (26 janvier 1852 et 22 janvier 1879. S. P. 138).

Tableau indiquant les mesures des hommes (Habillement) (4 mars 1875).

Tablier en peau pour l'aide-maréchal ferrant des corps d'infanterie.
Prix M. 6 francs; durée 4 ans (24 mars 1879, S. p., 316).

Transports de modèles types envoyés aux corps (30 octobre 1843; 7 septembre 1872).

Trompettes (Réparations) (3 février 1873).

Urne pour les conseils de discipline (25 novembre 1878).

Ustensiles de campement (22 septembre 1863).

Vaguemestre. Allocation journalière et gratification annuelle (25 décembre
1875).

Totalité des sommes à payer annuellement sur les fonds de la masse
générale d'entretien (2ᵉ portion) pour subvenir aux dépenses de fourniture
de registres, paiement d'indemnités journalières et de gratifications
annuelles.

Régiment d'infanterie de ligne, de zouaves, de tirailleurs algériens, de la légion étrangère	280 fr.
Bataillon de chasseurs à pied, d'infanterie légère d'Afrique	140
Régiment de cavalerie	180
Régiment d'artillerie, de pontonniers, du génie	350
Escadron du train des équipages militaires	110
Compagnie ou section formant corps	40

ANNEXE N° 3

MASSE GÉNÉRALE D'ENTRETIEN DU HARNACHEMENT ET FERRAGE

RECETTES.

La masse d'entretien du harnachement et ferrage a pour objet de faire face aux diverses dépenses d'entretien du harnachement et du ferrage, médicaments, dépenses d'écuries, d'éclairage et autres, accidentelles et imprévues se rattachant au service proprement dit du harnachement et des chevaux dans les corps de troupe à cheval.

Cette masse est allouée pour toutes les journées de présence des chevaux de troupe, tant en station qu'en route. Elle est décomptée d'après le tarif 56, annexé au décret du 25 décembre 1875.

La note ministér. du 16 mars 1874, prescrit de faire le décompte par jour.

Elle est également due pour les chevaux d'officiers de cavalerie appartenant à l'Etat (Déc. min. du 17 mai 1856), et aux chevaux d'officiers sans troupe (C. min. du 13 janvier 1880).

Tableau présentant le taux d'allocation (Décret du 25 déc. 1875) (1).

DÉSIGNATION DES ARMES.	FIXATIONS PAR CHEVAL					
	HORS PARIS		DANS PARIS		EN ALGÉRIE [1]	
	par an.	par jour.	par an.	par jour.	par an.	par jour.
	fr. c.	fr. c. m.	fr. c.	fr. c. m.	fr. c.	fr. c. m.
Chevaux d'officiers appartenant à l'Etat [1].	»	»	»	»	»	»
Régiments de {cuirassiers / dragons / chasseurs / hussards}	18,00	0,04931	20,00	0,05479	33,00 [2]	0,09041
Ecoles militaires.	18,25	0,05000	18,25	0,05000	»	»
Chasseurs d'Afrique.	»	»	»	»	33,00	0,09041
Régiments d'artillerie.	27,00	0,07397	27,00	0,07397	27,00 [3]	0,07397
Train {d'artillerie. . . . . / des équipages milit.	30,00 / 30,00	0,08219 / 0,08219	30,00 / 30,00	0,08219 / 0,08219	30,00 / 40,00	0,08219 / 0,10958
Compagnies de sapeurs-conducteurs du génie.	30,00	0,08219	30,00	0,08219	40,00	0,10958
Mulets de bât, y compris l'entretien du bât.	34,00	0,09315	34,00	0,09315	34,00	0,09315
Dépôts de remonte.	18,00 [4]	0,04931	»	»	»	»

1 Selon le taux déterminé dans chaque arme pour les chevaux de troupe.
2 Cette allocation est comptée du jour de l'embarquement.
3 Cette allocation est applicable aux mulets employés dans les batteries en Algérie.
4 Il est alloué, en Algérie, une indemnité de 5 fr., une fois payée, pour chaque cheval admis dans les dépôts de remonte.

(1) Le Ministre a résolu affirmativement la question suivante (28 juin 1876, *J. M.*,

La masse d'entretien s'accroît en outre :

De la vente des fumiers et des dépouilles des chevaux morts ou abattus (Circ. min. du 23 novembre 1833, 29 décembre 1840, 30 mars 1842, 21 octobre 1852, 8 mars 1861 et art. 254 du règlement du 3 avril 1869).

Voir pour le fumier des chevaux logés aux frais des officiers (Déc. min. du 31 mai 1823).

Voir pour le fumier des chevaux logés chez l'habitant (Circ. min. du 1er juillet 1831).

Pour le produit de la vente des dépouilles des chevaux en dépôt (Circ. min. du 3 avril 1868).

Voir également la Circulaire ministérielle du 20 décembre 1840, relative à l'adjudication des fumiers des corps de troupes à cheval, la Décision ministérielle du 31 janvier 1877, fixant à une année la durée maxima des marchés à passer pour la vente du fumier des chevaux des corps de troupes (Circ. min. du 1er octobre 1878, page 318 du *Journal militaire*) pour le mode de passation des marchés, celle du 9 février 1881, autorisant les corps à passer les marchés pour la période qu'ils jugeront convenable, dans la limite maximum de trois années et de telle sorte qu'ils prennent toujours fin au 31 décembre, ou dans le cas de changement de garnison, à la date du départ.

Voir à l'annexe XXXI, le modèle du cahier des charges.

DÉPENSES.

HARNACHEMENT.

1° *Dépenses au compte de l'abonnement.*

Il est pourvu à l'entretien et aux réparations du harnachement ainsi qu'au remplacement des accessoires au moyen d'un marché par abonnement passé avec le maître sellier.

Les conditions du marché sont réglées par le modèle d'abonnement annexé à la décision ministérielle du 22 novembre 1867, tome XI, page 905 (Prix modifiés par la décision ministérielle du 18 juillet 1872, voir ci-après).

Le décompte des sommes dues est réglé à la fin de chaque trimestre, d'après l'effectif moyen des chevaux de troupes résultant de la division par 365 ou 366, selon que l'année est ou non bissextile, du nombre de journées allouées par les revues pendant le trimestre et en multipliant cet effectif moyen par le taux annuel de l'abonnement.

Le décompte doit avoir lieu sans réduction du nombre des chevaux de remonte (Circ. min. du 22 novembre 1867).

Décision ministérielle du 18 juillet 1872 (J. M., page 515).

1° Les imputations à faire soit au compte de la masse individuelle, soit à la charge de l'État, soit enfin au compte de l'abonnement des maîtres sel-

---

1er semestre, p. 817) : « Si les corps doivent percevoir la prime journalière de la masse « de harnachement et ferrage pour les chevaux qu'ils reçoivent en subsistance, et si « cette prime doit être calculée sur le taux déterminé non pour le corps auquel les che- « vaux appartiennent, mais d'après les fixations afférentes au corps où ils se trouvent « en subsistance, ce dernier resterait naturellement chargé des dépenses d'entretien « de ces chevaux. »

La prime d'entretien est due pour les chevaux qui prennent part aux reconnaissances de brigade (Note du 16 janvier 1878, J. M., P. R., page 30).

liers régimentaires pour l'entretien et la réparation des selles de 1854 et
1861, seront réglées par le tarif joint à cette décision, à partir du 1er août
1872 (1).

Le taux de l'abonnement des maîtres selliers est porté à 10 fr. 50 par
cheval et par an pour les régiments de l'intérieur, à 14 fr. 25 pour ceux de
l'Algérie.

« Une décision ministérielle du 25 mars 1875 (*J. M.*, p. 446) autorise les
« corps et fractions de corps du train des équipages militaires stationnés à
« Paris, Versailles, Lyon, et dans les camps et forts voisins de ces localités,
« à payer, pour l'entretien du harnachement, la prime annuelle d'abonne-
« ment de 13 francs, à partir du 1er avril 1875. »

2° (Paragraphe supprimé par la Circulaire ministérielle du 14 septembre
1872, page 597, reproduite ci-après).

« Pour les selles du modèle anglais, toutes les réparations et tous les frais
« qui, en dehors de l'entretien de la selle proprement dite, sont ordinaire-
« ment à la charge des maîtres selliers, seront réglés pour les chevaux pour-
« vus de selle du modèle dit anglais, moyennant un abonnement dont le
« taux est fixé à 4 fr. par la Circulaire du 6 août 1874, par cheval et par
« an à l'intérieur et 4 fr. 40 en Afrique (1). »

Aux termes d'une Décision ministérielle du 21 juillet 1876, il sera payé
aux maîtres selliers une somme de 0 fr. 75 par harnachement et par an
pour l'entretien des harnachements en réserve dans les magasins régimentaires, tant pour l'armée active que pour l'armée territoriale (*J. M.*, P. R.,
2e semestre 1876, p. 16), applicable à l'entretien du harnachement des
chevaux de trait des équipages régimentaires (21 août 1879, 6e corps
d'armée).

Les maîtres selliers abonnataires doivent se servir de la graisse Dubbing
pour l'entretien du harnachement en magasin ou en service (Inst. min. du
5 juillet 1873, page 9), concurremment avec la graisse Bourgeois (19 août
1880, page 307).

Voir la note ministérielle du 12 janvier 1867, relative à la fourniture des
bridons d'abreuvoir, des licols et des surfaix d'écurie dans les régiments de
cavalerie.

2° *Dépenses en dehors de l'abonnement.*

Toutes les réparations à faire aux effets de harnachement en dehors de

---

(1) Aux termes de ma circulaire du 15 septembre dernier, les selles du modèle
1874, en service, doivent être entretenues dans tous les régiments de cavalerie sous
le régime de clerc à maître.

Ces dispositions ne s'appliquant pas à la fourniture des effets d'écurie (bridons
d'abreuvoir, licols et surfaix d'écurie), ni aux réparations à faire aux couvertures de
cheval, aux bissacs, etc., j'ai été consulté sur la question de savoir comment les maîtres
selliers régimentaires seront payés des dépenses à effectuer pour l'entretien ou le remplacement de ces divers effets.

J'ai l'honneur de vous informer que j'ai pris, à cet égard, la décision suivante : Les
réparations ou les remplacements et tous les frais qui, en dehors de l'entretien de la
selle proprement dite, restent ordinairement à la charge des maîtres selliers et qui sont
détaillés dans les paragraphes 3, 4, 5, 6, 10, 11, 12, 13, 14, 15 et 16 de l'article 1er
du modèle d'abonnement pour l'entretien du harnachement, modèle inséré au *Journal
militaire* (année 1867, édition refondue, page 906), seront réglés, jusqu'à nouvel ordre
pour les chevaux pourvus de la selle du modèle 1874, moyennant un abonnement dont
le taux sera fixé à 4 francs par cheval et par an, à l'intérieur et à 5 fr. 15 en Afrique
(Circulaire ministérielle du 15 novembre 1879, n° 5226).

l'abonnement ne peuvent être que le résultat ou de la négligence des hommes ou d'événements de force majeure ; il n'est admis de dépense au compte de la masse de harnachement et ferrage en dehors de l'abonnement que sur la production de procès-verbaux à établir au moment de l'événement, pour en constater les circonstances et pour évaluer le chiffre de la dépense. Au-dessus de 100 francs, la dépense doit être soumise à l'approbation du Ministre (Inst. min. manuscrite du 16 juillet 1858).

Pour la cavalerie, les réparations en dehors de l'abonnement sont remboursées pour le harnachement, modèles 1854 et 1861 et le modèle anglais, d'après le tarif du 18 juillet 1872, pages 517 et suivantes, et pour le harnachement modèle 1874, par le tarif du 20 novembre 1874, page 307 du 2e semestre 1875. Modifications apportées à ce tarif (*J. M.*, P. R. 2e semestre 1876, page 21 et 1er semestre 1878, p. 186 (1).

Pour l'artillerie, le train d'artillerie et des équipages militaires, l'entretien du harnachement est défini par le règlement du 9 avril 1848, tome IV, page 812.

Pour l'abonnement, le prix maximum est fixé par année de 365 jours à 13 francs par cheval de selle ou de trait indistinctement existant à l'effectif du corps (Circulaire du 7 septembre 1852), à 1 fr. 13 par harnachement complet de cheval de selle ou de trait existant en magasin et dépassant le nombre de ceux fixés pour approvisionnement, par l'art. 9 du règlement.

Les réparations en dehors de l'abonnement sont fixées :

Pour le harnachement des chevaux et des mulets de l'artillerie, modèle 1861, par le tarif du 3 mars 1874, page 493, 22 février 1877, pages 263 et 269 (pour le modèle 1854) 30 juin 1878, page 27, 16 mai 1879, page 817, 9 juillet 1879, page 14.

Pour le harnachement des mulets de l'artillerie, modèle 1845, par le tarif du 3 mars 1874, page 525 (Rectification au tarif, 27 juin et 18 novembre 1874).

Pour le harnachement des chevaux du train des équipages militaires (30 juin 1878, *J. M.*, pages 59, 75, 89 ; 6 janvier 1879, page 10.

Abonnement du chef armurier.

En exécution de l'article 26 du règlement du 1er mars 1854, il est passé avec le chef armurier un abonnement pour l'entretien et les réparations des mors et brides, des bridons et filets, ainsi que pour les étriers des corps sur le pied de paix, par extension applicable au pied de guerre.

Le nouveau modèle d'abonnement adopté par la décision ministérielle du 9 juin 1863, tome X, page 242, comportant toutes les clauses et conditions du marché, fixe le prix de l'abonnement à 0 fr. 60 par cheval et par an pour les régiments de l'intérieur, et 0 fr. 70 pour ceux de l'Algérie.

---

(1) Pour les réparations à exécuter aux selles modèle 1874 et modèle anglais, on ne doit adresser au Ministre de la guerre, pour être soumis à son approbation, qu'un résumé unique pour le régiment des réparations relatées dans les procès-verbaux d'escadron et suivant l'ordre des réparations établi par le tarif (Dépêche ministérielle du 9 février 1881, n° 644, adressée à M. l'intendant militaire du 5e corps d'armée).

12

Le modèle de décompte pour servir au paiement fait suite au modèle d'abonnement. (Les journées des chevaux de remonte en route doivent être déduites).

———

Aux termes d'une décision ministérielle du 21 juillet 1876, il est alloué aux chefs armuriers une somme de 10 centimes par harnachement et par an pour l'entretien des accessoires en fer des harnachements en réserve dans les magasins régimentaires tant pour l'armée active que pour l'armée territoriale (*J. M.*, P. R. 2ᵉ semestre 1876, p. 10).

Ferrage.

D'après la décision ministérielle du 10 mai 1850, le service du ferrage dans tous les corps de troupe à cheval continue à être réglé par voie d'abonnement.

Les conditions de l'abonnement sont fixées par la décision ministérielle du 18 octobre 1877, *J. M.*, P. R., page 197 (1).

———

(1) Voir aux annexes nᵒ xxx.

Tarif du 2 mai 1878 (Journal militaire, 1er sem., page 235.

INTÉRIEUR.		TAUX DE L'ABONNEMENT PAR MOIS ET PAR CHEVAL		ALGÉRIE (2).		TAUX DE L'ABONNEMENT PAR MOIS ET PAR CHEVAL	
		EN STATION.	EN MARCHE.			EN STATION.	EN MARCHE.
DÉSIGNATION DES ARMES.		Pied de paix ou de rassemblement. Camp. baraqué (1).	Routes, Grandes manœuvres, Reconnaissances de brigade, Troupes en campagne.	DÉSIGNATION DES ARMES.		Dans toutes les positions, celle d'expédition exceptée.	Expédition.
		fr. c.	fr. c.			fr. c.	fr. c.
Chevaux d'officiers de toutes armes...........		2 00	4 00	Chevaux d'officiers de toutes armes...........		2 30	3 30
Cavalerie, chevaux de selle et de trait, mulets de trait ou de bât.	Réserve....................	1 65	3 30	Chevaux de race arabe.	Chasseurs d'Afrique......... Chasseurs et hussards.........	1 75	2 65
	Ligne....................	1 60	3 20		Artillerie....................		
	Légère (français ou arabes)..	1 55	3 10		Génie.................... Train des équipages militaires		
Artillerie.	Chevaux de selle............	1 70	3 40	Chevaux de race française et mulets de toutes provenances.	Artillerie.................... Infanterie....................	1 90	2 85
	Chevaux de trait............						
	Mulets de trait.............				Génie.................... Équipages militaires........	1 95	2 90
	Mulets de bât.............						
Génie et train des équipages militaires.	Chevaux de selle............	1 75	3 50	Dépôts de remonte et d'étalons...............		1 70	»
	Chevaux de trait............						
	Mulets de trait.............						
	Mulets de bât.............						
Infanterie. Remonte.	Animaux de trait ou de bât..	1 70	3 40				
	Quelle que soit l'arme......	1 60	»				
Écoles militaires.	Chevaux de carrière.........	1 65	»				
	Chevaux de manège.........						
	Chevaux d'armes ou tous autres						

(1) Pour les corps ou détachements de corps en garnison à Paris ou à Lyon, les prix ci-dessus seront augmentés de 0 fr. 15 c.
(2) Il est alloué dans les régiments montés en chevaux arabes, lorsqu'ils reçoivent des chevaux non ferrés (ce qui doit être constaté par un procès-verbal), 1 fr. par cheval pour demi-ferrure de première mise.

DÉPENSES DIVERSES.

Abonnement à la *Revue des haras, de l'agriculture et du commerce,* fixé à 30 fr. par an (Note min. du 4 février 1875, p. 180).

Abonnement au Recueil de médecine vétérinaire (Déc. minist. du 12 février 1875).

Annuaire militaire. Etablissement de remonte (10 juillet 1857).

Appareils à sinapismes. 2 appareils par corps de troupe à cheval, prix : 15 fr. l'un, à fournir par le maître sellier (Déc. min. du 28 septembre 1868).

Balais de chambrée, cirage, blanc, etc., etc. (Circ. min. du 10 février 1874 et Note min. du 12 octobre 1877.

Les dépenses résultant de l'achat des balais de chambrée, du cirage, de l'encaustique et *de tous ingrédients employés* pour l'entretien des effets d'habillement, des chaussures, d'équipement et de harnachement, seront acquittées directement par les corps sur le vu des factures acquittées par les fournisseurs et qui resteront à l'appui de la comptabilité de la masse. Mais, afin de rendre possible le contrôle et l'emploi des sommes dépensées, on ne portera en dépense, dans les comptes et chaque année, que la somme représentant le décompte réel, calculé d'après le nombre de journées de présence (sous-officiers et soldats) constatées par les revues, au taux fixé par la circulaire du 14 octobre 1873, savoir :

Cavalerie....................................	0,006
Génie, artillerie, ⎰ Hommes montés................	0,006
train des équipages. ⎱ Servants à pied................	0,005
Cheval ayant un harnachement en cuir noir...........	0,004

Barres d'écuries (Entretien et rempaillage) (23 septembre 1840 et Note min. du 15 novembre 1878, au *J. M.,* page 382).

Bissacs (Déc. min. du 15 mai 1838).

Bridon et accessoires de selle, substitutions du cuir fauvé au cuir noir (Déc. min. du 24 octobre 1871).

Bridons d'abreuvoir pour les corps d'artillerie (7 septembre 1852).

Caisse d'instruments de chirurgie vétérinaire (Note min. du 19 avril 1857).

Charbon de bois pour la préparation des tisanes, boissons et pour chauffer les fers à cautériser.

Chariots porte-fourrages et harnais de trait fixés à 2 par régiment de cavalerie (20 avril 1847, 30 juin 1856, article 64, 11 janvier 1862).

Réparations (Note min. du 28 août 1867, p. 874, reproduite ci-après).

« Le droit d'autoriser les réparations à exécuter aux chariots à fourrages
« ainsi qu'aux harnais d'attelage, quel que soit le montant des frais, serait
« exclusivement dévolu à MM. les intendants divisionnaires, auxquels seront
« transmis, à cet effet, les procès-verbaux constatant les travaux à faire, re-
« vêtus de l'avis motivé du sous-intendant militaire chargé de la surveil-
« lance administrative du corps. Les prix des réparations seront, autant que
« possible, renfermés dans les prix du tarif ministériel (15 juin 1868,
« tome XII, p. 148 et suiv.) Dans le cas où ces prix seraient dépassés, le
« conseil d'administration et le sous-intendant militaire devront consigner
« sur les procès-verbaux qu'on n'a pu traiter à des prix inférieurs. L'auto-
« risation préalable du Ministre ne sera plus exigible que pour le rempla-
« cement des fourragères et des harnais réformés ou mis hors de service. »

Couvertures réformées à affecter au service des militaires détenus (lessivage) (Déc. min., 30 septembre 1829).

Dégradations aux écuries (23 avril et 24 mai 1870).

Eclairage. Dans les corps de troupe à cheval, l'éclairage des escaliers, des corridors, des écuries, infirmeries, écoles régimentaires (1) et autres locaux accessoires du service du casernement (art. 71 du règlement du 30 juin 1856) des manèges (Déc. min. du 11 septembre 1873).

Les appareils d'éclairage au gaz sont au compte du service de l'intendance (11 janvier 1862).

Voir pour la passation d'un abonnement (26 déc. 1826, 20 août 1838); — pour la suppression de l'éclairage dans les écuries des quartiers des corps de troupes à cheval (Circ. min. du 22 juill. 1841, page 41).

L'usage du pétrole est interdit dans les écuries (21 avril 1873, page 408).

Les frais d'éclairage de l'école régimentaire, pour le régiment de pontonniers et les compagnies d'ouvriers et d'artificiers, sont à la charge du budget des écoles (Déc. min. du 11 septembre 1873).

Écuries. Achat et renouvellement des ustensiles et outils nécessaires à l'entretien et à la propreté, à l'enlèvement du crottin (26 décembre 1826) (Voir Mobilier).

Effets d'habillement nécessaires aux hommes non montés de l'artillerie qui reçoivent l'instruction à cheval (2 juin 1869) Allocation annuelle, 250 francs pour les régiments d'artillerie, et 100 francs pour les régiments de pontonniers (Déc. min. du 14 février 1881).

Effets de pansage ayant servi aux chevaux morveux (Déc. min. du 22 mai 1826).

Enlèvement des éperons aux bottes et bottines (9 décembre 1842).

Entretien des élèves à l'école d'application de cavalerie (Règlement du 15 décembre 1875, *J. M.*, 1876, p. 440).

Escrime à cheval. La décision ministérielle du 26 janvier 1868 rend définitivement obligatoire pour tous les corps de cavalerie (les spahis exceptés) l'instruction du 20 mars 1866, sur l'escrime du sabre et de la lance.

Le matériel nécessaire à l'expérimentation de l'escrime à cheval se compose de :

Gants.	1 gant complet	3,00	
	1 couture	0,05	
	1 pièce	0,10	
	1 dessous de gant	0,75	Réparations.
	1 dessus de gant	0,90	
	1 crispin	0,95	
Masque.	1 masque complet	5,25	
	1 bourrelet entier avec garniture du masque...	2,50	Id.
	Changer le tissu du bourrelet	1,00	
Sabre	1 sabre complet	1,35	
en bois.	1 ceinture	0,20	
	1 ligature	0,15	Id.
	1 calotte	0,20	

(Notes min. des 30 avril et 28 août 1868, et déc. min. du 28 mars 1875).

Les frais d'emballage et de transport sont indépendants des fournitures ci-dessus et, lorsqu'il y a lieu, sont imputés sur les mêmes fonds que la dépense principale (28 août 1868).

Le nombre des collections a été porté de 50 à 75, et le prix des gants fixé à 3 fr. (Déc. min. du 28 mars 1875) Voir au titre *Voltige*.

Filets à fourrages et musettes bouchoirs, 750 par régiment de cavalerie, même nombre que pour les entraves et les bissacs (Déc. min. du 2 mai 1867).

Forges (modèle Parrot). Ustensiles manquant (Note min. du 14 janv. 1872).

---

(1) A l'exception des écoles d'escrime dont les dépenses sont supportées par le budget des écoles régimentaires.

Fournitures d'effets aux hommes non montés qui reçoivent l'instruction à cheval (Artillerie) 250 fr. par régiment monté ; 100 fr. dans les pontonniers (Déc. min. du 14 février 1881).

Frais de bureau du service vétérinaire. Dépense annuelle, 30 fr. (Déc. min. du 12 juin 1860) ; registres à tenir dans chaque corps ou établissement, par les vétérinaires militaires (Instr. min. du 29 mars 1873).

Gabarits destinés à vérifier l'aplomb des arçons de cavalerie (6 février 1868).

Gaines d'enclouage (Déc. min. du 14 septembre 1867).

Graissage des sabots des chevaux (Circ. min. du 22 juillet 1850, *J. M.*, du 7 septembre 1874, p. 318, n'est pas applicable au train (Voir abonnement).

Harnais de trait pour chariots porte-fourrages (11 janvier 1862).

Illuminations. (Dépense pour une caserne, 20 à 25 francs (17 nov. 1858).

Lanières dites de bissacs, remplacement et réparations à la charge de l'abonnement (21 juin 1870).

Licols d'écurie (7 septembre 1852) pour les corps d'artillerie.

Licols aux chevaux des sapeurs conducteurs (23 décembre 1872).

Licol fumigatoire. Prix 12 francs (21 février 1880).

Manèges. Voir *Voltige.*

Éclairage (Déc. min. du 11 septembre 1873).

Entretien du sol (Déc. min. du 20 mars 1851).

Sable végétal 2/4. — Crottin de cheval 1/4. — Sciure de bois 1/4.

Les outils sont fournis par le génie.

Marque au sabot des chevaux (6 juin 1878). Applicable aux chevaux de l'artillerie et des trains (30 septembre 1878).

Médicaments et traitement des chevaux.

Demandes. 1er janvier 1881.

Voir la note ministérielle du 9 janvier 1872, relative à la ferrure et à la fourniture des médicaments pour les chevaux d'officiers, à titre onéreux.

Pétrole et benzine (Note min. du 17 fév. 1875).

Mobilier (Entretien du) dont la fourniture et le remplacement sont à la charge du service du génie (Art. 43 du règlement du 30 juin 1856, 11 janvier 1862.

Écuries. Bât-flancs avec chaînes de suspension.

Mesures à avoine.	Vannettes.
Hache-paille.	Civières à avoine.
Seau.	Baquets.
Planchettes contiguës.	Planchettes pour écrire le nom des chevaux.
Augets.	

Vannettes d'écuries, 6 par escadron (2 novembre 1847 et 2 juin 1868).

Quant aux ustensiles et aux outils non compris aux paragraphes 1 et 2 de l'art. 43 du règlement et nécessaires à l'entretien de la propreté des écuries, à l'enlèvement du crottin, etc., etc., ils sont fournis, entretenus et renouvelés sur la masse d'entretien du harnachement et ferrage.

NOTA. Tous les objets qui constituent le mobilier réglementaire actuel des établissements militaires occupés par les corps de troupes à cheval et qui ne figurent pas dans le présent tableau sont fournis, entretenus et remplacés, quand il y a lieu, sur les fonds de service du génie (Circ. du 11 janvier 1862).

Muserolle à breuvages, confectionnée par le maître sellier, prix 3 fr. (Note min. du 22 janv. 1876, *J. M.*, p. 56).

Nivellement des masses (1er décembre 1858, p. 615).

Ouvrages. Principes généraux du cavalier arabe (26 juillet et 9 octobre 1854).

— Connaissance du cheval (pour les établissements de remonte). — (18 septembre 1863). — Dictionnaire par MM. Bouley et Raynal (11 mars 1864). — Cours complet d'hippologie, par M. Vallon (11 juin 1863, p. 247). — Recueil de médecine vétérinaire (29 novembre 1853, p. 853).

Pièges et ingrédients destructeurs pour la préservation des approvisionnements d'effets d'habillement (Circ. min. du 13 mai 1876). Cette dépense ne s'applique pas à l'achat de camphre et autres ingrédients nécessaires pour assurer l'entretien du matériel (Circ. min. du 17 juillet 1876).

Pompe foulante au prix de 25 à 30 francs (Déc. min. du 30 avril 1863).

Rempaillage des bât-flancs (Circ. min. du 23 septembre 1840 et Note min. du 15 novembre 1878).

Salle d'hippiatrique (Entretien du matériel de la).

Le matériel est fourni par le Ministre de la guerre, sur les fonds du service du harnachement (Art. 52 du règlement du 30 juin 1856).

Il est entretenu et renouvelé au compte de cette masse (Circ. du 11 janvier 1862).

Au sujet des appareils clastiques du docteur Auzoux et autres (Voir 11 juin 1874).

Port et reliure des cours d'hippologie de M. Vallon (10 décembre 1863).

Surfaix de sangle pour les corps montés de l'artillerie (remplacement et entretien au compte de l'abonnement (Déc. min. du 2 septembre 1840).

Tapis de feutre et petites couvertures (transformation) (27 mai 1867).

Timbre à marquer (Déc. min. du 24 février 1853).

Tondeurs, 0 fr. 25 centimes par cheval tondu (Circ. min. du 5 mai 1876).

Tondeuses, système Clarke, 2 par escadron et une pour l'infirmerie vétérinaire (Circ. min. du 8 novembre 1872, 21 août 1874 et 7 janvier 1875).

Tube à injection dans les cavités nasales des chevaux, prix, 1 fr. 50 c.; à fabriquer par les maîtres selliers (15 avril 1851).

Ustensiles d'écurie. Voir Mobilier (Adjudication pour leur entretien) Circ. min. du 26 décembre 1826, *J. M.*, page 212).

Voitures régimentaires (Circulaires des 25 mai, n° 102 et 12 août 1875, 11 avril 1878, *J. M.*, p. 208).

Entretien d'une voiture régimentaire. En service.........	36 50
En magasin..	3 65
Entretien d'un caisson des équipages militaires. En service.	45 00
En magasin..	4 50
Entretien d'un harnais de caisson des équipages militaires.	
En service..	14 00
En magasin..	1 40
Entretien d'un harnais de voiture régimentaire. En service..	10 00
En magasin..	1 00

Voltige (Exercice de la).

Versailles, le 23 décembre 1876.

L'application du décret du 17 juillet 1876, portant règlement sur les exercices de la cavalerie, exigeant l'emploi, soit d'objets non compris dans la nomenclature du matériel attribué par les règlements antérieurs aux corps de cavalerie, soit d'un plus grand nombre de ceux qui y figurent déjà, le Ministre a pris, à la date de ce jour la décision suivante:

Le matériel servant à l'instruction militaire et équestre dans les régiments de cavalerie (1) est classé en quatre catégories.

_____

(1) Applicable aux régiments d'artillerie et aux escadrons du train des équipages militaires (Décision ministérielle du 23 juin 1877).

La *première catégorie* comprend les objets fixes à établir dans les cours des quartiers, ainsi que les objets accessoires dont tous les manèges doivent être pourvus. Le matériel de cette catégorie est fourni, entretenu et remplacé aux frais des corps par les soins du service du génie.

La *deuxième catégorie* se compose exclusivement des quatre obstacles à établir dans chaque terrain de manœuvres, et qui sont : *la barrière*, le *fossé*, la *pente roide* et le *défilé*.

Ces obstacles sont établis par les soins et aux frais du corps de cavalerie auquel le terrain de manœuvres est affecté. Toutefois, le chef de ce corps doit préalablement prendre l'avis du chef du génie local pour ce qui concerne le nivellement général du terrain et l'écoulement des eaux.

Pour les terrains de manœuvres affectés à deux ou plusieurs régiments, l'emplacement des obstacles est déterminé, après avis préalable du chef du génie local, pour ce qui est spécifié ci-dessus, par les chefs de corps intéressés, qui se concertent entre eux, et au besoin, prennent les ordres du général de brigade. Dans ce cas, les charges résultant des frais d'installation et d'entretien des obstacles, ainsi que de la main-d'œuvre militaire, se répartissent également entre les corps intéressés.

La *troisième catégorie* comprend les objets que les corps sont tenus de se procurer eux-mêmes, soit en les achetant directement dans le commerce, soit en les faisant confectionner dans leurs ateliers régimentaires, soit enfin, *mais seulement lorsqu'il leur est impossible de se les procurer directement*, en les demandant au Ministre, qui les leur fait expédier *à charge de remboursement*.

Ces objets, dont la fourniture, l'entretien et le remplacement s'effectuent aux frais et par les soins des corps, sont ceux ci-après :

1° Les chandeliers avec têtes mobiles, lesquels sont établis d'après les indications données par l'instruction ministérielle du 8 avril 1862 (Travail des lanciers);

2° Les sabres de bois, les masques de contre-pointe et les gants du modèle 1866 actuellement en usage pour les exercices de l'escrime à cheval;

3° Le harnachement et les objets de voltige du modèle en usage dans les corps, aussi bien qu'à l'École d'application de cavalerie, savoir :

> La selle de voltige;
> Le surfaix de voltige;
> Les brides complètes de voltige;
> Les caveçons munis de leur longe en corde;
> Les longes à trotter;
> Les chambrières;

4° Les mannequins, les jalons et les fanions, dont le règlement du 17 juillet 1876 a pour la première fois prescrit l'usage.

NOTA. Le fanion se compose d'une lance munie d'une flamme de couleur, et bien que les lances des fanions soient, pour ce fait, comprises dans la nomenclature du matériel de la 3e catégorie, ces lances sont délivrées aux corps comme *armement*, par le service de l'artillerie, qui les prélève sur celles existant dans ses magasins et provenant des anciens régiments de lanciers.

La *quatrième catégorie* se compose du matériel spécialement affecté à l'instruction et aux exercices du tir à la cible.

Indépendamment du matériel dont sont pourvus les champs de tir, lequel est mis à la disposition des régiments de toutes armes qui y exécutent leurs exercices, les corps de cavalerie sont pourvus des objets ci-après, qui constituent leur matériel régimentaire de tir.

Ces objets sont répartis de la manière suivante;

Par régiment :

Une chaîne d'arpenteur ;
Une règle graduée ;
Une palette avec hampe de 3 mètres (toutes les fois que le champ
de tir possède un abri permettant d'en faire usage).

NOTA. Dans les régiments séparés de leur dépôt, il est délivré une 2ᵉ chaîne, une
2ᵉ règle et, s'il en est besoin, une 2ᵉ palette avec hampe.

Par escadron :

Un chevalet de pointage ;
Deux cordeaux de 25 mètres avec poignées en bois ;
Deux fanions ;
Couleur noire, pinceaux, papier et colle pour la réparation des cibles.
Ce matériel est fourni aux corps de cavalerie d'après les règles et dans les
conditions déterminées pour l'infanterie, mais il est entretenu en bon état
comme le matériel des trois autres catégories, c'est-à-dire par les corps et à
leurs frais.
Toutes les dépenses résultant des frais mis à la charge des corps par les
dispositions qui précèdent sont acquittées par les conseils d'administration
sur les fonds de leur masse d'entretien du harnachement et ferrage, ainsi
d'ailleurs que cela se pratique déjà pour la plus grande partie du matériel
existant.
Le Ministre a, en outre, arrêté comme il suit la nomenclature et la description des objets entrant dans la composition du matériel dont il s'agit,
ainsi que le prix maximum de ceux de ces objets (2ᵉ et 3ᵉ catégories) que
les corps *sont tenus de se procurer eux-mêmes.*

DÉSIGNATION et NOMBRE DES OBJETS.	DESCRIPTION.
	1ʳᵉ CATÉGORIE.
BARRES PARALLÈLES............ (1 par quartier.)	Du modèle général.
CHEVAL DE BOIS.............. (1 par quartier.)	Du modèle général.
BARRIÈRE AVEC LISSES.......... (1 par quartier, partout où cette installation est reconnue possible.)	La barrière est formée de madriers en bouil-lard ayant 5 mètres de longueur et 0ᵐ,12 d'équar-rissage, qui s'engagent par leurs extrémités dans des coulisses fixées aux poteaux des lisses. On forme ainsi une barrière pleine dont on peut, à volonté, augmenter ou diminuer la hauteur, — 8 madriers pouvant donner la hauteur de 1 mètre environ. Des lisses bordent perpendiculairement les extrémités de l'obstacle ; elles ont 1ᵐ,60 de hauteur et 12 mètres de longueur, soit 6 mètres en avant et 6 mètres en arrière de l'obstacle.
FOSSÉ DE SAUT AVEC LISSES..... (1 par quartier partout où cette installation est possible.)	Le fossé a 1 mètre de largeur et 5 mètres de longueur ; ses parois, sensiblement verticales, sont garnies d'un revêtement en planches et ses

DÉSIGNATION et NOMBRE DES OBJETS.	DESCRIPTION.
FOSSÉ DE SAUT AVEC LISSES (*Susla*) (4 par quartier partout où cette installation est possible.)	lèvres sont formées par des madriers dont les arêtes extérieures sont arrondies; des lisses semblables à celles de la barrière bordent ses extrémités et présentent, comme elles, des coulisses répondant aux deux bords du fossé, de manière qu'en disposant la barrière, soit en avant, soit en arrière, on puisse associer un obstacle en hauteur à un obstacle en largeur. — Pour les jeunes chevaux qui pourraient s'effrayer de la profondeur du fossé, cette profondeur est diminuée en remplissant de sable l'une des extrémités. [NOTA. — Il faut veiller attentivement à ce que le terrain sur lequel le cheval se reçoit après avoir franchi l'obstacle, soit ameubli et entretenu ainsi avec le plus grand soin. Le fossé et la barrière ne devront pas être placés dans le voisinage l'un de l'autre, mais séparés dans des conditions telles, que les chevaux puissent être exercés simultanément à franchir, les uns la barrière, les autres le fossé, par un, conduits en main ou montés. — (*Bases de l'instruction*, art. v, *Saut d'obstacles*).]
BARRIÈRE MOBILE AVEC HAUSSE... (4 par manège.)	Du modèle général.
PICS A HOYAU .... (2 par manège.)	Du modèle général.
PELLE........ (4 par manège.)	Du modèle général.
RATEAU .... (4 par manège.)	Du modèle général.
ARROSOIRS .... (2 par manège.)	Du modèle général.
TÊTE-DE-LOUP........ (4 par manège.)	Du modèle général.

DÉSIGNATION et NOMBRE DES OBJETS.	DESCRIPTION.	PRIX maximum de L'UNITÉ.
		fr. c.
	2ᵉ CATÉGORIE (1).	
BARRIÈRE........... (1 par terrain de manœuvres.)	La barrière est formée d'arbres placés horizontalement sur des chevalets. L'espace laissé vide entre l'arbre et le sol est fermé avec de la terre.	60 00
FOSSÉ............. (1 par terrain de manœuvres.)	Le fossé est une simple tranchée dans le terrain ferme. Comme cet obstacle peut être refait ailleurs, lorsque ses talus sont écrêtés, il n'y a lieu de le garnir en planches que dans le cas où le terrain n'offrirait aucune consistance.	» (Main-d'œuvre militaire.)
	Pour le revêtement s'il y a lieu.	60 00
	(NOTA. — Ces deux obstacles sont limités à leurs extrémités par des haies formant entonnoir; ils doivent avoir de 16 à 20 mètres de longueur, de manière à permettre à une colonne par pelotons de les franchir suivant les prescriptions du règlement (art. 271, 291 et suivants).	
PENTE ROIDE........ (1 par terrain de manœuvres.)	Pour exercer les troupes à gravir et à descendre des pentes rapides (art. 291 du règlement).—Si le terrain de manœuvres ne présente pas, dans une de ses parties, un talus naturel suffisamment roide et étendu pour pratiquer cet exercice, ou, s'il n'est pas possible d'approprier à cet usage une partie du terrain, on y pourvoit au moyen d'une tranchée large et profonde, présentant de part et d'autre un talus avec la pente désirée.	» (Main-d'œuvre militaire.)
DÉFILÉ............. (1 par terrain de manœuvres.)	Pour l'application des art. 345 et 409 du règlement, il est créé un défilé de 30 à 40 mètres de longueur, formé par des murs en terre simulant les parapets d'un pont, et disposés en entonnoir aux extrémités; sa largeur est de 5 mètres, une colonne par pelotons peut le traverser sans s'allonger.	» (Main-d'œuvre militaire.)
	3ᵉ CATÉGORIE (2).	
JALONS............. (32 par escadron.)	Les jalons servent à marquer les angles et les points milieux des côtés dans les rec-	1 75

(1) Les obstacles compris dans la 2ᵉ catégorie seront réservés aux chevaux de selle. Il ne sera pas construit de défilé; mais, pour compléter l'instruction des canonniers conducteurs et des cavaliers des trains, on établira d'autres obstacles, susceptibles d'être traversés par des voitures de campagne, munies de leur chargement. Le nombre et la nature de ces obstacles seront déterminés par les chefs de corps.

(2) Il n'y aura pas lieu d'allouer aux corps de troupe de l'artillerie et des trains, ni fanions, ni objets nécessaires pour l'exercice du sabre.

DÉSIGNATION et NOMBRE DES OBJETS.	DESCRIPTION.	PRIX maximum de L'UNITÉ.
		fr. c.
JALONS (*Suite*)........ (32 par escadron.)	tangles sur lesquels doit s'exécuter l'école du cavalier (art. 212 du règlement). On peut employer des bâtons en bois dur de 0ᵐ,03 de diamètre environ et de 1 mètre de hauteur, dont la tête est peinte en couleur voyante et dont la pointe est garnie d'une ferrure solide. —Les cavaliers peuvent les porter sur leurs chevaux et les planter rapidement à la main sur le terrain de manœuvres, si ce terrain n'est ni trop dur ni trop sablonneux. On peut aussi (*pour les mauvais terrains*) employer des jalons analogues, dont la ferrure est remplacée par un plateau en bois dur (*orme*) de 0ᵐ,30 de diamètre environ et de 0ᵐ,08 d'épaisseur, au centre duquel le jalon est fixé verticalement. Il suffit alors de poser au point voulu le jalon qui a ainsi une stabilité suffisante. Pour le travail sur de grandes lignes, on emploie les mêmes jalons surmontés d'un bouchon de paille ou de tout autre objet visible de loin.	
FANIONS............ (4 par escadron.)	Dans les exercices prescrits par l'art. 443 du règlement et dans les applications du service en campagne, on emploie, pour figurer les différentes armes, des lances pourvues de flammes de différentes couleurs : *jaunes*, pour indiquer l'infanterie, *rouges* pour indiquer l'artillerie, *bleues* pour indiquer la cavalerie.	Lances . . » » Flammes. 0 75
MANNEQUINS........ (2 par escadron.)	La description du mannequin pour l'emploi du sabre à pied est donnée à l'art. 73 du décret du 17 juillet 1876.	4 75
CHANDELIERS A TÊTE MOBILE............ (2 par escadron.) (1).	Sont établis d'après les indications données par l'instruction ministérielle du 8 avril 1862 (travail des lanciers).	18 50

Le nombre des jalons sera de :
    180 par régiment d'artillerie divisionnaire,
    250 par régiment d'artillerie de corps,
    70 par escadron du train des équipages militaires.
    Le nombre des collections complètes de voltige (comprenant 1 selle de voltige, 1 surfaix de voltige, 2 brides complètes de voltige, 2 caveçons, 4 longes à trotter et 4 chambrières) sera de :
    5 par régiment d'artillerie divisionnaire,
    7 par régiment d'artillerie de corps,
    2 par escadron du train des équipages militaires.
    Tous ces nombres doivent être considérés comme des maxima, déterminés en vue de pourvoir aux besoins extraordinaires résultant de détachements, etc.
    Il conviendra de se tenir, autant que possible, au-dessous de ces limites (Décision ministérielle du 23 juin 1877, J. M., part. régl., page 541).
    (1) *Erratum*, J. M., part. régl., 1ᵉʳ sem. 1877, page 82.

DÉSIGNATION et NOMBRE DES OBJETS.	DESCRIPTION.	PRIX maximum de L'UNITÉ.
		fr. c.
SABRES DE BOIS....... (15 par escadron.)	Modèle 1866.	1 35
GANTS DE CONTRE-POINTE (15 par escadron.)	Modèle 1866.	3 00
MASQUES............ (15 par escadron.)	Modèle 1866.	5 25
SELLE DE VOLTIGE..... (1 par escadron.)	Modèle en usage à l'École d'application de cavalerie.	100 00
SURFAIX DE VOLTIGE... (1 par escadron.)	Modèle en usage à l'Ecole d'application de cavalerie.	28 00
BRIDES COMPLÈTES DE VOLTIGE.......... (2 par escadron.)	Modèle en usage à l'Ecole d'application de cavalerie.	11 00
CAVEÇON (muni de sa longe en corde)..... (2 par escadron)	Modèle en usage à l'Ecole d'application de cavalerie.	13 50
LONGES A TROTTER .... (4 par escadron.)	Semblable à celle du caveçon et munie d'un long boucleteau qui s'engage dans les anneaux du mors du bridon ou du filet.	6 00
CHAMBRIÈRES........ (4 par escadron.)	Modèle en usage à l'Ecole d'application de cavalerie.	4 10

4e CATÉGORIE.

(Le nombre des objets composant le matériel de la 4e catégorie est indiqué ci-dessus; leur description ainsi que leurs prix sont ceux déterminés pour l'infanterie.)

Les conseils d'administration ne perdront pas de vue que les prix donnés par les tarifs ci-dessus sont des prix *maxima*, qu'il leur est interdit de dépasser. Ils devront, en conséquence, faire tous leurs efforts pour que la dépense résultant des travaux à exécuter et des acquisitions à faire, soit aussi réduite que possible. Aussi les chefs de corps devront-ils, dans ce but, réclamer le concours du génie local, qui leur viendra en aide dans la mesure des ressources dont il dispose.

Sont abrogées toutes dispositions antérieures contraires à celles contenues dans la présente décision.

————

Les hommes pourront être munis de souliers ou de sandales. Les dépenses à faire pour ces chaussures sont supportées par la masse d'entretien du harnachement et ferrage (Déc. min. du 11 novembre 1874).

ANNEXE N° 4

MASSES DES ÉQUIPAGES MILITAIRES

RECETTES

Produit de la vente des fumiers des chevaux de l'Etat confiés aux adjudants-majors (Déc. min. du 20 octobre 1873, *J. M.*, page 369).

Produit de la vente des fumiers et des dépouilles des chevaux appartenant à l'Etat (Circ. min. du 12 août 1875).

Allocation annuelle de 40 fr. à l'intérieur, de 50 fr. en Algérie, par cheval de trait ou par mulet. Cette allocation sera décomptée et perçue sous le titre de masse de harnachement et ferrage, dans les conditions déterminées par les articles 268, 417 et 418 de l'ordonnance royale du 25 décembre 1837, à raison de 0,10958 par cheval et par jour, à l'intérieur, et de 0,13726 en Algérie (Circ. min. du 17 avril 1880, *J. M.*, p. s., page 401).

DEPENSES

Frais de ferrure et de médicaments des chevaux et mulets. — Eclairage des écuries (20 octobre 1873).

Le ministre de la guerre a décidé, le 2 mai 1878, *J. M.*, page 235, que le taux de l'abonnement, pour l'entretien de la ferrure des animaux de trait ou de bât du corps d'infanterie, serait désormais réglé comme il suit :

SAVOIR :

En station, 1 fr. 70 par mois, par cheval ou mulet ;

En marche (grandes manœuvres, pied de guerre), 3 fr. 40 par mois et par cheval ou mulet.

Entretien des voitures régimentaires et des harnais (Circ. min. des 25 mai et 12 août 1875, 11 avril 1878, *J. M.*, page 208).

Entretien d'une voiture régimentaire. En service.	36 50
En magasin.	3 65
Entretien d'un caisson des équipages militaires. En service.	45 00
En magasin.	4 50
Entretien d'un harnais de voiture régimentaire. En service.	10 00
En magasin.	1 00
Entretien d'un harnais de caisson des équipages militaires.	
En service.	14 00
En magasin.	1 40

Voir pour l'entretien du matériel (26 juin 1874 et 27 mars 1875).

Achat des effets de pansage, nécessaires pour l'entretien des chevaux ou mulets des corps d'infanterie, dépense 7 fr. 95 (11 avril et 17 mai 1873).

Sacoches et outils nécessaires à l'aide-maréchal-ferrant, prix 32 fr. (20 décembre 1878, page 433).

DÉPENSES
DONT LES CORPS SONT AUTORISÉS
A FAIRE L'AVANCE SUR LES FONDS GÉNÉRAUX DE LEUR CAISSE

DÉPENSES
IMPUTABLES A DIVERS ARTICLES DU BUDGET

ARTILLERIE, ÉCOLES, HABILLEMENT, HARNACHEMENT,

HOPITAUX, GÉNIE, REMONTE GÉNÉRALE, SERVICE DE MARCHE

ET SUBSISTANCES MILITAIRES

Pour la régularité des pièces de dépenses et les titres de créance à produire, voir l'annexe n° XXI ci-après.

ANNEXE N° 5

ARTILLERIE ET ÉQUIPAGES MILITAIRES

DÉPENSES IMPUTÉES SUR LE COMPTE DU SERVICE

AVANCES FAITES PAR LA CAISSE DU CORPS

L'article 22 du décret du 1ᵉʳ mars 1880 est applicable au service. Toutefois, les dispositions contenues dans le règlement du 1ᵉʳ mars 1854, le supplément du 1ᵉʳ janvier 1857, les circulaires ministérielles des 18 octobre 1855, 16 octobre 1861, 16 octobre 1862, 3 août 1864 et 17 novembre 1879, subsistent toujours en ce qui concerne le mode de régularisation des pièces de dépenses — au compte de gestion — il convient de substituer la dénomination de Relevé modèle n° 21 *bis*.

Les relevés des dépenses pour le service de l'artillerie et des équipages (armes portatives) sont produits annuellement.

Les intendants militaires font parvenir au Ministre ces relevés, avec les pièces justificatives à l'appui, dans le courant du deuxième mois qui suit l'année expirée.

L'ordonnancement de ces dépenses est réservé au Ministre.

Pour les dépenses de l'abonnement il est produit, à l'appui des relevés, une situation de l'armement portant décompte, conforme à la première partie du modèle annexé à la circulaire ministérielle du 17 novembre 1879 (*Journal militaire officiel*, 2ᵉ semestre, 1879, partie réglementaire, page 330) — article 18 de l'instruction ministérielle du 1ᵉʳ mars 1881.

Pour le classement des dépenses au relevé modèle n° 21 *bis*, voir le tableau à l'annexe n° 21.

A consulter pour la régularisation des pièces de dépense.

Dépenses des fractions de corps détachées.

De nombreux comptes de gestion de détachements ont été produits isolément ; on devra se conformer rigoureusement aux indications de l'article 180 du règlement du 1ᵉʳ mars 1854, en faisant adresser aux conseils d'administration de la portion principale qui est chargée d'en centraliser les éléments dans le compte de gestion général du corps, toutes les pièces justificatives des dépenses faites par les fractions de corps pour l'entretien de leurs armes (17 novembre 1879).

Compte général à établir par les détachements.

Art. 180 du règlement. — Les comptes annuels de gestion (1) établis pour les corps et fractions de corps employés hors du territoire, et dont les dépôts sont en France, doivent être adressés, avec toutes les pièces justificatives à l'appui, au conseil d'administration central, dans le courant des deux premiers mois de chaque année, afin qu'il puisse en centraliser les éléments dans le compte général d'exercice.

---

(1) Actuellement Relevé n° 21 *bis*.

« Ces comptes de gestion ne consistent que dans un bordereau énuméra-
« ratif des dépenses faites pour l'entretien de l'armement, auquel sont
« jointes les pièces originales justificatives.

« L'état de situation fourni au conseil central ne doit contenir que l'effec-
« tif des avances de la partie du corps employée hors du territoire et les
« mutations survenues depuis son départ; en un mot, on doit éviter, avec
« le plus grand soin, tout ce qui pourrait occasionner des doubles emplois
« dans l'établissement du compte de gestion général par le conseil d'admi-
« nistration centrale. » *Supplément* du 1er janvier 1857.

Durée de l'exercice.

Art. 186 *du règlement* modifié par la circulaire ministérielle du 16 octobre 1861, qui s'exprime ainsi :

« Pour mettre l'art. 186 du règlement du 1er mars 1854 en rapport avec
le règlement du 1er décembre 1838 (remplacé par le règlement du 3 avril
1869, art. 10) sur la comptabilité publique, cet article sera à l'avenir libellé
ainsi qu'il suit :

« Seront seules considérées comme appartenant à un exercice les dé-
« penses faites pendant le cours de cet exercice, c'est-à-dire du 1er janvier
« au 31 décembre inclusivement. »

La circulaire ministérielle du 3 août 1864 fait connaître :

« Pour qu'une dépense soit afférente à un exercice, il est indispensable
« que la pièce justificative qui sert à la constater soit établie et arrêtée
« dans la limite de cet exercice, c'est-à-dire du 1er janvier au 31 décembre,
« mais il n'est pas nécessaire que la dépense ait été acquittée dans cette
« même limite, et la quittance donnée par l'ayant droit pour justifier du
« paiement peut, ainsi que le compte de gestion, en pareil cas, porter sans
« inconvénient une date postérieure au 31 décembre. »

Compte annuel de gestion-justification des dépenses (1).

Art. 187 *du règlement*. A la fin de chaque exercice, le corps résume
toutes les dépenses relatives à l'entretien de l'armement dans son compte
annuel de gestion (modèles XIX et XXI), et joint à l'appui les pièces justificatives énoncées dans la nomenclature (mod. XXIII). Voir 1er janv. 1857, t. 8.

Toute dépense qui n'est pas justifiée conformément aux dispositions de
cette nomenclature est rejetée du compte annuel de gestion.

La Circulaire ministérielle du 16 octobre 1861 explique : que le compte
de gestion unique et en double expédition, que les corps doivent établir,

---

(1) Au compte de gestion, on a substitué le relevé modèle n° 21 *bis* joint au décret
du 1er mars 1880. Par analogie aux dispositions antérieures, un seul compte est produit pour tout le corps, quel que soit son fractionnement (18 octobre 1855, 1er janvier
1857 et 16 octobre 1861), c'est-à-dire que la portion centrale placée sous le régime de
l'abonnement doit être comprise avec les fractions détachées, même hors du territoire
(en Algérie, etc.), bien que ces dernières soient sous le régime de clerc à maître (18 octobre 1855) seulement, on doit ouvrir des colonnes distinctes pour les dépenses faites
dans l'intérieur, en Algérie, etc. (18 octobre 1855 et 16 octobre 1864). Les fractions
de corps détachées hors du territoire adressent au conseil central un bordereau, avec
pièces à l'appui, des dépenses d'entretien de l'armement (Supplément du 1er janvier
1857). Elles produisent en outre un état faisant connaître l'effectif des armes et les
mutations survenues (*Idem*).

Des dépenses d'entretien de l'armement réglées de clerc à maître sont justifiées par
des mémoires (modèle n° 1 de l'inst. du 1er mars 1880) dont le cadre seul sera établi,
suivant le cas, conformément aux modèles 17 et 20 joints au règlement du 1er mars
1854 (1er mars 1881).

13

quel que soit leur fonctionnement, devra présenter désormais les dépenses étrangères à l'abonnement dans l'ordre et de la manière suivante :

Classement des dépenses.
(Instruction ministérielle du 1er mars 1881.)

1° Entretien et réparations d'armes (Le numérotage des armes non soumises à l'abonnement donne lieu à des frais de main-d'œuvre qui doivent également être augmentés de la prime fixée par les articles 173 et suivants du règlement (Circ. min. du 16 octobre 1862);

2° Frais de caisse et d'emballage ;

3° Prime journalière de travail (Ne doit porter que sur la main-d'œuvre et les journées d'ouvrier) et non sur les matières (graisse, brosses, huile, curettes, etc.) qui ont servi à cet entretien (Circ. min. du 16 octobre 1862 et 3 août 1864).

Dans les corps qui n'ont pas de chef armurier, la prime se calcule dans tous les cas, réparation, entretien, numérotage, etc., d'après l'article 175 du règlement (16 octobre 1862).

4° Dépenses diverses (1) ;

Les colonnes destinées à recevoir les décomptes en deniers seront subdivisées selon les besoins : en intérieur, Algérie, etc., lorsque les dépenses constatées auront eu lieu à l'intérieur, en dehors du territoire, afin de se conformer à la classification du budget.

Dépense non constatée en temps utile : mention à faire sur la pièce de dépense (Circ. min. du 16 octobre 1861).

Si, par suite de diverses circonstances, la dépense n'a pu être constatée en temps utile, c'est-à-dire par un document établi sur le lieu même où elle a été effectuée, mention spéciale de cette circonstance sera faite sur les pièces d'une manière apparente, et de façon à écarter toute équivoque relativement au classement.

Classement des pièces de dépenses.

On aura soin de classer les pièces justificatives produites avec les comptes de gestion, par ordre et par date, dans des dossiers numérotés 1, 2, 3, 4, etc., avec indication de la nature de la dépense (Circulaire du 16 octobre 1861.

État de situation (différence à expliquer).

A l'état de situation seront jointes également toutes les pièces réglementaires devant servir à la vérification des mouvements de sortie de l'an-

---

(1) Nettoyage des étuis de cartouches ; il sera alloué à chaque chef armurier une indemnité de :

0 fr. 13 pour 100 étuis de cartouches métalliques désamorcées, lavés et séchés (13 janvier 1876, p. 24);

0 fr. 07 pour 100 étuis triés et polis à la sciure de bois (18 janvier 1878, p. 149).

Cette indemnité sera payée par trimestre sur les fonds de l'armement, sur la production d'une section spéciale accompagnée d'un extrait du livret de munitions constatant le nombre d'étuis versés à l'artillerie (13 janvier 1876, 18 mars 1878 et 17 novembre 1879).

Les étuis provenant des cartouches consommées pendant les grandes manœuvres et les étuis des cartouches de revolver seront versés à l'artillerie sans être nettoyés (23 novembre 1877).

née (1); quant aux différences qui existent assez souvent entre les chiffres de l'état de situation et ceux du compte de gestion (abonnement), il sera nécessaire de les expliquer dans la colonne d'observations (16 octobre 1861).

Modèle de cette situation (15 décembre 1879, *J. M.* page 492).

Cette situation est appuyée elle-même des situations portant autorisation du commandement d'accroître ou de diminuer le chiffre des armes à entretenir (Inst. min. du 1er mars 1881).

Pièces en original ; procuration à fournir.

Aux termes de la circulaire du 7 septembre 1856 (remplacée par l'instruction du 15 mars 1872), toutes les pièces de dépenses doivent être adressées en original ; il importe aussi de ne pas oublier de les faire acquitter par les ayants droit, et d'y joindre une procuration quand la partie prenante sera représentée par un délégué (16 octobre 1861).

Copies ou extraits de décision, procès-verbaux de force majeure.

Circ. min. du 16 *octobre* 1861. On croit aussi devoir rappeler qu'il est indispensable d'appuyer de copies ou d'extraits de décision toutes dépenses faites en vertu d'une autorisation spéciale ou par suite d'un cas de force majeure ; quant aux dépenses qui ont pu être prévues par le règlement, ou qui résulteraient d'une mesure générale, il suffira de faire mention de l'article du règlement ou de la date de la décision. (Voir également la circulaire du 5 novembre 1875, *J. M.*, page 565, et celle du 17 novembre 1879 *J. M.*, page 330).

Dépenses à la charge de l'État et dépenses incombant à l'abonnement.

Cir. min. du 16 *octobre* 1861. Les dépenses à la charge de l'État et celles qui incombent à l'abonnement se trouvant distinctement déterminées par l'art. 163 du règlement du 1er mars 1834, on ne devra pas négliger de s'y reporter, afin d'éviter, à l'avenir, les nombreux rejets de dépenses (2).

Armes perdues et retrouvées.

Circ. min. du 16 *octobre* 1861. En vertu de l'article 70 du règlement du 1er mars 1834, le montant d'une arme perdue et retrouvée est porté dans le compte de gestion annuel à liquider par le ministre. Cette manière d'opérer constitue une interversion d'exercice toutes les fois que la restitution du prix de l'arme n'a pas lieu dans l'année où a été constatée la perte.

Pour remédier à cet inconvénient, le corps, lorsque le paiement de l'arme par la masse individuelle remontera à plus d'une année, devra établir un compte de gestion spécial par rappel sur l'exercice clos au titre duquel le versement au Trésor aura été effectué.

La déclaration de versement au Trésor prescrite par le règlement accompagnera ce compte.

Circ. min. du 3 *août* 1864. Toute dépense devant, aux termes de l'article 187 du règlement, être rigoureusement accompagnée des pièces justificatives à joindre aux comptes d'après la nomenclature, la valeur d'une arme perdue et retrouvée ne peut être portée dans les comptes qu'en vertu

---

(1) La copie conforme, les originaux devant appuyer les inventaires.

(2) L'article 163 du règlement est reproduit à la gauche des règles à suivre pour 'établissement des comptes de gestion.

d'une décision ministérielle autorisant l'imputation de la dépense sur les fonds de l'artillerie et dont extrait ou copie doit appuyer la déclaration de versement au Trésor de la valeur de cette arme.

Ratures, surcharges, etc.

Circ. min. du 17 *nov.* 1879. Les comptes de gestion et les pièces justificatives des dépenses produites à l'appui, ne pourront être admis en liquidation s'ils présentent des ratures, surcharges ou altérations quelconques non approuvées par le Conseil d'administration, par messieurs les membres de l'intendance militaire, et, lorsqu'il y aura lieu, par le chef armurier titulaire de la créance.

Format des comptes et dimensions des pièces.

Circ. du 3 *août* 1864. On devra rigoureusement adopter le format des comptes de gestion qui est déterminé au bas des modèles faisant suite au règlement. La nomenclature des pièces à produire indique, en outre, dans un *nota*, que les dimensions des pièces justificatives ne doivent pas être plus grandes que celles des comptes (38 centimètres sur 25).

Rejets opérés sur les comptes.

Art. 188 *du règlement*. Les corps ont connaissance des rejets ou rectifications opérés sur leurs comptes, par un avis spécial du Ministre ou par l'examen des pièces qui restent jointes à l'extrait d'ordonnance de paiement.

Réclamations.

Art. 189 *du règlement*. Les réclamations que les corps peuvent avoir à faire pour rejets opérés sur leurs comptes ou pour omissions de leur part, doivent être adressées au ministre par l'intermédiaire des fonctionnaires de l'intendance militaire.

Addition à ce paragraphe (1er janvier 1857). « Ces réclamations doivent « être accompagnées d'un compte supplémentaire en double expédition, « conforme au modèle réglementaire (sauf en ce qui concerne la situation « des armes) et appuyé des pièces justificatives constatant les dépenses à « liquider. »

Il est fait droit à ces demandes, quand il y a lieu, au moyen d'une liquidation supplémentaire dont le montant est ordonnancé au profit des corps, si l'exercice auquel appartient la dépense est encore ouvert; dans le cas contraire, la créance est liquidée par rappel sur exercice clos.

Interversion de l'exercice.

Circ. min. du 16 *octobre* 1861. Une autre cause de rejet de dépense résulte aussi de la présentation, dans les comptes de l'exercice courant, de pièces qui, par leur date, appartiennent à des exercices antérieurs. Les comptes de gestion ne peuvent comprendre que des dépenses afférentes à l'exercice au titre duquel ils sont établis et justifiés par des pièces régulières au même millésime. Il s'ensuit que toute dépense qui ne se rattache pas à l'exercice pour lequel elle est présentée doit faire l'objet d'un compte de gestion supplémentaire à liquider par rappel sur l'exercice clos ou périmé.

Délais pour l'envoi des comptes.

Art. 190 *du règlement.* Les comptes de gestion établis par les corps, en double expédition et accompagnés de toutes les pièces justificatives mentionnées dans la nomenclature (modèle XXIII), sont soumis à la vérification et à l'arrêté des fonctionnaires de l'intendance militaire, qui demeurent chargés de les transmettre au Ministre, dans les deux premiers mois de l'année qui suit l'exercice expiré.

Aux termes de la circulaire ministérielle du 16 octobre 1861, les comptes de gestion et les inventaires d'armement, avec pièces à l'appui, feront l'objet d'envois séparés; les délais fixés par le règlement du 1ᵉʳ mars 1854 et par l'instruction du 7 septembre 1856 (remplacé par le règlement du 7 février 1875) pour transmettre ces documents au Ministre, demeurent maintenus dans toute leur rigueur.

Principe consacré par la circulaire ministérielle du 17 novembre 1879, *J. M. P. R.*, page 330.

Timbres des pièces. — Quittances.

Art. 191 *du règlement.* Toutes les pièces de dépenses jointes au compte annuel de gestion, tant dans l'intérieur qu'en Algérie, doivent être revêtues du timbre prescrit par la loi, quel que soit le montant de la dépense qu'elles comportent.

Néanmoins, si la dépense est au-dessous de 10 francs, les pièces peuvent être admises sans timbre, pourvu qu'elles portent le titre de *quittances*, et qu'elles contiennent le détail des objets fournis (modèle XXIV).

Addition à cet article, 1ᵉʳ *janvier* 1857. Le timbre des pièces n'est exigé que pour l'intérieur et l'Algérie.

La circulaire ministérielle du 16 octobre 1861 explique que : La formalité du timbre est applicable en France et en Algérie, non seulement aux factures, procès-verbaux portant quittances, mémoires, états émargés, etc., au-dessus de 10 fr., mais encore à toute pièce de dépense même au-dessous de cette somme qui n'est point intitulée *quittance* et libellée dans ce sens.

Même circulaire. Les timbres secs et humides des factures, procès-verbaux, mémoires, etc., doivent être conservés intacts et exempts de taches aussi bien que de surcharges d'écriture, ainsi qu'il est prescrit par la loi du 13 brumaire an VII, article 2.

Circ min du 16 octobre 1862. Aux termes de l'article 170 du règlement, les dépenses pour réparations d'armes et entretien des armes en magasin doivent se justifier par des procès-verbaux trimestriels, qui sont exceptionnellement dispensés du timbre, lorsque le montant ne dépasse pas 10 fr., et en ayant soin, toutefois, de présenter l'acquit sous forme de quittance.

Destination à donner aux récépissés délivrés par les receveurs de caisses publiques.

Art. 192 *du règlement.* Les récépissés et déclarations relatifs à des versements au Trésor pour objets cédés à charge de paiement par les établissements de l'artillerie, sont remis aux directeurs en prenant livraison.

Les récépissés de versements effectués au Trésor, dans tous les cas étrangers aux cessions, sont remis à l'intendance militaire, qui les transmet trimestriellement au Ministre. Cependant, dans le quatrième trimestre de chaque année, les versements doivent être effectués au fur et à mesure de la constatation des imputations, et les récépissés sont remis sans délai à l'intendant militaire, qui les transmet immédiatement au ministre; quant aux déclarations, elles sont produites à l'appui du compte de gestion.

Sommes versées par double emploi.

Circ. min. du 16 octobre 1861. Dans le cas où la valeur d'armes perdues par les hommes, de pièces d'armes achetées en manufacture, etc., aurait été versée deux fois dans les caisses du Trésor public, restitution du montant de l'un de ces versements sera faite aux ayants droit sur leur réclamation au Ministre de la guerre, appuyée des deux récépissés à talon, constatant le double versement, ou des deux déclarations de versement, si les deux récépissés ont déjà été transmis au Ministre.

Récépissés à talon produits avec les comptes.

Circ. min. du 3 août 1864. — Les versements au Trésor, pour cause d'erreur ou trop perçus, ceux effectués à la Caisse des dépôts et consignations, devront toujours être justifiés par les récépissés à talon et non par des copies de ces récépissés.

Déclarations de versement pour imputations à la charge des masses individuelles.

Circ. min. du 3 août 1864. — Il importe de ne pas omettre dans les procès-verbaux, modèles nos V et VI, les déclarations de versement exigées par l'art. 57 du règlement dans le but de constater que le montant des imputations, à la charge des masses individuelles, a été dûment versé dans une caisse publique.

Pièces d'armes neuves versées à l'artillerie.

Art. 193 *du règlement.* — Quand, par suite d'un changement de modèle, un corps possède en magasin des pièces d'armes dont il ne peut plus faire emploi dans les réparations, les pièces sont versées dans les magasins de l'artillerie, avec l'autorisation du Ministre ; si elles n'ont subi aucune altération, elles sont reçues comme pièces neuves.

Le directeur de l'artillerie en donne un récépissé détaillé, et le montant en est remboursé aux corps aux prix de factures, en le portant dans le compte annuel de gestion (modèle XXV).

Pièces d'armes défectueuses versées dans les magasins de l'État contre remboursement.

Circ. min. du 16 octobre 1862. — Les corps sont souvent autorisés à verser dans les magasins de l'artillerie, soit des pièces d'armes neuves reconnues défectueuses à la visite générale de l'armement, et dont la valeur est aussi portée dans le compte de gestion.

Dans le premier cas, l'art. 193 du règlement continuera à recevoir son application ; dans le second, on produira, outre l'autorisation ministérielle exigée jusqu'à ce jour, un procès-verbal de versement revêtu de la prise en charge du comptable de l'établissement qui aura été désigné pour recevoir les pièces.

Défaut de fabrication.

Circ. min. du 16 octobre 1862. — Les dispositions de l'art. 163 du règlement, relatives aux armes ou pièces d'armes dégradées par suite des feux ou du tir à la cible, déjà rappelées par la circulaire du 16 octobre 1861, n'ont pas été rigoureusement observées. Le défaut de fabrication est souvent invoqué, dans les procès-verbaux de cas de force majeure, pour l'imputation à l'État du montant de la dépense ; mais on perd de vue que ce défaut de fabrication doit être constaté par l'officier d'artillerie (Art. 122 du règlement).

L'oubli de cette formalité entraînera toujours le rejet de la dépense du compte de gestion, pour être laissé à la charge de l'abonnement. La dépense résultant des pièces réformées ne doit figurer au compte de gestion qu'autant qu'elle est appuyée d'une copie certifiée conforme de la décision ministérielle qui autorise ledit remplacement au compte de l'Etat (17 novembre 1879).

Réparations de caisses d'armes.

Circ. min. du 3 août 1864. — Les corps sont tenus, aux termes de l'art. 61 du règlement, de verser leurs caisses d'armes complètes dans les magasins de l'artillerie ou de payer le montant des réparations à effectuer, lors dudit versement, sauf imputation à qui de droit; ils doivent également supporter les frais courants d'entretien et de réparation des caisses d'armes en service.

Frais d'encaissement et de désencaissement des armes; fournitures diverses y relatives.

Circ. min. du 3 août 1864. — Le règlement n'alloue pas d'indemnité pour l'encaissement et le désencaissement des armes et pour fournitures diverses s'y rapportant, à l'exception de celles portées au § 20 de l'art. 294 (cet article a été si profondément modifié, par suite de l'adoption d'un nouvel armement, qu'il ne peut être, aujourd'hui, consulté utilement. Les conditions d'encaissement des armes portatives restent à réglementer). En conséquence, aucune dépense de cette nature, autre que celle énoncée à ce paragraphe, ne pourra figurer dans les comptes d'armement.

Frais de transport des pièces d'armes et outils du chef armurier dans les casernements.

Art. 194 du règlement. — Lorsqu'un chef armurier est obligé de visiter les armes de détachements éloignés d'au moins 12 kilomètres, les frais de transport des pièces d'armes et outils nécessaires à l'exécution des réparations lui sont remboursés par le conseil d'administration, sur les fonds généraux de la caisse.

Le corps est ensuite couvert de ces frais, en les portant dans le compte annuel de gestion.

Responsabilité du conseil d'administration.

Art. 195 du règlement. — Les conseils d'administration sont responsables des retenues qu'ils négligent d'exercer sur les masses individuelles pour les dégradations qui proviennent de la faute des hommes, comme des retenues qu'ils auraient prescrites illégalement.

Les fonds non employés doivent être versés dans une caisse publique.

Art. 196 du règlement. — Tous les fonds provenant de retenues opérées sur la masse individuelle et qui, pour quelque cause que ce soit, n'ont pu être employés à la réparation des armes, pendant le cours de l'année, doivent être versés dans une caisse publique.

Feuilles de rectifications opérées par MM. les intendants.

Circ. min. du 16 octobre 1861. — Les comptes de gestion, après avoir été soumis à la vérification de MM. les membres de l'Intendance, seront ensuite adressés au Ministre par ces fonctionnaires, avec la feuille des rectifications qui auraient pu être opérées par leurs soins, laquelle devra être produite dans tous les cas. Il sera tenu compte, par l'administration centrale, des observations présentées par MM. les intendants.

Doit être produite même *néant* (17 novembre 1879).

Imputation des réparations.

Art. 163 du règlement. — Sous le régime de l'abonnement, les réparations des armes ou des accessoires entre les mains des troupes sont, suivant le cas qui les a nécessitées, à la charge de l'abonnement, du soldat, du chef de corps ou du conseil d'administration, de l'Etat.

Sont à la charge de l'abonnement toutes les réparations nécessitées par le service ordinaire des armes ou de leurs accessoires, et le remplacement des pièces usées ou cassées par l'effet de leur usage naturel, dans les maniements d'armes, les feux, les tirs à la cible, etc. (Voir 17 novembre 1879, qui confirme cette règle).

Sont à la charge du soldat toutes les réparations rendues nécessaires par sa négligence, sa maladresse ou sa mauvaise volonté.

Sont à la charge du chef de corps ou du conseil d'administration, toutes les réparations nécessitées par une infraction aux règlements, prescrite ou simplement tolérée dans le corps.

Sont à la charge de l'Etat toutes les réparations nécessitées par un défaut de fabrication ou par un cas de force majeure dûment constaté.

Tarif provisoire des prix des réparations des armes modèle 1874 et modèle 1866-1874 imputables à la masse individuelle, à l'abonnement à l'Etat.

(Voir 11 mars 1878, J. M., page 103. — 13 mai 1878, page 238. — 5 février 1879, pages 146, 248. — 4 juin 1879, page 819).

Pour les armes blanches (4 octobre 1873. — 17 janvier 1879).

Pour les revolvers modèle 1873 (24 novembre 1879, J. M , page 389. — Errata 1er 1880, page 158).

Taux de la prime de travail allouée aux chefs armuriers des divers corps (13 novembre 1875, J. M., page 621. — 23 juillet 1877, page 37 et 5 octobre 1877, page 184).

Taux de l'abonnement pour l'entretien des armes.

(Circ. min. des 28 janvier 1876, 9 mars 1878, J. M., page 98. — 11 mars 1878, page 103).

Primes de 10 et 20 p. 100.

Les primes de 10 et 20 0/0 doivent être calculées sur la totalité (matières et main d'œuvre) du prix des réparations fixé par le tarif provisoire du 11 mars 1878 portant modification des articles 173 et suivants du règlement du 1er mars 1854 (17 novembre 1879).

Note ministérielle du 22 juin 1880, J. M., page 343.

ANNEXE N° 6

BIBLIOTHÈQUES DE CASERNE

DÉPENSES IMPUTÉES SUR LE SERVICE DU CHAUFFAGE.

AVANCES FAITES PAR LA CAISSE DES CORPS.

Le Ministre a arrêté les dispositions suivantes le 25 juillet 1876 (**J. M.**, p. r., page 20).

Les corps de troupe auront, à l'avenir, à affecter une ou deux lampes de leurs écoles régimentaires aux bibliothèques de caserne en dehors des heures des cours.

Les frais d'entretien et le remplacement de ces lampes sont compris dans les fonds alloués pour les dépenses annuelles d'enseignement; mais la fourniture du liquide nécessaire à l'éclairage et le combustible employé au chauffage desdites bibliothèques seront supportés par le chapitre 6, 3° partie, article 2, § 4.

Les lampes dont il s'agit brûlant environ 5 centimes de pétrole par heure, et les bibliothèques ne devant être fréquentées que jusqu'à 10 heures, soit en moyenne 3 heures par soirée, la dépense d'éclairage ne pourra guère dépasser 15 centimes par lampe et par jour.

Quant au chauffage, sauf pour des cas tout à fait exceptionnels, sur lesquels le ministre se réserve de statuer, il ne sera perçu qu'un tiers de ration collective par journée d'occupation et par foyer pendant la durée ordinaire du chauffage des chambres.

Les allocations susindiquées feront l'objet d'un article spécial sur les états de répartition des dépenses, page 6, des rapports de liquidation (1).

---

(1) Les dispositions indiquées ci-dessus sont applicables aux salles de lecture organisées dans les régiments pour les sous-officiers et soldats.

Les droits des parties prenantes à la perception de ces prestations seront constatés par des procès-verbaux qui seront transmis au ministre, et sur les conclusions desquels il se réserve de statuer (C. min. du 19 mars 1881).

ANNEXE N° 7

CONVOIS, SERVICE DE MARCHE

DÉPENSES IMPUTÉES SUR LE SERVICE DES FRAIS DE ROUTE.

AVANCES FAITES PAR LA CAISSE DES CORPS.

A consulter :

Circulaire ministérielle du 19 décembre 1876, n° 3,013, contenant les dispositions transitoires pour assurer le service des convois militaires aux corps ou détachements en marche ;

Instruction ministérielle du 1er mars 1881.

Les relevés des dépenses, pour le service des convois, sont produits trimestriellement.

Le remboursement en est effectué par mandats des fonctionnaires de l'Intendance.

Les dépenses du service des convois sont justifiées par des mémoires (modèle n° 1 de l'instruction du 1er mars 1880).

Le prix du transport fixé par l'autorité compétente (1) (Circ. min. du 19 décembre 1876, n° 3,013) est indiqué par cette autorité, au recto du mémoire, dans la forme suivante :

« Le (sous-intendant militaire, ou sous-préfet ou maire), certifie que le
« prix de la fourniture du transport de   à   , a été fixé à
« (somme en toutes lettres) par (voiture à un collier, ou cheval ou mulet
« de trait, ou cheval ou mulet de bât)   A   , le   188 »

Les relevés des dépenses destinées à la liquidation, sont appuyés, indépendamment des copies de mémoires, d'une copie de chaque ordre de mouvement ou de chaque feuille de route de détachement.

Les intendants établissent pour ces dépenses, des rapports de liquidation (modèle n° 128 bis de la nomenclature), et les font parvenir au Ministre, avec les copies des pièces justificatives à l'appui, dans le courant du deuxième mois qui suit le trimestre expiré (Art. 14 de l'Instr. min. du 1er mars 1881).

---

(1) Sous-intendants militaires ou leurs suppléants légaux, les sous-préfets et maires, au moyen d'une entente verbale.

ANNEXE N° 8

ÉCOLES RÉGIMENTAIRES

DÉPENSES IMPUTÉES SUR LE SERVICE DES ÉCOLES.

AVANCES FAITES PAR LA CAISSE DES CORPS.

Règlement du 18 avril 1875 (*Journal militaire*, 1er semestre, p. 917) Modifié pour les corps d'infanterie par le règlement du 31 juillet 1879, P. R., p. 101. — Voir également 30 juillet et 30 septembre 1880, 11 janvier et 1er mars 1881.

Art. 32 du règlement du 31 juillet 1879. — Il est pourvu aux dépenses des écoles régimentaires au moyen d'une allocation annuelle fixée comme suit, savoir (1) :

Pour un régiment d'infanterie..........................	1400 fr.
Pour un bataillon formant corps.......................	600
Pour un régiment de cavalerie.........................	700

(1) Dans ces nouvelles fixations se trouvent comprises les dépenses d'enseignement des volontaires d'un an, ainsi que celles occasionnées par le cours de topographie.

Des allocations sont attribuées à tous les corps d'infanterie et de cavalerie organisés en régiments ou bataillons, même aux corps spéciaux de l'Algérie, mais les sections de commis et ouvriers d'administration, ainsi que les cavaliers de remonte, ne figurent pas dans la nomenclature ci-dessus, à cause de la nature de leur service qui ne leur permet pas de suivre des cours (18 avril 1875).

Les articles 32 à 38 relatés à la présente annexe correspondent aux articles 38 à 44 du règlement du 18 avril 1875, concernant les écoles des corps d'infanterie.

Afin d'assurer le service de l'enseignement régimentaire dans les compagnies mixtes du train des équipages militaires et des batteries d'artillerie détachées en Algérie, le Ministre a arrêté les dispositions suivantes, savoir :

1° Les compagnies mixtes (portant le n° 7) du train des équipages militaires, recevront, à l'avenir, pour assurer le service de leurs écoles régimentaires, la somme de 150 fr., par an, prélevée sur le chapitre 20, art. 17, § 1er du budget.

2° Chaque batterie d'artillerie et compagnie de pontonniers détachée en Algérie, percevra, pour le même usage, 120 fr. du régiment auquel elle appartient, sur les fonds alloués au corps pour le service de ses écoles du 1er et du 2e degré (Note ministérielle du 29 mars 1877, *J. M.*, P. R., page 294). — Organisation des salles de lecture dans les régiments de cavalerie (10 décembre 1880, P. S., page 776).

Voir la note ministérielle du 29 août 1877, *J. M.*, page 456, rappelant que les compagnies de cavaliers de remonte, les sections de commis et ouvriers militaires d'administration et les sections d'infirmiers militaires ne reçoivent pas d'allocations pour le service des écoles régimentaires.

Les fixations de 1400 francs par régiment d'infanterie et de 600 francs par bataillon formant corps, comprennent les frais d'achats de livres d'étude ou fournitures analogues pour les enfants de troupe (Circulaire ministérielle du 11 janvier 1881, n° 2).

Pour un régiment d'artillerie.........................	1000
Pour un régiment d'artillerie (pontonniers).......	1400
Pour chaque batterie d'artillerie et compagnie de pontonniers détachée en Algérie (1).........	120
Pour une compagnie d'ouvriers........................	200
Pour une compagnie d'artificiers....................	100
Pour un escadron du train des équipages militaires (portion principale en France)....	200
Pour une compagnie détachée en Algérie (1).............	150 (3)

Ces chiffres fixés comme maximum sont calculés pour les plus forts effectifs d'élèves; ils ne doivent, dans aucun cas, être dépassés. Les corps qui ont un moins grand nombre d'élèves ne doivent pas atteindre ce maximum.

Conformément à la circulaire ministérielle du 17 octobre 1873, il est rendu compte au Ministre, le 1er octobre de chaque année, des dépenses effectuées et de celles qui sont prévues pour la fin de l'exercice.

Art. 33. Même règlement. — Les allocations ci-dessus comprises dans l'art. 8 du budget (écoles régimentaires) sont affectées au remboursement des dépenses faites uniquement pour l'enseignement.

Ces dépenses comprennent :

1° L'achat et le remplacement du matériel d'enseignement, à l'exception des cartes murales et des globes terrestres, du plan en relief et du relief représentant un retranchement de fortification passagère;

2° L'achat du papier, des plumes, des crayons, de l'encre, des livres et autres objets dont l'emploi, plus ou moins considérable, dépend de l'effectif des élèves (4);

3° L'achat, le remplacement et l'entretien des lampes;

4° La fourniture de l'huile pour l'éclairage des cours du soir dans les corps de troupes à pied. Les dépenses pour l'éclairage de ces mêmes cours, dans les troupes à cheval, sont supportées par les masses de harnachement et ferrage (5).

---

(1) Voir renvoi (1), paragraphes numérotés 1 et 2, page 203.
(2) Circulaire ministérielle du 30 juillet 1880 (n° 31).
(3) Circulaire ministérielle du 23 août 1880 (n° 3084).
(4) Voir le renvoi, page 930 du *Journal militaire*, 1er trimestre 1875, pour les achats concernant l'enseignement de la topographie.

Pour l'imputation de la dépense résultant de l'achat des livres et autres fournitures de classe nécessaires aux enfants de troupe de l'artillerie et du train des équipages militaires (30 décembre 1880, page 457);

Aux enfants de troupe de l'infanterie et de la cavalerie (8 mars 1881);

Aux enfants de troupe du génie, dépenses imputées sur les crédits spéciaux des établissements (8 mars 1881).

Les dépenses concernant les enfants de troupe des sections de secrétaires d'état-major et du recrutement ou des diverses sections des services administratifs seront soldées sur les fonds inscrits au budget de la guerre pour le service des écoles régimentaires de l'infanterie (8 mars 1881).

(5) Cette dépense est supportée par le budget des écoles pour le régiment de pontonniers et les compagnies d'ouvriers d'artillerie et d'artificiers (Décision ministérielle du 11 septembre 1873, J. M., page 334).

Le matériel d'éclairage est fixé ainsi qu'il suit :

Pour un régiment d'infanterie....................	36 lampes.
Pour un régiment de cavalerie...................	12 —
Pour un bataillon de chasseurs.................	12 —

La lampe dont il s'agit brûle de 5 à 6 centilitres de pétrole par heure, soit 5 centi-

Art. 34. (Même règlement). Le remplacement des cartes murales, globe terrestre, le relief représentant un retranchement de fortification qui sont au compte du crédit affecté au service des écoles régimentaires, ne peut avoir lieu sans un procès-verbal du sous-intendant militaire chargé de la surveillance administrative des corps, expliquant les motifs des remplacements, et ce n'est qu'après s'être assuré que le remplacement est indispensable, et qu'il incombe à la charge du budget des écoles, que ce fonctionnaire vise l'état de dépense et autorise les achats proposés (1).

Les dépenses occasionnées par la faute des élèves doivent être affectées à leur compte et imputées sur leur masse individuelle. Le capitaine directeur doit compte, d'ailleurs, des objets d'instruction ou de matériel confiés spécialement à sa surveillance.

CHAPITRE II. — PAIEMENT.

Art. 35. (Même règlement du 31 juillet 1879, modifié le 30 septembre 1880). — Les dépenses sont payées aux fournisseurs par les trésoriers, sur l'autorisation du conseil d'administration, au moyen des fonds généraux de la caisse des corps et sur la production de factures ou mémoires, conformes aux modèles prescrits par l'instruction du 1er mars 1880, vérifiés et visés par le directeur des écoles chargé d'effectuer les achats.

CHAPITRE III. — COMPTES.

Art. 36. (Même règlement). Il est produit dans les premiers jours de chaque trimestre, en double expédition, conformément au modèle n° 21 bis de l'instruction du 1er mars 1880, pour les dépenses effectuées dans le trimestre précédent, un relevé détaillé par nature d'achat, d'après la classification et l'ordre ci-dessous qui ne pourront être modifiés que par le ministre :

1° Achat de matériel (acquisition ou remplacement).

2° Achat de fournitures, réparations et entretien du matériel.

3° Dépenses relatives à l'éclairage (matériel, fournitures, réparations).

Ce relevé, certifié par le directeur des écoles et arrêté par les conseils d'administration, est accompagné des pièces justificatives dont le détail suit :

1° Factures, mémoires et autres pièces produites par les fournisseurs (2);

---

litres par heure ; si la durée de l'enseignement est de une heure et demie, de 7 heures à 8 heures et demie du soir, par exemple, l'allocation journalière sera de 0 fr. 15 par compagnie faisant usage des deux lampes, soit : 2 fr. 70 pour un régiment d'infanterie ou de 0 fr. 90 pour un régiment de cavalerie ou un bataillon de chasseurs à pied (Renvoi 2 de l'article 34 du règlement, 1er semestre 1875, page 927).

(1) Tout le matériel étant régi par des règles uniformes, le matériel des écoles doit être soumis à la réforme comme les autres.

(2) *Détail à porter sur les factures.*

Exemple : une facture du service des écoles régimentaires, pour un corps d'infanterie, s'élève au total à 55 fr. 70. Dans la colonne d'observations on portera, à l'encre rouge, le développement suivant :

Achats...	40 50
Entretien et réparations............................	10 10
Volontaires d'un an.......	5 10
TOTAL.	55 70

(Instruction ministérielle du 1er mars 1884, renvoi (1) de l'article 9).

2° Procès-verbaux exigés pour le remplacement des cartes, instruments et autres objets relatifs à l'enseignement ; conformément aux lois de finance des 13 brumaire an XII et 23 avril 1871, une des expéditions de factures ou mémoires qui s'élève à plus de 10 francs, doit être faite sur papier timbré ou soumise au visa pour valoir timbre et revêtue d'un timbre de quittance. Le papier timbré et le timbre de quittance sont à la charge du fournisseur. Tous les articles de matériel figurant sur ces pièces porteront les numéros de la nomenclature sous lesquels ils doivent être inscrits au compte de gestion.

Art. 37. Les comptes sont adressés au sous-intendant chargé de la surveillance administrative du corps, pendant le premier mois qui suit le trimestre que les dépenses concernent. Ce fonctionnaire les vérifie avec soin et s'assure qu'ils ne comprennent d'autres achats que ceux des objets indispensables à l'enseignement. Il rejette les dépenses qui ne lui sembleraient pas justifiées ou qui n'incombent pas au budget des écoles régimentaires (cours primaire et préparatoire), et tient la main à ce qu'elles soient faites avec économie.

CHAPITRE IV. — ORDONNANCEMENT.

Art. 38 du règlement du 31 juillet 1879, modifié le 30 septembre 1880.

A cet article, il y a lieu de substituer l'article 20 de l'Instruction ministérielle du 1er mars 1881, ainsi conçu :

« Les relevés des dépenses, pour le service des écoles, sont produits tri-
« mestriellement.

« Le remboursement en est effectué par mandats des fonctionnaires de
« l'Intendance.

« Les intendants militaires font parvenir au Ministre les copies des
« relevés et des pièces justificatives à l'appui, dans le courant du deuxième
« mois qui suit le trimestre expiré. »

ANNEXE N° 9

ÉCOLE D'ESCRIME
DÉPENSES IMPUTÉES SUR LE SERVICE DES ÉCOLES.
AVANCES FAITES PAR LA CAISSE DES CORPS.

Règlement provisoire du 28 avril 1872 modifié par la circulaire ministérielle du 7 décembre 1872.

Tableau A.

	Fleurets montés.	Lames de rechange.	Masques pour la pointe.	Gants montés.	Plastrons.	Paires de sandales.	Sabres en bois.	Masques de contre-pointe.
Légion de la garde républicaine........	120	60	44	44	22	44	24	12
Bataillon de gendarmerie mobile......	120	60	30	30	18	30	24	12
Infanterie de ligne, zouaves, tirailleurs, génie.................	120	60	40	40	20	40	12	12
Bataillons de chasseurs à pied........	50	25	18	18	10	18	4	4
Cavalerie	60	30	18	18	12*a*	18	24	12
Artillerie, train d'artillerie	100	50	28	28	14	28	24	12
Train des équipages militaires	25	12	8	8	4	8	12	6
Compagnie d'ouvriers d'artillerie, d'artificiers, ouvriers constructeurs des équipages militaires..............	12	6	4	4	2	4	»	»

a Note ministérielle du 17 avril 1875, *Journal militaire*, p. 561.

PRIX DU MATÉRIEL.

Pour les années 1880, 1881 et 1882 (Circ. min. du 25 février 1880).

Fleurets montés................	1 45	Gants (unités).................	1 10
Lames de rechange............	0 85	Plastrons....................	5 85
Masques pour la pointe.........	3 75	Paires de sandales...........	3 85
Pour la contre-pointe..........	4 80	Sabres en bois............. ...	0 70

Le marché a été conclu pour une durée de trois années (1880, 1881 et 1882).

De même que précédemment, le matériel nécessaire aux corps de troupe sera fourni par M. l'intendant militaire du gouvernement de Paris, après vérification préalable d'une Commission spéciale instituée au magasin central de l'habillement à Paris.

En conséquence, les corps de troupe devront continuer à faire constater avec le contrôle des fonctionnaires de l'Intendance (Circ. min. du 27 juin

1873, 31 octobre et 15 décembre 1876) la nécessité des remplacements, et à faire parvenir leurs demandes de matériel, par ces mêmes fonctionnaires, à M. l'intendant militaire du gouvernement de Paris.

Les corps n'auront pas à s'occuper du matériel reçu, mais ils devront tenir compte, en ce qui concerne les objets d'escrime et en se reportant aux indications du tarif (Voir prix du matériel) de la dépense qu'ils entraînent, comme s'ils les avaient achetés eux-mêmes sur l'allocation qui leur est attribuée, de manière à ne pas dépasser la somme accordée pour l'achat et l'entretien du matériel.

Dans les pièces de dépense, on ne devra pas omettre de faire figurer à la colonne « observations » le total du décompte. (Circ. min. du 25 février 1880).

Modèle de demande de matériel (Voir 27 juin 1873, *J. M.*, page 747).

« Il ne sera fait qu'une seule demande par corps; elle devra être éta-
« blie d'après la formule indiquée; elle comprendra les objets réclamés
« par les diverses fractions du corps, fera connaître dans la colonne d'ob-
« servations la répartition de matériel à faire à chaque fraction et indiquera
« les villes où se trouvent stationnées ces fractions, afin que M. l'Intendant
« militaire de la 1re division puisse aviser aux moyens de réduire les frais
« de transport, en réunissant pour une même place les expéditions desti-
« nées à plusieurs corps ou fractions de corps.

« Les demandes devront être visées et vérifiées par les fonctionnaires de
« l'Intendance, puis centralisées et transmises par MM. les Intendants des
« divisions militaires à leur collègue de la 1re division territoriale, à
« Paris. » (Même circulaire.)

DÉSIGNATION DES CORPS.	INDEMNITÉS MENSUELLES (Tarif maximum.)			ÉLÈVES PRÉVÔTS n'ayant droit qu'à la gratification.	GRATIFICATION à répartir par l'inspecteur général.	FRAIS D'ACHAT et d'entretien du matériel.	TOTAL par corps et par an.	SUPPLÉMENT DE HAUTE PAYE.			
	Premiers maîtres.	Caporal ou brigadier maître-adjoint.	Prévôt.					2e CLASSE.		1re CLASSE.	
								Nombre de maîtres admis.	Montant de la haute paye.	Nombre de maîtres admis.	Montant de la haute paye.
Légion de la garde républicaine...............	1 à 40 fr.	1 à 15 fr.	1 à 6 fr.	8	350	550	2352	»	»	»	»
Par an.	480	480	792								
Légion de gendarmerie mobile...............	1 à 40	»	5 à 6	4	150	400	1390	1	12	1	30
Par an.	480	»	350								
Infanterie de ligne, zouaves, tirailleurs, génie (3)..	1 à 40	1 à 15	5 à 6	12	234	550	1801	52	12	17	30
Par an.	480	480	360								
Bataillons de chasseurs à pied (3).	1 à 40	»	2 à 6	5	120	280	1024	11	12	4	30
Par an.	480	»	444								
Régiments de cavalerie...	1 à 40	1 à 15	1 à 6	4	178	360	1270	23	12	8	30
Par an.	480	480	72								
Régiments d'artillerie et de pontonniers (3). — Pour la portion principale et les batteries détachées en France..	1 à 40	1 à 15	3 à 6	8	220	352	1448	13	12	5	30
Par an.	480	480	216								
Pour 1 batterie ou compagnie détachée en Algérie.........	»	»	»	»	33	»	33	»	»	»	»
Escadrons du train des équipages militaires (3). — Pour la portion principale et les compagnies détachées en France	1 à 40	»	1 à 6	2	78	140	770	»	»	»	»
Par an.	480	»	72								
Pour 1 comp. détachée en Algérie	»	»	1 à 6	1	78	140	290	»	»	»	»
Par an.	»	»	72								
Compagnies d'ouvriers et d'artificiers............	»	»	1 à 6	1	33	55	160	»	»	»	»
Par an.	»	»	72								

(1) À partir du 1er mai 1875, les corps de troupe sont autorisés à affecter toutes les économies réalisées sur les diverses allocations accordées pour l'escrime (personnel et matériel) à augmenter jusqu'à concurrence de 40 francs l'indemnité mensuelle des maîtres d'escrime, qui n'est que de 30 et 25 francs ; et pour mieux assurer la réalisation de l'augmentation que j'ai en vue, j'ai décidé qu'un emploi de prévôt sera supprimé dans chaque corps par voie d'extinction. Le prévôt ainsi supprimé sera remplacé par un ou plusieurs élèves prévôts, au choix des chefs de corps. Si quelques corps ne pouvaient, au moyen des ressources mentionnées ci-dessus, élever à 40 francs l'indemnité dont il s'agit, ils auraient à me le faire connaître à la fin de l'exercice dans le courant du mois de janvier ; j'aviserai à cette époque à parer aux déficits qui me seraient signalés avec les crédits qui pourraient rester disponibles.

Dans quelques corps de troupe, les travaux de réparations du matériel d'escrime ont été confiés à des maîtres ouvriers, ces travaux devront être confiés à l'avenir, aux maîtres d'escrime, pour leur laisser les bénéfices qui peuvent être faits sur ces mêmes réparations (Arrêté ministériel du 7 mai 1875, J. M., page 643).

(2) Circulaire ministérielle du 30 juillet 1870, n° 31.

(3) Circulaire ministérielle du 11 janvier 1881, n° 2. — Les bataillons d'infanterie légère d'Afrique n'ont droit qu'à une allocation de 160 francs chacun.
Les prévisions se diviseront en personnel et en matériel ; pour le personnel, on comprendra les indemnités mensuelles de fonctions, les hautes-payes spéciales à l'escrime et les gratifications ; pour le matériel, on ne comprendra que les frais afférents à l'entretien et à l'éclairage des salles (pour cet éclairage, un supplément a été accordé le 16 mars 1874 ; ce supplément, qui est de 170 francs par régiment et de 85 francs par bataillon, est en dehors des allocations réglementaires ci-dessus rappelées. Il en est de même pour la haute-paye spéciale des maîtres d'escrime). — C. M. du 11 janvier 1881, n° 2.
La valeur du matériel reçu du magasin général d'habillement de Paris sera diminuée du montant de l'allocation annuelle (C. M. du 25 février 1880).

Afin d'améliorer la position des maîtres d'escrime, le Ministre par la circulaire précitée du 7 décembre 1872, a institué deux hautes payes qui seront accordées à la moitié d'entre eux, savoir :

Une haute paye de 12 francs au 3/8 de l'effectif des maîtres d'armes, et une haute paye de 30 francs (soit un complément de 18 francs ajoutés aux premiers douze francs), à 1/8 de cet effectif. Ces deux hautes payes seront accordées sur la proposition de MM. les inspecteurs généraux. Les concessions ne seront faites qu'après quatre ans de service dans les fonctions de maître.

Transitoirement et pour les premières concessions, les services antérieurs seront comptés ainsi qu'il suit :

Les maîtres ayant quatre ans et plus de service pourront être proposés immédiatement pour la première haute paye de 12 francs. Ceux qui auraient obtenu cette haute paye et qui, dans un délai de deux ans pourront invoquer huit ans et plus de service, pourront obtenir la seconde haute paye dans ce délai exceptionnel de deux ans au lieu de quatre, en raison des services antérieurs.

Par circulaire en date du 10 octobre 1876, *J. M.*, P. R., 2ᵉ semestre 1876, page 133, le Ministre de la guerre fait connaître que : « La circulaire du 7 décembre 1872, qui a autorisé les hautes payes, a établi pour chaque arme les chiffres de l'effectif des maîtres qui pourraient obtenir ces hautes payes; il serait peu rationnel maintenant de se renfermer rigoureusement dans les chiffres d'effectif fixés par la circulaire précitée. En effet, si l'on agissait ainsi, les hautes payes pourraient être accordées à des maîtres relativement très faibles dans une arme, et refusées faute de vacances, à des maîtres très forts dans une autre arme. J'ai décidé, en conséquence, que les répartitions attribuées à chaque arme par la circulaire en question ne seront pas dévolues rigoureusement à chaque arme; ces répartitions seront seulement considérées comme n'ayant été portées dans le tableau annexé à la circulaire du 7 décembre que pour faire mieux comprendre la proportion générale.

La deuxième haute paye de 18 francs, cumulée avec celle de 12 francs, soit au total de 30 francs, ne pourra être accordée qu'au 1/8 de l'effectif, c'est-à-dire avec plus de restriction que l'emploi d'adjudant qui est concédé au tiers.

Pour éviter que des maîtres moins méritants que les premiers nommés adjudants, arrivant par la suite à obtenir cet emploi, cumulent l'avancement et la deuxième haute paye, tandis que les maîtres nommés les premiers adjudants ne bénéficieraient que de cet avancement, il m'a semblé indispensable d'établir les règles suivantes :

1° La concession de l'emploi d'adjudant entraînera exclusion des hautes payes en cessation de celles précédemment accordées;

2° Les hautes payes ne seront accordées aux adjudants qu'après 4 ans de services dans cet emploi, et après un intervalle de 4 ans entre la 1ʳᵉ et la 2ᵉ haute paye;

3° Les hautes payes de 12 francs, payées actuellement aux maîtres déjà nommés adjudants, leur seront maintenues par exception et par respect des droits acquis;

Ces diverses dispositions constituent des positions différentes pour les premiers maîtres d'escrime, savoir :

1° Sergent sans haute paye.

2° Sergent avec la première haute paye de 12 francs.

3° Sergent avec la deuxième haute paye de 18 francs, soit au total 30 francs par mois.

4° Adjudant sans haute paye.

5° Adjudant avec la première haute paye de 12 francs.

6° Adjudant avec la deuxième haute paye de 18 francs, soit au total 30 francs par mois.

Les instructeurs auxiliaires remplaçant les titulaires toucheront, pendant la durée de l'absence de ceux-ci, l'indemnité correspondante à l'emploi. (Règlement provisoire du 28 avril 1872, *J. M.*, tome XIV, p. 399).

Les indemnités mensuelles attribuées au personnel seront réglées par les décisions des chefs de corps. Les gratifications seront accordées par les inspecteurs généraux (Circulaire du 6 mars 1873, p. 208).

Les indemnités et hautes payes attribuées aux maîtres d'armes et aux prévôts ne seront allouées qu'en raison du trentième des fixations mensuelles pour chaque journée effective de présence au corps (Décision ministérielle du 22 mars 1873, *J. M.*, p. 254).

Le Ministre a fixé ainsi qu'il suit les allocations que les corps de troupe à pied pourront affecter annuellement à l'éclairage des écoles régimentaires d'escrime sur les fonds des écoles ; savoir :

170 fr. 00 pour un régiment d'infanterie et du génie;

85 fr. 00 pour un bataillon de chasseurs à pied;

70 fr. 00 par régiment d'artillerie (Note min. du 16 mars 1874).

L'éclairage sera effectué à l'huile de pétrole et avec des lampes semblables à celles indiquées à la circulaire ministérielle du 29 mai 1872.

Les dépenses de l'éclairage ne devront, en aucun cas, être l'objet d'un abonnement avec les maîtres d'escrime. En général, toutes les dépenses du matériel de l'escrime qui ne sont pas l'objet de marchés, doivent être justifiées par des achats judicieux, par des factures détaillées (Note ministérielle du 16 mars 1874, *J. M.*, p. 187).

Le Ministre de la guerre a décidé le 9 mai 1878, que les dépenses d'éclairage pour l'enseignement de l'escrime dans les corps de cavalerie seraient, à l'avenir, imputées sur les fonds du budget des écoles régimentaires et cours d'escrime dans les corps (*J. M.*, P. R., 1er semestre 1878, p. 270). Savoir :

70 fr. 00 par régiment d'artillerie;

30 fr. 00 par escadron ou compagnie mixte des équipages militaires.

15 fr. par compagnie d'ouvriers d'artillerie ou d'artificiers (Note min. du 31 mai 1878, *J. M.*, p. 263 et Circ. min. du 23 août 1880).

ORDONNANCEMENT.

Les relevés des dépenses, pour le service des écoles, sont produits trimestriellement.

Le remboursement en est effectué par mandats des fonctionnaires de l'Intendance.

Les intendants militaires font parvenir au Ministre les copies des relevés et des pièces justificatives à l'appui, dans le courant du deuxième mois qui suit le trimestre expiré (Art. 20 de l'Instruction ministérielle du 1er mars 1881).

ANNEXE N° 10

ÉCOLES RÉGIMENTAIRES DE GYMNASTIQUE

DÉPENSES IMPUTÉES SUR LE SERVICE DES ÉCOLES.

AVANCES PAR LA CAISSE DES CORPS.

Modifications apportées au matériel gymnastique par le nouveau manuel (Circ. min. du 27 juillet 1878, *J. M.*, p. 213).

BORDEREAU-TARIF des objets complets et séparés, composant la collection de matériel mobile de gymnastique d'après le marché passé le 20 décembre 1879 pour les fournitures dudit matériel nécessaire aux corps de troupe, pendant les années 1880, 1881 et 1882.

PRIX DES OBJETS SUSCEPTIBLES D'ÊTRE FRACTIONNÉS.

Bêche	complète	4 00
	le fer	3 50
	le manche	0 75
Cadenas		4 50
Caisse régimentaire	la caisse	39 00
Chevalet de natation	complet	5 00
	chevalet seul	4 25
	la toile	0 50
	chaque écrou	0 25
Corde à anneaux		6 00
Corde à nœuds		10 00
Corde à sauter	complète	4 00
	la corde seule	1 25
	un sac	0 75
	une cheville	0 75
Corde de traction		33 00
Corde lisse		5 25
Perche à sauter		2 50
Perche oscillante	complète	11 00
	la perche	5 00
	la ferrure	6 00
Pioche	complète	5 00
	le fer	4 50
	le manche	0 50
Rateau en fer	complet	4 00
	le fer	3 50
	le manche	0 50
Trapèze	complet	12 00
	la barre de fer	7 00
	chaque corde avec anneau	2 50

De même que cela a eu lieu précédemment, le matériel nécessaire aux corps de troupe leur sera fourni par M. l'intendant militaire du gouvernement de Paris, après avoir été vérifié au préalable, par une Commission spéciale instituée au magasin central de Paris.

En conséquence, les corps de troupe devront continuer à faire constater régulièrement, c'est-à-dire avec le contrôle des fonctionnaires de l'Intendance, la nécessité des remplacements proposés, et à faire parvenir leurs demandes de matériel par ces mêmes fonctionnaires à M. l'intendant militaire du gouvernement militaire de Paris, qui acquittera directement à l'entrepreneur le montant de toutes les fournitures.

En ce qui concerne les fractions de matériel, il importe que ces objets, d'un poids et d'une importance très faibles, n'occasionnent pas de transports onéreux. On devra donc aviser à les réunir avec des envois plus importants que l'on a souvent à demander à Paris. Enfin, si cette partie du matériel peut être achetée sur place à des prix inférieurs à ceux du tarif ci-après, augmenté des frais de transport, par petite vitesse, il conviendra d'autoriser les corps à en faire directement l'acquisition (Circ. ministér. du 31 octobre 1876, P. S., p. 617).

Les remplacements de collections, en cas de perte, devront être justifiés par des procès-verbaux réguliers, indiquant très explicitement les causes de la perte, et ces procès verbaux devront être mis à l'appui de l'état mentionné à la circulaire, à moins qu'ils n'aient été déjà adressés au Ministre.

Les remplacements partiels d'un objet quelconque de la collection qui deviendraient nécessaires dans le courant de l'année seront autorisés directement par les soins de MM. les intendants divisionnaires (Circulaire ministérielle du 9 juillet 1872).

Les collections de ce matériel devront toujours être maintenues au complet réglementaire.

Les chefs de corps qui feraient exécuter les réparations du matériel fixe sans attendre l'autorisation demandée, seront responsables de la dépense, qui sera mise mise rigoureusement à leur charge (Circulaire ministérielle du 6 mars 1873).

Dans les corps d'infanterie et du génie, une indemnité mensuelle de 4 fr. peut être accordée au moniteur général qui dirige les services gymnastiques des corps; des gratifications, dont le maximum est de 60 fr. par régiment et de 30 fr. par bataillon formant corps, peuvent être accordées par les inspecteurs généraux aux moniteurs et élèves.

Dans les corps de l'artillerie et des équipages militaires, ces allocations au personnel ne pourront être admises qu'autant que les chefs de corps donneront à cet enseignement une impulsion nouvelle, etc. (Circ. min. du 6 mars 1873).

La circulaire ministérielle du 30 juillet 1880, n° 31, fait connaître :

« Aux termes des instructions en vigueur, les exercices gymnastiques sont réglementaires dans les régiments d'artillerie et les escadrons du train des équipages militaires.

Personnel. — « Une indemnité mensuelle de 4 francs peut être accordée au moniteur général qui dirige les exercices gymnastiques des corps précités; des gratifications dont le maximum est de 60 francs par régiment d'artillerie et de 30 francs par escadron du train des équipages militaires, peuvent être accordées par les inspecteurs généraux aux moniteurs et aux élèves qui se seront fait remarquer par leur zèle et leur progrès dans cet enseignement.

Matériel mobile. — « Une allocation annuelle de 12 francs est accordée
« aux corps qui possèdent le matériel mobile de gymnastique. Cette alloca-
« tion est destinée à l'entretien de ce matériel qui doit être toujours main-
« tenue au complet réglementaire. Les acquisitions de matériel doivent
« être faites dans les conditions indiquées par la circulaire du 25 février
« 1880.
Matériel fixe. — « Les dépenses relatives à l'entretien du matériel fixe
« ne peuvent être faites qu'après une autorisation ministérielle spéciale, et,
« pour obtenir cette autorisation, les corps doivent produire, par l'inter-
« médiaire de MM. les intendants militaires, un procès-verbal constatant
« la nécessité des réparations ou remplacements demandés. Ce procès-
« verbal doit être appuyé d'un devis détaillé présentant la dépense approxi-
« mative et distincte de chaque réparation ou remplacement de machine.
Allocations. — « En résumé, les allocations annuelles accordées pour
« faire face aux dépenses des gymnases régimentaires, sous le contrôle et
« la surveillance des fonctionnaires de l'Intendance, sont les suivantes :

DÉSIGNATION.	Indemnité au moniteur.	Pour gratification à répartir pour les inspecteurs généraux.	Pour entretien du matériel mobile.	Total pour les corps qui ont un matériel mobile.	Total pour les corps qui n'ont pas de matériel mobile.
Régiment d'artillerie et de pontonniers	48	60	12	120	108
Escadron du train des équipages mi- litaires........	48	30	12	90	78

Extrait de la circulaire ministérielle du 18 novembre 1877 portant envoi
d'un nouveau manuel de gymnastique (*J. M.*, P. R., p. 221).

———

« Les 4e et 5e parties relatives à la boxe, au bâton et à la canne, régula-
« risent, pour le rendre uniforme, l'enseignement de ces trois spécialités jus-
« qu'alors livré à toutes les variations fantaisistes des maîtres régimen-
« taires. Elles fournissent ainsi aux corps de troupe, éventuellement privés
« d'un gymnase, la possibilité de faire bénéficier les hommes d'excellents exer-
« cices qui les développent au plus haut point comme force et comme adresse.
« Il y a lieu de s'attacher à l'enseignement du bâton de préférence à
« celui de la lance. Le maniement du bâton met, en effet, en jeu tout le
« système musculaire ; développant à la fois la force et l'agilité, il est
« incontestablement plus viril et plus correct que celui de la canne qui ne
« développe que l'agilité. »
J'ai arrêté les fixations suivantes pour le matériel nécessaire à ces exercices, savoir :
1° Pour les régiments d'infanterie, du génie et de l'artillerie :
Vingt-cinq paires de gants de boxe ;
Vingt-cinq paires de sandales ou d'espadrilles (1) ;

———

(1) Le nombre d'espadrilles à recevoir par an a été fixé :
Régiment d'infanterie...................... 50 paires.
Bataillon de chasseurs à pied.............. 24 paires.
(Note ministérielle du 22 octobre 1878. *J. M.*, page 378.)

Deux cent bâtons ;

Cinquante cannes ;

2° Pour les régiments de cavalerie et les bataillons formant corps :

Douze paires de gants de boxe ;

Douze paires de sandales ou d'espadrilles (1) ;

Cent bâtons ;

Vingt-quatre cannes.

La dépense de ce matériel sera imputée sur les fonds des écoles régimen-taires (Chapitre XX, article XVII).

Les conseils d'administration sont autorisés à se procurer immédiate-ment, et à maintenir constamment au complet l'approvisionnement de bâ-tons et de cannes déterminé ci-dessus. Les gants de boxe et les sandales ou espadrilles leur seront fournis par l'administration centrale dans les mêmes conditions que le matériel d'escrime, et dans le plus bref délai possible.

Le Ministre de la guerre a décidé, le 12 mars 1878, que le matériel de gymnastique affecté aux escadrons du train des équipages militaires pour les exercices de la boxe, du bâton et de la canne, serait fixé comme il suit :

1° Pour un escadron du train des équipages militaires (3 compagnies en France).

Huit paires de gants de boxe ;

Huit paires de sandales ou d'espadrilles ;

Soixante bâtons ;

Trente cannes.

2° Pour une compagnie mixte en Algérie :

Six paires de gants de boxe ;

Six paires de sandales ou d'espadrilles ;

Quarante bâtons ;

Vingt cannes.

Par décision du 8 mai 1879, le Ministre de la guerre a approuvé deux marchés passés pour la fourniture des gants et des espadrilles nécessaires aux exercices de boxe des corps de troupe d'infanterie pendant les années 1879, 1880 et 1881.

Ces marchés comportent les prix suivants ; savoir :

Espadrilles (la paire)............................ 0 83

Gants (la paire) 2 45

M. l'intendant militaire du 16e corps d'armée reste chargé du service d'expédition des objets nécessaires aux corps, les demandes lui seront adressées directement.

ORDONNANCEMENT.

Les relevés des dépenses, pour les services des écoles, sont produits tri-mestriellement.

Le remboursement en est effectué par mandat des fonctionnaires de l'In-tendance.

Les intendants militaires font parvenir au Ministre les copies des relevés et des pièces justificatives à l'appui dans le courant du deuxième mois qui suit le trimestre expiré (Art. 20 de l'Instr. minist. du 1er mars 1681).

---

(1) Voir la note page 214.

ANNEXE N° 11

ÉCOLES RÉGIMENTAIRES DE NATATION

DÉPENSES IMPUTÉES SUR LE SERVICE DES ÉCOLES.

AVANCES FAITES PAR LA CAISSE DU CORPS.

Décision ministérielle du 6 mars 1873, *J. M.*, page 208.

Les dépenses de la natation devront être renfermées autant que possible dans les fixations suivantes :

60 fr. 00 par bataillon ;

15 fr. 00 par escadron, batterie ou compagnie formant corps.

Les fonctionnaires de l'intendance pourront exceptionnellement autoriser, s'il y a lieu, les dépenses qui dépasseront ces chiffres sans atteindre le double de ces fixations, mais au delà de cette limite ces dépenses doivent être l'objet d'une autorisation ministérielle préalable.

Lorsqu'une école de natation sera organisée dans une place occupée par des troupes de plusieurs armes, le corps de troupe qui aura à payer toutes les dépenses de cette école devra être choisi dans l'arme la plus nombreuse de cette place, et les dépenses avancées par le corps ainsi choisi, lui seront remboursées intégralement sur les fonds des écoles régimentaires affectés à l'arme dont il fait partie. La répartition de dépenses aussi minimes entre les diverses armes entraînerait, en effet, des complications et des difficultés peu en rapport avec leur importance relative (Circ. min. du 6 juillet 1878, *J. M.*, P. R., 2ᵉ semestre, p. 16).

En ce qui concerne les dépenses importantes (construction ou réparation de pontons, etc.), il y aura lieu de se conformer aux dispositions qui précèdent relatives au matériel fixe de gymnastique (Circ. min. du 30 juillet 1880, n° 31).

Les sangles et les caleçons de natation seront achetés sur les fonds du service de l'habillement (Circulaire ministérielle du 27 juin 1872, *J. M.*, p. 809).

Entretien et conservation de la nacelle de sauvetage à l'usage des écoles de natation (Note ministérielle du 7 juin 1874).

Manuel de gymnastique. Approuvé le 26 juillet 1877. Chaque école doit être pourvue au moins de :

1° 36 cordes brassières de 3 à 4 mètres de longueur ;

2° 36 ceintures ou sangles munies de cordes de 3 à 4 mètres ;

3° 36 perches pour accompagner l'élève qui a quitté la sangle ;

4° 4 bouées de sauvetage en liège garnies de bouts de cordes flottants ;

5° 2 bateaux ;

6° Quelques grands cordages dont la longueur et le nombre varient suivant les besoins ;

7° 120 caleçons bien confectionnés en forte toile de chanvre ou de coton ;

8° Un placard revêtu d'une affiche indiquant les premiers soins à donner aux noyés ;

9° Couvertures en laine, des brosses à friction et des principaux appareils pour rendre la vie aux asphyxiés ;

10° Un lit et une civière.

Et un pont flottant dont la construction est faite par les soins du génie ou des corps eux-mêmes, ou confiée à un entrepreneur.

Par son instruction du **23 mars 1880**, pour l'ouverture des écoles de natation, le Ministre de la guerre autorise les conseils d'administration à faire directement l'achat du matériel de natation décrit dans le Manuel de gymnastique du 26 juillet 1877, sauf en ce qui concerne :

1° Les bateaux ou nacelles ;

2° Les couvertures en laine et le lit (21 juin et 11 juillet 1879).

ORDONNANCEMENT.

Les relevés des dépenses, pour le service des écoles, sont produits trimestriellement.

Le remboursement en est effectué par mandats des fonctionnaires de l'intendance.

Les intendants militaires font parvenir au Ministre les copies des relevés et des pièces justificatives à l'appui, dans le courant du deuxième mois qui suit le trimestre expiré (Art. 20 de l'Instruction ministérielle du 1er mars 1881.)

ANNEXE N° 12

ÉCOLES RÉGIMENTAIRES DE CLAIRONS ET TROMPETTES

DÉPENSES IMPUTÉES SUR LE SERVICE DES ÉCOLES.

AVANCES FAITES PAR LA CAISSE DU CORPS.

Décision ministérielle du 6 mars 1873, *J. M.*, page 208 et Circulaire ministérielle du 30 juillet 1880, n° 31; 7 et 11 janvier 1881, n° 2 (celle du 7 janvier est au *Journal militaire*, page 6).

Les dépenses de ces écoles seront faites par les corps sous la surveillance des fonctionnaires de l'intendance, elles ne devront pas dépasser les fixations suivantes :

100 francs par régiment d'infanterie (Circul. min. du 11 janvier 1881, n° 2);

35 francs par bataillon formant corps (Circul. min. du 11 janvier 1881, n° 2);

100 francs pour les régiments d'artillerie et de pontonniers (30 juillet 1880);

75 francs pour les régiments de cavalerie (6 mars 1873);

40 francs pour les escadrons du train des équipages militaires (30 juillet 1880);

125 francs pour le 1er régiment du génie (17 janvier 1881);

115 francs pour les 2e, 3e et 4e régiments (17 janvier 1881).

Les clairons et trompettes mis à la disposition des élèves sont pris parmi les objets hors de service; la dépense d'entretien ne doit comprendre que les réparations aux clairons et trompettes (1) (Instruction du 22 janvier 1827, page 8).

---

(1) Décision ministérielle du 19 mai 1879, circulaire n° 26.

Paris, 26 mai 1879.

Monsieur l'Intendant, aux termes de la circulaire du 27 janvier 1878 (n° 8), les corps de troupes d'infanterie ont été autorisés à prélever parmi les instruments ayant fait le plus long service, ceux qui seraient nécessaires pour l'instruction des élèves clairons, à défaut d'instruments réformés.

Les instruments ainsi cédés sont remboursés au service de l'habillement par prélèvement sur les fonds alloués au titre des écoles de tambours et clairons (chap. XXI, art. 16, § 3), mais sous la réserve expresse que le chiffre des allocations budgétaires annuelles ne puisse être dépassé.

J'ai l'honneur de vous informer que par décision du 19 mai courant, j'ai arrêté que le bénéfice des dispositions de la circulaire précitée sera étendu, le cas échéant, à toutes les armes indistinctement jusqu'au jour où les corps de troupe auront pu être pourvus du nombre d'instruments réformés nécessaires à l'instruction des élèves tambours et clairons et trompettes.

Recevez, etc.

Le Directeur,
Signé : COULOMBEIX.

L'entretien ou la réparation, dans les corps de troupe à cheval, des trompettes et des cordons de trompettes, dont l'achat a lieu au compte du service de l'habillement, doit être imputé sur les fonds de la masse générale d'entretien, comme se rattachant au titre : *Entretien du grand équipement* (Dépêche ministérielle du 3 février 1873).

ORDONNANCEMENT.

Les relevés des dépenses, pour le service des écoles, sont produits trimestriellement.

Le remboursement en est effectué par mandats des fonctionnaires de l'intendance.

Les intendants militaires font parvenir au ministre les copies des relevés et des pièces justificatives à l'appui, dans le courant du deuxième mois qui suit le trimestre expiré (Art. 20 de l'instruction ministérielle du 1er mars 1881).

ANNEXE N° 13

ÉCOLES RÉGIMENTAIRES DE TIR

DÉPENSES IMPUTÉES SUR LE SERVICE DES ÉCOLES.

AVANCES FAITES PAR LA CAISSE DU CORPS.

Toutes les dépenses relatives à l'enseignement du tir doivent être faites sous le contrôle et la surveillance de l'intendance militaire. (Décision ministérielle du 6 mars 1873, *J. M.*, page 208).

Détail des articles constituant la collection appelée jeu de tubes à tir
(Note min. du 18 août 1872).

	Nombre d'objets par jeu.	Prix de l'unité.	Total par jeu.
Tubes directeurs...............	24	2 50	60 00
Porte-charges.................	24	0 50	12 00
Lavoirs......................	12	0 15	1 80
Arrache-cartouches...........	12	0 20	2 40
Cibles......................	6	2 90	17 40
Couteau	1	0 75	0 75
Mandrins en fer..............	4	0 10	0 40
Mandrins en bois	8	0 025	0 20
Emporte-pièces pour étuis.......	1	1 55	1 55
Emporte-pièces pour rondelles.....	1	0 85	0 85
Planchette à charger...........	1	1 55	1 55
Entonnoir....................	1	0 10	0 10
Chargette...................	1	0 25	0 25
Sertisseur...................	1	0 15	0 15
Marteau....................	1	2 50	2 50
Billot de plomb..............	1	6 00	6 00
Moule à balles...............	1	14 35	14 35
Clef pour tubes	1	0 15	0 15
Caisse de transport...........	1	17 60	17 60
Totaux...........	102		140 00

Le budget des écoles militaires supportera toutes les dépenses d'entretien et de remplacement de ce matériel spécial, ainsi que celle de la fabrication des cartouches, autres que le papier bulle, les amorces, le plomb et la poudre B, qui seront fournis par les directions d'artillerie sur les fonds du matériel de cette arme.

Lorsque, par suite d'usure ou d'accidents, un article quelconque de ce matériel sera mis hors de service, il devra être réparé, autant que possible, par le chef armurier du corps, et la réparation sera payée sur les fonds des écoles régimentaires de tir. Si l'objet n'est pas susceptible de réparations et doit être remplacé, le corps, après avoir fait constater la nécessité de ce remplacement par le fonctionnaire de l'intendance, demandera le remplacement au Ministre, en joignant à sa demande un récépissé de versement au Trésor du montant du prix de l'objet ou des objets à fournir. Les corps feront l'avance, sur les fonds de leur masse générale d'entretien (1), de

(1) Sur la caisse du corps (6 mars 1873).

toutes les dépenses des écoles régimentaires de tir (Note ministérielle du 18 août 1872, page 587).

Voir la note ministérielle du 9 mars 1875, relative aux remplacements des tubes à tir. (L'écrou usé seul doit être remplacé par un écrou neuf. Les corps devront, en conséquence, demander le remplacement desdits écrous hors de service dans la forme adoptée pour le remplacement des diverses parties de ce matériel spécial de tir (Note min. du 18 août 1872).

Tarif des objets du matériel de tir à la cible nécessaire à un régiment d'infanterie.

6 janvier 1870, t. XII, p. 2.

Une chaîne d'arpenteur, avec ses dix fiches..................	2 60
Règle de 1 mètre graduée en millimètres pour la mesure des écarts..	2 50
Palette avec hampe de 3 mètres de longueur à 1 fr. 75. Pour 6 palettes..........	10 50
Fanions (poids, 2 kilos) à 2 fr. 70. Pour 42 fanions	113 40
Chevalet de pointage (poids, 4 kilos) à 8 fr. 04. Pour 18 chevalets.................................	144 72
Cordeau de 25 mètres (poids, 0,820 gr.) à 2 fr. 22. Pour 36 cordeaux..........................	79 92

Registres et imprimés pour le tir (Note min. du 4 mai 1870, modifiée par la circulaire du 16 mars 1873).

Situation de tir (le cent).........	8 00	Feuillet individuel du livret (le cent).....................	1 00
Situation de tir de rappel (le cent).	6 00	Registre du régiment...........	4 50
Situation de tir (feux d'ensemble).	3 00	Rapport annuel...............	
Carnet de l'officier de tir.........	2 50		
Registre de compagnie	2 00		

Dépenses pour l'installation et le fonctionnement des buts mobiles de tir (29 août 1879).

Les dépenses afférentes aux écoles de tir dans les corps de l'artillerie et du train d'artillerie seront payées sur les fonds de l'artillerie. Dans les corps du train des équipages militaires, les dépenses seront payées sur les fonds du matériel des équipages militaires (Circ. min. du 31 mai 1872).

Épinglettes données comme prix de tir (Circ. du 6 mars 1873).

ORDONNANCEMENT.

Les relevés des dépenses, pour le service des écoles, sont produits trimestriellement.

Le remboursement en est effectué par mandats des fonctionnaires de l'intendance.

Les intendants militaires font parvenir au Ministre les copies des relevés et des pièces justificatives à l'appui, dans le courant du deuxième mois qui suit le trimestre expiré (Art. 20 de l'Instruction ministérielle du 1er mars 1881).

ANNEXE N° 14

ÉCOLE RÉGIMENTAIRE DE DESTRUCTION PAR LA DYNAMITE

DÉPENSES IMPUTÉES SUR LE SERVICE DES ÉCOLES DE LA CAVALERIE.

AVANCES FAITES PAR LA CAISSE DU CORPS.

Instruction ministérielle du 15 décembre 1878 (manuscrite) concernant l'installation du matériel de terrain de manœuvres dans les corps de cavalerie.

Circulaire ministérielle du 7 juin 1880 mettant à la charge du budget des écoles régimentaires les dépenses d'achat de ce matériel.

Décision ministérielle du 11 mars 1881, *J. M.*, P. R., page 205, accordant annuellement une somme de 50 francs, au maximum, pour l'entretien de ce matériel.

« Cette allocation sera largement suffisante si l'on considère que les com-
« pagnies de fer se sont engagées à reprendre les débris de fer
« aux prix de livraison, que les quelques poteaux brisés dans les exercices
« peuvent être réparés à peu de frais et que la reconstruction du mur dé-
« truit par la dynamite pouvant s'effectuer le plus souvent par la main-
« d'œuvre militaire ne nécessitera par conséquent qu'une dépense de mi-
« nime importance pour l'achat de sable et de chaux. »

« Les dépenses, qui devront être maintenues dans la limite fixée ci-dessus,
« seront approuvées directement par le fonctionnaire de l'intendance mi-
« litaire chargé de la surveillance administrative du corps. »

ORDONNANCEMENT.

Les relevés des dépenses, pour le service des écoles, sont produits trimestriellement.

Le remboursement en est effectué par mandats des fonctionnaires de l'intendance.

Les intendants militaires font parvenir au Ministre les copies des relevés et des pièces justificatives à l'appui, dans le courant du deuxième mois qui suit le trimestre expiré. (Art. 20 de l'Instruction ministérielle du 1er mars 1881).

ANNEXE N° 15

THÉORIES, PLACARDS, ETC., A FOURNIR AUX CORPS DE TROUPE

DÉPENSES IMPUTÉES SUR LE SERVICE DES ÉCOLES

AVANCES PAR LA CAISSE DU CORPS.

Décision ministérielle du 6 mars 1873, *J. M.*, page 208.

Le Ministre s'occupe des moyens de fournir aux corps de troupes les théories, règlements, placards, etc., qui leur sont nécessaires et qui leur seront désormais adressés par ses soins; par suite, les corps de troupe n'auront plus à faire de dépenses pour des achats de cette nature, et les chefs de corps qui ne se conformeront pas à cette disposition auront à payer, sur leur solde, la dépense irrégulière qu'ils feront contrairement à ces ordres.

Une nomenclature fera connaître prochainement les théories et règlements jugés nécessaires, et le nombre d'exemplaires attribués aux corps de toutes armes pour chaque publication.

Les exemplaires attribués et envoyés à chaque corps resteront la propriété de l'Etat et seront considérés comme en dépôt dans les mains des sous-officiers, brigadiers ou caporaux auxquels ils seront confiés et qui en seront responsables. Pour assurer cette responsabilité, chaque exemplaire devra porter les indications suivantes :

Le numéro et la désignation du corps;

Le numéro du bataillon, escadron ou compagnie;

Le numéro matricule du militaire à qui il est confié.

En vue de remplacer les théories, règlements et placards qui pourront être hors de service dans les corps, le Ministre a fait un premier approvisionnement important de chacune des publications ci-après :

Règlement du 16 mars 1869 sur les manœuvres de l'infanterie, 1er et 2e volumes.

Extrait du décret sur le service des places à l'usage des troupes à pied.

Extrait de l'ordonnance sur le service intérieur des troupes à pied.

Extrait de l'ordonnance sur les armées en campagne des troupes à pied.

Placards.

Marques extérieures de respect.
Devoir du caporal de chambrée.
Consigne des cuisines.
Consignes des postes de police.
Entretien des armes.

Lorsque les placards ne pourront pas être collés dans l'intérieur des baraques, les fonctionnaires de l'intendance autoriseront l'acquisition des cartons nécessaires sur les fonds du service des écoles (Note ministérielle du 7 mars 1874).

Les corps qui auraient à remplacer quelques-unes de ces publications hors de service, devront en faire la demande (Direction générale du personnel, 1er service, 1er bureau par une lettre visée par le fonction naire chargé de la surveillance administrative du corps, qui devra s'assure r, au préalable, de la nécessité de ce remplacement.

ANNEXE N° 16

TRAVAUX DE CAMPAGNE A EXÉCUTER DANS LES CORPS DE TROUPE DE L'INFANTERIE

DÉPENSES IMPUTÉES SUR LE SERVICE DES ÉCOLES.

AVANCES FAITES PAR LA CAISSE DU CORPS.

Instruction ministéri^elle du 23 mars 1878, *Journal militaire*, page 467.

MATÉRIEL ET DÉPENSES.

Les commissions de casernement font, par la voie hiérarchique, des propositions concernant les terrains qu'il conviendrait d'affecter aux exercices des travaux de campagne, en choisissant, de préférence, les champs de manœuvres appartenant à l'Etat ou les glacis de la fortification

Les outils à mettre en œuvre sont les outils portatifs, et ceux des voitures régimentaires. On se conforme pour leur emploi, leur entretien et leur renouvellement, aux prescriptions de l'instruction ministérielle du 31 juillet 1876.

Les corps se procurent eux-mêmes le matériel nécessaire, lattes, pointes, piquets, jalons, cordes à tracer, mètres, etc. Il leur est alloué à cet effet, sur les fonds du budget des écoles, un crédit de 150 francs pour la première année, et de 100 francs pour les années suivantes.

ORDONNANCEMENT.

Les relevés des dépenses, pour le service des écoles, sont produits trimestriellement.

Le remboursement en est effectué par mandats des fonctionnaires de l'intendance.

Les intendants militaires font parvenir au Ministre les copies des relevés et des pièces justificatives à l'appui dans le courant du deuxième mois qui suit le trimestre expiré (Art. 20 de l'Instruction ministérielle du 1er mars 1881).

ANNEXE N° 17

INFIRMERIE RÉGIMENTAIRE
DÉPENSES SUPPORTÉES PAR LE BUDGET DES HOPITAUX.
AVANCES FAITES PAR LA CAISSE DU CORPS.

Circulaire ministérielle du 22 mai 1873, *Journal militaire*, p. 604.

AU COMPTE DU SERVICE DES HOPITAUX.

1° Fournitures de médicaments, objets de pansement et ustensiles dont les corps peuvent être approvisionnés, soit par le magasin des hôpitaux, soit au moyen d'achats sur place pour le service des infirmeries régimentaires, conformément à la note ministérielle du 22 février 1876. *J. M.*, P. R., 1er semestre, p. 151 et suivantes.

Voir, pour les ustensiles, le tableau annexé à la circulaire du 11 janvier 1862, *J. M.*, p. 438.

2° Frais de culte (Circ. min. du 15 mars 1872);

3° Frais de bureau des médecins, blanchissage du linge à pansement, vin destiné aux convalescents (Circ. min. du 11 novembre 1872).

Les frais de bureau sont fixés à 30 francs par an pour chaque infirmerie de régiment ou de portion de régiment d'infanterie, de cavalerie, du génie, d'artillerie, du train, soit d'artillerie ou des équipages militaires, et 25 fr., pour les infirmeries des bataillons de chasseurs et des sections des commis et ouvriers militaires d'administration (Note min. du 24 novembre 1874, *J. M.*, p. 717).

4° Riz pour les convalescents et blanchissage des effets à l'usage de l'infirmerie, dont il convient de décharger la masse générale d'entretien sur laquelle ils avaient été imputés jusqu'ici.

A LA CHARGE DE LA MASSE DU HARNACHEMENT ET FERRAGE.

Livraison et achats de médicaments, objets de pansement, etc., etc., pour les besoins des infirmeries vétérinaires, dans les limites déterminées par la note du 22 février 1876.

Eclairage des infirmeries pour les troupes à cheval.

A LA CHARGE DE LA 2° PORTION DE LA MASSE GÉNÉRALE D'ENTRETIEN.

1° Éclairage des infirmeries pour les troupes à pied;

2° Fourniture de poudre de pyrèthre et soufflet à entonnoir.

A LA CHARGE DU TRÉSORIER DU CORPS.

Registres d'infirmerie et impr. més pour la statistique médicale (1).

---

(1) Registre médical d'incorporation,
— des malades à la chambre,

A LA CHARGE DU SERVICE DU CHAUFFAGE.

Combustible nécessaire au chauffage des bains.

ORDONNANCEMENT.

Les relevés de dépenses pour les infirmeries régimentaires sont produits annuellement.

Le remboursement en est effectué par mandats des fonctionnaires de l'intendance.

Les intendants militaires font parvenir au Ministre les copies des relevés et des pièces justificatives à l'appui, dans le courant du deuxième mois qui suit l'année expirée (Art. 13 de l'Instruction ministérielle du 1er mars 1881).

Registre médical des malades à l'infirmerie,
— des malades à l'hôpital,
— de vaccination et de revaccination,
— des catégories,
— de blessures de guerre et accidents survenus dans un service commandé, États A et D (25 décembre 1875).

Toutes les dépenses autres que celles spécifiées ci-dessus doivent être rejetées (Circulaire ministérielle du 17 septembre 1874, à l'intendant du 4e corps d'armée).

ANNEXE N° 18

GÉNIE

DÉPENSES AU COMPTE DU SERVICE.

AVANCES FAITES PAR LA CAISSE DU CORPS.

Instruction ministérielle du 10 juillet 1876, *J. M.*, P. R., page 30. Modification à cette instruction. Voir 24 octobre 1878 au *Journal militaire.*

Remplacements et réparations d'outils mis à la disposition des corps d'infanterie, perdus ou détériorés par cas de force majeure.

Voir pour le tarif des réparations et des remplacements, la page 38 du *J. M.*, 2° semestre 1876.

Note ministérielle relative au mode de remboursement des dépenses pour les réparations à exécuter aux outils du génie, mis à la disposition des corps de troupe.

Paris, le 15 mai 1879.
(*J. M.*, page 772).

L'Instruction du 31 juillet 1876, modifiée par la décision ministérielle du 24 octobre 1878, relative aux outils mis à la disposition des corps de troupe, détermine les conditions dans lesquelles il sera fait usage de ces outils et prescrit les mesures à prendre en cas de perte par cas de force majeure, de détérioration et de réparations dont le montant est imputable au compte de l'Etat.

En principe ces réparations doivent être effectuées par les chefs armuriers des corps et, au besoin, par l'industrie civile, en appliquant les prix du tarif spécial annexé à l'instruction précitée.

Le montant des réparations *imputables à l'Etat* a été soldé, jusqu'à présent, au moyen des fonds mis, sur leur demande, à la disposition de MM. les intendants militaires, mais ce mode de procéder qui comporte l'établissement de liquidation spéciale pour chaque dépense a, en outre, l'inconvénient, en compliquant les écritures, de causer des retards dans les paiements aux ouvriers.

Afin d'éviter ces inconvénients, le Ministre de la guerre a décidé que les sommes, d'ailleurs, peu importantes à payer pour les réparations exécutées aux outils *au compte de l'Etat*, seront désormais prélevées sur les fonds généraux de la caisse et payées aux ouvriers par les trésoriers des corps de troupe.

Les conseils d'administration de ces corps seront remboursés de leurs avances par ordonnance ministérielle directe, sur la production d'un compte général des dépenses effectuées pendant l'année. Ce compte sera appuyé des pièces justificatives en deux expéditions dont une timbrée, s'il y a lieu, à l'instar de ce qui se fait pour la liquidation des dépenses de l'armement et de l'habillement.

Quant aux réparations nécessitées par la faute des hommes, le montant en sera imputé aux masses individuelles comme par le passé.

Les comptes annuels devront être établis par les corps et adressés à MM. les intendants militaires qui les réuniront et les transmettront à l'administration centrale avant la fin du mois de janvier de chaque année.

ORDONNANCEMENT.

Les relevés des dépenses, pour le service du génie, sont produits annuellement.

Les intendants militaires font parvenir au Ministre ces relevés, avec les pièces justificatives à l'appui, dans le courant du deuxième mois qui suit l'année expirée.

L'ordonnancement de ces dépenses est réservé au Ministre (Art. 19 de l'Instr. minist. du 1er mars 1881).

ANNEXE N° 19

HABILLEMENT

DÉPENSES AU COMPTE DU SERVICE

AVANCES FAITES PAR LA CAISSE DES CORPS.

Aux termes de l'article 51 de l'Instruction ministérielle du 9 mars 1879, les corps font confectionner par leurs ateliers de réparations :

Les effets de tambour-major ;

Les capotes de sergent-major ;

Les effets de sous-officiers, caporaux, brigadiers et soldats non prévus par les tableaux de pointure ministériels, c'est-à-dire les effets de taille exceptionnelle ;

Les effets d'enfants de troupe au-dessus de 15 ans ;

Les effets d'enfants de troupe de 10 à 15 ans ;

Les écussons, numéros, grenades, cors de chasse, c'est-à-dire tous les attributs obtenus à l'emporte-pièce ;

Les matelassures de cuirasse ;

La garniture des épaulettes ;

Les calottes d'écurie ;

Les chaussons sont également confectionnés dans les ateliers de réparations des corps lorsque la fourniture en incombe à la masse générale d'entretien. Ils sont fournis aux corps de troupe par les magasins administratifs, lorsque cette fourniture est à la charge du service de l'habillement, c'est-à-dire lorsque les chaussons sont distribués gratuitement, à titre de première mise, au commencement de la saison d'hiver, aux corps ou fractions de corps logés dans les baraquements dont l'état d'entretien extérieur nécessite l'usage de sabots pour les hommes qui les occupent.

Tarif des confections militaires, y compris la fourniture des boutons.

Pose des pattes et des écussons à numéros sur les effets du service de l'habillement existant dans les approvisionnements des corps de troupe (Circ. min. du 5 janvier 1880, n° 1).

Prix à allouer aux chefs ouvriers, sur les fonds du service de l'habillement (budget ordinaire) (1) :

---

(1) A. Dans les corps de troupe qui ont la gestion d'approvisionnements destinés à un corps territorial de même arme et qui, par conséquent, sont dans l'obligation de faire application des prescriptions de l'article 29 de l'instruction du 1er septembre 1879, les pattes ou écussons à numéros sont faufilés sur les effets d'habillement du service de réserve du corps actif ; ils sont retirés lorsque les effets passent au service de réserve du corps territorial ; enfin, ils sont cousus quand les effets sont versés au magasin du ser-

Pour faufiler une paire de pattes ou écussons à numéros sur les effets d'habillement (par effet), ci...................... 0 02

Pour consolider une paire de pattes ou écussons à numéros sur les effets d'habillement (par effet), ci...................... 0 09

Pour coudre une paire de pattes ou écussons à numéros sur les effets d'habillement (par effet), ci...................... 0 11

Pour coudre l'écusson à numéros sur le képi (par effet)......... 0 05

Ces prix sont alloués toutes les fois que l'opération à laquelle ils se rapportent est effectuée.

Il n'est pas fait d'allocation pour les travaux consistant à découdre ou à défaufiler les pattes et les écussons à numéros.

Primes normales d'essayage et d'ajustage; retouches extraordinaires.

(Instruction ministérielle du 9 mars 1879).

§ 1er. — *Primes normales d'essayage et d'ajustage.*

Art. 85. — Les corps font exécuter, par leur atelier de réparations, et au compte du service de l'habillement, les retouches que nécessitent l'essayage et l'ajustage, à la taille des hommes, des effets neufs provenant des confections civiles, ainsi que des effets en cours de durée remis en service, lorsque ces effets sont classés du service courant au service de réserve.

Art. 86. — L'essayage et l'ajustage sont abonnés aux corps, dans les conditions suivantes (1) :

Pour chaque effet neuf provenant de confections civiles mis en distribution ou par chaque effet en cours de durée classé du service courant ou au service de réserve et remis en service.

Capote............................	0 08
Tunique ou dolman..............	0 11
Veste (toutes armes)............	0 07
Pantalon (toutes armes).........	0 05
Gilet de zouaves ou de tirailleurs...	0 05
Guêtres et jambières pour zouaves et tirailleurs..................	0 05

---

vice courant. Les écussons à numéros sont cousus sur les képis du service de réserve du corps actif, décousus et retirés quand ces effets passent au service de réserve du corps territorial et recousus lorsque les képis sont versés au magasin du courant.

B. Dans les régiments d'artillerie-pontonniers, les compagnies d'ouvriers d'artillerie et d'artificiers, les sections de secrétaires d'état-major, les 19e, 20e, 21e, 22e, 23e, 24e et 25e sections de commis et ouvriers d'administration et d'infirmiers militaires et les 19e et 20e escadrons du train des équipages, corps qui n'ont pas la gestion d'approvisionnements affectés à un corps territorial de même arme et qui ne sont pas affectés à faire mouvement, les pattes et écussons à numéros sont cousus, en tout temps, sur les effets de service de réserve comme sur ceux du service courant.

Toutefois, dans les 19e et 20e escadrons du train des équipages, les pattes ou écussons à numéros sont seulement faufilés sur les effets d'habillement du service de réserve qui ne sont pas à l'uniforme de l'arme.

C. Dans tous les autres corps de troupe, c'est-à-dire ceux qui n'ont pas d'approvisionnements de réserve destinés à un corps territorial de même arme, mais qui peuvent être appelés à faire mouvement, les pattes ou écussons à numéros sont faufilés sur les effets d'habillement du service de réserve et consolidés quand les effets sont versés au service courant; les écussons à numéros sont cousus, en tout temps, sur les képis du service de réserve comme sur ceux du service courant (Circulaire ministérielle du 5 janvier 1880, no 1).

(1) Bien que l'instruction ministérielle du 9 mars soit antérieure à la description des uniformes du 15 mars 1879, les fixations stipulées dans l'instruction du 9 mars doivent seules être appliquées et par suite celles qu'a reproduites le règlement du 15 mars doivent être considérées comme abrogées (Circulaire ministérielle du 29 mai 1879, no 27).

Toutefois, les tuniques, dolmans et pantalons de sous-officiers existant dans les approvisionnements peuvent donner lieu, au moment de la mise en distribution et sur l'autorisation du sous-intendant militaire, à une dépense pour travaux d'essayage et d'ajustage, renfermée dans la limite des prix de main-d'œuvre ci-après :

Par tunique ou dolman...................................... 1 25
Par pantalon... 0 50
(Modifications ministérielles du 22 mai 1880).

Art. 87. — Il n'est alloué aucune prime d'essayage et d'ajustage :

1° Pour les effets confectionnés dans les ateliers de réparations des corps, ou par les tailleurs civils locaux dans le cas prévu à l'art. 56 ;

2° Pour les effets en cours de durée mis en service, lorsque ces effets appartiennent au service d'instruction.

Art. 88. — La vérification des primes d'essayage et d'ajustage allouées aux corps s'opère de la manière suivante. Les quantités d'effets comprises dans la manière du premier ouvrier tailleur sont comparées aux quantités distribuées pendant le trimestre, telles qu'elles résultent des inscriptions au chapitre II du registre des recettes et consommations des corps ; les différences entre les premières et les dernières de ces quantités doivent correspondre exactement au nombre d'effets confectionnés par l'atelier de réparations et par le tailleur civil local dans le cas prévu à l'article 56 (1).

§ 2. — Retouches extraordinaires.

Art. 89. — Lorsque les effets de toute nature expédiés par un magasin administratif, à un corps de troupe, donnent lieu à des observations critiques nécessitant des retouches extraordinaires, les observations sont portées, par le corps, à la connaissance de l'autorité administrative supérieure, au moyen du bulletin n° 4, établi conformément aux prescriptions des art. 71 et 72 de la présente instruction.

Art. 90 . . . .

Art. 91. — L'intendant militaire du corps d'armée statue sur les propositions qu'il contient, toutes les fois que les réparations ou retouches peuvent être effectuées au moyen d'une dépense renfermée dans les limites de vingt-cinq centimes par effet. Cette dépense est au compte du service de l'habillement.

Art. 92. — Dans le cas où les réparations et retouches ne peuvent être effectuées dans la limite de dépense déterminée à l'article qui précède, les deux expéditions du bulletin n° 4, revêtues de l'avis de l'intendant militaire du corps d'armée, sont transmises par ce dernier, à son collègue ayant la haute surveillance de l'atelier qui a confectionné les effets, lequel est chargé de les faire parvenir au Ministre.

Art. 93. — Après décision du Ministre, l'une des expéditions du bulletin fait retour au corps de troupe, par la même voie. . . . .

. . . .

Transformation de vareuses et pantalons de mobilisés à délivrer aux militaires congédiés qui se retirent en Alsace-Lorraine.

(1) Les mouvements relatifs aux effets du service d'instruction sont relatés à un chapitre spécial du registre des recettes et consommations.

Enlèvement des boutons, parties et couleurs distinctes et insignes (Circ min. du 24 septembre 1879, n° 8587).

Signes distinctifs pour les vêtements et deuxième tenue des sous-officiers de toutes armes (Circ. min. du 28 juin 1879, *J. M.*, P. R., page 23, 2° semestre).

Fourniture et pose de soutaches sur le collet................	0 05
Fourniture et pose des deux cercles en soutache à apposer sur les vestes de zouaves et de tirailleurs algériens..............	0 06
Fourniture et pose de deux tresses noires sur les écussons de celles du génie...	0 06

Le remplacement des coiffes intérieures de képis réintégrées en magasin pour être remises en service (fourniture et pose);

La confection et la pose des velours remplacés périodiquement aux effets des troupes du génie;

La transformation à l'uniforme des corps des effets apportés par des hommes venus en détachement d'autres corps:

Le remplacement des bandes de pantalon (Instr. min. du 21 août 1879, *J. M.*, p. 683).

Habillement des enfants de troupe (Voir l'annexe n° 29).

Achats de sous-pieds nécessaires en première mise pour les pantalons en cours de durée mis en distribution (Circ. min. du 30 avril 1880).

Dépenses résultant de l'appel des réservistes (Circ min. du 19 avril 1880).

Nettoyages et lessivages des effets de petit équipement et d'habillement à réintégrer en magasin.

La dépense est limitée au chiffre moyen de 0 fr. 90 par réserviste (Effets d'habillement et de linge, y compris les cravates).

Pour les hommes qui reçoivent des vêtements en toile, l'allocation est portée à 1 fr. 10.

Pour les ceintures de flanelle, il est alloué une indemnité spéciale de 0 fr. 10 pour leur nettoyage.

Indemnité allouée aux brigadiers premiers ouvriers pour les réparations à exécuter aux effets lors de leur réintégration (en se basant sur le prix du marché d'abonnement);

Toutes les pertes ou dégradations de matériel;

Moins-value des éperons et les frais de pose.

Indemnités allouées aux réservistes pour les effets qu'ils ont apportés (Voir 16 juin 1880, n° 74).

Indemnités payées aux hommes qui ont prêté leurs effets de petite monture ou leurs effets de pansage.

Réduction sur la valeur des effets neufs de petit équipement, savoir:

Cols, guêtres de toile et chaussures......................	40 p. 100
Cravates, étuis-musettes, chemises, caleçons, bretelles de pantalon, sacs de petite monture, pantalon de toile et bourgerons...	30 —
Gamelles individuelles, fouets, effets de pansage, courroies de manteau ou de capote-manteau, quarts, éperons, cuillers, bouchons de fusil, cordes à fourrage....................	40 —

Enlèvement des galons de grade, 0,05 par effet (18 juillet 1878, *J. M.*, p. 120).

Dépenses résultant de la mise en état des effets remplacés après durée expirée, et destinés à l'approvisionnement de l'habillement d'instruction. (Art. 240 du décret du 1er mars 1880 et Note ministérielle du 30 juin 1880).

Dépenses résultant de l'appel des hommes de l'armée territoriale.

(Exécution de la circulaire minist. du 15 mars 1879, modifiée le 27 mars 1880, n° 37).

Galons de grade en or et en argent apposés sur les effets délivrés aux adjudants.

Indemnités payées aux hommes qui ont prêté leurs effets de pansage (0,15 c.).

Indemnités allouées aux hommes pour les effets qu'ils ont apportés ou qu'ils doivent se procurer (4 à 5 fr. suivant l'arme) (Voir 16 juin 1880, n° 74).

Nettoyage et lessivage des effets à réintégrer en magasin et au besoin le nettoyage des enveloppes de paillasse ou de traversin et des sacs de couchage.

Taux 50 centimes. Cette allocation comprend seulement les effets d'habillement et ceux très restreints de linge, à l'exclusion des effets de couchage que les corps pouvaient avoir à faire nettoyer.

Pertes ou dégradations d'effets et réparations des effets d'habillement réintégrés.

Enlèvement des galons de grade, 0,05 par effet (18 juillet 1878, *J. M.*, page 120).

———

Toutes les dépenses faites par les corps de l'armée active pour achat de pantalons de treillis, de ceinturons et dragonnes d'adjudant, nettoyage d'effets y compris ceux du couchage auxiliaire, étamage de petites gamelles, indemnité pour prêt d'effets de pansage, enlèvement et pose des galons, etc., donneront lieu à l'établissement d'un compte trimestriel spécial appuyé de toutes les pièces justificatives.

Le montant de ce compte sera mandaté par les soins de MM. les intendants militaires, au moyen des crédits spéciaux qui leur seront délégués sur leur demande, au titre du budget ordinaire et dans la forme prescrite par la circulaire du 17 septembre 1878, qui sera applicable dans cette circonstance (15 mars 1879).

Dépense résultant de la réfection des chaussures ouvertes par les commissions de réception (Circ. min. du 2 septembre 1879, n° 7764).

Allocation aux premiers ouvriers cordonniers d'une indemnité de 0 fr. 20 pour chaque soulier, botte ou bottine réfectionnés.

Cette indemnité ne sera pas allouée quand les chaussures auront été rejetées par les Commissions de réception.

———

Gymnase. — L'achat des vestes, pantalons et ceintures est mis à la charge du service de l'habillement (Circ. min. du 8 mai 1872).

Natation. — Achat de caleçons et des sangles de natation (Circ. min. du 27 juin 1872).

Tir. — Cors de chasse donnés aux meilleurs tireurs (Déc. min. du 6 mars 1873).

Chauffage des magasins régimentaires.

Autorisé par MM. les intendants militaires pour des périodes de temps restreintes, sur procès-verbal motivé dont une expédition sera adressée au Ministre.

L'autorisation devra indiquer les moyens de chauffage à employer, ainsi que l'importance du combustible à allouer (Circ. min. du 10 janvier 1880, n° 6).

Gratification au garde-magasin d'habillement de l'armée territoriale (Inst. min. du 15 mai 1877).

Tableau des accessoires d'habillement et des objets d'équipement dont l'achat direct est confié aux Conseils d'administration.

(Règlement du 15 mars 1879).

DÉSIGNATION DES EFFETS.	Prix des effets.	Durée des effets non compris dans le tabl. B (1).	OBSERVATIONS.
Effets de grand équipement. Epaulettes de tambour-major...... Epaulettes de troupe (2).......... Galons de laine écarlate, cul de dé, en 22mm...... Galons de laine écarlate, cul de dé, en 12mm...... Galons en laine jonquille, cul de dé, en 22mm...... Galons en laine jonquille, cul de dé, en 12mm...... Galons en laine garance, cul de dé, en 22mm...... Galons en laine garance, cul de dé, en 12mm...... Galons en laine en losanges tricolores, en 22mm.............. Galons en laine tricolore dite au boisseau, en 22mm.............. Tresse en laine garance plate ou carrée. .... Tresse à losanges tricolores....... — jonquille plate ou carrée.... Soutache en soie noire.......... — en laine jonquille........ Galons en or à lézardes, en 22mm.. — à cul de dé, en 22mm.. — pour musicien à cul de dé, en 10mm...... — — en 5mm.... — à lézardes, en 12mm.. En argent à lézardes, en 22mm..... — en 12mm.....	Ne pas dépasser les prix fixés par les nomenclatures H. et J.	» » La durée de l'effet d'habillement sur lequel il est posé.	(1) Joint au règlement du 15 mars 1879 sur les uniformes de l'armée. (2) Toutes les épaulettes nécessaires même pour des remplacements anticipés au compte de la masse individuelle, doivent être délivrées exclusivement aux corps de troupe par les magasins de l'État (Circ. m. du 2 août 1879, n° 6777)

DÉSIGNATION DES EFFETS.	Prix des effets.	Durée des effets non compris dans le tabl. B (1).	OBSERVATIONS.
Toile d'Armentières pour effets d'enfants de troupe (le mètre).......		»	(1) Joint au règlement du 15 mars 1879 sur les uniformes de l'armée.
Ruban de médaille.		»	
Ceinturon (pour zouaves et tirailleurs algériens).		»	(2) 19 nov. 1874.
Guêtres de campagne (pour zouaves et tirailleurs algériens).		»	(3) 4 août 1878.
Bourgerons de travail et d'écurie...		»	
Foudre brodé en fil blanc, la paire...		»	
Ceinturon en cuir vernis pour tambours-majors et sergents-majors..		»	
Ceinturon en cuir vernis pour élève d'administration		»	
Effets de grand équipement. (Suite). Plaque....................		»	
Dragonne de sabre...........		»	
Caisse de tambour.............		»	
Baguette avec leur douille (la paire).		»	
Bretelle de caisse en veau noirci...		»	
Collier de caisse.............		»	
Écusson porte-baguette (seul)......	Ne pas dépasser les prix fixés par les nomenclatures H. et J.	»	
Cuissière en veau noirci...........		»	
Passant en buffle noirci		»	
Clairon d'ordonnance............		»	
Trompette.................		»	
Cordon de clairon.............		»	
Cordon de trompette.		»	
Courroie de trompette...........		»	
Canne de tambour-major..........		»	
Canne de caporal-tambour		»	
Cordon de canne de caporal-tambour.		»	
Bretelles porte-effets en cuir neuf...		»	
Havresacs (2).		»	
Effets de petit équipement. Bottines de tambour-major.........		»	
Sous-pieds et bretelles de pantalon pour les conducteurs de caissons à munitions des corps d'infanterie (3)..................		»	

Frais de manutention des magasins.

Pour les approvisionnements des effets d'habillement, de grand équipement et du service de réserve, les frais d'entretien sont imputables sur les fonds du service de l'habillement (Budget ordinaire) (Art. 27 de l'Instruction ministérielle du 1er septembre 1879).

Ces dépenses ne seront engagées que sur l'autorisation du fonctionnaire de l'intendance militaire (art. 18 de l'instruction ministérielle du 20 octobre 1879).

ORDONNANCEMENT.

Les relevés des dépenses, pour le service de l'habillement et de campement, sont produits trimestriellement.

Le remboursement en est effectué par mandats des fonctionnaires de l'intendance.

Les intendants militaires établissent, pour ces dépenses, des rapports de liquidation (modèle n° 205 de la nomenclature), et les font parvenir au Ministre, avec les copies des pièces justificatives à l'appui, dans le courant du deuxième mois qui suit le trimestre expiré (Instruction ministérielle du 1er mars 1881, article 15).

ANNEXE N° 20

HARNACHEMENT
AVANCES FAITES PAR LA CAISSE DU CORPS.

Dépenses autorisées par des décisions ou instructions ministérielles au compte du service.

Les relevés des dépenses, pour le service du harnachement, sont produits trimestriellement.

Le remboursement en est effectué par mandats des fonctionnaires de l'intendance.

Les intendants militaires établissent, pour les dépenses, des rapports de liquidation (modèle n° 205 de la nomenclature), et les font parvenir au Ministre, avec les copies des pièces justificatives à l'appui, dans le courant du deuxième mois qui suit le trimestre expiré (art. 17 de l'instruction ministérielle du 1er mars 1881).

ANNEXE N° 21

REMONTE GÉNÉRALE
AVANCES FAITES PAR LA CAISSE DU CORPS.

DÉPENSES IMPUTÉES SUR LE SERVICE DES FOURRAGES (1).

Règlement du 23 mars 1837 (art. 48 et 103).

Cette dépense doit être calculée par cheval et par jour, à raison de 1 fr. 80 cent. pour la cavalerie de ligne et légère, l'artillerie, le génie et les équipages, et de 2 francs pour la cavalerie de réserve. Ce tarif est une limite qui ne doit pas être dépassée (art. 48). Les excédents sont mis à la charge de qui de droit (7 septembre 1849, p. 45).

Les relevés des dépenses, pour nourriture de chevaux de remonte en route, sont produits trimestriellement.

Le remboursement en est effectué par mandats des fonctionnaires de l'intendance.

Les intendants militaires établissent, pour les dépenses, des rapports de liquidation (modèle n° 4, annexé à la décision ministérielle du 3 mars 1860) et les font parvenir au Ministre, avec les pièces à l'appui (2ᵉ direction-cavalerie, bureau des remontes), dans le courant de chaque trimestre pour le trimestre expiré.

DÉPENSES IMPUTÉES SUR LE SERVICE DE LA REMONTE GÉNÉRALE.

Achats et rachats des chevaux.

Règlement du 23 mars 1837, 3 juillet 1855, 27 janvier 1860, 12 mars 1860, 17 décembre 1874, 18 janvier 1875.

Les achats et les rachats devant être justifiés dans la comptabilité-matières conformément à l'instruction du 1ᵉʳ mars 1880, les corps de troupe opéreront à l'avenir pour les paiements comme les dépôts de remonte.

Dès lors, les créanciers, officiers ou autres vendeurs, seront ordinairement payés par mandat direct du sous-intendant militaire, sur production de factures, établies d'après les règles adoptées pour ces établissements.

Dans des cas exceptionnels, et lorsque l'autorisation spéciale en est donnée par les autorités compétentes, les corps peuvent faire des avances, tant pour les achats et les rachats de chevaux (factures modèle n° 3 de l'instruction) que pour les autres dépenses, dont ils sont remboursés comme il est dit ci-après.

Les relevés des dépenses, pour le service de la remonte générale, sont produits trimestriellement.

(1) Par virement du service des remontes (règlement du 3 avril 1869).

Le remboursement en est effectué par mandats des fonctionnaires de l'intendance.

Les intendants militaires établissent, pour toutes ces dépenses, des rapports de liquidation (modèle n° 2, annexé à la décision ministérielle du 3 mars 1860), et les font parvenir au Ministre, avec les copies des pièces justificatives à l'appui, dans le courant du deuxième mois qui suit le trimestre expiré.

Le modèle n° 2 doit être complété, s'il y a lieu, de manière à présenter, suivant la nature des dépenses, les tableaux de détail indiqués aux modèles n° 1 et 3, joints à la décision ministérielle précitée du 3 mars 1860 (Instruction ministérielle du 1er mars 1881, art. 16).

ARTICLE 22
du décret et de l'instruction
du 1er mars 1880

ANNEXE N° 22

ANALYSE
DES DIVERS MODES D'ADMINISTRATION
DE COMPTABILITÉ ET DE PAIEMENT
ET
PIÈCES A PRODUIRE AUX COMPTABLES DU TRÉSOR PUBLIC
A L'APPUI DES ORDONNANCES ET MANDATS (1).

OBSERVATIONS GÉNÉRALES ET PRÉLIMINAIRES.

Instruction ministérielle du 1er mars 1881, relative au remboursement aux corps de troupe des avances faites pour l'exécution des différents services du matériel (5e direction, Services administratifs).

Application de l'art. 22 du décret du 1er mars 1880.

1. — Conformément aux dispositions de l'article 22 du décret du 1er mars 1880, modifiant l'ordonnance du 10 mai 1814, les corps de troupe doivent être remboursés des avances faites pour l'exécution des différents services du matériel, sur la production de relevés (modèle 21 *bis* du décret) appuyés des pièces justificatives.

Ces dispositions sont naturellement applicables aux écoles militaires et aux établissements pénitentiaires.

Établissement des pièces justificatives.

2. — Ainsi que l'indique l'instruction ministérielle du 1er mars 1880, relative à l'application du décret précité, les pièces doivent être établies conformément aux modèles joints à ladite instruction, en observant les prescriptions du règlement du 3 avril 1869 pour l'exécution, en ce qui concerne le département de la guerre, du décret du 31 mai 1862, sur la comptabilité publique.

Les mémoires (modèle n° 1 de l'instruction du 1er mars 1880) sont em-

---

(1) Voir aux annexes n° v à xix, les dépenses dont les corps de troupe peuvent faire l'avance sur leur caisse.

16

ployés pour toutes les dépenses d'entretien, de confections, de réparations, de menues fournitures, de blanchissage de linge ou d'effets, de nettoyage, etc.

Les états émargés (modèle n° 2 de l'instruction précitée) sont employés pour toutes les dépenses relatives à des paiements de primes de travail, de gratifications et d'indemnités.

Dans les autres cas, on emploie les factures à talon (modèle n° 3 de l'instruction précitée).

Pour le remboursement des sommes versées indûment au Trésor, on produit la copie de l'autorisation ministérielle.

Distinction des dépenses et des pièces justificatives.

3. — Les dépenses à titre d'avances doivent être faites et les pièces justificatives établies distinctement par exercice, et pour chacune des divisions et subdivisions de la nomenclature des dépenses de la guerre, publiée annuellement au *Journal Militaire officiel*, c'est-à-dire par chapitre, ou, dans chaque chapitre, par article, par partie ou par paragraphe du budget (1).

Indépendamment des distinctions sus-indiquées, les dépenses imputables au budget ordinaire doivent également être distinguées des dépenses imputables, soit au compte de liquidation des charges de la guerre, soit sur *ressources extraordinaires*.

Les pièces de dépenses et les relevés sont, dans ce dernier cas, établis en observant la division des nomenclatures spéciales.

Nombre de décimales après les francs.

4. Sur les pièces de dépenses, les décomptes en deniers ne doivent comprendre que deux décimales après les francs. On force d'une unité la seconde décimale lorsque la troisième est 5 et au dessus.

Timbres secs et en noir (2).

5. Lorsque les factures ou mémoires auront été établis sur du papier timbré à l'avance, l'empreinte des timbres, tant à sec qu'en noir, ne pourra être couverte d'écriture ni altérée de quelque manière que ce soit (art. 21 de la loi du 13 brumaire an VII).

Paiement des dépenses.

6. De même que les pièces justificatives doivent être établies conformément aux dispositions du règlement du 3 avril 1869, de même les paiements doivent être effectués dans les conditions prescrites par ledit règlement.

---

(1) Exemples concernant 1881. — Pour *l'habillement et le campement*, toutes les dépenses seront faites et les pièces justificatives établies sous le seul titre de chap. XII, art. unique. — Pour le chap. XVII, les dépenses et les pièces seront distinctes pour l'art. 1er, *Remonte générale*, et pour chacun des § de l'art. III, *Harnachement*. — Pour les *Écoles militaires*, les dépenses et les pièces seront naturellement distinctes pour chacune des parties des divers § de l'art. 14 du chap. XXI.

(2) Le timbre de dimension n'est exigible que sur les pièces de dépense qui doivent être produites au Trésor, à l'appui des ordonnances ou mandats de paiement (Circulaire ministérielle du 17 janvier 1840, *Journal militaire officiel*, édition refondue, tome 3, p. 603).

Les traites établies sur papier empreint du timbre proportionnel et acquittées, remplacent, le cas échéant, à l'appui des factures non revêtues de l'acquit des créanciers, les quittances isolées dont la production est autorisée par le règlement du 3 avril 1869.

Aux termes de l'article 160 du même règlement, les conseils d'administration ne peuvent être considérés comme comptables ordinaires des deniers publics; ils forment, pour chaque corps ou établissement, une partie prenante collective soumise aux règles prescrites pour les créanciers de l'Etat.

Néanmoins, comme les fonds employés par les corps pour assurer les divers services du matériel, sont employés à peu près dans les mêmes conditions que ceux qui proviennent des avances faites aux comptables des services régis par économie, les conseils d'administration ont à remplir, pour les dépenses acquittées directement, les mêmes formalités que les comptables.

Des dispositions générales qui concernent l'ordonnancement, le paiement et la justification des dépenses, et qui font suite au règlement du 3 avril 1869, doivent, surtout, être exactement observées (1).

Délais de production des titres de créance.

7. Les conseils d'administration doivent refuser le paiement des factures ou mémoires qui ne leur seraient pas présentés dans les délais fixés par les marchés ou conventions.

Ces délais doivent être fixés, dans les corps de troupe, de manière à permettre une prompte régularisation, c'est-à-dire qu'on doit ordinairement exiger la production des factures ou mémoires au moment même où les fournitures sont livrées ou les travaux exécutés.

Etablissement des relevés des dépenses.

8. Les relevés des dépenses sont établis distinctement d'après les principes indiqués à l'alinéa numéroté 6 ci-dessus, c'est-à-dire que les conseils d'administration doivent dresser un relevé distinct par budget, et dans chaque budget par chapitre, ou, dans chaque chapitre, par article, par paragraphe ou partie, suivant le cas.

Les dépenses omises dans un relevé doivent être comprises dans le premier relevé à établir au titre du même exercice, après la constatation de l'omission. Si les dépenses omises concernent le 4e trimestre, il est alors établi, et dans ce cas seulement, un relevé supplémentaire au titre de l'année écoulée.

Détail, par nature de dépenses, à porter sur les relevés établis par les corps, et sur les pièces justificatives.

9. Le détail par nature de dépenses à porter sur les relevés, est établi en se conformant aux indications du tableau ci-annexé.

Les factures, mémoires ou quittances reçoivent, pour ordre, le cas échéant, un développement analogue faisant ressortir distinctement les sommes afférentes à chacune des divisions de détail sus-indiquées. Ce développement, dressé sous forme récapitulative, est établi à l'encre rouge (2).

---

(1) Ces dispositions sont reproduites ci-après.
(2) *Exemple* : Une facture du service des écoles régimentaires, pour un corps d'in-

Envoi des relevés de dépenses et des pièces justificatives au sous-intendant militaire.

10. Les relevés, établis comme il vient d'être dit, sont envoyés avec les pièces justificatives, dans le courant du premier mois de chaque trimestre pour le trimestre écoulé, ou de chaque année, pour l'année expirée, au sous-intendant militaire, qui les inscrit au registre d'entrée des pièces de comptabilité (art. 74 du règlement du 3 avril 1869).

En même temps que les relevés et les pièces justificatives en original (factures, mémoires, quittances, traites, marchés, etc.), les corps envoient au sous-intendant militaire une copie de chacun de ces documents, préparée pour être certifiée conforme par ce fonctionnaire.

Les pièces originales vont à l'appui de l'ordonnancement, et les copies sont destinées à la liquidation.

Services que les corps de troupe peuvent actuellement avoir à assurer au moyen d'avances sur les fonds généraux de leur caisse.

11. Les services que les conseils d'administration des corps de troupe, des écoles et des établissements pénitentiaires peuvent, actuellement, avoir à assurer, au moyen d'avances faites sur les fonds généraux de leur caisse, et pour lesquels ils doivent établir des relevés, sont les suivants : 1° Fourrages (nourriture de chevaux de remonte en route); 2° Hôpitaux militaires (infirmeries); 3° Service de marche (convois); 4° Habillement et campement; 5° Remonte et harnachement; 6° Génie (réparation des outils); 7° Artillerie et équipages (entretien et réparation des armes); 8° Ecoles.

———

Le relevé des dépenses (modèle n° 21 *bis* du décret du 1ᵉʳ mars 1880), uniformément adopté pour les remboursements que les corps ont à réclamer, a été disposé de manière à répondre aux exigences des différents services (hôpitaux, habillement et campement, harnachement, artillerie, écoles, etc.).

Des instructions spéciales seront adressées ultérieurement pour indiquer les mesures de détail relatives à cette partie de service, qui se trouve plus particulièrement dans les attributions du trésorier (1).

Toutefois, pour l'établissement des pièces justificatives, les corps de troupe auront à se conformer au règlement du 3 avril 1869 sur la comptabilité des finances et aux modèles joints à la présente instruction.

Pour les ouvriers des corps, les frais de confection, frais d'essayage et d'ajustage, etc., seront compris dans un seul mémoire trimestriel (modèle n° 1).

Les expéditions des factures (modèle n° 3), destinées à la liquidation, seront conformes au modèle n° 3 *bis*.

Toutes les dépenses pour frais de bureau, primes, gratification, etc.,

———

fanterie, s'élève au total à 55 fr. 70 c. Dans la colonne d'observations, on portera, à l'encre rouge, le développement suivant :

Achats...	40 50
Entretien et réparations.......................	10 40
Volontaires d'un an.............................	5 40
TOTAL ÉGAL.......	55 70

(1) Instruction ministérielle du 1ᵉʳ mars 1884.

seront comprises sur les états émargés (modèle n° 2) (art. 22 de l'instruction ministérielle du 1er mars 1880).

D'après l'article 37 de la loi du 1er brumaire an VII, les marchés doivent porter, en tête, la mention de la patente du fournisseur ou du fabricant, avec l'énonciation de la classe, de la date et du numéro de cette patente, et la désignation du lieu où elle aurait été délivrée (Circ. min. du 18 septembre 1842, 21 octobre 1843 et 15 décembre 1846).

Les chèques émis comme effets de commerce ne doivent pas être admis par les corps (28 août 1872).

TABLEAU

indiquant le détail par nature de dépenses à présenter sur les relevés nos 21 bis (décret du 1er mars 1880)
et sur les rapports de liquidation.

FOURRAGES.										
Nourriture des chevaux de remonte en route.										
1	2	3	4	5	6	7	8	9	10	11

HOPITAUX (INFIRMERIES RÉGIMENTAIRES).										
Achats de médicaments.	Achats de vin et de riz.	Frais de bureau du médecin.	Blanchissage du linge à pansement et des effets d'infirmerie.							
1	2	3	4	5	6	7	8	9	10	11

SERVICE DE MARCHE (CONVOIS).										
Voitures non suspendues.	CHEVAUX OU MULETS									
	de trait.	de bât.								
1	2	3	4	5	6	7	8	9	10	11

HABILLEMENT ET CAMPEMENT.

ARMÉE ACTIVE ET ÉTABLISSEMENTS PÉNITENTIAIRES.					ÉCOLES MILITAIRES.			RÉSERVISTES (B). (PÉRIODE D'INSTRUCTION.)	
ACHATS.		Confections.			Achats.				
Effets désignés dans la 1re partie du tableau C annexé à la description des uniformes du 15 mars 1879. Effets de gymnastique et de natation.	Effets de petit équipement destinés à l'approvisionnement de réserve. (A)	Pose et faufilage de pattes à numéros, d'insignes et grenades, Frais d'essayage, transformations et opérations non comprises dans l'abonnement.	Remboursement des sommes versées indûment au Trésor, Différence et réduction dans le prix des effets de chaussure et de petit équipement.	Dépenses diverses autorisées par le Ministre.	Galons, rubans, ceinturons et dragonnes. Effets de manège, de natation et de gymnastique. Chaussons et sabots. (Cadres et élèves.)	Confections. — Pose de galons et ornements. Frais d'essayage. Doublure d'épaulettes. (Cadres et élèves.)	Dépenses diverses autorisées par le Ministre.	Habillement du personnel secondaire.	Pertes, réparations, transformations, pose et dépose des galons. Nettoyage et lessivage des effets. Etamage des gamelles.	Valeur ou moins-value des effets de petit équipement.
1	2	3	4	5	6	7	8	9	10	11

RÉSERVISTES (B). (PÉRIODE D'INSTRUCTION.)		ARMÉE TERRITORIALE (C). (PÉRIODE D'INSTRUCTION.)						ENTRETIEN ET CONSERVATION DES APPROVISIONNEMENTS DE RÉSERVE et de l'armée territoriale (B).		
Indemnité pour effets apportés. (Habillement et petit équipement.)	Indemnité pour prêt d'effets de petite monture et de pansage.	Pertes, réparations, transformations, pose et dépose de galons. Nettoyage et lessivage des effets, Etamage des gamelles. Achats de pantalons de toile, galons, etc.	Valeur ou moins-value des effets de petit équipement.	Indemnité pour effets apportés. (Habillement.)	Indemnité pour prêt d'effets de pansage.	Valeur des effets de petit équipement cédés à l'approvisionnement d'instruction. (B)	Frais de gestion et de bureau.	Gratifications.	Achats d'ingrédients et objets divers pour la conservation des effets.	
12	13	14	15	16	17	18	19	20	21	22

(A) Dépenses imputables au compte de liquidation ou sur ressources extraordinaires.
(B) Ces dépenses sont toujours imputables au budget ordinaire.
(C) Les dépenses occasionnées par les périodes d'instruction sont imputables au budget ordinaire, celles résultant d'achats pour l'approvisionnement territorial sont imputables au compte de liquidation.
Les dépenses afférentes au budget ordinaire ne devront jamais être confondues dans un même rapport avec les dépenses afférentes soit au compte de liquidation, soit au budget des ressources extraordinaires. — La même distinction devra être observée pour les dépenses applicables à deux exercices (Circ. min. du 20 juin 1880).

REMONTE ET HARNACHEMENT (REMONTE GÉNÉRALE).

§ 1er. ACHATS OU RACHATS.							
Chevaux d'officiers.	Chevaux de troupe.						
1	2	3	4	5	6	7	8	9

REMONTE ET HARNACHEMENT (HARNACHEMENT).

§ 1er. CAVALERIE.		§ 2. ARTILLERIE ET ÉQUIPAGES MILITAIRES.		§ 3. GÉNIE.		§ 4. ÉCOLES.				
Achats.	Entretien et réparations.	Achats.	Entretien et réparations.	Achats.	Entretien et réparations.	Achats.				
1	2	3	4	5	6	7	8	9	10	11

ARTILLERIE ET ÉQUIPAGES (ARMES PORTATIVES).

ARMÉE ACTIVE.				Réserve de l'armée active.	Réserve de l'armée territoriale.					
Entretien et réparation des armes.	Caisses d'emballage.	Prime journalière de travail.	Nettoyage d'étuis métalliques.	Réparations.	Réparations.					
1	2	3	4	5	6	7	8	9	10	11

GÉNIE.

Entretien et réparation des outils.										
1	2	3	4	5	6	7	8	9	10	11

ÉCOLES RÉGIMENTAIRES DE DIVERSES ARMES. — § 1er *Écoles régimentaires.*

Achats de matériel.	Entretien et réparation.	Éclairage.	Volontaires d'un an.							
1	2	3	4	5	6	7	8	9	10	11

ÉCOLES RÉGIMENTAIRES DE DIVERSES ARMES. — § 2. *Écoles de la gendarmerie et de la garde républicaine.*

Achats.	Indemnités aux moniteurs.	Fournitures diverses.								
1	2	3	4	5	6	7	8	9	10	11

ÉCOLES RÉGIMENTAIRES DE DIVERSES ARMES. — § 3. *Gymnases militaires et écoles de tir.*

GYMNASE.		Tir.	Natation.	Clairons, et trompettes.	Théories et placards.					
Personnel.	Matériel.									
1	2	3	4	5	6	7	8	9	10	11

ÉCOLES RÉGIMENTAIRES DES ARMES DIVERSES. — § 4. *Escrime et boxe.*

Dépenses générales.	Éclairage.	Espadrilles et gants.	Dépenses accidentelles.							
1	2	3	4	5	6	7	8	9	10	11

Rapports de liquidation. — Règles générales.

21. Les rapports de liquidation sont distincts, comme les relevés des dépenses, par chapitre, ou, dans chaque chapitre, par article, par partie ou par paragraphe du budget, comme il a été dit ci-dessus.

Les rapports de liquidation à établir par les intendants militaires sont collectifs pour tous les corps de troupe de chaque région, gouvernement ou division militaire.

Le développement des sommes à admettre en liquidation est présenté, comme pour les relevés des corps, dans l'ordre indiqué au tableau ci-joint.

Pour chacune de ces colonnes, des totaux spéciaux doivent être présentés

CHAPITRES SPÉCIAUX.	ARTICLES et SERVICES.	ANALYSE du mode d'administration, de comptabilité et de paiement.
HABILLEMENT et CAMPEMENT.	Art. 2. Matériel.	§ 2. — *Frais de confection et achats d'objets accessoires* (*). Le Ministre met à la disposition des intendants militaires qui sont chargés de la surveillance des magasins généraux et des conseils d'administration des corps de troupe, les crédits nécessaires aux frais de confection des effets et à l'achat des boutons, des agrafes, etc. Divers achats ayant pour objet, soit des effets de petit équipement, soit l'habillement des condamnés, etc., sont confiés aux soins des intendants militaires qui, dans ce cas, ont recours à la voie des adjudications publiques, toutes les fois que les circonstances le permettent. Quant aux corps, ils traitent sans adjudication, mais autant que possible, avec les fabriques établies dans les lieux de garnison où ils se trouvent, et en se renfermant d'ailleurs dans les limites des tarifs ministériels.

(*) Voir à l'annexe n° XIX les dépenses qui peuvent être engagées au compte du service de l'habillement.
(1) Des doutes s'étant élevés relativement au mode de justification des dépenses résultant de confections ou des corps de troupe, il a été arrêté, de concert entre le département de la guerre et celui des finances, que ces dépenses confections ou réparations, seraient celles qui sont indiquées au deuxième paragraphe de l'article 2 :
1° Un résumé des dépenses; 2° Un relevé décompté des effets réparés ou confectionnés dans les ateliers
Toutefois, à dater de la réception de la présente circulaire, les relevés décomptés seront revêtus d'une mention et qu'elles ont été exécutées en prenant pour base les tarifs ministériels. — Il est bien entendu que les dépassé (Circulaire ministérielle du 4 août 1879, n° 36).
(2) Remplacé par le relevé modèle n° 24 bis annexé au décret du 1er mars 1886. — Pour le modèle des dépenses (Voir le tableau aux observations générales). — Justifications des dépenses faites aux réservistes qu'ils ont apportés sont payées sur la production d'états émargés, établis en double expédition et conformes état récapitulatif (modèle n° 1 bis) et ensuite établi pour les corps autres que les sections ou compagnies formées effets de passage donnent également lieu à l'établissement d'états particuliers (n° 2) et d'états récapitulatifs remboursement est versée en une seule fois au Trésor, au titre du budget ordinaire et au moyen d'une facture un état récapitulatif par corps d'armée (modèle n° 3), ainsi qu'il est dit ci-après. — Toutes les dépenses dans les relevés trimestriels, modèle n° 24 bis du décret du 1er mars 1886.

pour l'ensemble des corps de troupe de chaque région, gouvernement ou division militaire.

Chaque rapport de liquidation doit être rigoureusement arrêté au montant des droits réels et constatés.

Si les payements sont inférieurs aux droits constatés, la somme à payer après liquidation doit être indiquée sur le rapport d'une manière apparente.

Si les payements sont supérieurs aux droits constatés, la différence entre les payements et les droits constatés doit être justifiée par une déclaration de versement au Trésor. L'équilibre entre les payements et les droits constatés est rétabli, par l'administration centrale, conformément aux dispositions de l'article 23 du règlement du 3 avril 1869 (Instruction ministérielle du 1er mars 1881).

PIÈCES A PRODUIRE aux comptables du Trésor à l'appui des ordonnances et mandats de paiement.	OBSERVATIONS.
Premier acompte. 1° Résumé des dépenses faites, dûment vérifié et arrêté; 2° Quittance du conseil d'administration, ou du chef du corps ou du détachement, lorsqu'il n'existe pas de conseil. *Acomptes subséquents* 1° Résumé comme ci-dessus rappelant les acomptes précédemment payés. 2° Quittance. *Paiement pour solde.* 1° Résumé comme ci-dessus relatant les acomptes payés, les dates ou numéros des ordonnances ou mandats antérieurs et le solde à payer; 2° Relevé décompté des quantités d'effets confectionnés ou réparés dans les ateliers du corps (1) et des matières ou effets achetés. 3° Mémoires (T) ou factures (T) quittancés et appuyés des mémoires pour toutes les dépenses résultant d'achats. 4° Bordereau des pièces justificatives produites, certifié par le corps et vérifié par le sous-intendant militaire (2).	Le timbre n'est pas exigé pour les quittances données par les Conseils d'administration des corps de troupe, ni pour les marchés passés par eux. Ces marchés sont affranchis de la formalité de l'enregistrement. Le timbre n'est pas exigé pour les quittances données par les Conseils d'administration des corps de troupe, ni pour les marchés passés par eux. Ces marchés sont affranchis de la formalité de l'enregistrement.

de réparations d'effets d'habillement exécutées par les chefs ouvriers militaires, dans les ateliers de réparations les pièces à produire aux comptables du Trésor, à l'appui des ordonnances ou mandats délivrés en payement du chapitre 7 de la nomenclature annexée au règlement du 3 avril 1869, savoir :
des corps.
tion indiquant que les confections ou réparations dont il s'agit n'ont pas donné lieu à la passation d'un marché penses de confections ou de réparations résultant de marchés, continueront d'être justifiées comme par le
(Circ. min. du 19 avril 1880 reproduites ci-après). — Les indemnités allouées aux réservistes pour les effets au modèle n° 1. Ces inscriptions faites sur ces états sont contrôlées au moyen des bons de distribution. — Un ment corps. — Les indemnités payées aux hommes qui ont prêté leurs effets de petite monture ou leurs (n° 2 bis). Ces indemnités sont versées à la masse individuelle. — La valeur des effets délivrés à charge de la livraison collective. — Des expéditions certifiées conformes des factures sont adressées au Ministre avec faites pour l'habillement des réservistes sont remboursées aux corps qui en ont fait l'avance et comprises

mémoires, factures, états émargés (Voir les observations générales qui précèdent). — Pour le classement des

CHAPITRES spéciaux.	ARTICLES et services.	ANALYSE du mode d'administration, de comptabilité et de paiement.	PIÈCES À PRODUIRE aux comptables du Trésor à l'appui des ordonnances et mandats de paiement.	OBSERVATIONS.
HABILLEMENT et CAMPEMENT. (Suite.)	Art. 2. Matériel. (Suite.)	§ 3. — *Frais de manutention, etc.*	*Frais de manutention.* 2° États émargés pour paiement d'ouvriers, mémoires (T) ou factures revêtues du récépissé du comptable et quittancées par les créanciers réels; lesdits états, mémoires, répétition et factures dûment arrêtés par les sous-intendants militaires.	Pour les approvisionnements des effets d'habillement, de grand équipement, etc., du service de réserve, les frais d'entretien sont imputables sur les fonds du service de l'habillement (budget ordinaire) Art. 27 de l'instruction ministérielle du 1er septembre 1879. Ces dépenses ne seront engagées que sur l'autorisation du fonctionnaire de l'intendance militaire (art. 18 de l'instruction du 20 octobre 1879). L'indemnité accordée au garde-magasin au titre de l'armée territoriale est prélevée sur les fonds du service de l'habillement (Instruction ministérielle du 15 mai 1877).
		§ 4. — *Secours aux masses d'entretien.* Lorsque, en raison de circonstances particulières, les masses générales d'entretien des corps de troupes se trouvent obérées, des secours peuvent être accordés à ces masses sur les fonds du service de l'habillement, en vertu de décisions spéciales du Ministre de la guerre.	1° Extrait de liquidation; 2° Quittance du conseil d'administration ou du chef du corps ou du détachement, lorsqu'il n'existe pas de conseil.	
REMONTE GÉNÉRALE.	Art. 1er.	ACHAT DE CHEVAUX.	1° Quittance (T) des vendeurs sur les mandats. 2° Procès-verbal de réception des chevaux, indiquant le signalement de chaque cheval, l'arme pour laquelle il est reçu, le nom du vendeur, son domicile et le prix d'achat.	Voir l'annexe n° 21.
	Art. 3. Dépenses accessoires.	§ 6. — *Frais de nourriture des chevaux en route, des lieux d'achat aux dépôts.* Les dépenses occasionnées par la nourriture, en route, des chevaux dirigés des lieux d'achat sur les établissements de remonte sont avancées par le chapitre XIII et font l'objet d'une liquidation spéciale et trimestrielle, mais le montant de ces dépenses est reporté, par virement, au service des fourrages, sur le service duquel elles sont définitivement imputées.	1° Quittances (T) des aubergistes, certifiées par les maires des communes dans lesquelles les chevaux ont été nourris, et visées par les sous-intendants militaires. 2° Bordereau des sommes payées, certifié par les chefs de détachement, vérifié et arrêté par le fonctionnaire de l'intendance. 3° Décision ministérielle portant liquidation.	Règlement du 23 mars 1837. Aux termes de l'article 48, § 3, l'allocation ne doit pas dépasser 1 fr. 80 par cheval et par jour, pour la cavalerie de ligne, la cavalerie légère, l'artillerie, les trains, et 2 fr. pour la cavalerie de réserve.
HARNACHEMENT.	Articles d'après le budget de l'armée.	HARNACHEMENT DES CHEVAUX.	Même mode de justification que pour les dépenses du service de l'habillement et du campement.	Voir l'annexe n° 20.
ÉTABLISSEMENTS et matériel de l'artillerie.	Art. 2. Armes portatives.	§ 3. — *Entretien des armes dans les corps.*	1° Situation de l'armement portant décompte, en quantité et en deniers, du service fait pour l'abonnement. 2° Procès-verbaux, factures (T), mémoires (T) et quittances (T) destinés à justifier les dépenses extraordinaires comprises dans ledit compte. 3° Relevé modèle n° 21 bis.	Voir l'annexe n° 5.

CHAPITRES spéciaux.	ARTICLES et services.	ANALYSE du mode d'administration, de comptabilité et de paiement.
ÉTABLISSE-MENTS et matériel du génie.	Art. 2.	DÉPENSES ACCESSOIRES.
ÉCOLES MILITAIRES.	Art. 8.	ÉCOLES RÉGIMENTAIRES DE L'INFANTERIE ET DE LA CAVALERIE. La comptabilité des Écoles des 1er et 2e degrés est régie par le règlement du 15 avril 1875 qui a abrogé toutes les dispositions antérieures. Les dépenses doivent être présentées dans la classification énoncée au modèle n° 3 (art. 42).
HÔPITAUX.	Unique.	DÉPENSES DES INFIRMERIES RÉGIMENTAIRES.
CHAUFFAGE et ÉCLAIRAGE.	Unique.	DÉPENSES DES INFIRMERIES RÉGIMENTAIRES. Achat de charbon de bois pour la préparation des bains (14 novembre 1872, 29 janvier 1873, 12 mai 1873).
SOLDE et prestations en nature.	Art. 1er. Convois militaires.	TRANSPORT DES BAGAGES A LA SUITE DES CORPS. (Circulaire ministérielle du 19 décembre 1876, n° 3043).

RÈGLEMENT DU 3 AVRIL 1869

DISPOSITIONS GÉNÉRALES
CONCERNANT L'ORDONNANCEMENT, LE PAIEMENT ET LA JUSTIFICATION DES DÉPENSES.

§ 1er. — Règles applicables à toutes les dépenses.

1. L'ordonnance de paiement émane directement du Ministre; le titulaire d'une ordonnance est accrédité auprès du comptable du Trésor public qui doit la payer, au moyen d'un extrait de l'ordonnance que la partie prenante revêt de son acquit.

PIÈCES A PRODUIRE aux comptables du Trésor à l'appui des ordonnances et mandats de payement.	OBSERVATIONS.
Relevé des dépenses faites pour dégradations par cas de force majeure. Facture (T) ou mémoire (T).	Voir l'annexe n° 16.
Justifications communes : 1° Mémoire (T) ou facture (T) dûment certifié ou constaté, contenant le détail des fournitures en quantités, les prix d'unité, la date des livraisons et la somme à payer. 2° Certificat constatant l'exécution du service dans les délais et suivant les conditions stipulés, faisant connaître, s'il y a lieu, la date des ordres de livraison, et, de plus, mentionnant la prise en charge par qui de droit des fournitures, ou le numéro d'inscription sur l'inventaire ou le catalogue des objets qui en sont susceptibles. 3° Pour les indemnités allouées aux moniteurs, quittance de l'ayant-droit, par émargement ou séparée.	Voir les annexes pour les dépenses faites aux titres ci-après : N° 6, Bibliothèques de caserne. N° 8, Écoles régimentaires, 1er, 2e et 3e degrés. N° 9, École d'escrime. N° 10, École régimentaire de gymnastique. N° 11, École de natation. N° 12, Écoles régimentaires des clairons et trompettes. N° 13, Écoles régimentaires de tir. N° 14, École de destruction par la dynamite. N° 16, Travaux de campagne à exécuter dans les corps d'infanterie.
Mode de justification timbré 1° et 2° pour les dépenses des écoles régimentaires.	Voir l'annexe n° 17.
Même mode de justification que ci-dessus.	Voir les annexes n° 6 bibliothèques de caserne et 17, infirmeries régimentaires.
Relevé des dépenses. Mémoire modèle n° 4 de l'Instruction du 1er mars 1880. Copie de chaque ordre de mouvement ou de chaque feuille de route de détachement.	Voir l'annexe n° 7.

Le mandat de paiement (1) est émis par un ordonnateur secondaire; la partie prenante donne quittance sur le mandat.

On s'est dispensé, dans la nomenclature des pièces justificatives des dépenses, de mentionner l'extrait d'ordonnance et le mandat, toutes les fois qu'ils ne devaient rien présenter de spécial.

2. L'acquittement des dépenses publiques est justifié par les comptables du Trésor, conformément aux dispositions du présent règlement et aux prescriptions de la nomenclature suivante.

3. Il n'est question, dans cette nomenclature, que de pièces qui, indépendamment de l'ordonnance ou du mandat, sont nécessaires pour justifier de la légalité et de la réalité de la dépense, ainsi que de la validité du paiement à la personne dénommée dans l'ordonnance ou le mandat.

En cas de paiement à des ayants droit ou représentants du titulaire, les

(1) Tout mandat de paiement dérive d'une ordonnance ministérielle de délégation de crédit.

comptables doivent exiger, sous leur responsabilité et d'après le droit commun, les pièces constatant, selon le cas, les qualités et droits des parties prenantes.

4. Lorsqu'il s'agit de services non prévus dans la nomenclature, ou de cas spéciaux pour lesquels les règlements et instructions ont dû laisser aux comptables, sous leur responsabilité, le soin d'exiger les pièces nécessaires, les justifications produites à l'appui des ordonnances ou mandats doivent toujours constater la régularité de la dette et celle du paiement, aux termes des articles 136 et 137 du présent règlement.

5. Avant de procéder au paiement des ordonnances et mandats délivrés sur leurs caisses, ou de les viser pour être payés par d'autres comptables, les agents chargés de la dépense doivent s'assurer, sous leur responsabilité, que toutes les formalités déterminées par les règlements ont été observées et que les justifications désignées par la nomenclature sont produites.

6. Les pièces justificatives produites à l'appui d'une ordonnance ou d'un mandat doivent être revêtues du visa, soit d'un fonctionnaire administratif, délégué par le Ministre, soit de l'ordonnateur secondaire qui a délivré le mandat. En ce qui concerne les ordonnances ministérielles, les factures, mémoires, décomptes ou bordereaux de dépenses sont arrêtés, *ne varietur*, par les directeurs chefs de service, et les extraits de décisions, copies de pièces ou de documents sont certifiés *pour extrait* ou *pour copie conforme* par les chefs de bureau compétents.

7. Lorsqu'il est ordonnancé ou mandaté des acomptes sur une dépense, la première ordonnance ou le premier mandat doit être appuyé des pièces qui constatent le droit du créancier au paiement de cet acompte. Pour les acomptes subséquents, les ordonnances ou mandats rappellent les justifications déjà produites et relatent les ordonnances ou mandats précédemment délivrés. Ces justifications sont complétées lors du solde de la dépense.

8. Les titres produits en justification des dépenses, notamment les mémoires des entrepreneurs et fournisseurs, doivent toujours indiquer la date précise, soit de l'exécution des services ou des travaux, soit de la livraison des fournitures.

9. Les dépenses qui donnent lieu à plusieurs paiements doivent toujours être acquittées suivant le même mode, c'est-à-dire qu'elles ne sauraient être payées partie sur les fonds mis à la disposition des agents des services régis par économie, et partie au moyen du mandatement direct.

10. La partie prenante dénommée dans une ordonnance ou dans un mandat de paiement doit toujours être le créancier réel, c'est-à-dire la personne qui a fait le service, effectué les fournitures ou travaux, et qui a un droit à exercer contre le Trésor public.

Il n'est fait d'exception à cette règle que pour les corps de troupe, lesquels sont représentés par le conseil d'administration, ou par le chef du corps ou du détachement, lorsqu'il n'existe pas de conseil.

11. Les ordonnances ou mandats délivrés, après le décès d'un créancier de l'État, au profit de ses héritiers ne désignent pas chacun d'eux, mais portent seulement cette indication générale : *les héritiers.* C'est au comptable chargé de la dépense qu'il appartient, avant de procéder au paiement, d'exiger les titres justificatifs de la qualité des ayants droit, ainsi qu'il est dit ci-dessus (voir § 1er, art. 3).

Les sommes de 50 francs et au-dessous pourront toutefois être payées sur la production d'un certificat du maire, délivré sur papier libre et énonçant que les parties y dénommées ont seules droit de toucher la somme due, en qualité d'héritiers.

La signature du maire, dans les départements autres que celui de la Seine, devra être légalisée.

Tout certificat de propriété ayant pour objet le paiement de sommes dues par l'Etat, à titre de pension, de rémunération ou de secours, est exempt de la formalité de l'enregistrement.

12. Les agents préposés au paiement des dépenses doivent se conformer aux dispositions suivantes, en ce qui concerne les quittances à fournir par les parties prenantes :

1° La quittance est apposée sur l'extrait d'ordonnance ou sur le mandat ; elle ne doit contenir ni restrictions ni réserves. Quand l'extrait d'ordonnance ou le mandat est quittancé par le créancier, il n'est pas nécessaire qu'il soit fourni une quittance isolée et distincte : l'extrait d'ordonnance ou le mandat est, s'il y a lieu, soumis au timbre.

2° Lorsque la quittance est produite séparément, comme il arrive si elle doit être extraite d'un registre à souche ou à talon, ou si elle se trouve au bas des factures, mémoires ou contrats, l'extrait d'ordonnance ou le mandat n'en doit pas moins être quittancé *pour ordre* et *par duplicata*, la décharge du Trésor ne pouvant être séparée de l'ordonnancement qui a ouvert le droit.

3° Toute quittance doit être datée et signée par la partie prenante devant l'agent de la dépense, au moment même du paiement.

4° Si la partie prenante est illettrée ou dans l'impossibilité de signer, déclaration en est faite au comptable chargé du paiement, qui la transcrit sur l'extrait d'ordonnance ou sur le mandat, la signe et la fait signer par deux témoins présents au paiement, pour toutes les créances qui n'excèdent pas 150 francs.

Toutefois, à l'égard du paiement de la taxe des témoins cités devant les tribunaux militaires, lorsque le créancier ne sait ou ne peut signer, mention doit en être faite, sur la taxe même, par le président du conseil de guerre ou le rapporteur, et la remise au comptable du mandat ainsi libellé vaut quittance.

Pour tout paiement au-dessus de 150 francs, il est exigé une quittance authentique enregistrée gratis, à moins qu'il ne s'agisse d'éleveurs illettrés (1), ceux-ci devant continuer à jouir de l'exception consacrée pour eux

---

(1) Pour les éleveurs indigènes de l'Algérie, on doit se conformer aux art. 108 et 109 ci-après de l'ordonnance du 2 janvier 1846, sur l'administration et la comptabilité des finances dans la colonie :

« Art. 108. Dans les cas où le titulaire d'une ordonnance ou d'un mandat de paie-« ment serait reconnu hors d'état de quittancer ladite ordonnance ou ledit mandat, « faute de savoir ou de pouvoir écrire, le comptable est autorisé à effectuer le paiement « sur quittance administrative délivrée conformément aux dispositions prescrites par « notre Ministre secrétaire d'Etat des finances.

« Cette quittance est établie sur le modèle annexé à la présente ordonnance par le « fonctionnaire chargé des services civils dans la résidence de la partie prenante.

« A défaut de quittance administrative, le paiement a lieu en présence de deux « témoins notoirement connus, qui signent avec le comptable, sur l'ordonnance ou « mandat, la déclaration faite par la partie prenante qu'elle ne sait ou ne peut signer.

« Art. 109. Dans les paiements faits aux indigènes, leur signature ou l'apposition « de leur cachet est certifiée par la déclaration écrite d'un interprète dûment asser-« menté ou commissionné, laquelle porte que la partie prenante ne sait signer en fran-« çais.

« Cette déclaration est visée par le fonctionnaire qui a remis l'extrait d'ordonnance ou « le mandat au titulaire.

« A défaut d'interprète assermenté ou commissionné, on doit exiger la quittance « administrative mentionnée en l'article précédent, ou l'attestation de deux témoins

17

par l'article 14 du règlement du 23 mars 1837, c'est-à-dire à recevoir le prix de leurs chevaux en présence de deux témoins, comme il est dit ci-dessus.

5° Les mandats d'*indemnité de route* reçoivent l'acquit des officiers ; cette formalité n'est pas exigée des hommes de troupe (sous-officiers et soldats). Avant d'apposer leur signature et leur cachet sur les feuilles de route et sur les mandats, les ordonnateurs sont tenus de s'assurer de l'identité et du droit des parties prenantes. Ils ne doivent jamais omettre d'indiquer les mandats délivrés par eux, non plus que d'inscrire exactement sur la feuille de route des sous-officiers et soldats le signalement qui sert à constater l'identité du titulaire et de faire apposer en leur présence sur ladite feuille la signature des hommes qui sont en état de l'y mettre.

De leur côté, les comptables du Trésor sont tenus de refuser le paiement des mandats dont la délivrance n'est pas indiquée sur la feuille de route de la partie prenante, et ils doivent avoir soin de mentionner les mandats qu'ils ont acquittés à la suite des annotations des ordonnateurs qui constatent la délivrance desdits mandats. Les paiements de l'espèce ne doivent être effectués qu'aux caisses des comptables, et ceux-ci, en cas d'absence ou d'empêchement de leur part, ne peuvent confier ce service qu'à des employés de leurs bureaux. Il n'y a d'exception à la règle qui exclut l'emploi des intermédiaires que pour les trésoriers ou officiers-payeurs agissant dans l'intérêt et pour le compte des militaires de leurs corps, les officiers d'administration, et généralement les comptables de tous les établissements militaires ou civils dont la position est bien connue, lorsqu'ils se présentent pour les militaires sortant des hôpitaux ou hospices, pénitenciers, ateliers, etc.

Les ordonnateurs et les agents de la dépense doivent d'ailleurs se conformer strictement, sous leur responsabilité, aux instructions spéciales qui régissent tous les détails du service de marche.

6° Lorsqu'il s'agit de paiements collectifs, il peut toujours être suppléé aux quittances individuelles par des états d'émargement dûment certifiés, et alors l'extrait d'ordonnance ou le mandat doit être revêtu de l'acquit de la personne autorisée à en recevoir le montant pour le compte des ayants droits.

« français notoirement connus. Dans ce dernier cas, le comptable signe avec les té-« moins. »

Modèle de quittance administrative à produire par le créancier qui ne sait ou ne peut signer (art. 108 et 109 de l'ordonnance).

« Par-devant nous (nom, prénoms et qualité du fonctionnaire qui reçoit l'acte),

« Est comparu (désigner le comparant comme il l'est sur le mandat de paiement à « lui délivrer); lequel, ayant à recevoir de M. le payeur (indiquer la résidence), la « somme de (mentionner en toutes lettres la somme) portée au mandat n° , dé-« livré à son profit pour (indiquer l'objet du mandat), nous a déclaré être hors d'état « de quittancer ledit mandat, faute de savoir (ou de pouvoir [s'il sait signer, mais ne le « peut, la cause de l'empêchement doit être indiquée]) écrire, et nous a requis en « conséquence de lui donner acte de la présente déclaration, qui sera par lui remise « au payeur, en même temps que le mandat ci-dessus indiqué, en échange des fonds, « pour valoir quittance et former libération valable et régulière.

« Dont acte, passé en brevet (on ne doit pas garder de minute de cette déclaration, « elle doit être remise en brevet au déclarant, après qu'elle a été enregistrée), et après « lecture, nous avons signé le présent, en exécution de l'article 108 de l'ordonnance « royale du 2 janvier 1846 sur l'administration et la comptabilité des finances en Al-« gérie.

« A , le 18 . »

7° Les états de paiement ordonnancés ou mandatés au profit de corps ou portions de corps de troupe doivent être acquittés par tous les membres du conseil d'administration. Pour les fractions de corps n'ayant point de conseil d'administration, les ordonnances et mandats sont acquittés par l'officier ou le sous-officier commandant. Dans ce dernier cas, le signataire de l'acquit doit être désigné dans l'ordonnance ou dans le mandat par son nom et par la qualité qui lui donne droit à en recevoir le montant sur sa quittance.

8° En matière d'expropriation pour cause d'utilité publique, les quittances peuvent, comme les contrats, être passées dans la forme des actes administratifs.

13. Toute pièce à produire à l'appui d'une ordonnance ou d'un mandat de paiement, pour justification des droits du créancier, et dont la désignation est suivie de la lettre (T) dans la Nomenclature, est assujettie au droit du timbre établi en raison de la dimension des papiers (1).

14. Quand plusieurs fournisseurs se réunissent pour présenter un mémoire collectif de leurs diverses fournitures applicables à un même travail, les acquits dont ils le revêtent ne sauraient constituer autant d'actes distincts : il n'y a qu'un mémoire acquitté par plusieurs parties prenantes et passible d'un seul droit de timbre, suivant la dimension du papier.

15. Lorsque les titres, factures ou mémoires portant quittance sont timbrés, ou que la quittance est fournie séparément sur papier timbré, l'acquit donné *pour ordre* sur les extraits d'ordonnance ou les mandats n'entraîne pas la nécessité du timbre de ces pièces.

16. Une quittance timbrée n'est exigible que si elle est donnée isolément et ne se trouve pas au bas d'un mémoire ou autre titre déjà timbré. Dans ce cas, le droit de timbre n'est pas proportionnel à la dimension de la feuille; il est invariablement de 50 centimes.

17. Si le titulaire de l'ordonnance ou du mandat n'est qu'un intermédiaire administratif entre l'État et ses créanciers, la quittance qu'il donne en touchant les fonds est une formalité d'ordre qui ne nécessite pas le timbre; mais il est exigé, lorsqu'il y a lieu, sur les quittances des créanciers réels que l'intermédiaire est tenu de rapporter et de produire au comptable.

18. N'est point soumis à la formalité du timbre tout bordereau produit par un agent administratif, à l'effet, soit d'obtenir le remboursement de dépenses ou d'avances, soit de justifier de l'emploi des fonds qui avaient été mis à sa disposition pour un service public.

19. Sont exemptées de la formalité du timbre les quittances de traitements et émoluments personnels (2), celles des sommes payées à titre de

---

(1) Loi du 13 brumaire an VII, art. 12 : « Sont assujettis au droit du timbre établi « en raison de la dimension, tous les papiers à employer pour les actes et écritures, « soit publics, soit privés, savoir :

....

« Les actes des autorités constituées administratives, qui sont assujettis à l'enregis- « trement ou qui se délivrent aux citoyens, et toutes les expéditions et extraits des actes, « arrêtés et délibérations desdites autorités qui sont délivrés aux citoyens :

....

« Et généralement tous actes et écritures, extraits, copies et expéditions, soit publics, « soit privés, devant ou pouvant faire titre, ou être produits pour obligation, décharge, « justification, demande ou défense. »

(2) Un droit de timbre de 0 fr. 10 pour quittances, a été établi par la loi du 23 août 1871. Voir la note interprétative du 10 avril 1872, qui énumère les pièces de dépenses de l'armée qui sont exemptées de ce droit.

pension, secours et actes rémunératoires et toutes autres quittances pour créances non excédant 10 francs, quand il ne s'agit pas d'un acompte ou du solde final sur une plus forte somme (1).

20. Toutes les dispositions qui régissent l'impôt du timbre sont applicables à l'Algérie; mais, en ce qui concerne les armées actives opérant sur un territoire ennemi ou étranger, sont exemptes du timbre les pièces établies dans des localités où il n'existe pas d'autorité française pour remplir cette formalité.

21. Pour les dépenses qui n'excèdent pas 10 francs dans leur totalité, la production des factures et mémoires de travaux ou fournitures n'est pas exigible, quand le détail des fournitures ou travaux est présenté dans l'ordonnance ou le mandat. S'il s'agit d'une dépense exécutée en régie, il peut être suppléé à la facture ou au mémoire par une quittance de l'ayant droit contenant le même détail.

22. Les sommes en chiffres inscrites dans le corps d'une ordonnance ou d'un mandat, ainsi que de toute pièce à l'appui, doivent être énoncées en toutes lettres dans l'arrêté de l'ordonnateur ou du liquidateur.

23. Les pièces justificatives de dépense qui présentent des ratures, altérations ou surcharges ne peuvent être admises sans approbation donnée en marge, au moyen de renvois dans la forme suivante :

Pour les ratures : *Approuvé la rature de* (nombre en toutes lettres) *mots;*

Pour les altérations de sommes en lettres : *Bon pour la somme de* (en toutes lettres);

Pour les surcharges : *Approuvé les mots* (les écrire) *altérés ou surchargés.*

Ces renvois doivent être signés, selon les cas, par ceux qui ont arrêté les mémoires, états ou autres titres, ou par ceux qui ont souscrit les quittances et par l'agent administratif qui a visé les pièces. Il en est de même de tout renvoi ayant pour objet d'ajouter des énonciations omises.

24. Tout extrait d'ordonnance de paiement et tout mandat présentant, dans leur partie manuscrite, des ratures ou renvois non approuvés, doivent être refusés par le comptable et ne peuvent donner lieu à paiement qu'après régularisation par le signataire.

---

(1) Loi du 13 brumaire an VII, article 16 : « Sont exceptés du droit et de la formalité du timbre :

« Les minutes de tous les actes, arrêtés, décisions et délibérations de l'administration publique en général, et de tous établissements publics, dans tous les cas où aucun de ces actes n'est sujet à l'enregistrement sur la minute, et les extraits, copies et expéditions qui s'expédient ou se délivrent, par une administration ou un fonctionnaire public, à une autre administration publique ou à un fonctionnaire public, lorsqu'il y est fait mention de cette destination ;

« Les quittances de traitements et émoluments des fonctionnaires et employés salariés par l'Etat ;

« Les quittances des secours payés aux indigents ;

« Toutes autres quittances, même celles entre particuliers, pour créances de sommes non excédant *dix francs*, quand il ne s'agit pas d'un acompte ou d'une quittance finale sur une plus forte somme ;

« Les registres de toutes les administrations publiques pour ordre et administration générale.

« Art. 29. Le timbre des quittances fournies à l'Etat ou délivrées en son nom est à la charge des particuliers qui les donnent ou les reçoivent ; il en est de même pour les autres actes entre l'Etat et les citoyens. »

25. Les signatures griffées sont interdites sur les ordonnances, les extraits d'ordonnances ou les mandats, et sur toutes pièces justificatives de dépenses.

26. Les actes notariés produits pour la justification des droits des créanciers de l'Etat doivent porter l'empreinte du sceau des notaires qui les ont dressés, et ils doivent être légalisés, s'ils proviennent d'un département autre que celui où s'effectue le paiement.

27. Tout titre de créance énonçant des quantités en poids ou mesures doit être rejeté, si ces quantités sont exprimées autrement qu'en poids et mesures du système décimal, conformément à la loi du 4 juillet 1837.

§ 2. — *Règles applicables aux dépenses du personnel.*

28. Le traitement des officiers et des employés militaires ou civils se paie par mois, à terme échu, les mois étant indistinctement comptés pour trente jours. En cas de décès ou de cessation d'activité dans le cours du mois, il est établi un décompte indiquant la somme due en raison du nombre des jours de service.

La solde de la troupe se paie par quinzaine et d'avance.

29. Le traitement d'un officier ou d'un employé absent pour cause d'altération de facultés mentales et traité dans un établissement public peut être payé, sauf déduction des retenues prescrites, sur l'acquit du receveur de cet établissement, appuyé d'une quittance à souche, et sur la production d'un certificat de vie du malade, délivré par le directeur de l'établissement, dont la signature doit être légalisée par le maire de la commune. L'extrait d'ordonnance ou le mandat de paiement doit, en outre, être visé par celui des membres de la commission administrative qui remplit les fonctions d'administrateur provisoire; à Paris, ces fonctions sont remplies par le directeur de l'assistance publique.

30. La solde des officiers et des employés militaires supporte une retenue de 2 0/0 (1) au profit du Trésor, substitué aux droits de l'ancienne dotation des Invalides. Les sommes payées aux employés civils à titre de traitement fixe ou éventuel, de supplément de traitement, de salaires, ou constituant, à tout autre titre, un émolument personnel, sont passibles de retenues pour pensions, aux termes de l'article 3 de la loi du 9 juin 1853. La nomenclature suivante mentionne un certain nombre d'émoluments que les lois ou règlements exemptent de ces retenues.

31. Les traitements ou allocations passibles de retenues qui sont acquittés par les comptables du Trésor sont portés *pour le brut* dans les ordonnances et mandats, et il y est fait mention spéciale des retenues à exercer, soit au profit du Trésor, soit pour pensions. Les comptables chargés du paiement des ordonnances et mandats les imputent en dépense pour leur montant intégral, et ils constatent en recette le produit de la retenue de 2 p. 0/0 au compte des fonds du Trésor, et celui des retenues pour pensions civiles, à un compte distinct par exercice, intitulé : *Retenues sur traitements pour le service des pensions civiles,* conformément à l'article 5 du décret du 9 novembre 1853. Les extraits d'ordonnances ou mandats n'en doivent pas moins être acquittés pour leur montant brut. La dépense afférente à ces retenues est balancée dans les comptes par une somme égale portée en recette.

---

(1) Aujourd'hui 5 p. 100.

§ 3. — *Règles applicables aux dépenses du matériel.*

32. Les mémoires ou factures de fournitures d'objets matériels et les mémoires de travaux et services se rapportant au matériel doivent être totalisés en chiffres et en toutes lettres; ils sont datés et signés par les créanciers, et le domicile de ces derniers y doit être indiqué.

33. L'arrêté de liquidation des mémoires ou factures de toute fourniture d'objets matériels doit contenir : 1° certificat de réception de ces objets par l'administration, à moins que leur livraison n'ait été constatée, soit par un procès-verbal compris au nombre des pièces justificatives, soit par la déclaration d'un agent compétent, relatant le numéro d'inscription sur le registre tenu par cet agent pour les objets qu'il doit prendre en charge; 2° mention du numéro de l'inscription desdits objets sur l'inventaire ou le catalogue, pour ceux dont la nature comporte cette formalité.

34. Les ordonnances ou mandats de *premier paiement* à délivrer au nom de tout entrepreneur ou fournisseur doivent être appuyés d'une déclaration de l'ordonnateur faisant connaître si le titulaire est ou non assujetti à un cautionnement matériel, et indiquant, dans le premier cas, la date de la réalisation de la garantie exigée et la nature des valeurs qui y ont été affectées.

Dans le cas où le cautionnement n'aurait pas été réalisé dans le délai fixé par le marché ou la convention, le paiement ne pourrait avoir lieu que sur la production d'un certificat de l'ordonnateur, constatant que le retard ne provient pas du fait du créancier, ou que le Ministre lui a accordé une prorogation de délai. La preuve de la réalisation doit toujours être produite dans le plus bref délai.

35. La production des tarifs annuels qui servent de base à la liquidation des fournitures faites par l'Imprimerie impériale est exigible pour le premier paiement de chaque année, et l'on y renvoie pour les paiements suivants.

36. Les remplois d'effets mobiliers et de matériaux utilisés pour les services d'où ils proviennent, conformément à l'article **22** du Règlement, doivent être prévus dans les marchés ou conventions et justifiés au moyen d'un décompte établi à l'appui des devis, dans lequel se trouvent décrits et évalués les objets réformés remis aux entrepreneurs ou fournisseurs et dont la nature et la valeur sont ensuite rappelées au bas des mémoires.

§ 4. — *Règles applicables à la forme et à la production des pièces justificatives.*

37. Toutes les fois que les pièces justificatives désignées dans la Nomenclature se rapportent à plusieurs paiements distincts à effectuer par le même comptable, elles peuvent n'être produites qu'une fois; mais, dans ce cas, chaque ordonnance ou mandat de paiement auquel elles sont applicables doit énoncer le numéro et la date de l'ordonnance ou du mandat auquel elles ont été jointes; le comptable doit indiquer, en outre, la date du paiement à l'appui duquel elles sont produites à la cour, sans que la production de ces pièces puisse être différée au delà du terme de la gestion annuelle.

Cette règle n'est pas applicable aux acomptes d'une entreprise pour laquelle les pièces justificatives peuvent, d'après l'article **144** du Règlement, être rattachées au paiement pour solde.

38. La nomenclature ci-après indique toujours les pièces justificatives en original.

À défaut de la minute ou de l'original de toute pièce justificative à produire aux comptables du Trésor, il peut y être suppléé par des copies dûment certifiées par les agents administratifs compétents et mentionnant, s'il y a lieu, l'accomplissement de la formalité de l'enregistrement.

Les copies remises aux parties pour être produites par elles aux lieu et place de l'expédition originale sont délivrées sur timbre lorsque le timbre est exigé pour l'original.

Les copies faites par les soins de l'administration pour l'ordre de la comptabilité sont exemptes du timbre. Elles doivent contenir une mention expresse de leur destination.

Dans le cas où un procès-verbal d'adjudication, un marché, une décision, etc., se rapporteraient à plusieurs personnes ou à plusieurs entreprises distinctes, les originaux ou les copies peuvent être remplacés par des extraits certifiés, qui doivent relater, en général, toutes les conditions de l'exécution du service et de la régularité du paiement, ainsi que l'accomplissement, s'il y a lieu, de l'enregistrement et de toutes les autres formalités voulues, et qui seront complétés à cet effet, s'ils ne paraissent pas au comptable ou à la cour contenir les indications nécessaires.

Les ordonnances et mandats, ainsi que les quittances des parties prenantes, sont toujours produits en original.

39. Dans tous les cas où les énonciations contenues dans les pièces produites ne paraîtraient pas suffisamment précises, les comptables peuvent se faire délivrer par les ordonnateurs, soit avant le paiement, soit en exécution des arrêts de la cour des comptes, des certificats administratifs qui complètent ces énonciations.

§ 5. — *Forme de la nomenclature.*

40. L'ordre qui a été suivi pour l'indication des pièces à produire à l'appui de chaque nature de dépense est celui des budgets; c'est, en effet, dans cet ordre que les comptes sont dressés et que les paiements et les justifications sont classés pour être soumis au contrôle judiciaire.

41. Les divers services des budgets comprennent toutefois, dans des chapitres distincts, des dépenses analogues, pour lesquelles les pièces justificatives sont identiques, puisque ces pièces ne varient pas suivant la nature du service, mais seulement d'après le mode d'exécution déterminé le plus souvent par l'importance de la dépense, et que les mêmes règles ont été rendues applicables, par le décret du 31 mai 1862, aux traitements de tous les fonctionnaires et agents, aux fournitures et travaux de toute sorte.

Aussi, pour éviter des répétitions inutiles et pour faciliter le remboursement des dépenses qui peuvent être faites à titre d'avances pour le compte d'un autre service, la Nomenclature présente, en premier lieu, la description complète des justifications communes applicables à tous les services, et, dans l'analyse des dépenses de ces services, elle renvoie, sous des lettres de référence, à chacune de ces justifications pour les articles qui s'y rapportent.

Ces justifications s'appliquent aux dépenses ci-après :

Personnel.

1° Soldes et autres émoluments assimilés aux traitements, soumis soit à la retenue de 2 p. 0/0 (1) au profit du Trésor (*décret du 25 mars 1811 et*

---

(1) Aujourd'hui 5 p. 100.

articles 435 *et* 436 *de l'ordonnance du* 25 *décembre* 1837), soit aux retenues pour le service des pensions civiles (*loi du* 9 *juin* 1853);

2° Indemnités périodiques annuelles ou temporaires, payables comme les traitements, mais exemptes de retenues pour le service des pensions;

3° Indemnités variables et calculées d'après des tarifs et autres bases fixes de liquidation;

4° Indemnités spéciales et gratifications;

5° Secours;

6° Salaires journaliers.

Matériel.

7° Fournitures de toute espèce;

8° Impressions fournies par l'Imprimerie impériale;

9° Travaux de toute nature;

10° Transports;

11° Acquisitions de propriétés immobilières;

12° Locations d'immeubles.

42. Quant aux dépenses qui ne rentrent pas dans ces catégories ou qui présentent un caractère particulier, l'indication des justifications spéciales qui leur sont applicables est détaillée pour chacune d'elles, en regard des paragraphes où elles sont successivement mentionnées.

ANNEXE N° 23

DOCUMENTS A CONSULTER

POUR L'ÉTABLISSEMENT DES COMPTES ANNUELS DE GESTION PORTANT INVENTAIRE.

Voir ci-après : Artillerie et équipages militaires, Habillement et campement, Harnachement, Écoles régimentaires diverses, Infirmeries régimentaires, Génie, Remontes générales.

OBSERVATIONS GÉNÉRALES.

COMPTES ANNUELS DE GESTION PORTANT INVENTAIRE DU MATÉRIEL.

(Article 253 *bis* du décret du 1er mars 1880). Pour tout le matériel du service courant, dont le conseil d'administration d'un corps est responsable, il est produit des comptes annuels de gestion portant inventaire (modèle n° 32 F), appuyés des pièces justificatives des entrées et des sorties.

Il est établi un compte séparé pour chaque catégorie de matériel appartenant à un autre service de la guerre et ayant une nomenclature distincte.

Le 1er mars de chaque année, au plus tard, pour l'année écoulée, ces documents sont remis en simple expédition au sous-intendant militaire, chargé, après vérification, de les adresser avec pièce à l'appui, aux intendants militaires, pour être transmis au Ministre dans le courant du mois de mai.

(Même article de l'instruction du 1er mars 1880). Les opérations d'entrée et de sortie figurant aux comptes annuels de gestion sont justifiées conformément aux indications de la nomenclature ci-annexée (Voir annexe n° 24).

Les pièces justificatives reçoivent un numéro d'ordre spécial, reproduit au compte et sur le bordereau (modèle n° 20).

A l'appui des comptes annuels de gestion de l'habillement et du harnachement on produira un relevé des quantités de matières employées (modèle n° 19).

A l'appui de tous les comptes de gestion il sera produit, s'il y a lieu, une expédition de chacun des relevés des dépenses (modèle n° 21 *bis* du décret) dont le montant aura été remboursé au corps pendant l'année.

Ainsi que l'indique le modèle de compte annuel de gestion, on ne distinguera point les effets de première et de deuxième tenue ; les totaux des colonnes affectées aux effets bons de première et de deuxième tenue, seront réunis, par ordre, au-dessous des totaux de la section II, du registre des entrées et des sorties de matériel du quatrième trimestre.

Pour le matériel des infirmeries régimentaires et pour le matériel d'ambulance, on ne produira qu'un compte annuel par corps.

Toutefois, on portera à la première page du compte, après le nota, les indications relatives aux divers casernements où existent des infirmeries.

Exemple :

Dépôt et 1er bataillon à Melun. Infirmerie : caserne Saint-Liesne.
2e, 3e et 4e bataillon à Paris-Courbevoie. Infirmerie : Caserne A.

Les prix à attribuer à tous les objets compris aux inventaires seront déterminés conformément aux indications portées en tête de chaque nomenclature et pour chaque classement : *neuf, bon, à réparer, hors de service* (1). Les effets de l'habillement d'instruction (section VIII) ne correspondant à aucun des classements prévus par les nomenclatures, seront décomptés (dans les inventaires seulement) au cinquième du prix de l'objet neuf (Voir art. 182).

Toutefois, les quantités fractionnaires sont exprimées en décimales, qui sont au nombre de trois pour les quantités évaluées au mètre cube, et au nombre de deux pour les autres unités réglementaires.

RÈGLES PARTICULIÈRES AU MATÉRIEL DU SERVICE DE RÉSERVE.

Instructions générales. — Cas de mobilisation. — Comptes annuels de gestion.

(Article 253 *ter* du décret du 1er mars 1880). Le ministre de la guerre donne toutes les instructions pour la composition, l'entretien et le renouvellement des approvisionnements du matériel du service de réserve.

Au moment d'une mobilisation, tout le matériel du service de réserve est classé au service courant.

Pour le matériel du service de réserve, il est produit des comptes annuels de gestion, établis conformément aux prescriptions de l'article 253 *bis*.

(Même article de l'instruction du 1er mars 1880). Toutes les dispositions générales indiquées au précédent article (253 *bis*) sont applicables aux comptes annuels du service de réserve.

Ces comptes annuels, établis séparément pour chaque catégorie de matériel appartenant à un même service de la guerre, comprendront l'ensemble des approvisionnements dont chaque corps aura la gestion.

Par suite, les mouvements de matériel entre les approvisionnements spéciaux gérés par le même corps, ne figureront point dans les comptes annuels du service de réserve.

On complétera l'entête de chaque compte conformément à l'exemple suivant :

112e régiment d'infanterie et {
26e *bis* section de chasseurs forestiers ;
445e régiment territorial d'infanterie.
445e régiment territorial d'infanterie.

Paris, le 24 février 1884.

(Manière de clore les comptes de gestion en matières, pour passer d'une nomenclature à une nouvelle, en fin d'année.)

Une décision ministérielle, en date du 22 novembre 1878, a fixé la manière dont seraient passées, désormais, les écritures, dans le cas de changements

---

(1) Les décomptes en deniers pour les matières, effets, objets, etc., doivent être effectués pour les services, conformément aux exemples chiffrés figurant aux modèles annexés au décret et à l'instruction.

La fixation des prix des matières, effets, objets, etc., aux classements autres que le classement neuf, résulte du prix déterminé par ce dernier classement, réduit du pour 100 déterminé pour le matériel de chaque service, sans arrondir à 5 ou 10 centimes et sans tenir compte des millimes. Toutefois, pour les imputations d'effets de campement, on continuera à appliquer les prix de base spécialement indiqués dans la deuxième annexe de la nomenclature (Déc. min. du 30 juin 1880, J. M., p. 424).

de nomenclatures du matériel, en fin d'année, afin d'assurer l'identité de restants et des reprises.

Précédemment, c'est-à-dire pendant la période de 1872 à 1878, inclusivement, les différents services étaient autorisés à clore les comptes d'après la nomenclature en vigueur, et à ouvrir ceux de la gestion suivante d'après la nomenclature nouvelle, le tout, sans autres écritures que des notes de renvoi et un tableau de concordance entre les numéros des deux classifications.

Cette manière de procéder se recommandait par son extrême simplicité ; mais elle n'était pas réglementaire et présentait l'inconvénient de détruire la concordance qui doit, en bonne règle, exister entre les restants de la fin de chaque année et les reprises faites au 1er janvier de l'année suivante. — La décision du 22 novembre 1878, rappelée ci-dessus, a voulu faire disparaître cet inconvénient, en revenant à la règle consacrée par le règlement du 19 novembre 1871, et par l'instruction du 15 mars 1872, qui veut que les reprises de la gestion nouvelle soient identiques aux restants de la gestion précédente. Elle a prescrit, à cet effet, de procéder ainsi qu'il suit :

1° Clôture des comptes au 31 décembre.

Avant de balancer les entrées et les sorties inscrites pendant l'année, éteindre tous les restants des numéros déclassés, en les faisant sortir fictivement, dans la colonne des *sorties ne donnant pas lieu à paiement* ; puis, les reprendre aussitôt, au même compte, dans la colonne des *entrées sans dépense en deniers*, sous les numéros correspondants de la nomenclature nouvelle, de façon que le compte, ainsi fermé au 31 décembre, ne présente plus que des restants classés suivant cette dernière nomenclature. — Les deux opérations seront justifiées au moyen des pièces réglementaires, modèle n° 8, pour les entrées, et 17 pour les sorties. Il a été entendu que les nouveaux restants, aussi bien pour le matériel entre les mains des corps de troupe, que pour celui des établissements et magasins, seraient évalués d'après le prix de la nouvelle nomenclature.

2° Ouverture des nouveaux comptes, au 1er janvier.

Le compte de l'année suivante, ouvert le 1er janvier, avec la nouvelle nomenclature, n'aura plus qu'à reprendre, tels quels, les restants du compte précédent, qui se trouveront tout préparés dans ce dernier compte.

———

Ces dispositions, notifiées le 30 novembre 1878, pour être mises en vigueur le 31 décembre suivant, ont été corroborées, dans la notification même, par des explications que je reproduis ci-après, en substance.

Le mode d'opérer adopté oblige d'insérer dans les comptes de l'année expirée, sinon la nouvelle nomenclature entière, du moins, les numéros présentant des restants à prendre au 1er janvier.

Quant à la manière d'introduire ces nouveaux numéros, on peut, soit les intercaler chacun à leur rang, entre les anciens numéros, soit les inscrire à la suite.

L'application de ces instructions ayant laissé à désirer, de la part de certains comptables qui ne paraissent pas les avoir suffisamment comprises, la présente circulaire a pour but, en les rappelant dans leur entier, de les préciser davantage, à l'aide de quelques exemples adaptés aux différents cas qui peuvent se présenter.

En principe, à moins de l'impossibilité matérielle pouvant résulter du défaut de place, les numéros de la nouvelle nomenclature seront *intercalés* dans les comptes de la gestion expirée, plutôt que reportés à la fin du volume; ils seront, en tout cas, intercalés, sans exception, pour l'expédition de chaque compte destinée au Ministre.

L'intercalation sera opérée, suivant les cas, de la manière suivante.

Soit, par exemple, le numéro de groupe ou numéro *sommaire*, 25, pris au hasard dans l'une quelconque des nomenclatures existantes, et, dans ce numéro, 5 numéros de détail :

NUMÉROS		
sommaire.	de détail.	
N° 25.	1	Restant (supposé)....................... 8 objets.
	2	— — .... 4 —
	3	— — .... 10 —
	4	— — .... 9 —
	5	— — .... 6 —
		Restant total du groupe... 37 —

1er CAS. — *Le numéro sommaire n'éprouve aucun changement; il est le même, dans la nouvelle comme dans l'ancienne nomenclature.*

Il est inutile, dans ce cas, d'ouvrir un numéro nouveau; le n° 25 est laissé intact au 31 décembre, et ses restants sont repris, tels quels, au 1er janvier suivant, dans les 5 numéros de détail et au total (37) du groupe.

2e CAS. — *Le contenu du numéro sommaire 25, passe, tout entier, au numéro 30, nouveau.*

On éteint fictivement, de la manière indiquée plus haut, les restants de tous les numéros de détail et, du même coup, le restant total du groupe. Puis, plus loin, on ouvre, à la suite du n° 30 déjà existant, un n° 30 nouveau, avec ses 5 numéros de détail, dans lesquels on reprend, aux entrées sans dépense, les restants, de détail et de groupe, qui viennent d'être éteints au n° 25.

Le motif de ces mouvements sera indiqué, avec soin, dans le libellé des articles de sortie et d'entrée, par ces mots : A la sortie (n° 25-1), « *Passé au n° 30-1 nouveau.* » A l'entrée (n° 30-1), « *Venu du n° 25-1 ancien.* »

Pour éviter la confusion entre les 2 numéros 30 qui se trouvent maintenant figurer, à la fois, l'un après l'autre, dans le compte, on écrit, au-dessous de celui qui correspond à la nomenclature abandonnée, le mot « *ancien* », ou, en abrégé, « *anc.* ».

3e CAS. — *Le numéro sommaire 25, est fractionné et réparti entre plusieurs numéros nouveaux, — 30, 37 et 52.*

Après avoir éteint, comme dans le cas précédent, tous les restants du n° 25, on ouvre les numéros nouveaux, sommaires et détaillés, savoir : le n° 30, à la suite de l'ancien 30; le n° 37, à la suite de l'ancien 37, et le n° 52, à la suite de l'ancien 52. Cela fait, on reprend, dans ces nouveaux numéros, par numéro de détail, ce qui revient à chacun d'eux, des restants des numéros de détail éteints au groupe 25. — Par exemple, le n° 30 reprend, à ses propres numéros de détail, les restants des numéros de détail 1 et 2; — le n° 37, de la même manière, les restants des n°˙ 3 et 4; le n° 52, enfin, ceux du n° 5. — Bien entendu, les articles de sortie et ceux d'entrée sont libellés comme il est dit au 2° cas.

4° CAS. — *Une partie seulement du numéro sommaire, 25, passe à des numéros nouveaux; l'autre partie est maintenue au 25, dans la nouvelle nomenclature.*

On se contente d'éteindre les restants des numéros de détail destinés à disparaître du n° 25, et on les reprend, sous leurs nouveaux numéros, de la manière indiquée au cas précédent (3° cas). — Par exemple, les restants des numéros de détail, 1 et 2, seront repris au n° 30 nouveau, et ceux du numéro de détail, 5, le seront au n° 52. — Quant aux numéros de détail 3 et 4, supposés seuls conservés dans le n° 25, leurs existants restent tels quels, et il est procédé à leur égard comme dans le *premier cas* expliqué plus haut.

5° CAS. — *Un restant évalué au nombre d'objets, le sera au poids, ou au mètre linéaire, ou au mètre cube, etc., dans la nouvelle nomenclature.*

On éteint le restant évalué au nombre; puis, après en avoir opéré la conversion en kilogrammes, en mètres, etc., selon qu'il y a lieu, on reprend la quantité ainsi convertie, au numéro que lui assigne la nouvelle nomenclature, en se conformant aux règles indiquées dans les cas précédents.

REPRISE AU 1ᵉʳ JANVIER DES RESTANTS DU 31 DÉCEMBRE.

Cette reprise ne présente aucune difficulté, puisque les comptes, ainsi que cela est rappelé plus haut, ne contiennent plus que des restants exprimés sous les numéros de la nouvelle nomenclature : le nouveau compte reproduit ces restants identiquement, dans la colonne des reprises qui lui sert de point de départ.

La décision du 22 novembre n'a pas figuré au *Journal militaire officiel*; c'est ce qui m'a déterminé à reproduire ici, à peu près textuellement, tout ce qu'elle renfermait d'important pour le sujet qui m'occupe, mon intention étant de réunir dans un document unique l'ensemble de mes instructions sur la manière de clore les comptes-matières, pour passer d'une nomenclature à une autre, en fin d'année.

La présente instruction doit donc suffire à son objet, et vous pouvez, en la consultant, vous dispenser de recourir à la décision du 22 novembre 1878, qu'elle remplace en la complétant. — Elle sera, d'ailleurs, insérée dans un prochain numéro du *Journal militaire officiel*. — Toutefois, vous voudrez bien, dès à présent, en porter le contenu à la connaissance des comptables, tant des établissements que des corps de troupe, et, au besoin, vous assurer que le sens en a été bien compris et qu'il sera convenablement interprété dans la pratique.

FARRE.

Paris, le 19 juin 1880.

(Au sujet de la production des comptes de gestion portant inventaires et de l'état récapitulatif qui doit les accompagner.)

Monsieur l'intendant, aux termes des articles 253 *bis* et 253 *ter* du décret du 1ᵉʳ mars 1880, les corps de troupe doivent produire annuellement, pour l'exercice écoulé, des comptes de gestion portant inventaire du matériel dont ils sont responsables (modèle n° 32 F).

Ces documents sont remis par les corps aux sous-intendants militaires chargés, après vérification, de les adresser avec pièces à l'appui, aux intendants militaires qui, de leur côté, les transmettent au Ministre dans le courant du mois de mai.

Afin d'éviter les malentendus qui pourraient résulter de l'application de ces nouvelles dispositions, il m'a paru utile de vous rappeler que les nouveaux comptes-inventaires qui remplacent les inventaires du matériel prescrits par l'instruction du 15 mars 1872, modifiée par la circulaire du 19 mars 1873 (n° 14) devront, comme il était fait pour ces derniers, être récapitulés par vos soins dans des états séparés conformes au modèle annexé à la circulaire du 26 décembre 1867 et distincts par nature de service.

Les états récapitulatifs me seront adressés, en double expédition, accompagnés des comptes-inventaires des corps de troupe et des pièces justificatives à l'appui de ces comptes.

Pour le Ministre et par son ordre :
Le conseiller d'Etat, directeur des services administratifs,
Signé : V. COULOMBEIX.

SERVICE DE L'ARTILLERIE ET DES ÉQUIPAGES MILITAIRES.

Compte de gestion portant inventaire (en simple expédition).

A consulter pour l'établissement de ces inventaires :
Les observations générales, à l'annexe n° XXIII ;
Le modèle n° 32 F annexé au décret du 1ᵉʳ mars 1880 ;
L'instruction ministérielle du 7 février 1875 (art. 1, 2, 15 et 16 reproduits ci-après) ;
L'instruction envoyée annuellement par le Ministre (la dernière est du 15 décembre 1879) ;
La nomenclature N.

Principe.

Les bases pour l'établissement de ce compte sont indiquées à l'article 130 de l'instruction ministérielle du 1ᵉʳ mars 1880.
Les renseignements sont puisés :
Pour les voitures, sur le contrôle général des équipages régimentaires et d'état-major (art. 135 du décret) ;
Pour le harnachement et les accessoires, à la section 4 du registre des entrées et des sorties de matériel (troupes d'infanterie exceptées, pour lesquelles ce matériel doit figurer à la section 5) ;
L'armement, à la section 5 du registre sus indiqué ;

Les ustensiles d'infirmerie vétérinaire, à la section 3 du registre sus-indiqué;

Les ustensiles de remonte, effets de manège, à la section 3, du registre susindiqué;

Le matériel des écoles, à la section 7 du registre susindiqué;

Le matériel hors de service, à la section 6 du registre susindiqué.

———

Pour réduire autant que possible les écritures, le matériel reçu ou acheté par les corps et mis immédiatement en service, sera porté en entrée et en sortie au classement bon, tout en figurant sur les factures au classement neuf. Tels sont, par exemple, les objets du matériel des infirmeries, les ustensiles d'écurie, le matériel d'escrime, le matériel des écoles, etc., etc. On indiquera sur les factures, en caractères apparents : *Mis ou à mettre immédiatement en service.*

Les ingrédients divers achetés pour l'entretien du matériel, les balais, les brosses, etc., qui, une fois mis en service, sont considérés comme consommés, ne figureront point dans les comptes-matières des corps. Il en sera de même des matières, denrées, objets, etc., ne formant pas approvisionnement : denrées pour les infirmeries, fournitures de bureau pour les écoles, etc. (Extrait de l'art. 130 de l'instruction ministérielle du 1er mars 1880).

———

Pour le libellé des opérations, voir les §§ 4 et suivants du principe, au titre habillement et campement.

———

Les prix à attribuer à tous les objets sont déterminés à l'article 2 de l'instruction ministérielle du 7 février 1875, reproduit ci-après :

———

Art. 1er de l'instruction du 7 février 1875. — Le matériel soumis aux règles de la présente instruction, et dont les conseils d'administration des corps de troupe, les établissements considérés comme tels, les commandants de compagnies ou de sections formant corps, les commandants de batteries ou de compagnies des trains détachées sont responsables, est compris dans deux nomenclatures (1) qui sont l'objet d'autant de comptabilités distinctes, savoir :

1° Nomenclature (N) du matériel de l'artillerie;

2° Nomenclature (O) des équipages militaires (1).

Le matériel étranger, provisoirement en service dans les corps, devra figurer sur l'inventaire du matériel français aux numéros divers des groupes se rapportant à chaque objet.

Aucun changement ne doit être apporté, sans une décision ministérielle, auxdites nomenclatures, dont les extraits sont envoyés chaque année aux intéressés par l'intermédiaire des fonctionnaires de l'intendance militaire.

Classement et évaluation du matériel (2).

Art. 2 de l'instruction. — Tous les objets sont, suivant leur état, soumis au classement suivant : neuf, bon, à réparer.

———

(1) Il n'existe plus qu'une seule nomenclature, celle portant la lettre N.
(2) La fixation du prix des matières, effets, objets, etc., aux classements autres que

Un seul prix réglementaire est affecté dans la nomenclature à chaque objet neuf ou bon, excepté en ce qui concerne le harnachement. Ce prix sera diminué de 30 p. 100 dans l'inscription, par les comptables, de la valeur du matériel à réparer.

Pous les objets de harnachement, des prix réglementaires particuliers sont affectés aux objets neufs et aux objets bons.

La valeur des objets de harnachement bons sera inférieure de 20 p. 100 à celle des objets neufs, et celle des objets à réparer inférieure de 30 p. 100 à celle de ces mêmes objets neufs.

Ces prix servent de base pour l'évaluation de la valeur des objets en fin d'année et pour leur remboursement, quand il y a lieu.

Lorsque les circonstances l'exigent, ils sont modifiés par le Ministre, afin que l'évaluation du matériel se rapproche le plus possible de sa valeur réelle.

En cas d'absence de prix réglementaires, les objets en service doivent être évalués d'après les prix de fabrication, d'achat ou d'estimation dans chaque localité.

Il en sera de même pour les objets irréguliers placés à la fin de chaque groupe sous le titre *divers*. Le prix moyen en sera fixé dans chaque corps ou établissement d'après la nature et la quantité des objets portés à ce numéro de détail.

Le prix des objets et des vieilles matières susceptibles d'être utilisés est fixé par la nomenclature ou, à défaut, par l'estimation de leur valeur.

Quant au matériel hors de service, qui ne peut plus être d'aucun usage et qui doit être remis au Domaine de manière que l'inventaire, lors de l'arrêté du 31 décembre, ne contienne que des matières utilisables, il ne lui sera pas assigné de valeur.

Inventaires du matériel en service dans les corps de troupe, batteries ou compagnies détachées et établissements désignés dans l'article 1er.

Art. 15 de l'instruction. — Les armes, munitions de toute nature et les divers objets du matériel de l'artillerie et des équipages militaires en service dans tous les corps de troupe ou compagnies formant corps et établissements désignés dans l'art. 1er devant être compris d'une manière spéciale dans les comptes généraux du matériel de la guerre, les corps et établissements doivent fournir, à la fin de chaque année et en double expédition (1) un inventaire estimatif des objets mis à leur disposition.

Ces inventaires seront établis à la date du 31 décembre de chaque année, conformément au modèle (1) et suivant la nomenclature réglementaire du matériel de l'artillerie. Ils présenteront toutes les opérations d'entrées et de sorties qui auront lieu pendant l'année, et seront accompagnés des pièces justificatives en usage dans les établissements de l'artillerie, pour les objets reçus par les corps, etc., desdits établissements, ou réintégrés par eux; et d'après les modèles annexés à la présente instruction tant pour les objets reçus, passés ou livrés à d'autres corps que pour les achats, confections, réparations, etc.

Les nombres seront inscrits très lisiblement et placés de manière à faire

le classement neuf, résulte du prix déterminé pour ce dernier classement, réduit du pour cent déterminé pour le matériel de chaque service, sans arrondir à 5 ou 10 centimes et sans tenir compte des millièmes (Note minist. du 30 juin 1880).

(1) En simple expédition conforme au modèle 32 F, annexé au décret du 1er mars 1880.

correspondre les unités de même ordre. Les unités détaillées seront totalisées par groupes ou unités sommaires.

Les valeurs par unités détaillées, par unités sommaires et par chapitres seront indiquées dans les colonnes ouvertes à cet effet sur l'inventaire, en ayant soin de séparer chaque total correspondant à une unité sommaire et à un chapitre par un trait à l'encre.

Sous aucun prétexte la dénomination du matériel et l'ordre suivi dans la classification des chapitres et des numéros sommaires et détaillés de la nomenclature ne pourront être modifiés.

La portion principale de chaque corps, ou le chef-lieu de chaque établissement, centralisera sur un même inventaire tout le matériel en service dans les bataillons ou portions de corps détachés dans les corps d'armée à l'intérieur. Elle sera en outre chargée de réunir, mais en les laissant complètement distincts du précédent, et les uns des autres, les inventaires particls de toutes les fractions du corps employées hors du territoire, soit en Algérie, soit aux armées actives ou divisions d'occupation. Tous les éléments de la comptabilité-matières d'un corps ou d'un établissement, lorsqu'ils seront parvenus au complet à la portion principale, seront vérifiés par le sous-intendant militaire chargé de la surveillance administrative du corps ou de l'établissement, et feront ensuite l'objet d'un même envoi, qui sera préparé par les soins de l'intendant divisionnaire ou du corps d'armée, et devra, autant que possible, parvenir au Ministre dans le courant du deuxième mois de chaque année. Chaque inventaire doit être accompagné de bordereaux des pièces justificatives (modèle n° **20** annexé à l'instruction ministérielle du 1er mars 1880).

A chaque inventaire devra être jointe une feuille de vérification indiquant les observations que le sous-intendant militaire a faites au corps pour le redressement des écritures. Cette feuille de vérification sera produite *néant*, si l'inventaire n'a donné lieu à aucune observation de la part de ce fonctionnaire.

Batteries ou compagnies détachées.

Art. 16 de l'instruction. — Les quatre premiers paragraphes de cet article ont été modifiés par décision ministérielle du 1er juillet 1876, *J. M.*, P. R., page 5.

« Les batteries d'artillerie, les compagnies de pontonniers et du train qui « s'administrent séparément, c'est-à-dire qui sont détachées en dehors du « département où se trouve la portion centrale, ainsi que celles de ces frac- « tions qui, détachées à l'intérieur du département, ont un lieu de mobili- « sation distinct de celui de la portion centrale, devront prendre en charge « tout le matériel dont elles disposent, tel que bouches à feu, voitures, « accessoires, munitions, armes portatives, harnachement, et en général « tous objets appartenant au service de l'artillerie et des équipages mi- « litaires; elles fourniront une comptabilité trimestrielle établie suivant les « prescriptions de la présente instruction et comprenant tous ces objets.

« Les batteries ou compagnies détachées à l'intérieur du département « où se trouve la portion centrale et devant, en cas de mobilisation, « rejoindre cette portion, fourniront également une comptabilité trimes- « trielle pour le matériel de guerre mis à leur disposition par les établisse- « ments de l'artillerie; l'inventaire qui sera fourni, même *néant*, ne com- « prendra pas l'armement, le harnachement ni les munitions d'instruction « et de sûreté; ces objets continueront à figurer sur l'inventaire de la por- « tion principale.

« Lorsque les fractions détachées recevront d'un établissement de l'arme

18

« situé dans la même place qu'elles, du matériel d'instruction, de manœuvre
« ou de corvée, elles ne le prendront pas en charge et le garderont à titre
« de prêt; toutefois, elles feront connaître par une annotation inscrite sur
« leur inventaire, l'établissement qui a mis ce matériel à leur disposition,
« et la date à laquelle ce prêt a été effectué. »

Ces batteries ou compagnies étant assimilées aux corps armés, aucune
opération ne devra donner lieu à des entrées ou à des sorties d'ordre.

En conséquence, tous les mouvements du matériel entre un parc, une
batterie, un établissement de l'intérieur et un corps ou fraction de corps
armé, et réciproquement, doivent être appuyés par des pièces justificatives
d'entrées ou de sorties réelles.

Voir la note ministérielle du 16 décembre 1875, *J. M.*, p. 661, sur l'application du 9e § de l'art. 9 de l'instruction du 7 février 1875. *Avances ou
déficits.*

Voir également la circulaire ministérielle n° 3 du 11 février 1881, au
sujet de l'application du décret du 1er mars 1880 et de l'instruction spéciale du 7 février 1875, sur la comptabilité-matières des corps.

Pièces à produire à l'appui du compte.

1° Les pièces justificatives dont il est fait mention à l'annexe n° XXIV.
2° Bordereaux modèle 20 annexé à l'instruction ministérielle du 1er mars
1880.

HABILLEMENT ET CAMPEMENT.

Compte de gestion portant inventaire (en simple expédition).

A consulter pour l'établissement de ce compte :
Les observations générales à l'annexe n° XXIII.
Le modèle n° 32 F, annexé au décret du 1er mars 1880.
La nomenclature H J.
Les tableaux d'approvisionnement du 1er septembre 1879.

Principe.

Les bases pour l'établissement de ce compte se trouvent indiquées aux
section II, habillement et campement; VIII, habillement d'instruction et
IX, matériel hors de service, du registre des entrées et des sorties de matériel (services courant et de réserve), détaillé aux articles 130 et 130 bis
du décret et de l'instruction ministérielle du 1er mars 1880.

Ce matériel est inscrit dans l'ordre de nomenclature H J.

Les ingrédients divers achetés pour l'entretien du matériel, les brosses,
les balais, etc., qui, une fois mis en service sont considérés comme consommés, ne figureront point dans les comptes matières (art. 130 de l'instruction).

Le libellé des opérations inscrites dans les registres et les comptes, sera
conforme aux exemples donnés par les modèles, sans surcharges ni interlignes; les grattages sont formellement interdits; les ratures ne sont auto-

risées que dans le cas d'erreurs matérielles et doivent toujours être faites de manière que les mots rayés restent parfaitement lisibles.

Lorsqu'il y a lieu de rectifier un arrêté en toutes lettres, la rectification s'opérera par un renvoi également en toutes lettres, signé des membres du conseil d'administration et visé par le sous-intendant militaire.

Les erreurs constatées après arrêté des comptes se redressent par des certificats administratifs de prise en charge (modèle n° 5) ou de sortie (modèle n° 14) (Voir dispositions générales à l'instruction ministérielle du 1er mars 1880).

Les prix à attribuer à tous les objets compris dans le compte de gestion inventaire sont déterminés conformément aux indications portées en tête de la nomenclature reproduites ci-après et aux exemples chiffrés figurant aux modèles annexés au décret et à l'instruction.

Observations portées sur la nomenclature HJ.

La présente nomenclature indique le prix ministériel à affecter aux objets neufs, bons et à réparer; il servira de base pour établir celui des effets hors de service, suivant leur nature.

Pour les effets d'habillement, le prix des effets bons est inférieur de 40 p. 0/0 et celui des effets à réparer de 50 p. 0/0 à celui des effets neufs (1).

Pour les objets de coiffure et de grand équipement, le prix des objets bons est inférieur de 20 p. 0/0, et celui des objets à réparer de 30 p. 0/0 à celui des objets neufs (1).

Pour les objets de campement, le prix des objets bons est inférieur de 25 p. 0/0, et celui des objets à réparer de 33 p. 0/0 à celui des objets neufs (2).

Lorsque les circonstances l'exigent, ces prix sont modifiés par le Ministre, afin que l'évaluation du matériel se rapproche le plus possible de sa valeur réelle.

A défaut de prix réglementaire, les objets seront évalués d'après le prix d'achat ou de fabrication.

Le prix du matériel hors de service, mais susceptible d'être utilisé ou transformé, sera évalué au dixième de l'objet neuf.

Quant au matériel hors de service qui ne peut être d'aucun usage, il doit être remis au domaine, et il n'y a, par conséquent, pas lieu de lui assigner de valeur (30 décembre 1880).

Les effets de l'habillement d'instruction (section VIII) ne correspondant à aucun des classements prévus par les nomenclatures, seront décomptés (dans les inventaires seulement) au cinquième du prix de l'objet neuf (Art. 253 bis de l'inst. min. du 12 mars 1880).

Toutes les quantités fractionnaires sont exprimées en décimales, qui sont au nombre de trois pour les quantités évaluées au mètre cube, et au

---

(1) Pour la fixation du prix des matières, effets, objets, etc., autres que ceux du classement neuf, on ne doit pas arrondir à 5 ou 10 centimes ni tenir compte des millièmes (Note ministérielle du 30 juin 1880).

(2) On doit appliquer les prix de base spécialement indiqués dans la deuxième annexe de la nomenclature (même note ministérielle).

nombre de deux pour les autres unités réglementaires (Art. 253 bis de l'inst. min. du 1ᵉʳ mars 1880).

Pièces à produire à l'appui du compte.

1° Les pièces justificatives dont il est fait mention à l'annexe n° XXIV.
2° Bordereau (modèle n° 20 annexé à l'inst. min. du 1ᵉʳ mars 1880).
3° Relevé des quantités de matières employées (modèle n° 19 d°.)
4° Une expédition de chacun des relevés des dépenses (modèle n° 21 bis du décret) dont le montant aura été remboursé au corps pendant l'année (1). Les dépenses seront classées dans l'ordre indiqué à l'instruction ministérielle du 1ᵉʳ mars 1881 (Voir à l'annexe n° XVII).

HARNACHEMENT.

Compte de gestion-inventaire (en simple expédition) moins l'artillerie, les trains et les corps de troupe d'infanterie.

A consulter pour l'établissement de ce compte :
Les observations générales, à l'annexe n° XXIII.
Le modèle n° 32 F, annexé au décret du 1ᵉʳ mars 1880.
La nomenclature M.

Principe.

Les bases pour l'établissement de ce compte se trouvent indiquées :
Pour les corps de cavalerie, à la section IV du registre des entrées et des sorties de matériel (Services courant et de réserve) détaillé aux articles 130 et 130 bis du décret et de l'instruction ministérielle du 1ᵉʳ mars 1880.
Les ustensiles d'écurie et d'infirmerie vétérinaire, les objets de manège, doivent figurer sur l'inventaire de la remonte.

Ce matériel sera inscrit dans l'ordre de la nomenclature M.

Pour le libellé des opérations, voir le § 4 et suivants du principe, au titre habillement et campement.

Les prix à attribuer à tous les objets compris dans le compte de gestion inventaire sont déterminés conformément aux indications portées en tête de la nomenclature reproduites ci-après et aux exemples chiffrés figurant aux modèles annexés au décret et à l'instruction.

Le matériel payé sur les fonds du budget ordinaire et celui payé sur les fonds des masses d'entretien devront être confondus dans le même compte

---

(1) Un relevé des dépenses non ordonnancées au 31 décembre, doit également être fourni (Auteur).

et inscrits, sans distinction de provenance, sous les numéros qui leur ont été affectés par la nomenclature.

A cette occasion, je crois devoir vous rappeler qu'aux termes de ma circulaire du 10 novembre 1877, tous les mouvements du matériel de harnachement entre les régiments de cavalerie ou entre les établissements et ces corps, doivent se faire au titre du service courant, à l'aide d'un versement préalable du service de la réserve au service courant pour les sorties, et par la prise en charge au titre du service courant, suivie, s'il y a lieu, d'un passage au service de la réserve pour les entrées.

Toutefois, pour les approvisionnements spéciaux placés sous la surveillance des conseils d'administration des corps qui ne possèdent pas de matériel de harnachement au titre du service courant, il sera fait exception à cette règle ; les mouvements de ces approvisionnements entre les corps précités et les magasins de l'Etat ou les régiments de cavalerie, se feront comme par le passé au titre du service de réserve (Circ. min. du 7 février 1881).

Observations portées sur la nomenclature M.

La présente nomenclature indique les prix ministériels à affecter aux objets neufs.

Le prix des effets bons sera inférieur de 20 p. 0/0 à celui des objets neufs, et celui des objets à réparer, de 30 p. 0/0 inférieur à celui des effets neufs.

Le décompte de ces prix sera toujours exprimé en chiffres ronds de 5 ou 10 centimes (1).

Ces prix seront appliqués pour l'évaluation et le remboursement des objets quand il y aura lieu.

Lorsque les circonstances l'exigent, ils sont modifiés par le Ministre, afin que l'évaluation du matériel se rapproche le plus possible de sa valeur réelle.

Le prix du matériel hors de service, mais susceptible d'être utilisé, est évalué au dixième de la valeur de l'objet neuf.

Quant au matériel hors de service qui ne peut plus être d'aucun usage, il doit être remis au domaine, et il n'y a, par conséquent, pas lieu de lui assigner de valeur.

A défaut de prix réglementaire prévu par la nomenclature, les objets seront évalués d'après le prix d'achat ou de fabrication (Art. 2 de l'instruction).

Toutes les quantités fractionnaires sont exprimées en décimales, qui sont au nombre de trois pour les quantités évaluées au mètre cube, et au nombre de deux pour les autres unités réglementaires (Art. 253 bis de l'inst. min. du 1er mars 1880).

Pièces à produire à l'appui du compte.

1° Les pièces justificatives dont il est fait mention à l'annexe n° XXIV.
2° Bordereau (modèle n° 20 annexé à l'inst. min. du 1er mars 1880.
3° Relevé des quantités de matières employées (modèle n° 19, d°).

---

(1) La fixation du prix des matières, effets, objets, etc., aux classements autres que le classement neuf, résulte du prix déterminé pour ce dernier classement, réduit du pour cent déterminé pour le matériel de chaque service, sans arrondir à 5 ou 10 centimes, et sans tenir compte des millièmes (Note minist. du 30 juin 1880).

4° Une expédition de chacun des relevés des dépenses (modèle n° 21 bis du décret) dont le montant aura été remboursé au corps pendant l'année (1).

Des états récapitulatifs continueront d'être établis par MM. les intendants militaires pour le matériel de harnachement entre les mains des corps et des établissements précités; les documents devront être du modèle adopté pour la remonte général (Voir *J. M.*, 1er semestre 1881, p. 48).

Chaque corps d'armée, région ou division (pour l'Algérie), aura à en produire deux : l'un pour le service courant, l'autre pour le service de réserve.

Chacun de ces états sera fourni en double expédition.

Celui du service de réserve comprendra, indépendamment du matériel classé sous ce titre, les approvisionnements spéciaux destinés à l'armée territoriale, aux gendarmes réservistes, prévôtaux, etc. (Extrait de la circulaire ministérielle du 7 février 1881).

ÉCOLES RÉGIMENTAIRES DIVERSES.

Compte de gestion-inventaire (en simple expédition), moins l'artillerie et les trains (2).

A consulter pour l'établissement de ce compte :
Les observations générales, à l'annexe n° XXIII.
Le modèle n° 32 F, annexé au décret du 1er mars 1880.
La nomenclature Q^{vii} (au *Journal Militaire*, 1er semestre 1881, p. 9).

Principe.

Les bases pour l'établissement de ce compte se trouvent indiquées à la section VII du registre des entrées et des sorties de matériel détaillé à l'article 130 du décret et de l'instruction ministérielle du 1er mars 1880.

Le matériel reçu ou acheté par les corps et mis en service immédiatement sera porté en entrée et en sortie au classement bon, tout en figurant sur les factures au classement neuf. On indiquera sur les factures, en caractères apparents : *Mis ou à mettre immédiatement en service.*

Il n'y aura donc pas lieu de comprendre lesdits effets et objets sur les certificats administratifs de déclassement constatant annuellement les mises en service.

Ne figureront point dans les comptes-matières du corps les fournitures de bureau pour les écoles, etc. (Extrait de l'art. 130 de l'instruction ministérielle du 1er mars 1880).

Ce matériel sera inscrit dans l'ordre de la nomenclature Q^{vii}. Toutefois, on devra mentionner, en tête de chaque compte, les titres des divers paragraphes de cette nomenclature.

(1) Un relevé des dépenses non ordonnancées au 31 décembre, doit également être fourni (Auteur).
(2) Pour le matériel figurant à la nomenclature N, chap. xiv, Bibliothèques, etc.

Le matériel hors de service figurera à la suite de cet inventaire (Voir le renvoi (1) à la nomenclature).

Pour le libellé des opérations, voir le § 4 et suivants du principe au titre « Habillement et campement ».

Les prix à attribuer à tous les objets compris dans le compte de gestion inventaire sont déterminés conformément aux indications portées en tête de la nomenclature, reproduites ci-après, et aux exemples chiffrés figurant aux modèles annexés au décret et à l'instruction.

Observations portées sur la nomenclature Qᵥᵢᵢ.

L'ordre des matières, effets et objets compris dans la présente nomenclature, leur dénomination, la manière de les décompter et les prix ministériels doivent être rigoureusement suivis par les comptables dans leurs comptes.

Les matières, effets et objets pour lesquels il n'est pas porté de prix ministériels seront évalués dans les inventaires et autres documents aux prix d'achat, pour le classement neuf.

En passant au classement bon pour le service, ils subiront une moins-value de 30 p. 100, qui sera élevée à 60 p. 100 pour le classement à réparer.

Les évaluations se feront en chiffres ronds de cinq ou dix centimes (art. 3 de l'instruction sur la comptabilité-matières des hôpitaux et des écoles), excepté pour les objets dont la valeur est moindre de cinq centimes, qui seront toujours décomptés d'après leurs prix (1).

Ces inventaires sont transmis au Ministre dans un état récapitulatif (modèle n° 2 *bis*, art. 29 modifié du règlement du 31 juillet 1879 sur le service des écoles régimentaires) comprenant tous les corps d'infanterie et indiquant par unité sommaire de la nomenclature Qᵥᵢᵢ (nᵒˢ 13 à 23) le nombre et la valeur des objets inventoriés (30 septembre 1880, n° 356).

Pièces à joindre à l'appui de ce compte.

1° Les pièces justificatives dont il est fait mention à l'annexe n° XXIV.

2° Bordereau (modèle n° 20 annexé à l'instruction ministérielle du 1ᵉʳ mars 1880).

3° Une expédition de chacun des relevés des dépenses (modèle n° 21 *bis* du décret) dont le montant aura été remboursé au corps pendant l'année (2).

---

(1) Pour la fixation du prix des matières, effets, objets, etc., autres que ceux du classement neuf. On ne doit pas arrondir à 5 ou 10 centimes, ni tenir compte des millièmes (Note minist. du 30 juin).

(2) Un relevé des dépenses non ordonnancées au 31 décembre, doit également être fourni (Auteur).

INFIRMERIES RÉGIMENTAIRES (1).

Compte de gestion-inventaire (en simple expédition) moins le service vétérinaire pour les médicaments duquel il n'est pas établi d'inventaire.

A consulter pour l'établissement de ce compte :
Les observations générales à l'annexe n° XXIII.
Le modèle n° 32 F, annexé au décret du 1er mars 1880.
La nomenclature G reproduite pour le matériel des hôpitaux en service dans les régiments dans la note ministérielle du 1er janvier 1881 au *Journal Militaire.*
La note et l'arrêté ministériels du 18 février 1881 relatifs à la constitution et au classement du matériel du service des hôpitaux.

Principe.

Les bases pour l'établissement de ce compte se trouvent indiquées à la section I (hôpitaux) du registre des entrées et des sorties de matériel détaillé à l'article 130 du décret et de l'instruction ministérielle du 1er mars.

Ne doivent figurer sur le compte de gestion-inventaire que les objets compris dans l'extrait de la nomenclature en date du 1er janvier 1881 (Dispositions transitoires de l'instruction ministérielle du 1er mars 1880).

Le matériel reçu ou acheté par les corps et mis en service immédiatement sera porté en entrée et en sortie au classement bon, tout en figurant sur les factures au classement neuf. On indiquera sur les factures, en caractères apparents : *Mis ou à mettre immédiatement en service.*

Il n'y aura donc pas lieu de comprendre lesdits effets et objets sur les certificats administratifs de déclassement constatant annuellement les mises en service.

Les ingrédients divers achetés pour l'entretien du matériel, les balais, les brosses, etc., qui, une fois mis en service, sont considérés comme consommés, ne figureront point dans les comptes-matières des corps. Il en sera de même des denrées pour les infirmeries, etc. (Extrait de l'art. 130 de l'instruction ministérielle du 1er mars 1880).

Ce matériel sera inscrit dans l'ordre de la nomenclature G (Voir aux circulaires à consulter).

Pour le libellé des opérations, voir le § IV et suivants du principe au titre « Habillement et campement ».

Les prix à attribuer à tous les objets compris dans le compte de gestion-inventaire sont déterminés conformément aux indications portées en tête de la nomenclature, reproduites ci-après, et aux exemples chiffrés figurant aux modèles annexés au décret et à l'instruction du 1er mars 1880 et à la note ministérielle du 1er janvier 1881.

Observations portées sur la nomenclature G.

---

(1) Service courant : matériel attribué aux corps pour le traitement des hommes malades dans les infirmeries régimentaires. — Service de réserve : les unités collectives du service des hôpitaux en campagne attribuées aux corps de troupe (18 fév. 1881).

Les objets en verre et en marbre seront toujours décomptés au prix de la nomenclature.

Quant aux autres objets, les prix à leur affecter seront basés sur ceux de la nomenclature, diminués de 30 p. 100 pour les objets bons et de 60 p. 100 pour ceux à réparer. Ces évaluations se feront en chiffres ronds de 5 ou 10 centimes (1).

Pour les objets ou ustensiles qui, d'après la nomenclature, se décomptent au poids, on aura soin d'indiquer le nombre d'objets que le poids représente (2).

En ce qui concerne les sacs, sacoches d'ambulance, rouleaux de secours, cantines médicales, ce matériel devant toujours être tenu au complet, la valeur en sera décomptée comme pour le matériel au classement bon, au prix de la nomenclature, diminué de 30 p. 100.

Pièces à joindre à l'appui de ce compte.

1° Les pièces justificatives dont il est question à l'annexe n° XXIV;

2° Bordereau (modèle n° 20, annexé à l'instruction ministérielle du 1er mars 1880);

3° Une expédition de chacun des relevés des dépenses (modèle n° 21 *bis* du décret), dont le montant aura été remboursé au corps pendant l'année, au compte du service des hôpitaux, avances faites par la caisse des corps, annexe n° XVII) (3).

SERVICE DU GÉNIE.

Compte de gestion-inventaire (en simple expédition) des objets appartenant au génie, en service dans les régiments d'infanterie et les bataillons de chasseurs à pied.

A consulter pour l'établissement de ce compte :
Les observations générales à l'annexe n° XXIII.
Le modèle n° 32 F, annexé au décret du 1er mars 1880.
La nomenclature P (Extrait au *Journal militaire*, 1er semestre 1881, p. 67).
Les notes ministérielles des 14 juillet 1879 et 24 juin 1880 relatives au nombre d'outils portatifs à distribuer aux troupes en temps de paix.

Principe.

Les bases pour l'établissement de ce compte se trouvent indiquées à la section VI du registre des entrées et des sorties de matériel détaillé à l'article 130 du décret et de l'instruction ministérielle du 1er mars 1880.

Ce matériel sera inscrit dans l'ordre de la nomenclature P.

Pour le libellé des opérations, voir le § 4 et suivants du principe, au titre « Habillement et campement ».

---

(1) Pour la fixation du prix des matières, effets, objets, etc., autres que ceux du classement neuf, on ne doit pas arrondir à 5 ou 10 centimales ni tenir compte des millièmes (Note minist. du 30 juin 1880).

(2) Toutes les quantités fractionnaires sont exprimées en décimales, quiISont au nombre de trois pour les quantités évaluées au mètre cube, et au nombre de deux pour les autres unités réglementaires (art. 253 bis de l'instruction ministérielle du 1er mars 1880).

(3) Un relevé des dépenses non ordonnancées au 31 décembre, doit également être fourni (Auteur).

Les prix à attribuer à tous les objets compris dans le compte de gestion-inventaire sont déterminés conformément aux exemples chiffrés figurant aux modèles annexés au décret et à l'instruction. (En l'absence du mode de décompte des objets, les prix sont fixés d'après le classement neuf.)

Observations portées sur la nomenclature P.

CHAPITRE II. — Outils. — Les outils dont les fers et les manches donnent lieu à des achats distincts, tels que les outils de terrassier et tranchants et les limes, figurent comme non-emmanchés. Le nombre de manches porté à l'inventaire comprendra donc les manches de rechange et ceux fixés ou non aux outils.

Pièces à produire à l'appui de ce compte.

1° Les pièces justificatives dont il est fait mention à l'annexe n° XXIV;

2° Bordereau (modèle n° 20 annexé à l'instruction ministérielle du 1er mars 1880);

3° Une expédition du relevé des dépenses (modèle n° 21 bis du décret) dont le montant doit être remboursé par ordonnance ministérielle (1).

REMONTE GÉNÉRALE.

Compte de gestion-inventaire (en simple expédition).

A consulter pour l'établissement de ce compte :

La circulaire ministérielle du 7 février 1881, au *Journal Militaire,* page 48.

Les observations générales à l'annexe n° XXIII.

Le modèle n° 32 F, annexé au décret du 1er mars 1880.

La nomenclature L.

Principe.

Les bases pour l'établissement de ce compte sont indiquées à la section III du registre des entrées et des sorties de matériel détaillé à l'article 130 du décret et de l'instruction ministérielle du 1er mars 1880.

Ce matériel sera inscrit dans l'ordre de la nomenclature L.

Pour le libellé des opérations, voir le § 4 et suivants du principe, au titre « Habillement et campement ».

Les prix à attribuer à tous les objets compris dans le compte de gestion-inventaire sont déterminés conformément aux indications portées en tête de la nomenclature reproduites ci-après et aux exemples chiffrés figurant aux modèles annexés au décret et à l'instruction.

Observations portées sur la nomenclature L.

---

(1) Voir l'annexe n° XVIII.

La présente nomenclature indique :

1° Les prix ministériels affectés aux chevaux et mulets ;

2° Les prix ministériels à affecter aux objets neufs compris dans le chapitre II et suivants.

Le prix des effets bons sera inférieur de 20 p. 100 à celui des objets neufs, et celui des objets à réparer de 30 p. 100 inférieur à celui des effets neufs ; le décompte de ces prix sera toujours exprimé en chiffres ronds de 5 ou 10 centimes (1).

Ces prix seront appliqués pour l'évaluation et le remboursement des objets, quand il y aura lieu.

Lorsque les circonstances l'exigent, ils sont modifiés par le Ministre, afin que l'évaluation du matériel se rapproche le plus possible de sa valeur réelle.

Le prix du matériel hors de service, mais susceptible d'être utilisé, est évalué au dixième de la valeur de l'objet neuf.

Quant au matériel hors de service qui ne peut plus être d'aucun usage, il doit être remis au domaine, et il n'y a par conséquent pas lieu de lui assigner de valeur.

A défaut de prix réglementaire prévu par la nomenclature, les objets seront évalués d'après le prix d'achat ou de fabrication (art. 2 de l'instruction du 15 mars 1872).

Dépôts de remonte.

Les comptes annuels de gestion à produire par les comptables des dépôts de remonte, en exécution de l'article 59 du règlement du 19 novembre 1871, devront comprendre à l'avenir, indépendamment des chevaux et à la suite de la récapitulation à établir par numéros sommaires de la nomenclature L à la gauche du chapitre 1ᵉʳ, tout le matériel de la remonte groupé dans le chapitre 2 et suivants de cette nomenclature, la décision ministérielle du 29 octobre 1875 rappelée par la circulaire du 23 janvier 1880, étant abrogée.

Ces comptes de gestion continueront à m'être adressés comme par le passé, en même temps que les états des juments poulinières et ceux des animaux de trait en dépôt chez les éleveurs et les cultivateurs (Circulaire ministérielle du 7 février 1881, J. M., p. 48).

Pièces à joindre à l'appui de ce compte.

1° Les pièces justificatives dont il est fait mention à l'annexe n° XXIV ;

2° Bordereau (modèle n° 20, annexé à l'instruction ministérielle du 1ᵉʳ mars 1880) ;

3° Une expédition de chacun des relevés des dépenses (modèle n° 21 bis du décret), dont le montant aura été remboursé au corps pendant l'année au compte du service de la remonte-achats de chevaux par les corps (2).

Les inventaires des nouveaux comptes de gestion devront être récapitulés

---

(1) Pour la fixation du prix des matières, effets, objets, etc., autres que ceux du classement neuf, on ne doit pas arrondir à 5 ou 10 centimes ni tenir compte des millièmes (Note minist. du 30 juin 1880).

(2) Un relevé des dépenses non ordonnancées au 31 décembre, doit également être fourni (Auteur).

par MM. les intendants militaires dans des états conforme au modèle ci-joint qui seront produits en double expédition. Ces états, établis avec soin, devront reproduire exactement, par unités principales de la nomenclature, les quantités et la valeur des existants d'après les comptes de gestion fournis par les corps. (Circulaire ministérielle du 7 février 1881, J. M., p. 48).

ANNEXE N° 24

NOMENCLATURE

DES PIÈCES A PRODUIRE PAR LES CORPS

A L'APPUI DES COMPTES ANNUELS DE GESTION

PORTANT INVENTAIRE

ET DES DIVERS MATÉRIELS

NATURE ET MOTIFS des OPÉRATIONS.	PIÈCES A PRODUIRE.	ARTICLES de L'INSTRUC- TION.	NUMÉROS des MODÈLES.	OBSER- VATIONS.
		ENTRÉES.		
Reprises des existants au 31 décembre.	Compte annuel de l'année précédente.	253 bis.	32 F du décret.	Ce compte an- nuel se trouve à l'administra- tion centrale.
Achats donnant lieu à une seule livraison.	Talons des factures d'achat.	22, 130, 253 bis.	3	
Achats donnant lieu à plu- sieurs livraisons.	Talons des factures d'achat, appuyés des certificats ad- ministratifs de pri- se en charge.	22, 130, 253 bis.	3 et 5	Les certificats administratifs constatent cha- que livraison partielle.
Rachats d'animaux aux offi- ciers et aux gendarmes.	Talon de la facture d'achat.	22, 130, 253 bis.	3	
Livraisons des entrepre- neurs.	Facture de livraison ou d'expédition.	22, 130, 253 bis.	3	
Achats sur place........	Talons des borde- reaux d'achat.	22, 130, 253 bis.	4	
Matériel égaré rapporté par l'habitant.	Talons des borde- reaux d'achat.	22, 130, 253 bis.	4	Si l'opération est à charge de paiement.
Appels ou réquisitions...	Certificats adminis- tratifs ou factures d'expédition ou de livraison, revêtus de la prise en char- ge, et, s'il y a lieu, décomptés et por- tant la preuve du remboursement.	22, 253 bis.	5 ou 6	
Versement ou cessions par d'autres corps ou éta- blissement du départe- ment de la guerre ou par des corps ou établis- sements relevant d'au- tres ministères.	Idem.	130, 245, 248, 253 bis.	5 ou 6	
Excédents constatés.....	Extraits de procès- verbaux ou certifi- cats administratifs portant déclaration de la prise en char- ge.	130, 258, 253 bis.	5 ou 8	
Réintégration du matériel précédemment imputé..	Certificats adminis- tratifs de prise en charge.	130, 253 bis.	5	
Vieilles matières recueil- lies, matières et maté- riaux d'emballage non compris dans les expédi- tions, résidus quelcon- ques, matériel égaré rap- porté par l'habitant, etc.	Certificats adminis- tratifs de prise en charge.	130, 253 bis	5	
Naissance de poulains....	Certificats adminis- tratifs de prise en charge.	130, 253 bis.	5	

NATURE ET MOTIFS des OPÉRATIONS.	PIÈCES A PRODUIRE.	ARTICLES de L'INSTRUC-TION.	NUMÉROS des MODÈLES.	OBSER-VATIONS.
ENTRÉES *(Suite).*				
Produits des transforma-tions, fabrications, con-fections et réparations.	Certificats adminis-tratifs.	130, 131, 253 *bis.*	9	
Déclassements et change-ments de numéros de classification (mise en service, classement à l'habillement d'instruc-tion, classement hors de service, change-ment d'arme des ani-maux, etc.)	Certificats adminis-tratifs.	130, 253 *bis.*	10	
Réintégrations par des tiers d'animaux ou d'ob-jets appartenant à l'État, prêtés ou mis en dépôt.	Certificats adminis-tratifs de prise en charge.	130, 253 *bis.*	5	
SORTIES.				
Versements ou cessions à { d'autres corps du dé-partement de la guerre ou à des corps ou établis-sements relevant d'autres ministères.	Factures d'expédition ou de livraison re-vêtues de la prise en charge, et, s'il y a lieu, portant la preuve du rembour-sement (1).	130, 245, 248, 253 *bis.*	11	(1) Si les ces-sions sont faites à des militaires du corps, l'émar-gement dans la colonne d'obser vations tient lieu de prise en char-ge. Pour les che-vaux cédés, les factures sont in-dividuelles. (2) Modèle n. 361 de la no-menclature des imprimés de la guerre.
des établissements du département de la guerre (magasins, arsenaux, etc.).	Comme ci - dessus, quand les sorties sont à charge de paiement; récépis-sés comptables (2) dans le cas con-traire.	130, 245, 248, 253 *bis.*	11	
Manquants et déficits im-putés.	Extrait des procès-verbaux portant dé-claration de verse-ment au Trésor...	130, 253 *bis,* 258.	13	
Pertes, détériorations et moins-values imputées aux détenteurs de maté-riel.	Talons des états, som-mes imputées por-tant déclaration de versement au Tré-sor.	130, 182, 253 *bis.*	19	
Distributions et consomma-tions définitives (effets et objets abandonnés aux détenteurs, emploi à l'entretien du matériel), consommations de mu-nitions, etc.	Certificats adminis-tratifs.	130, 132, 253 *bis.*	44	Appuyés des ordres particu-liers ordonnant les distributions ou les consom-mations.

NATURE ET MOTIFS des OPÉRATIONS.	PIÈCES A PRODUIRE.	ARTICLES de L'INSTRUCTION.	NUMÉROS des MODÈLES.	OBSER-VATIONS.
SORTIES (*Suite*).				
Destructions, pertes, détériorations ou mises hors de service par cas de force majeure, avaries, déchets ou déficits non remboursables.	Extraits des procès-verbaux.	430, 251, 253 *bis*.	16	
Remises aux domaines...	Extraits des procès-verbaux de vente.	430, 245, 253 *bis*.	17	
Transformations, fabrications, confections.	Certificats administratifs.	430, 253 *bis*.	9	Appuyés des marchés ou conventions particulières, s'il y a lieu.
Déclassements et changements de classification.	Certificats administratifs.	430, 253 *bis*.	10	
Prêts ou dépôts divers.	Factures de livraisons décomptées.	430, 253 *bis*.	11	
Abatage ou mort des animaux.	Extraits des procès-verbaux.	430, 253 *bis*.	16	

ANNEXE N° 25

Observations sur la nature des pièces de comptabilité pour lesquelles la formalité du timbre n'est pas exigible.

Paris, le 17 janvier 1840, *J. M.*, t. III, p. 603
Voir l'art. 166 de l'ordonnance du 10 mai 1844.

Monsieur l'intendant, j'ai été consulté sur la question de savoir si les pièces de comptabilité régimentaire qui ont trait à des fournitures relatives à la masse individuelle, aux masses d'entretien, etc., devaient être toutes soumises à la formalité du timbre, soit que ces pièces dussent être produites à l'appui des ordonnances délivrées sur le Trésor, soit qu'elles dussent rester dans les archives des conseils d'administration.

La nomenclature annexée au règlement du 1er décembre 1838 (aujourd'hui règlement du 3 avril 1869) sur la comptabilité publique, en ce qui concerne le département de la guerre, contient l'énonciation des pièces qui doivent être produites aux payeurs du Trésor public, à l'appui des ordonnances ou mandats de paiement, et elle indique celles de ces pièces qui, seules, doivent être soumises à la formalité du timbre; or, les dispositions fiscales étant de droit étroit, on ne peut en étendre l'application au delà du cercle qu'elles ont tracé. Ainsi, monsieur l'intendant, le timbre, en ce qui concerne les pièces destinées à être transmises au Trésor, soit par les conseils d'administration, directement, soit par l'intermédiaire de l'administration centrale, ne saurait être exigé sur aucune pièce autre que celles qui, d'après la nomenclature précitée, doivent être assujetties à cette formalité; et, à plus forte raison, il ne peut l'être sur les pièces qui, par leur nature, ne sont pas dans le cas d'être produites à l'appui des ordonnances ou mandats de paiement, et sur lesquelles, par conséquent, le Trésor ni la Cour des comptes n'ont aucun contrôle à exercer.

Je vous prie de porter ces explications à la connaissance des conseils d'administration des corps de troupe stationnés dans votre division, et à celle des officiers d'administration comptables des hôpitaux militaires, afin qu'ils y aient égard, chacun en ce qui le concerne.

Recevez, etc., etc.

Le Ministre, secrétaire d'État,
Signé : SCHNEIDER.

Note ministérielle relative à l'application de l'art. 18 de la loi du 23 août 1871 (Timbre de 10 cent. sur les quittances).

Versailles, le 10 avril 1872, *J. M.*, t. XIV, p. 383.

Un grand nombre de fonctionnaires de l'intendance militaire et de conseils d'administration ont consulté le Ministre de la guerre pour savoir dans quel sens devaient être interprétées les dispositions de la loi du 23 août 1871, en ce qui touche aux dépenses militaires.

D'après un concert préalablement établi avec le département des finances,

19

il a été arrêté que seraient exemptées du droit de timbre de 10 centimes les quittances qui concernent :

1° Les états hebdomadaires de blanchissage du linge de la troupe;

2° Les états de pertés et de dégradations à la literie, lorsque l'indemnité doit être supportée par les soldats ou les sous-officiers;

3° Les fournitures des ordinaires de la troupe;

4° La solde des hommes de troupe détachés de leur corps;

5° Les états d'abonnement des maîtres ouvriers pour les travaux dont le prix est à la charge des hommes de troupe;

6° Les feuilles de prêt pour la solde de la troupe;

7° Les états de hautes payes et de paiement pour la dotation de l'armée, traitement de la Légion d'honneur et de la Médaille militaire, en ce qui concerne les titulaires non officiers et en activité de service;

8° Les mandats de secours à la masse d'entretien;

9° Le remboursement des dépenses des écoles régimentaires en ce qui concerne la troupe;

10° Les états décomptés des primes de travail ou de gratifications allouées par les règlements aux militaires des sections d'infirmiers et aux ouvriers militaires d'administration;

11° Les mandats d'indemnité de route et de transport délivrés à des militaires non officiers voyageant isolément;

12° Les factures des dépenses intérieures des corps et les frais d'impressions pour le service du corps, lorsque ces frais et ces dépenses doivent être supportés par les soldats ou sous-officiers;

13° Les quittances des allocations journalières à payer à titre de subsides aux sous-officiers et aux soldats blessés, en expectative de pensions ou à titre de gratifications de réforme renouvelable;

14° Les quittances qui se rapportent à de simples mouvements de fonds, tels que, par exemple, la transmission d'un corps à un autre, de la masse individuelle pour les hommes changeant de régiment.

Toutes les autres pièces comportant quittance restent assujetties aux prescriptions légales. Le droit de timbre sera payé par les créanciers, conformément à l'article 180 du règlement du 3 avril 1869, sur la comptabilité du département de la guerre.

La question relative aux décharges données par les corps de troupe pour les transports effectués par les chemins de fer se trouve réglée par la loi du 28 février 1872 (art. 11), qui a ajouté le timbre de la décharge à celui du récépissé.

ANNEXE N° 26

Instruction pour l'entretien par abonnement des effets d'habillement, de grand équipement et de coiffure en service dans les corps de troupe (5ᵉ Direction, Services administratifs; Bureau de l'habillement et du campement.)

Paris, le 24 avril 1879.

CHAPITRE Iᵉʳ.

RÉGIME D'EXÉCUTION DES RÉPARATIONS.

Art. 1ᵉʳ. L'entretien des effets a lieu, selon le cas, sous deux régimes distincts : le régime par abonnement qui est la règle, et le régime de clerc à maître qui est l'exception.

Art. 2. Dans l'un ou l'autre cas, la dépense d'entretien incombe à la masse générale d'entretien.

Art. 3. Toutefois : 1° sont à la charge de la masse individuelle les dépenses d'entretien résultant de la faute ou de la négligence des hommes ; 2° sont à la charge du service de l'habillement les dépenses d'entretien qui sont explicitement imputées à ce service par les règlements en vigueur ou en vertu de décisions spéciales.

CHAPITRE II.

RÉGIME DE L'ABONNEMENT.

Art. 4. Le régime de l'abonnement consiste dans une allocation journalière payée pour chaque homme au caporal ou brigadier premier ouvrier qui s'engage, moyennant cette allocation, à entretenir et à réparer les effets d'habillement, d'équipement et de coiffure dans les conditions déterminées par les formules de marchés jointes à la présente instruction.

L'abonnement est obligatoire, sauf dans les cas prévus à l'article 11 ci-après ou bien à moins d'autorisation ministérielle spéciale.

Réparations à exécuter.

Art. 5. Aux termes des formules énoncées à l'article qui précède, l'abonnataire est tenu de faire toutes les réparations nécessaires aux effets en service, y compris celles résultant d'un service exceptionnel à l'exclusion, toutefois, de celles que doit supporter la masse individuelle et de certaines autres explicitement précisées dans un article spécial du contrat.

Cas de force majeure (1).

Art. 6. Le cas de force majeure ne doit être invoqué que fort rarement

---

(1) Les réparations nécessitées par cas de force majeure seraient exécutées au compte de l'État, conformément aux dispositions des circulaires des 14 mai 1853 et 28 juin 1874 (Instr. minist. du 15 octobre 1874).

Il a été reconnu que lorsque les parties en drap écarlate des vêtements de l'artillerie sont salies par l'usage, il n'est pas nécessaire de les remplacer et qu'il suffit presque toujours de les retourner (14 août 1880, P. S., p. 407).

et dans des circonstances tout à fait exceptionnelles. L'user naturel, même provenant des exigences du service, ne constitue pas un cas de force majeure.

Art. 7. Sur le rapport des commandants de compagnie, d'escadron ou de batterie, le cas de force majeure est constaté au moyen d'un procès-verbal rapporté par le sous-intendant militaire et approuvé, s'il y a lieu, par l'intendant du corps d'armée.

Ouvriers auxiliaires.

Art. 8. Des ouvriers auxiliaires peuvent être mis momentanément à la disposition du premier ouvrier pour assurer les réparations lorsque les titulaires sont reconnus manifestement insuffisants pour l'exécution de ce travail.

Mode d'achat des pièces de coiffure.

Art. 9. Toutes les pièces de coiffure nécessaires pour effectuer les réparations sont achetées sur les fonds généraux de la caisse du corps et inscrites au registre des fonds divers. La valeur en est remboursée par la masse générale d'entretien ou par la masse individuelle, suivant le cas, au fur et à mesure de l'emploi de ces pièces. Lorsque les réparations sont au compte du service de l'habillement, la valeur des pièces de coiffure est remboursée à la caisse du corps par ce service.

Tarif de l'abonnement dans les corps de troupe de l'intérieur.

Art. 10. Les tarifs à appliquer pour l'entretien annuel de l'habillement, de l'équipement et de la coiffure sont indiqués dans le tableau suivant.

	Régiments d'infanterie et bataillons de chasseurs.	Régiments de cuirassiers et de dragons.	Régiments de chasseurs, hussards et cavaliers de remonte.	Artillerie.		Génie.			Train des équip. militaires.	
				Hommes montés.	Hommes non montés.	Sapeurs-mineurs.	Sapeurs des compagnies d'ouv, de chemins de fer.	Sapeurs-conducteurs.	Escadron, à l'exception des compagnies mixtes.	Compagnies mixtes quand il y a lieu.
Entretien de l'habillement...	0.85	0.95	0.95	1.45	1.00	0.95	1.05	1.05	1.00	0.85
— du grand équipement.	0.25	0.55	0.55	0.55	0.25	0.30	0.30	0.55	0.55	0.25
— de la coiffure.......	0.08	0.55 (1)	0.45	0.42	0.08	0.08	0.08	0.42	0.42	0.40

(1) Cette allocation de 0,55 ne concerne que les corps pourvus du casque du nouveau modèle. Pour les corps pourvus du casque de l'ancien modèle elle est de 0,65.

Ces prix doivent être considérés comme des maxima.

CHAPITRE III.

RÉGIME DE CLERC A MAITRE.

Art. 11. Les commis et ouvriers militaires d'administration, les infirmiers militaires, les secrétaires d'état-major et du recrutement et les cavaliers de remonte, à raison de la nature spéciale de leur service, doivent faire réparer leurs effets sous le régime de clerc à maître. La dépense incombe à la masse générale d'entretien.

Art. 12. Pour la mise en pratique de ce régime, on emploie les tarifs des réparations concernant la masse individuelle. Les commandants de compagnie et de section établissent pour les réparations des bulletins nominatifs décomptés, récapitulés dans un bordereau trimestriel, dont le montant est porté en dépense aux fonds de la 2ᵉ portion de la masse générale d'entretien, et qui est payé aux ouvriers sur acquit, ainsi que cela se pratique pour les réparations au compte de la masse individuelle.

CHAPITRE IV.

DISPOSITIONS PARTICULIÈRES AUX CORPS SPÉCIAUX D'AFRIQUE.

Art. 13. Le mode d'entretien des effets par abonnement s'étend aux corps spéciaux de l'armée d'Algérie, y compris les régiments de zouaves et de tirailleurs algériens, non-seulement pour l'habillement, mais aussi pour le grand équipement et même la coiffure proprement dite dans les corps qui font usage du shako ou de la casquette.

Il est stipulé dans les contrats passés entre les conseils d'administration et les ouvriers abonnataires qu'il n'y a pas suspension d'abonnement pour les corps ou fractions de corps employés aux colonnes expéditionnaires ou détachés dans des postes isolés en Algérie. Dès lors, le cas de force majeure entraînant le paiement des réparations en dehors de l'abonnement ne peut être invoqué que dans des circonstances fort rares et tout à fait exceptionnelles.

Art. 14. Les réparations à mettre à la charge de la masse individuelle doivent aussi être de la part du conseil d'administration l'objet de la plus minutieuse attention.

Art. 15. Le contrat mentionne, en outre, que les dispositions de l'article 11 (*Habillement*), 9 (*Grand équipement*) et 8 (*Coiffure*), relatives au passage du pied de paix au pied de guerre, ne doivent recevoir leur application que lors de l'envoi des troupes en campagne ou en expédition en dehors de la colonie.

Entretien de l'habillement.

Art. 16. Pour les régiments de zouaves et de tirailleurs algériens, le taux de l'abonnement est de 0 fr. 90 par homme et par an.

Pour les autres troupes, le taux de l'abonnement excède de 0 fr. 10 celui fixé par les corps similaires employés à l'intérieur, les chasseurs d'Afrique devant être assimilés aux chasseurs de France.

Entretien de la coiffure et du grand équipement (1).

Art. 17. Une augmentation de 0 fr. 07 sur le chiffre de l'allocation accor-

---

(1) Tableau indiquant les prix des pièces séparées (*J. M.*, P. S., p. 947, 1ᵉʳ semestre 1879).

dée aux corps similaires stationnés à l'intérieur est appliquée aux marchés pour l'entretien du grand équipement.

Pareillement pour la coiffure, une augmentation de 0 fr. 05 est allouée sur les taux fixés pour l'entretien de la coiffure à l'intérieur, avec cette modification qu'il sera appliqué à la casquette le taux fixé pour le shako des chasseurs de France et des cavaliers de remonte.

Cas de l'insuffisance des ateliers régimentaires.

Art. 18. Si quelques corps ou fractions de corps se trouvent exceptionnellement dans l'impossibilité d'assurer complètement le service des réparations par le moyen de l'atelier régimentaire, il peut être paré à cette difficulté par un marché passé avec un ouvrier civil après prix débattus contradictoirement.

Cette mesure ne saurait être que transitoire et exceptionnelle.

En outre, tout marché passé dans ces conditions ne devient définitif qu'après approbation de l'intendant du corps d'armée.

Dispositions transitoires.

Art. 19. Les dispositions qui précèdent recevront leur application à partir du 1er janvier 1879 pour les corps qui sont sous le régime de l'abonnement.

Pour ceux dont les réparations sont exécutées sous le régime de clerc à maître, ces dispositions ne seront appliquées qu'à partir du jour de leur notification.

Paris, le 21 avril 1879.

Le Ministre de la guerre,
Signé: H. GRESLEY.

DÉCISION MINISTÉRIELLE
du 21 avril 1879.

Abonnement annuel pour l'entretien de l'habillement du 1er janvier au 31 décembre 18   .

Aujourd'hui, premier janvier mil huit cent

Les membres du conseil d'administration du   et le sieur   , premier ouvrier tailleur du corps, sont convenus de passer le présent marché d'abonnement pour un an, à partir de ce jour, d'après les clauses et conditions ci-après déterminées :

Effets auxquels s'applique l'abonnement.

Art. 1er. Le sieur   s'engage à entretenir, réparer, faire entretenir, ou réparer à son compte et au fur et à mesure des besoins, les effets d'habillement en cours de durée à l'usage du corps de quelque nature d'ailleurs que soient les travaux d'entretien ou de réparation, quelle que soit la durée parcourue en service par les effets, et sous les seules exceptions mentionnées aux articles 3 et 4 ci-après.

Ces réparations sont également applicables aux effets de cuisine, d'infirmerie, de gymnastique, de natation, d'enfants de troupe ainsi qu'aux sacs à distribution.

L'abonnataire s'engage en outre à poser, quand il y aura lieu, sur les effets en cours de durée ou neufs de toute provenance, les galons de grade, d'ancienneté, les ornements, attributs, insignes d'emploi, récompenses de tir et de navigation.

Art. 2. Sont notamment à la charge de l'abonnataire :

1° Le remplacement des agrafes, des boutons, des collets, des pattes à numéro ou autres, des parements, des tresses, des brandebourgs, des passepoils et des martingales ;

2° Le remplacement des bourrelets des gilets matelassures de cuirasse ;

3° Le remplacement des écussons à numéros, des ventouses et des boutons de jugulaires des képis ;

4° Le remplacement des doublures des corps d'épaulettes (par remplacement on entend confection et pose);

5° Les retouches nécessaires par suite de changement survenu dans la corpulence des hommes ;

6° Les changements nécessaires pour ramener à l'uniforme du corps les effets apportés par les hommes venus isolément d'autres corps, si d'ailleurs ces effets sont susceptibles de continuer leur durée ;

7° La transformation en torchons des bourgerons et des pantalons de cuisine hors de service, qui seraient susceptibles de recevoir cette destination.

8° La réparation des bourgerons avec de la toile provenant d'effets hors de service.

Réparations non comprises dans l'abonnement.

Art. 3. Ne sont pas comprises dans l'abonnement les menues réparations de main-d'œuvre facile que les hommes peuvent exécuter eux-mêmes sur leurs propres effets, telles que pose de boutons, coutures de doublure dans toute autre partie que l'emmanchure, qui, dans aucun cas, ne peuvent donner droit à une allocation supplémentaire.

Réparations payables en dehors de l'abonnement.

Art. 4. Seront payés supplémentairement à l'abonnataire par imputation à qui de droit :

Au compte de la masse individuelle :

1° Les réparations qui deviendraient nécessaires par la faute ou la négligence des hommes.

Au compte de la masse générale d'entretien :

2° Les réparations provenant d'un cas de force majeure.

Au compte du service de l'habillement :

3° Le remplacement des coiffes intérieures des képis réintégrés en magasin pour être remis en service (fourniture et pose);

4° La confection et la pose des pattes et écussons à numéros destinés à des effets neufs et des velours remplacés périodiquement aux effets des troupes du génie;

5° Les frais de pose et de fourniture de boutons sur des effets provenant des confections civiles et expédiés des magasins de l'Etat sans être pourvus de ces accessoires ;

6° Les frais d'essayage et d'ajustage des effets provenant des ateliers civils et des effets en cours de durée distribués par le magasin du corps.

7° La transformation à l'uniforme du corps des effets apportés par des hommes venus en détachement d'autres corps ;

8° Le remplacement des bandes de pantalon ;

9° Les réparations des effets d'habillement réintégrés par les réservistes ou les hommes de l'armée territoriale.

Mode de fourniture des diverses matières et accessoires nécessaires pour les réparations.

Art. 5. Les étoffes de laine, le velours, la toile, le treillis, les galons, les brandebourgs et les jugulaires de képi seront fournis en nature à l'abonnataire par le magasin du corps.

Bulletins de réparations.

Art. 6. Les réparations seront constatées par des bulletins établis et signés par le commandant de compagnie, escadron ou batterie et visés par l'officier d'habillement.

En cas de doute sur l'imputation, il en est d'abord référé au major et, en dernier ressort, au conseil qui statue définitivement après avoir entendu les parties intéressées.

Taux et mode de paiement de l'abonnement.

Art. 7. Il sera payé à l'abonnataire pour le couvrir des dépenses que le présent abonnement lui impose la somme de   par homme et par an pour tous les hommes présents ou détachés sur le pied de paix.

Le décompte de l'abonnement sera réglé à la fin de chaque trimestre, en prenant pour base le nombre de toutes les journées de prime d'entretien de la masse individuelle allouées par les revues générales de liquidation (1).

Ce nombre sera multiplié par le taux annuel de l'abonnement et le produit sera divisé par 365 ou 366, selon le cas.

L'abonnataire recevra pour comptant, sur ce décompte, le montant des pièces justificatives qui auront été acquittées par le corps pour l'entretien des effets des hommes détachés compris dans l'abonnement.

Entretien de l'habillement des portions détachées s'administrant elles-mêmes.

Art. 8. Lorsqu'un détachement, composé d'un ou de plusieurs bataillons, compagnies, escadrons ou batteries, aura une administration distincte, un ouvrier tailleur pourra être substitué à l'abonnataire pour tous les droits que comporte l'abonnement afférent à cette portion du corps. Ce mode de procéder commencera et finira aux époques que fixera le conseil d'administration.

Dans le but de donner des garanties réciproques aux parties intéressées, une revue des effets d'habillement sera passée, lorsqu'il y aura lieu, afin

---

(1) Le montant de l'abonnement à payer aux premiers ouvriers tailleurs et cordonniers pour l'entretien de l'habillement et de l'équipement dans les régiments d'artillerie sera calculé d'après les journées d'hommes montés et assimilés et d'hommes non montés allouées par les revues générales de liquidation (Note ministérielle du 14 mars 1880, J. M., p. 85).

de constater l'état dans lequel se trouveront les effets de la portion détachée. Les réparations reconnues nécessaires seront immédiatement exécutées au compte de qui de droit.

Il sera procédé de même à l'expiration, ou en cas de résiliation, par l'effet d'une circonstance quelconque, du présent abonnement. Dans ce cas, toutes les parties de l'habillement seront mises en bon état par les soins de l'abonnataire ou à ses frais.

Faculté de faire exécuter quelques menues réparations par un ouvrier tailleur d'après un taux déterminé.

Art. 9. Lorsque le conseil d'administration jugera plus utile pour l'intérêt du service de faire faire dans les compagnies, escadrons ou détachements les petites réparations courantes, telles que coutures, reprises, morceaux à la doublure, attaches de boutons sur les vêtements, il sera retenu à l'abonnataire sur son abonnement, pour être payé aux ouvriers de compagnies chargés desdites réparations, 0 fr. 03 cent. par homme présent et par mois.

Vérification des réparations.

Art. 10. Les effets à réparer seront portés, quand il y aura lieu, à l'atelier de l'abonnataire qui effectuera dans les mêmes conditions le versement de ceux réparés.

Les réparations dont l'exécution ne sera pas reconnue satisfaisante seront refaites d'urgence par l'abonnataire.

En cas de contestation, on en référera au major et, en dernier ressort, au conseil d'administration, comme le spécifie l'article 6.

Dans le cas où l'abonnataire n'exécuterait pas les réparations en temps utile, le conseil d'administration aurait le pouvoir de les faire exécuter par un tiers au compte de l'abonnement.

Cessation de l'abonnement pendant la guerre.

Art. 11. L'abonnement cesserait de plein droit pendant toute la période de guerre pour les portions de corps qui seraient détachées à l'armée et dont les effets seraient alors entretenus et réparés par application du régime de clerc à maître.

Jugement des contestations auxquelles peut donner lieu l'abonnement.

Art. 12. Les contestations qui s'élèveraient sur la manière d'interpréter les conditions de l'abonnement seront jugées en premier ressort par le sous-intendant militaire, et s'il y a appel, par l'intendant militaire du corps d'armée, qui prononcera définitivement.

Fait à   les jour, mois, et an que dessus.

DÉCISION MINISTÉRIELLE
du 24 avril 1879.

Abonnement annuel pour l'entretien du grand équipement, du 1er janvier au 31 décembre 18   . (1)

Aujourd'hui premier janvier mil huit cent

Les membres du conseil d'administration du   et le sieur
                    (maître sellier ou premier ouvrier cordonnier) du corps sont convenus de passer le présent marché d'abonnement pour un an, à partir de ce jour, d'après les clauses et conditions déterminées par les articles suivants :

Effets auxquels s'applique l'abonnement.

Art. 1er. Le sieur   s'engage :

1° A entretenir, réparer, faire entretenir ou réparer à son compte et au fur et à mesure des besoins, les effets de grand équipement y compris les étuis de revolver, les étuis d'instruments de musique et d'outils, les porte-manteaux et les courrois d'ustensiles de campement en service dans les corps;

2° A fournir les pièces nécessaires pour mettre en bon état les effets ci-dessus spécifiés quand ces remplacements sont la conséquence d'un user ou d'une détérioration naturels;

3° A remplacer les parties en drap de couleur distinctive des porte-manteaux ;

4° A ajuster à la taille des hommes les effets de grand équipement bons ou neufs en service ou délivrés du magasin;

5° A marquer les effets reçus par les magasins du corps ;

6° A poser les D en cuivre dits *porte-agrafes* aux ceinturons neufs provenant des magasins de l'Etat.

Mode de fourniture de diverses matières et accessoires nécessaires pour les réparations.

Art. 2. Les effets et accessoires réformés seront remis à l'abonnataire dans une proportion que déterminera le conseil d'administration lorsqu'ils seront reconnus susceptibles d'être utilisés pour les réparations, il en sera de même du drap nécessaire pour les réparations à exécuter aux porte-manteaux.

Qualité des matières à fournir par l'abonnataire.

Art. 3. Les fournitures incombant à l'abonnataire ne comprendront que des matières de bonne qualité et conformes aux modèles-types.

Réparations payables en dehors de l'abonnement.

Art. 4. Seront payées supplémentairement à l'abonnataire, par imputation à qui de droit :

Au compte de la masse individuelle :

1° Les réparations qui deviendraient nécessaires par la faute ou la négligence des hommes ;

---

(1) Tarif des réparations à effectuer aux havresacs dans l'intérieur des corps (*J. M.*, P. S., 2e semestre 1876, p. 256).

Au compte de la masse générale d'entretien :

2° Les réparations provenant de cas de force majeure ; le remplacement des grandes et petites bélières ;

Au compte du service de l'habillement :

3° Les réparations que peuvent exiger les effets réintégrés par les réservistes ou les hommes de l'armée territoriale.

Bulletins de réparations.

Art. 5. Les réparations seront constatées par des bulletins établis et signés par le commandant de compagnie, escadron ou batterie et visés par l'officier d'habillement.

En cas de doute sur l'imputation, il en est d'abord référé au major et, en dernier ressort, au conseil d'administration qui statue définitivement après avoir entendu les parties intéressées.

Taux et mode de paiement de l'abonnement.

Art. 6. Il sera payé à l'abonnataire pour le couvrir des dépenses que le présent abonnement lui impose, la somme de

par homme et par an pour tous les hommes présents ou détachés sur le pied de paix.

Le décompte de l'abonnement sera réglé à la fin de chaque trimestre, en prenant pour base le nombre de toutes les journées de prime d'entretien de la masse individuelle allouées par les revues générales de liquidation (1).

Ce nombre sera multiplié par le taux annuel de l'abonnement et le produit sera divisé par 365 ou 366, selon le cas.

L'abonnataire recevra pour comptant, sur ce décompte, le montant des pièces justificatives qui auront été acquittées par le corps pour l'entretien des effets des hommes détachés compris dans l'abonnement.

Entretien du grand équipement des portions détachées s'administrant elles-mêmes.

Art. 7. Lorsqu'un détachement composé d'un ou de plusieurs bataillons, compagnies, escadrons ou batteries, aura une administration distincte, un ouvrier (sellier ou cordonnier) pourra être substitué à l'abonnataire pour tous les droits que comporte l'abonnement afférent à cette portion du corps. Ce mode de procéder commencera et finira aux époques que fixera le conseil d'administration.

Dans le but de donner des garanties réciproques aux parties intéressées, une revue des effets de grand équipement sera passée, lorsqu'il y aura lieu, afin de constater l'état dans lequel se trouveront les effets de la portion détachée. Les réparations reconnues nécessaires seront immédiatement exécutées au compte de qui de droit.

Il sera procédé de même à l'expiration ou en cas de résiliation, par l'effet d'une circonstance quelconque, du présent abonnement. Dans ces cas, toutes les parties du grand équipement seront mises en bon état par les soins de l'abonnataire ou à ses frais.

---

(1) Voir le renvoi (1) à l'article du modèle du marché d'abonnement pour l'entretien de l'habillement.

Vérification des réparations.

Art. 8. Les effets à réparer seront portés, quand il y aura lieu, à l'atelier de l'abonnataire qui effectuera dans les mêmes conditions le versement de ceux réparés.

Les réparations dont l'exécution ne sera pas reconnue satisfaisante seront refaites d'urgence par l'abonnataire. En cas de contestation, on en référera au major et, en dernier ressort, au conseil d'administration, comme le spécifie l'article 5.

Dans le cas où l'abonnataire n'exécuterait pas les réparations en temps utile, le conseil d'administration aurait le pouvoir de les faire exécuter par un tiers au compte de l'abonnement.

Cessation de l'abonnement pendant la guerre.

Art. 9. L'abonnement cesserait de plein droit pendant toute la période de guerre pour les portions du corps qui seraient détachées à l'armée et dont les effets seraient alors entretenus et réparés par application du régime de clerc à maître.

Jugement des contestations auxquelles peut donner lieu l'abonnement.

Art. 10. Les contestations qui s'élèveraient sur la manière d'interpréter les conditions de l'abonnement seront jugées en premier ressort par le sous-intendant militaire et, s'il y a appel, par l'intendant militaire du corps d'armée, qui prononcera définitivement.

Fait à   , les jour, mois et an que dessus.

Nota. — Dans les corps où le maître sellier est abonnataire pour l'entretien du grand équipement, il sera ajouté au marché un article qui prendra le n° 11 et qui sera libellé comme il suit :

Cas de perte, par suite d'événements de guerre, d'effets et matières appartenant aux maîtres ouvriers.

Les maîtres ouvriers doivent être considérés comme des fournisseurs civils traitant à leurs risques et périls et soumis, en conséquence, à la réglementation commune à toutes les fournitures de la guerre.

Il en résulte qu'en cas de perte, par suite d'événements de guerre, d'effets et matières leur appartenant, l'administration de la guerre n'encourrait aucune responsabilité et ne leur devrait, le cas échéant, aucune indemnité.

DÉCISION MINISTÉRIELLE
du 24 avril 1879.

Abonnement annuel pour l'entretien de la coiffure, du 1ᵉʳ janvier au 31 décembre 18   (1).

Aujourd'hui premier janvier mil huit cent
Les membres du conseil d'administration du   et le sieur   (maître sellier, chef armurier ou premier ouvrier cordonnier) du corps, sont convenus de passer le présent marché d'abonnement, pour un an, à partir de ce jour, d'après les clauses et conditions ci-après déterminées.

Effets auxquels s'applique l'abonnement.

Art. 1ᵉʳ. Le sieur   s'engage :
A effectuer la pose de toutes les pièces composant la coiffure dont le remplacement par suite d'user ou de détérioration naturels sera reconnu nécessaire aux effets en service, ainsi que les réparations utiles aux mêmes effets et ne nécessitant pas l'emploi de pièces, mais motivées par les mêmes cas.

Mode de fourniture des matières nécessaires pour les réparations.

Art. 2. Toutes les pièces de coiffure nécessaires pour effectuer les réparations seront fournies gratuitement à l'abonnataire par le magasin du corps.

Fournitures et réparations payables en dehors de l'abonnement.

Art. 3. Seront payés supplémentairement à l'abonnataire, par impulation à qui de droit :

Au compte de la masse individuelle :

Les pièces de coiffure et les frais de pose afférents à des réparations à exécuter à la coiffure par la faute ou la négligence des hommes ;

Au compte de la masse générale d'entretien :

Les réparations résultant d'un cas de force majeure ; le vernissage des coiffes intérieures des effets réintégrés ; le peinturage des cocardes et des ventouses, quand il y a lieu ;

Au compte du service de l'habillement :

La réparation des effets de coiffure réintégrés par les réservistes ou les hommes de l'armée territoriale.

---

(1) Tableau indiquant les prix auxquels les corps doivent payer les pièces séparées, nécessaires aux réparations des effets de coiffure et de grand équipement et dont la fourniture est prévue au cahier des charges du 19 septembre 1878 (*J. M.*, P. S., 1ᵉʳ semestre 1879, p. 947).
Tableau fixant le prix des réparations à effectuer aux shakos et aux casquettes dans l'intérieur des corps (2ᵉ semestre 1876, *J. M.*, P. S., page 250 et 22 mars 1878, *J. M.*, P. S., page 265).

Bulletins de réparations.

Art. 4. Les réparations seront constatées par des bulletins établis par le commandant de compagnie, escadron ou batterie et visés par l'officier d'habillement.

En cas de doute sur l'imputation, il en est d'abord référé au major et, en dernier ressort, au conseil d'administration qui statue définitivement après avoir entendu les parties intéressées.

Taux et mode de paiement de l'abonnement.

Art. 5. Il sera payé à l'abonnataire pour le couvrir des dépenses que le présent abonnement lui impose, une somme de   par homme et par an pour tous les hommes présents ou détachés sur le pied de paix.

Le décompte de l'abonnement sera réglé à la fin de chaque trimestre, en prenant pour base le nombre de toutes les journées de prime d'entretien de la masse individuelle allouées par les revues générales de liquidation.

Ce nombre sera multiplié par le taux annuel de l'abonnement et le produit sera divisé par 365 ou 366, selon le cas.

L'abonnataire recevra pour comptant, sur ce décompte, le montant des pièces justificatives qui auront été acquittées par le corps pour l'entretien des effets des hommes détachés compris dans l'abonnement.

Entretien de la coiffure des portions détachées s'administrant elles-mêmes.

Art. 6. Lorsqu'un détachement, composé d'un ou de plusieurs bataillons, compagnies, escadrons ou batteries, aura une administration distincte, un ouvrier (*cordonnier, armurier ou sellier*) pourra être substitué à l'abonnataire pour tous les droits que comporte l'abonnement afférent à cette portion du corps. Ce mode de procéder commencera et finira aux époques que fixera le conseil d'administration.

Dans le but de donner des garanties réciproques aux parties intéressées, une revue des effets de coiffure sera passée, lorsqu'il y aura lieu, afin de constater l'état dans lequel se trouveront les effets de la portion détachée. Les réparations reconnues nécessaires seront immédiatement exécutées au compte de qui de droit.

Il sera procédé de même à l'expiration, ou en cas de résiliation, par l'effet d'une circonstance quelconque, du présent abonnement. Dans ces cas, toutes les parties de la coiffure seront mises en bon état par les soins de l'abonnataire ou à ses frais.

Vérification des réparations.

Art. 7. Les effets à réparer seront portés, quand il y aura lieu, à l'atelier de l'abonnataire qui effectuera dans les mêmes conditions le versement de ceux réparés.

Les réparations dont l'exécution ne sera pas reconnue satisfaisante seront refaites d'urgence par l'abonnataire.

En cas de contestation, on en référera au major, et en dernier ressort, au conseil d'administration, comme le spécifie l'article 4.

Dans le cas où l'abonnataire n'exécuterait pas les réparations en temps utile, le conseil d'administration aurait le pouvoir de les faire exécuter par un tiers au compte de l'abonnement.

Cessation de l'abonnement pendant la guerre.

Art. 8. L'abonnement cesserait de plein droit pendant toute la période de guerre pour les portions de corps qui seraient détachées à l'armée et dont les effets seraient alors entretenus et réparés par application du régime de clerc à maître.

Jugement des contestations auxquelles peut donner lieu l'abonnement.

Art. 9. Les contestations qui s'élèveraient sur la manière d'interpréter les conditions de l'abonnement seront jugées en premier ressort par le sous-intendant militaire, et, s'il y a appel, par l'intendant militaire du corps d'armée qui prononcera définitivement.

Fait à   , les jour, mois et an que dessus.

Nota. — Dans les corps où le chef armurier est titulaire du marché d'abonnement pour l'entretien de la coiffure, il sera ajouté un article qui prendra le n° 10 et qui sera libellé comme il suit :

Cas de perte, par suite d'événements de guerre, d'effets et matières appartenant aux maîtres ouvriers.

Les maîtres ouvriers doivent être considérés comme des fournisseurs civils traitant à leurs risques et périls et soumis, en conséquence, à la réglementation commune à toutes les fournitures de la guerre.

Il en résulte qu'en cas de perte, par suite d'événements de guerre, d'effets et matières leur appartenant, l'administration de la guerre n'encourrait aucune responsabilité et ne leur devrait, le cas échéant, aucune indemnité.

MINISTÈRE DE LA GUERRE

ANNEXE N° 27

Circulaire
du 30 novembre 1867.

• CORPS D'ARMÉE.

DIVISION D

PLACE

de

Abonnement pour l'entretien du harnachement du 1er janvier 18   au 31 décembre de la même année.

° RÉGIMENT D (1)

ABONNEMENT ANNUEL

POUR L'ENTRETIEN DU HARNACHEMENT.

Aujourd'hui, 1er janvier mil huit cent
Les membres du Conseil d'administration dudit régiment et le sieur
           maître sellier, sont convenus de passer le présent marché
d'abonnement pour un an, à compter du premier janvier mil huit cent
           , d'après les clauses et conditions déterminées par les
articles ci-après :
Art. 1er. Le sieur   s'engage, pour le terme fixé ci-dessus,
dans toutes les positions du corps :
1° A entretenir constamment en bon état d'usage les effets de harnachement des chevaux de troupe à la disposition du corps et dont la réforme n'aurait pas été prononcée ;
2° A réparer et à remplacer les pièces et courroies qui seront reconnues nécessaires aux effets qui composent la selle complète, tels que : sacoches ou chapelets de sacoches, poches à fer, têtières de bride, frontails, rênes de bride et de filet, montants de bride et de filet, sous-gorges, muserolles, sangles, croupières, poitrails ou partie de poitrails, étrivières, courroies de toute espèce et morceaux ou pièces quelconques ou de telle partie, qu'ils soient reconnus hors de service pendant la durée des selles dont ils dépendent ;
3° A réparer les bridons d'abreuvoir, les licols et les surfaix d'écurie ; à remplacer, à ses frais, par des effets neufs tous ceux de ces effets qui seront reconnus hors de service par le Conseil d'administration, et dont la réforme, proposée par M. l'intendant divisionnaire ou par le sous-intendant militaire chargé du contrôle administratif du corps, aura été prononcée, soit par le général de division inspecteur général ou par son délégué, soit par l'officier général qui sera chargé de la revue trimestrielle du corps ; enfin, à entretenir, dans le magasin du régiment, un approvisionnement de ces effets dans la proportion du quart de l'effectif des chevaux (2).

---

(1) Applicable au corps de cavalerie. Pour l'artillerie et le train des équipages militaires (Voir le modèle du marché d'abonnement annexe n° 28).
(2) Note ministérielle relative à la fourniture des bridons d'abreuvoir, des licols et des surfaix d'écurie dans les régiments de cavalerie (Bureau de la cavalerie et des remontes).

Paris, le 12 janvier 1867.

Les dispositions contenues dans le modèle d'abonnement adopté, en 1858, pour l'entretien du harnachement dans les corps de cavalerie, et les prescriptions de la circulaire ministérielle du 25 août 1859 (remplacé par le présent modèle d'abonnement), pour leur application, n'ont pas été comprises partout de la même manière en ce qui concerne les licols, les bridons et les surfaix d'écurie.

4° A blanchir annuellement les couvertures en service, jusqu'à concurrence du tiers de l'effectif moyen des chevaux déterminé par le nombre de journées constatées par les revues; ces couvertures seront, autant que possible foulonnées ou au moins lavées au savon noir, sans employer les brosses dures, qui détériorent promptement;

5° A réparer les schabraques, les couvertures et les bissacs de campagne; à fournir les matières nécessaires à ces réparations autres que le drap et la toile, qui seront prélevées sur les économies de coupe et sur les vieux bissacs, qui seront conservés, dans ce but, d'après les règles accoutumées;

6° A graisser semestriellement tous les harnachements, tant en service qu'en magasin; à cet effet, il sera mis à la disposition du maître sellier le nombre d'hommes nécessaires à cette opération. Les matières nécessaires à ce graissage sont à la charge de l'abonnataire (1);

7° A remplacer les bandes en vache et à modifier les bandes qui blesseraient les chevaux pour lesquels on ne pourrait trouver de pointures convenables;

8° A remettre en état et à compléter, avant leur versement en magasin, les harnachements cessant momentanément d'être en service, à l'exception de ceux qui seraient détériorés, soit par l'user naturel, soit par accident ou force majeure, au point d'être jugés susceptibles de réforme à la prochaine inspection générale, auquel cas la réparation en sera ajournée jusqu'à l'époque à laquelle l'inspecteur général aura prononcé sur cette proposition;

9° A ajuster, en ce qui concerne sa partie, les brides ou les selles pour tout ou partie des chevaux du corps, toutes les fois que l'ordre en sera donné;

10° A démonter et à graisser, après la purification, et à remonter les harnachements ayant servi à des chevaux atteints de maladies réputées contagieuses, et à fournir les ingrédients nécessaires à cette opération;

11° A réparer et à entretenir les surfaix de remonte et de l'infirmerie,

---

Afin de fixer les parties à cet égard, les obligations de chacun doivent être entendues ainsi qu'il suit:

Les maîtres selliers fournissent et entretiennent, au compte de leur abonnement, le matériel de harnachement d'écurie réglementaire dont chaque cheval doit être pourvu, c'est-à-dire un licol, un bridon et un surfaix.

Ils doivent avoir, en outre, dans les magasins du corps, un approvisionnement d'objets neufs, égal au quart du complet budgétaire de l'effectif en chevaux (proportion modifiée par le § 3 de l'article 1er du présent modèle d'abonnement).

Les effets de harnachement d'écurie qui cessent d'être employés par suite de réduction d'effectif des chevaux (morts, réformés, etc.), sont remis aux maîtres selliers. En cas d'augmentation d'effectif, ces chefs ouvriers sont tenus de pourvoir les nouveaux chevaux des licols, bridons et surfaix nécessaires, soit au moyen d'objets bons rentrés entre leurs mains, soit au moyen d'effets neufs pris dans les magasins des corps et qu'ils doivent remplacer immédiatement.

En conséquence de ces explications:

Lorsqu'un corps change de maître sellier, celui qui sort ne peut exiger de son successeur que le remboursement de la valeur des objets neufs déposés au magasin du corps, à titre d'approvisionnement, et ce dernier doit s'assurer que chaque cheval est bien pourvu des effets qu'il doit avoir.

Les corps n'ont nullement à tenir compte, dans leurs écritures et dans leurs inventaires, des effets de harnachement d'écurie en service ou en magasin.

(1) Les maîtres selliers abonnataires doivent se servir de la graisse Dubbing pour l'entretien du harnachement en magasin ou en service (Instruction ministérielle du 5 juillet 1873, page 9) concurremment avec la graisse Bourgeois (19 août 1880, p. 307).

20

les colliers de force pour chevaux vicieux, les selles de voltige avec leurs accessoires, les effets de manège et de voltige et les têtes pour les courses, et à remplacer et entretenir les chambrières, cravaches, caveçons, longes de fer, entraves et lunettes reconnus hors de service et nécessaires à la forge, au manège et à l'infirmerie, les pièces cassées de ces effets devront toujours être représentées (1);

12° A entretenir et à graisser les harnais des chevaux de fourgon; à mettre au noir les ferrures et les diverses parties de ces harnais, deux fois par an, à fournir les œillères aux bridons de ces chevaux, et à graisser les roues de ces fourgons toutes les fois qu'il sera utile de le faire et que l'ordre en sera donné par le major. Les matières nécessaires à ce graissage sont à la charge de l'abonnataire.

13° A fournir, le cas échéant, les longes et cordes pour les chevaux casernés dans les écuries non pourvues de chaînes et d'attaches, s'il y a insuffisance de longes de cuir et de licols de parade hors de service;

14° A emballer les effets de harnachement en magasin, lors des changements de garnison; à déballer et à placer ces effets dans les magasins de la nouvelle garnison; le nombre d'hommes nécessaires à cette opération sera mis à la disposition du maître sellier;

15° A marquer et à numéroter tous les effets de harnachement, à l'exception des mors et des étriers, de quelque provenance qu'ils soient, et chaque fois qu'un ordre en sera donné par le chef du corps. La fourniture des divers ingrédients nécessaires à cette opération est à la charge de l'abonnement;

16° A fournir : 1° des genouillères; 2° des bottines pour les chevaux qui se coupent; 3° des masques pour ceux qui mordent;

17° *Paragraphe réservé pour les dispositions particulières à chaque corps, s'il y a lieu, par suite des modifications des modèles.*

Art. 2. Par entretien, on entend non-seulement la main-d'œuvre, mais encore toutes les fournitures nécessaires aux réparations pour lesquelles il ne devra être employé que des cuirs de bonne qualité. Les matières et ingrédients nécessaires au graissage, à la marque et au numérotage des effets de harnachement et autres objets décrits dans l'article qui précède, sont également à la charge de l'abonnataire.

Les effets mal confectionnés, n'ayant pas les dimensions réglementaires, ainsi que ceux dont la matière sera reconnue de mauvaise qualité, seront rejetés et remplacés immédiatement par le maître sellier ou à ses frais; les effets remplacés au compte de l'abonnement deviendront sa propriété.

Art. 3. Les réparations seront faites de manière qu'il n'y ait qu'une couture d'assemblage aux effets de sellerie réparés. Sont exceptées, toutefois, les courroies de charge et de paquetage, les sangles, les fausses martingales, les croupières et toutes les pièces de la bride, de la têtière, du filet, du licol de parade, rênes comprises, ainsi que les étrivières, lesquelles devront, en cas d'usure, être remplacées entièrement, et ne pourront être réparées au moyen de coutures d'assemblage ou de morceaux de cuir, il ne sera toléré qu'une couture d'assemblage à chaque rêne de bridon seulement; les sangles de tissu pourront recevoir, de chaque côté, deux renforts en cuir aux places coupées par l'éperon.

Art. 4. Les accessoires de selles réformées et les parties des schabraques réformées, susceptibles d'être utilement employées, pourront être remis au

(1) Voir à l'annexe n° 3 la décision ministérielle du 23 décembre 1876 au *Journal militaire* concernant le matériel servant à l'instruction militaire et équestre.

maître sellier pour servir aux réparations ou au remplacement, par échange, des accessoires reconnus ne pouvoir être maintenus en service; la remise à ce chef ouvrier des matières et effets ci-dessus désignés s'effectuera, au fur et à mesure des besoins, sur la proposition du capitaine d'habillement approuvée par le major.

Art. 5. S'il survenait, pendant la durée de cet engagement, quelques modifications ou nouvelles décisions relatives au mode d'entretien des effets ci-dessus désignés, le maître sellier s'engage à s'y soumettre sans aucune indemnité spéciale, à moins que la décision ministérielle ne prescrive d'en allouer.

Art. 6. A moins d'ordres contraires, les effets seront portés à réparer et retirés après réparations, conformément à l'article 66 du règlement du 2 novembre 1833. En cas de plaintes pour réparations mal faites et ajournées, il y sera pourvu d'urgence au compte du maître sellier, sur la proposition du capitaine d'habillement et l'ordre du major, sauf recours au Conseil.

Nonobstant cette mesure, le Conseil se réserve, en cas de récidive dans la non exécution des engagements du maître sellier envers le corps, la résiliation du présent abonnement, en le prévenant, toutefois, trois mois à l'avance; par contre, le maître sellier pourra user de la même faculté, en prévenant également trois mois à l'avance.

Art. 7. Les remplacements et les réparations nécessitées par des pertes ou dégradations provenant de la faute ou de la négligence des hommes seront imputés à leur masse individuelle, selon le mode et la forme déterminés par l'article 210 de l'ordonnance du 10 mai 1844. En cas de contestations relatives à l'imputation, le major auquel il en sera référé prononcera, sauf révision par le Conseil (Article 62 de l'ordonnance du 10 mai 1844). Les remplacements ou les réparations résultant d'événements de force majeure, dûment constatés, incomberont à la masse d'entretien du harnachement et ferrage (1).

Art. 8. Il sera alloué au maître sellier, pour le couvrir des frais mis à sa charge par le présent abonnement, la somme de (2)   francs par cheval et par an pour les régiments de l'intérieur: francs pour ceux détachés en Algérie ou en campagne.

Ces prix seront augmentés de 50 centimes pour les fractions de régiment de cavalerie faisant le service à Paris.

Le décompte des sommes dues sera réglé, à la fin de chaque trimestre, d'après l'effectif moyen des chevaux de troupes résultant de la division par 365 ou 366, selon que l'année est ou non bissextile, du nombre des journées alloué par les revues pendant le trimestre et en multipliant cet effectif moyen par le taux annuel de l'abonnement.

Le paiement ne pourra en être fait que sur un état émargé par MM. les commandants d'escadron pour attester que le harnachement a été bien entretenu et que le maître sellier a rempli ses obligations.

Le maître sellier recevra pour comptant:

---

(1) Les réparations en dehors de l'abonnement sont remboursées pour la cavalerie, d'après le tarif du 18 juillet 1872, pages 517 et suivantes et pour le harnachement modèle 1874, par le tarif du 20 novembre 1874, page 307 du 1er semestre 1875. Modifications apportées à ce tarif (*J. M.*, P. R., 2e semestre 1876, p. 21 et 1er semestre 1878, page 186).

(2) 40 fr. 50 par cheval et par an pour les régiments de l'intérieur, 41 fr. 25 pour ceux de l'Algérie (Déc. minist. du 18 juillet 1872, *J. M.*, page 515).

Pour l'entretien des accessoires de selles du modèle anglais, 3 fr. 25 par cheval et par an à l'intérieur et 7 fr. 40 en Afrique (Circ. minist. du 14 septembre 1872, p. 597).

1° Le montant des pièces justificatives des dépenses qui auront été acquittées par les corps pour l'entretien du harnachement des chevaux détachés, compris dans l'abonnement ;

2° Le montant des dépenses d'urgence prévues par les articles 6 et 9.

Art. 9. A l'expiration ou en cas de résiliation de cet abonnement, par l'effet d'une circonstance quelconque, ou au moment de la mise sur le pied de guerre ou dans le cas de licenciement, les selles seront complétées dans tous leurs accessoires, et toutes les parties des effets de harnachement et autres dont l'entretien est à la charge de l'abonnataire seront mises en bon état d'entretien par ses soins et à ses frais.

Art. 10. Les coutures d'attache ou réparations quelconques, nécessitées par l'abonnement du maître armurier, pour les mors de bridons, etc., ne donneront lieu à aucune rétribution de la part de ce dernier et seront à la charge du présent engagement.

Art. 11. Le présent abonnement, exécutoire durant une année, sera soumis à l'approbation du contrôle administratif, et les contestations que soulèverait ultérieurement son interprétation seront jugées administrativement et en dernier ressort par M. l'intendant militaire de la division.

Fait à   , les jour, mois et an que dessus.   —

Le Maître sellier,   *Les Membres du Conseil d'administration*,

VU ET APPROUVÉ :
Le Sous-Intendant militaire,

MODÈLE A.

Désigner le corps
et
la fraction de corps.

ABONNEMENT POUR L'ENTRETIEN DU HARNACHEMENT.

Aujourd'hui   mil huit cent   le capitaine
commandant la   et le sieur   bourrelier, ont
conclu le présent marché à compter du

Art. 1er. — Le sieur   s'engage à exécuter moyennant un abonnement, dont les conditions sont spécifiées ci-après, les réparations suivantes :

HARNACHEMENT DE SELLE ET DE TRAIT.

1° Remplacement de la boucleric, réparation des mors de brides, étriers, et, en général, de toutes les parties en fer et en cuivre qui entrent dans le harnachement ;

2° Toutes les coutures et piqûres à refaire au harnachement proprement dit, aux bissacs et aux musettes mangeoires ;

3° Le débourrage et le rembourrage des panneaux ;

4° Toutes les pièces à mettre ou reprises à faire aux couvertures (les morceaux nécessaires aux réparations seront pris sur les couvertures réformées) ;

5° Le remplacement des lanières et de tous les passants coulants ou fixes ;

6° La désinfection des harnais ayant servi aux chevaux atteints de maladies contagieuses ;

7° L'ajustage des harnais sur les chevaux et toutes les opérations que comporte cet ajustage ;

8° La main d'œuvre pour le numérotage et le graissage du harnachement.

HARNACHEMENT DES MULETS.

1° La fourniture de la boucleric et la réparation des mors de bridons (les autres parties en fer ne font pas partie de l'abonnement) ;

2° Toutes les coutures et piqûres à refaire au harnachement proprement dit et aux musettes mangeoires ;

3° Le bourrage et le rembourrage des panneaux de bâts ;

4° Toutes les pièces à mettre ou reprises à faire aux couvertures (les morceaux nécessaires aux réparations seront pris sur des couvertures réformées) ;

5° Le remplacement des passants coulants ou fixes, des courroies servant à assujettir le chargement et de toutes les lanières, à l'exception de la grande lanière de surfaix ;

6° Les ganses et épissures aux cordes de charge ;

7° La désinfection des harnais ayant servi aux mulets atteints de maladies contagieuses ;

8° L'ajustage des harnais sur les mulets et toutes les opérations que comporte cet ajustage ;

9° La main-d'œuvre pour le numérotage et le graissage.

L'abonnement ne s'étend qu'aux réparations rendues nécessaires par le service naturel des objets ; il comprend non seulement la main-d'œuvre, mais encore les fournitures nécessaires pour les réparations : ces fournitures devront être de première qualité et reçues par le capitaine commandant.

Art. 3. Il sera alloué au sieur   pour le couvrir des frais dudit abonnement, une somme de six francs par année et par harnais en service à la batterie ou compagnie. Cette somme lui sera payée chaque mois et décomptée comme si le mois était composé de 30 jours et l'année de 360 jours. Les harnais de cheval de selle, de porteur ou de sous-verge, de derrière ou de devant, ainsi que les harnais de mulet ou de cheval de bât, seront comptés indistinctement chacun pour une unité.

Art. 4. Le sieur   s'engage à exécuter, sans autre indemnité que celle qui lui est allouée par l'article précédent, les réparations indiquées ci-après aux bâches, aux prélats, et, en général, aux couvertures de toutes espèces qui pourront être mises à la disposition de la batterie (ou compagnie) pour préserver certaines parties du chargement, ainsi qu'aux couvre-bouches, aux couvre-culasses et aux autres objets analogues afférents au service des bouches à feu, savoir :

1° Toutes les reprises, coutures et piqûres à refaire ;

2° Le remplacement de la bouclerie.

Il s'engage de même à refaire les coutures aux courroies des poignées de coffre modifiées pour le transport des effets.

Art. 5. Le sieur   s'engage enfin à exécuter toutes les réparations ou remplacements autorisés par les règlements moyennant les prix mentionnés au tarif ci-annexé. Toutefois ces prix seront augmentés de 25 p. 100 tant que la batterie (ou compagnie) restera en campagne.

Art. 6. Le sieur   consent à subir les retenues nécessaires pour le paiement des matières et outils qui lui seront fournis, et, en outre, une retenue de 1/4 des sommes à lui dues, jusqu'à la constitution d'une masse de garantie s'élevant à 1 fr. 50 par harnais soumis à l'abonnement.

Art. 7. A l'expiration du présent marché ou en cas de résiliation, les réparations incombant à l'abonnement seront faites par l'abonnataire ou à ses frais ; après vérification il lui sera donné décharge de la masse de garantie.

Art. 8. Le présent marché restera exécutoire, sauf le cas de force majeure, jusqu'à ce que, la batterie (ou compagnie) étant rentrée en station, les circonstances aient permis de passer une visite contradictoire du harnachement.

Il sera soumis à l'approbation du sous-intendant militaire.

Les contestations que soulèverait son interprétation seront jugées administrativement.

Le capitaine commandant se réserve le droit de résiliation en cas de non exécution des conditions stipulées ou de mauvaise conduite du bourrelier abonnataire.

A   , le   18

Le Bourrelier abonnataire,   *Le Capitaine commandant,*

APPROUVÉ :

Le Sous-Intendant militaire,

MODÈLE B.

Désigner le corps
et
la fraction de corps.

Bulletin des réparations exécutées par le bourrelier au compte des masses individuelles.

NOMS DES HOMMES.	Nᵒˢ ANNUELS.	DÉSIGNATION des EFFETS.	Nᵒˢ.	NATURE DES OPÉRATIONS.	PRIX du TARIF.	OBSERV.

CERTIFIÉ le présent bulletin montant à la somme de

A   , le   18   .

Le Capitaine commandant,

Pour acquit de la somme de

A   , le   18   .

Le Bourrelier abonnataire.

MODÈLE C.

Désigner le corps
et
la fraction de corps.

Bulletin des réparations exécutées par le bourrelier au compte de la masse d'entretien du harnachement et ferrage pendant le mois de

DÉSIGNATION DES EFFETS.	N^os	NATURE DES RÉPARATIONS.	PRIX DU TARIF.	OBSERVATIONS.
		TOTAL........		
		Prime de 25 p. 100 allouée sur ce total....................		
		Prime de 25 p. 100 allouée sur le montant des réparations exécutées au compte des masses individuelles pendant le mois de		
		TOTAL A PAYER.......		

CERTIFIÉ le présent bulletin montant à la somme de

A , le 18 .

Le Capitaine commandant,

Pour acquit de la somme de

A , le 18 .

Le Bourrelier abonnataire,

MODÈLE D.

Désigner le corps
et
la fraction de corps.

État des sommes dues au bourrelier de la   *pour l'abonnement*
de l'entretien du harnachement pendant le mois de   18 .

		NOMBRE de harnais. (1)	NOMBRE de jour- nées par harnais (2).	TOTAL des jour- nées dans le mois.	OBSERVAT.
Calcul du nombre de journées de harna- chement.	L'effectif au 1er était.	150	30	4,500	
	Gains. { 2 harnais reçus du maga- sin du régiment (Procès- verbal du 15).	2	15	30	
	TOTAUX........	152		4,530	
	Pertes. { 1 harnais de selle perdu par cas de force majeure le 5	1	25	25	
	Effectif au 30	151			
	Nombre de journées donnant droit à l'abonnement.			4,505	

Décompte en deniers.—4,505 journées, à raison de 6 fr. pour 360 journées. 75 fr. 08.

CERTIFIÉ le présent état montant à la somme
de soixante-quinze francs huit centimes.

A   , le   18 .

Le Capitaine commandant,

Pour acquit de la somme de soixante-
quinze francs huit centimes.

A   , le   18 .

Le Bourrelier abonnataire,

---

(1) Harnais de selle, de porteur ou de sous-verge, de devant ou de derrière, ou harnais de mulet, indistinctement.
(2) Elles sont toujours décomptées comme pour un mois de 30 jours.

MODÈLE E.

Désigner le corps
et
la fraction de corps.

Bulletin des réparations à exécuter par le bourrelier au compte de la masse d'entretien du harnachement et ferrage pour cas de force majeure.

DÉSIGNATION des EFFETS.	Nᵒˢ	NATURE DES RÉPARATIONS.	INDICATION SOMMAIRE des causes qui ont motivé les réparations.	PRIX du TARIF.	OBSERVAT.
		Total.......			
		Prime de 25 p. 100 allouée pour les réparations en campagne..			
		Total de la dépense à imputer à la masse d'entretien du harnachement et ferrage..			

Le capitaine commandant certifie que les réparations indiquées ci-dessus dont la dépense s'élève à la somme de ont été nécessitées par cas de force majeure, suivant le rapport ci-joint, et il demande, en conséquence, qu'elles soient exécutées au compte de l'État.

A   , le   18 .

APPROUVÉ :

Le Sous-Intendant militaire,

A   , le   18 .

‹ CORPS D'ARMÉE.

MODÈLE F.

Désigner le corps
et
la fraction de corps.

VISITE SOMMAIRE DU HARNACHEMENT

DEVANT SERVIR POUR LE PASSAGE SOUS LE RÉGIME MIXTE DE CAMPAGNE.

Bulletin des réparations non exécutées à la date du (jour où l'ordre de mobilisation a été reçu) *, imputables à l'abonnement du maître-sellier et n'incombant pas à la charge de l'abonnement réduit de campagne.*

NOMS DES HOMMES.	DÉSIGNATION des EFFETS.	Nos	NATURE DES RÉPARATIONS.	PRIX du TARIF.	OBSERVAT.

Le capitaine commandant certifie que les réparations détaillées ci-dessus sont nécessaires pour remettre le harnachement de la batterie en bon état de service et il est d'avis, en conséquence, que la somme de
soit versée à l'État par le maître-sellier.

A   , le   18   .

Reçu une copie du présent bulletin,
le   à   heures du

Le Maître sellier,

° CORPS D'ARMÉE.

PLACE DE

Marché d'abonnement
pour l'entretien et la
réparation du harna-
chement, du
18 , au   18 .

N° des délibérations.

ANNEXE N° 28

° RÉGIMENT D'ARTILLERIE

ou

° ESCADRON DU TRAIN DES ÉQUIPAGES MILITAIRES.

ABONNEMENT

POUR L'ENTRETIEN DU HARNACHEMENT.

(Règlement du 9 avril 1848).

Aujourd'hui   mil huit cent   , les
membres du Conseil d'administration du   et le sieur
                    maître sellier, ont conclu le présent marché d'abonne-
ment, à compter du   mil huit cent   .
Art. 1er. Le sieur   s'engage, pour le terme fixé ci-dessus
et dans toutes les positions, celle sur le pied de guerre seule exceptée :

1° A entretenir constamment en bon état tous les effets de harnachement
à la disposition du corps et dont la réforme n'aurait pas été prononcée;

2° A remplacer les accessoires de ces effets à ses frais, lorsque ces accessoires seront reconnus hors de service par le Conseil d'administration
ou ses délégués;

3° A noircir et graisser le harnachement, peindre les serrures en noir à
l'huile et teindre les traits quatre fois par an, à ses frais, aux époques
fixées par le Conseil d'administration;

4° A faire blanchir, à ses frais, chaque année, le tiers des couvertures en
service ou en magasin;

5° A renouveler, chaque année, par des licols d'écurie et bridons d'a-
breuvoir neufs, le quart de ceux résultant de l'effectif des chevaux. Ce
remplacement se fera par quart le premier jour de chaque trimestre, et
d'après l'effectif de ce jour (1).

---

(1)   Paris, le 7 septembre 1852.

Dispositions relatives aux licols d'écurie et bridons d'abreuvoir.

Messieurs, conformément à l'avis du comité d'artillerie, j'ai décidé ce qui suit :

1° A partir du 1er janvier 1853, les licols d'écurie et les bridons d'abreuvoir cesseront d'être remplacés au compte de l'abonnement et par quart annuel;

2° Les effets dont la durée réglementaire reste fixée à 4 ans, seront remplacés directement au compte de la masse d'entretien de harnachement et ferrage, lorsqu'ils auront
été réformés par l'inspecteur général;

3°..

En conséquence, dans les nouveaux marchés d'abonnement, le paragraphe 5 de l'article 1er sera supprimé.

Le Ministre de la guerre,
Signé : A. DE SAINT-ARNAUD.

6° A réparer les effets dits de manège, tels que caveçons, longes, chambrières, etc. ;

7° A entretenir et remplacer, toutes les fois qu'ils seront reconnus hors de service par le Conseil d'administration, les surfaix et tissus de ficelle pour les promenades, ceux de remonte et d'infirmerie ;

8° A démonter, graisser après leur purification, et remonter les harnachements ayant servi à des chevaux atteints de maladies contagieuses ;

9° A remettre en état et à compléter avant leur versement en magasin les harnachements cessant momentanément d'être en service, à moins qu'ils ne soient jugés par le conseil susceptibles d'être proposés pour la réforme, auquel cas la réparation en sera ajournée jusqu'à l'époque à laquelle il aura été prononcé sur cette proposition.

Art. 2. Il ne sera employé dans les réparations ou remplacements que des cuirs et autres matières de bonne qualité, et les objets fournis seront conformes aux modèles ministériels.

Art. 3. On se réglera, pour la nature des réparations à faire, sur les indications du tarif de réparations approuvé le   (1) ; par le ministre

Art. 4. L'abonnement ne comprend que les réparations rendues nécessaires par le service ordinaire des objets et le remplacement des pièces usées ou cassées par l'effet de leur usage naturel.

Art. 5. Le remplacement des objets perdus et les réparations à faire par défaut de soin sont au compte de la masse individuelle des hommes. Les objets perdus et détériorés par suite d'événements de force majeure ou d'accident constaté sont à la charge de la masse d'entretien de harnachement et ferrage.

Art. 6. Le maître sellier s'engage à exécuter tous ces remplacements et réparations, ainsi que les fournitures pour première mise de licols d'écurie, bridons d'abreuvoir (2) et surfaix divers, moyennant les prix mentionnés aux deux tarifs joints au présent marché et établis conformément à l'article 40 du règlement (3).

Art. 7. Les objets remplacés au compte de l'abonnement sont la propriété du maître sellier ; il pourra faire servir aux réparations ceux réformés reconnus susceptibles d'être employés utilement. Le major déterminera le nombre de ceux dont la remise pourra lui être faite.

Art. 8. La fourniture et les réparations de toutes les parties en fer ou en cuivre entrant dans le harnachement, autres que la bouclerie, seront faites par le maître armurier du corps et à lui payées par le maître sellier, aux prix fixés par les tarifs ci-annexés.

(1) Les réparations en dehors de l'abonnement sont fixées :
Pour le harnachement des chevaux et mulets de l'artillerie, modèle 1861, par le tarif du 3 mars 1874, p. 493; rectifications 22 février 1877, p. 263; 30 juin 1878, p. 27; 16 mai 1879, p. 817; 9 juillet 1879, p. 44.
Pour le harnachement des mulets de l'artillerie, modèle 1845, par le tarif du 3 mars 1874, p. 525 (rectifications au tarif, 27 juin et 18 novembre 1874). Pour l'entretien du harnachement du train des équipages militaires, 30 juin 1878, p. 59, 75, 89. Pour les colliers, modèle 1854, le tarif du 6 juillet 1858 (Circ. minist. du 21 janvier 1878).
(2) Voir le renvoi (1) au paragraphe numéroté 5 de l'article 1er.
(3) Tarifs cités au renvoi (1) ci-dessus.
Les prix portés à ces tarifs sont un maximum qui ne peut être dépassé, mais au-dessous duquel les conseils d'administration doivent chercher à obtenir les conditions les plus favorables aux intérêts des hommes et de l'Etat. Il sera, en conséquence, à l'époque du renouvellement des marchés d'abonnement, établi deux tarifs conformes aux modèles précités et mentionnant les prix convenus entre les maîtres selliers et les conseils d'administration (art. 40 du règlement).

Art. 9. Pour couvrir le maître sellier des dépenses mises à sa charge par le présent abonnement, il lui sera alloué une prime annuelle de (1) par cheval de selle ou de trait indistinctement comptant à l'effectif du corps, et de (1) par harnachement complet de selle ou de trait existant en magasin en excédent de l'approvisionnement fixé par l'article 9 du règlement.

Art. 10. Le décompte de l'abonnement sera réglé, à la fin de chaque trimestre, d'après le nombre de journées de chevaux constaté par les revues et d'après la situation des effets de harnachement en magasin. Les paiements à faire au sieur auront lieu également à la fin de chaque trimestre sur un état conforme au modèle 6 du règlement (Voir d'autre part).

Art. 11. Le maître sellier aura toujours en approvisionnement la quantité de matières premières et d'effets de remplacement qui sera fixé par le Conseil d'administration. L'approvisionnement en traits sera au moins du dixième de l'effectif des chevaux. Il sera tenu d'en remettre aux batteries qui seront appelées à s'administrer séparément. Le prix lui en sera payé par la partie prenante, suivant les tarifs ci-annexés (2).

Art. 12. Lors du passage d'effets de harnachement de batterie à batterie, qui devra se faire par l'intermédiaire du magasin de harnachement, le maître sellier visitera les effets rentrant en magasin et deviendra responsable vis-à-vis de la batterie prenante de toutes les dégradations non constatées lors de la première visite. La batterie prenante recevra les effets en bon état d'entretien.

Art. 13. Lorsqu'une batterie quittera le dépôt pour s'administrer séparément, le harnachement qu'elle devra emporter sera entretenu jusqu'à la veille incluse du jour du départ, par le maître sellier. A dater du jour du départ, l'abonnement est à la charge du bourrelier de la batterie, qui aura dû s'assurer préalablement, et dans une visite contradictoire passée conformément à l'article 42 du règlement, que le harnachement est en bon état de service.

---

(1) 13 fr. par cheval (7 septembre 1852). A 4 fr. 13 par harnachement complet de cheval de selle ou de trait existant en magasin et dépassant le nombre de ceux fixés pour l'approvisionnement par l'article 9 du règlement (art. 37 du règlement).

Fixation à partir du 1er janvier 1878 du taux de l'abonnement pour l'entretien du harnachement des batteries d'artillerie et du train d'artillerie, équipages militaires détachés en Algérie (Dépêche ministérielle n° 277 du 10 janvier 1878).

	ARTILLERIE et train d'artillerie.		TRAIN des équipages militaires.	
	Par jour.	Par an.	Par jour.	Par an.
Entretien d'un harnachement de selle en service..	0 044	16 06	0 050	18 25
Entretien du harnachement d'un cheval ou mulet de trait...................................	0 047	17 155	0 055	20 075
Entretien du harnachement d'un mulet de bât....	0 044	14 965	0 044	16 06
Entretien du harnachement d'un cheval de selle, de trait et mulet de trait et de bât en magasin..	0 003	1 095	0 003	1 095

(2) Voir le renvoi (1) à l'article 3.

En cas de départ précipité d'une batterie devant s'administrer séparément ou si le maître sellier ne peut, avant qu'elle parte, faire faire toutes les réparations nécessaires pour en mettre le harnachement en bon état, il remettra le montant de ces réparations à l'officier commandant, qui en tiendra compte à son bourrelier aussitôt qu'il se sera assuré que les réparations ont été exécutées.

Art. 14. A la rentrée de la batterie, une visite détaillée du harnachement sera passée contradictoirement, et l'officier commandant paiera au maître sellier, sur les fonds retenus au bourrelier en vertu de l'article 7 du règlement, le montant des réparations, le graissage, etc., reconnus nécessaires et qui ne seraient pas immédiatement exécutés par l'ancien abonnataire.

L'abonnement du maître sellier reprendra son cours du lendemain inclus de l'arrivée.

Si la visite n'avait pas lieu ce jour même, le prix de l'abonnement depuis le jour jusqu'à celui où les réparations auraient été constatées viendrait en déduction de la somme dont la batterie devrait compte au maître sellier.

Ce dernier sera tenu de recevoir en compte tous les effets de rechange ou d'approvisionnement rapportés par la batterie, pourvu toutefois qu'ils soient conformes aux modèles. Le prix en sera fixé par le Conseil, suivant l'état dans lequel ils se trouvent.

Art. 15. Autant que possible, il sera fourni, du magasin, au sieur de la toile, du treillis et du drap de démolition, pour être employés aux réparations.

Art. 16. Le maître sellier recevra pour comptant, sur son décompte, le montant des pièces justificatives de dépenses acquittées par le corps pour l'entretien du harnachement des chevaux détachés et compris dans l'abonnement.

Art. 17. Un cautionnement de (1)   sera fourni par le sieur   ; cet argent sera versé à la Caisse d'épargne au nom de ce chef ouvrier, et le livret déposé dans la caisse du corps.

Art. 18. A l'expiration, ou en cas de résiliation du présent abonnement par l'effet d'une circonstance quelconque, toutes les parties du harnachement seront mises en bon état par le maître sellier ou à ses frais, et alors seulement il lui sera donné décharge du cautionnement.

Art. 19. Le présent marché d'abonnement sera soumis à l'approbation de M. le sous-intendant militaire, et les contestations qui s'élèveraient sur la manière d'interpréter les conditions qui y sont énoncées seront jugées en premier ressort par ce fonctionnaire, et définitivement, s'il y a appel, par l'intendant militaire de la division.

Le Conseil d'administration se réserve le droit de résiliation, en cas de non-exécution des conditions stipulées dans ce marché.

Fait à   , le   18   .

Le Maître sellier,   Les Membres du Conseil d'administration,

APPROUVÉ :

Le Sous-Intendant militaire,

---

(1) *Art. 6 du règlement.* Il est fourni un cautionnement de 1500 francs par le maître sellier d'un régiment d'artillerie, de 1000 francs par le maître sellier d'un escadron du train des parcs; cette somme est versée dans une caisse d'épargne et le livret déposé dans la caisse du corps.

Les ouvriers bourreliers chargés dans une batterie, compagnie ou détachement s'administrant isolément, d'en entretenir le harnachement à leur compte, ne sont point tenus à fournir de cautionnement; mais ils ne sont payés du prix de leur abonnement qu'après que le commandant de la batterie, compagnie ou détachement, s'est assuré du bon état d'entretien de son harnachement.

ᶜ TRIMESTRE 18 .

MASSE GÉNÉRALE
d'entretien
DU HARNACHEMENT
ET FERRAGE.
—
Marché d'abonnement
du   18 .
—
Nᵒ .

ᶜ RÉGIMENT D'ARTILLERIE.

ou

ᶜ ESCADRON DU TRAIN DES ÉQUIPAGES MILITAIRES.

État des sommes dues au maître sellier du corps pour l'entretien du harna-chement pendant le ᶜ trimestre 18 .

	NOMBRE de harnais (1)	NOMBRE de journées par harnais (2).	TOTAL des journées dans le trimestre.	OBSERVAT.
L'effectif au 1ᵉʳ était.	150	30	4,500	
Gains. { 2 harnais reçus du maga-sin du régiment (Procès-verbal du 15).	2	15	30	
TOTAUX........	152		4,530	
Pertes. { 1 harnais de selle perdu par cas de force majeure le 5	1	25	25	
Effectif au 30	151			
Nombre de journées donnant droit à l'abonnement.			4,505	

Calcul du nombre de journées de harna-chement.

Décompte en deniers.—4,505 journées, à raison de 6 fr. pour 360 journées. 75 fr. 08.

CERTIFIÉ le présent état montant à la somme de soixante-quinze francs huit centimes.

A   le   18 .

Le Trésorier,

Pour acquit de la somme de soixante-quinze francs huit centimes.

A   le   18 .

Le Maître sellier abonnataire,

---

(1) Harnais de selle, de porteur ou de sous-verge, de devant ou de derrière, ou har-nais de mulet, indistinctement.
(2) Elles sont toujours décomptées comme pour un mois de 30 jours.

Note ministérielle réglant les dispositions à prendre pour l'entretien en campagne du harnachement de l'artillerie et des équipages militaires.

Versailles, le 22 janvier 1879.

Un projet de règlement sur le service et l'entretien du harnachement a été mis en essai dans divers corps de l'artillerie à partir du 1er janvier 1870. Les expériences interrompues pendant la guerre ont été reprises le 1er septembre 1871 et poursuivies jusqu'à présent.

Ce projet était basé sur un système mixte comprenant le régime de l'abonnement pour les menues réparations et le régime de clerc à maitre pour les réparations importantes et pour les remplacements.

D'après les résultats constatés dans la dernière année d'expériences et conformément à l'avis du comité de l'artillerie, le Ministre de la guerre a décidé, à la date du 2 août dernier, que tous les corps rentreraient, à partir du 1er janvier 1879, sous le régime de l'abonnement tel qu'il est défini par le règlement du 9 avril 1848 modifié par diverses décisions ultérieures, et que le régime mixte qui avait été mis en essai serait suivi en campagne, à l'exclusion de tout autre, dans les batteries de l'artillerie ainsi que dans les compagnies du train d'artillerie et du train des équipages militaires. Toutefois cette décision ne s'applique pas aux batteries et compagnies détachées en Algérie qui, en raison de la fixité de leur garnison centrale, conserveront le régime de l'abonnement.

La présente note a été établie en attendant la publication d'un nouveau règlement actuellement à l'étude qui comprendra, outre la disposition indiquée ci-dessus au sujet du mode d'entretien, les prescriptions aujourd'hui réglementaires sur la composition et le numérotage du harnachement.

Elle contient :

1° Un exposé du système qui sera suivi en campagne et qui prendra la dénomination de *régime mixte de campagne.*

2° Les règles à suivre pour le passage du régime de l'abonnement du temps de paix, au régime mixte de campagne et *vice versâ.*

Régime mixte de campagne.

Les réparations sont confiées à un bourrelier avec lequel le capitaine commandant passe un marché.

Ce marché doit être conforme au modèle A qui fait suite à la présente note. Il stipule quelles sont les réparations qui seront exécutées par voie d'abonnement. Les autres seront payées d'après les tarifs en vigueur augmentés de 25 p. 100.

Les réparations au compte de la masse individuelle donneront lieu à l'établissement d'un bulletin modèle B sur lequel le prix du tarif sera porté sans augmentation. Le montant de ce bulletin sera seul imputable aux masses des hommes.

Les réparations non comprises dans l'abonnement, qui sont nécessitées par l'usure naturelle des effets, sont à la charge de la masse d'entretien du harnachement et ferrage. Elles donneront lieu à l'établissement d'un bulletin modèle C sur lequel elles seront décomptées au prix du tarif; le total sera ensuite augmenté de 25 p. 100. Ce bulletin sera habituellement établi chaque mois; on y ajoutera la prime de 25 p. 100 allouée sur les réparations au compte de la masse individuelle qui auront été exécutées dans le mois écoulé.

21

L'abonnement est payé chaque mois d'après un état modèle **D**. Le décompte en est fait d'après le nombre des harnais existant à la batterie ou compagnie (*et non d'après le nombre de chevaux, comme cela avait lieu sous l'empire du règlement du 9 avril 1848*). Le nombre de journées est calculé comme si chaque mois était de 30 jours et le prix de la journée s'obtient en divisant le prix annuel par 360.

Les réparations nécessitées par cas de force majeure, lorsqu'elles ne sont pas de la nature de celles qui peuvent être attribuées à l'usure naturelle, doivent être constatées par le sous-intendant militaire. A cet effet, le capitaine commandant établit un rapport qu'il adresse au sous-intendant avec un bulletin modèle **E**.

S'il y a eu perte d'effets de harnachement par cas de force majeure, on se conforme aux prescriptions en vigueur. (*Règlement du 19 novembre 1871 sur la comptabilité matières. — Article 39.*)

Règles à suivre pour le passage du régime de l'abonnement du temps de paix au régime mixte de campagne et *vice versa*.

Si les délais fixés pour le départ de la batterie, compagnie ou détachement le permettent, le harnachement sera d'abord mis en bon état de service.

Une visite contradictoire sera ensuite passée, par l'ancien abonnataire et par un ouvrier d'état appelé à titre d'expert, en présence du sous-intendant militaire, du capitaine commandant et de l'officier d'habillement.

Le sous-intendant militaire relèvera, parmi les dégradations signalées, celles qui, sous le régime de campagne, devraient être effectuées au compte de l'Etat; il en fera le décompte et il établira en conséquence un procès-verbal faisant ressortir la somme que l'ancien abonnataire devra payer à l'Etat.

L'officier d'habillement relèvera les dégradations qui, sous le régime de campagne seraient imputables à l'abonnement et il en fera le décompte qui doit représenter la somme à payer par l'ancien abonnataire au nouveau. Le capitaine commandant est chargé de défendre les intérêts du nouvel abonnataire; les contestations qui s'élèveraient à ce sujet seraient portées devant le major et, au besoin, devant le conseil d'administration.

Enfin, le capitaine commandant prendra note des dégradations qui résultent de la faute des hommes pour les imputer à qui de droit.

Le changement de régime aura lieu à compter du lendemain de la visite.

Ces dispositions ne sont pas applicables dans le cas d'un départ précipité ou d'une mobilisation générale. On procédera alors comme il suit:

Le capitaine commandant fera établir un état modèle **F** qu'il remettra au major après en avoir donné copie au maître sellier. Cet état donne le décompte des réparations qui sont reconnues nécessaires à la date du jour où l'ordre de mobilisation a été reçu et qui sont imputables à l'abonnement du maître sellier, mais n'incombent pas à la charge de l'abonnement de campagne.

Le maître sellier sera admis à vérifier *de visu*, les réparations signalées et à porter ses réclamations devant le major, pendant un délai de deux jours pleins à compter du moment où il aura reçu communication dudit état, si, toutefois, ce délai n'est pas incompatible avec les ordres donnés pour le départ.

Dans le cas d'une mobilisation générale, les états modèle **F** seront établis dès le premier jour de la mobilisation, soit d'après une visite sommaire, soit d'après les résultats constatés dans une revue récente et rapidement vérifiés.

Le changement de régime aura lieu à partir du jour où la batterie ou compagnie s'administrera isolément.

A l'aide des états modèle F, le major établira ultérieurement un bordereau récapitulatif qu'il adressera, avec les états à l'appui, au sous-intendant militaire chargé de la surveillance administrative de la portion centrale du corps, qui établira un procès-verbal comme dans le cas précédent.

La somme à payer par l'ancien abonnataire au nouveau pourra être réglée à l'amiable avec l'assentiment du capitaine commandant. Sinon, cet officier la fixera après constatation sommaire de l'état du harnachement; en cas de contestation, le major prononcera en dernier ressort.

La somme sera, dans tous les cas, versée entre les mains du capitaine commandant qui la conservera au moins jusqu'à l'exécution des réparations auxquelles elle se rapporte; il en fera retenue s'il y a lieu, comme il est dit ci-après.

Une décision ministérielle réglera les dispositions à prendre pour mettre l'ouvrier abonnataire en possession des outils et matières dont il aura besoin au début de ses opérations. Les retenues à faire pour paiement de ces objets pourront s'élever à la totalité des sommes dues à l'abonnataire, sauf déduction du salaire que le capitaine commandant croira devoir lui allouer, ainsi qu'à son aide, pour leur main d'œuvre.

La retenue sera continuée après le paiement desdits objets, mais seulement sur le quart des sommes dues et jusqu'à la constitution d'une masse de garantie s'élevant, au maximum, à 1 fr. 50 c. par harnais soumis à l'abonnement. Cette masse de garantie sera portée en recette au livre-journal (fonds divers).

Dans le cas d'une batterie ou compagnie détachée qui conserve, sous le régime de campagne, l'abonnataire qu'elle avait en temps de paix, la seule formalité administrative à remplir consiste dans la passation du nouveau marché; mais le capitaine commandant tiendra la main à ce que le bourrelier exécute à ses frais les réparations qui incombaient à la charge de son ancien abonnement.

Après la campagne, lorsque la batterie ou compagnie sera rentrée en station, il sera passé une visite contradictoire par un ouvrier d'état et par l'abonnataire de campagne, en présence du sous-intendant militaire, du capitaine commandant et de l'officier d'habillement. Le maître sellier, s'il doit prendre l'abonnement du temps de paix sera admis à y assister.

Le résultat de cette visite servira de base pour régler les questions relatives au changement de régime, comme dans le cas inverse.

Le régime de campagne est toujours poursuivi jusqu'au jour inclus de cette visite; mais à compter du jour où la campagne prend fin, les réparations en dehors de l'abonnement sont payées au prix du tarif, sans augmentation.

Pour éviter, autant que possible, les difficultés et les pertes pour l'Etat, au moment du passage au régime de campagne, il importe que le harnachement soit constamment tenu en très bon état. MM. les chefs de corps prendront donc des mesures afin que le harnachement soit soumis à des revues mensuelles passées avec la plus scrupuleuse exactitude. Les réparations dont ces revues montreront la nécessité devront être exécutées sans délai.

Ils donneront, en outre, des ordres afin que les marchés pour l'abonnement du régime de campagne soient préparés d'avance dans chaque élément mobilisable, ainsi que les tarifs qui devront y être joints. Dans chaque corps, le major donnera les instructions nécessaires pour la rédaction de ces documents et il s'assurera que les tarifs sont constamment tenus à hauteur.

APPROUVÉ :

Versailles, le 22 janvier 1879.

Le Ministre de la guerre,
Signé : H. GRESLEY.

Modèle
joint à la circulaire du
9 juin 1863, *J. M.*,
tome X, page 243.

ANNEXE N° 29

MINISTÈRE DE LA GUERRE.

‹ RÉGIMENT DE

Abonnement pour les réparations d'entretien des mors de bride, de bridons et filets, ainsi que des étriers des corps, sur le pied de paix (par extension applicable au pied de guerre).

Ce jour'hui, 1ᵉʳ janvier mil huit cent   entre le
conseil d'administration et le sieur   chef armurier au
corps, a été stipulé et arrêté ce qui suit :

Art. 1ᵉʳ. Le sieur   , s'engage à l'entretien en bon état d'usage, au moyen de réparations opportunes, par ses soins ou à son compte, des effets désignés ci-après, tant en service qu'en cours de durée, versés en magasin, savoir :

1° Les mors de bride complets, c'est-à-dire avec gourmette, celle de rechange comprise, esses, crochets et bossettes ;

2° Les mors de filet, de bridon, d'abreuvoir et les étriers de tous les harnachements, tant en service qu'en magasin, sont ajournées jusqu'à prononcé définitif, s'il y a lieu, de leur maintien en service, les réparations aux effets de cette nature proposés pour la réforme.

Art. 2. Cet entretien comprend non seulement le maintien permanent de toutes les parties de ces effets dans de bonnes conditions de réparations, mais encore :

1° Le numérotage au poinçon des mors de toute espèce et des étriers, ainsi que le numérotage des fleurons adaptés aux divers effets de harnachement, tel qu'il est prescrit par l'instruction ministérielle du 7 octobre 1845 (art. 554, 555 et 556), et chaque fois que cette opération est reconnue nécessaire ;

2° Le maintien en bon état d'usage et le remplacement, s'il y a lieu, des divers jeux de marques en fer ou autre métal, existant au corps, affectés soit au numérotage des effets d'habillement, de grand et de petit équipement et de harnachement, soit à la marque des chevaux à l'encolure (actuellement au sabot, 6 juin 1878).

3° L'emballage des effets abonnés, en magasin, lors des changements de garnison ; leur déballage et leur replacement dans les magasins de la nouvelle garnison. Le nombre d'hommes nécessaires à cette opération est mis à la disposition de l'abonnataire ;

4° Le maître sellier devant, aux termes de son abonnement, fournir les bridons complets d'abreuvoir et les remplacer, sera obligé de se procurer les mors de ces bridons chez le chef armurier, qui les lui livrera au prix de 70 centimes.

Il est bien entendu que le chef armurier sera chargé de fournir ces mors de bridons, dont l'entretien est compris dans son abonnement et en dehors de celui du maître sellier.

Art. 3. Par entretien, on entend non seulement la main d'œuvre, mais encore toutes les fournitures nécessaires aux réparations pour lesquelles il ne doit être employé que des métaux de bonne qualité.

Toutefois, les mors et les étriers hors de service par suite de réforme, lorsqu'ils sont jugés susceptibles de pouvoir être utilement employés aux réparations, sont délivrés à l'abonnataire, au fur et à mesure des besoins, sur la proposition du capitaine d'habillement approuvée par le major (Art. 227 de l'ordonnance du 10 mai 1844).

Les vieux fers provenant des effets réparés ou remplacés par l'abonnataire deviennent sa propriété, y compris, bien entendu, les mors de bridon hors de service.

Art. 4. S'il survenait pendant la durée de cet engagement quelques modifications ou nouvelles décisions relatives au mode d'entretien des effets ci-dessus mentionnés, l'abonnataire s'engage à s'y soumettre sans aucune indemnité spéciale, à moins que la décision ministérielle ne prescrive d'en allouer.

Art. 5. Les effets à réparer sont portés journellement au magasin d'habillement, selon les prescriptions de l'article 66 du règlement du 2 novembre 1833, et remis à l'abonnataire qui en effectue le reversement quotidien après réparation.

En cas de plainte pour réparations mal faites ou ajournées, il y est pourvu d'urgence au compte de l'abonnataire, sur la proposition du capitaine d'habillement et l'ordre du major, sauf recours au Conseil d'administration.

Art. 6. Les remplacements et les réparations nécessités par des pertes ou dégradations provenant de la faute ou de la négligence des hommes sont imputés à leur masse individuelle, selon le mode et la forme déterminés par l'art. 210 de l'ordonnance du 10 mai 1844, et d'après le tarif spécial arrêté par le Conseil d'administration, contradictoirement avec l'abonnataire (Art. 209, même ordonnance).

En cas de contestation relative à l'imputation, le major auquel il en est référé prononce, sauf révision par le Conseil d'administration (Art. 62 de l'ordonnance précitée).

Art. 7. Sont également exceptées de l'abonnement, sur justification régulière, les réparations nécessitées par des pertes ou dégradations provenant d'accidents de force majeure et dûment constatés.

Dans ces cas spéciaux, la valeur des mors de bride et de filet, des étriers et des gourmettes remplacés, est acquittée sur les fonds généraux du service du harnachement, et celle des mors de bridon d'abreuvoir, sur les fonds de la masse d'entretien du harnachement et de ferrage.

Art. 8. Il est alloué à l'abonnataire pour le couvrir des frais mis à sa charge par le présent abonnement, à l'intérieur, la somme de 60 centimes par cheval et par période annuelle de trois cent soixante-cinq ou trois cent soixante-six jours, selon le cas; en Algérie, celle de 70 centimes payable :

1° Par des acomptes mensuels s'élevant approximativement au 5/6 du service exécuté pendant le mois précédent;

2° Par un paiement pour solde, déduction faite des acomptes mensuels, à la fin du trimestre, d'après le nombre de journées de prime d'entretien constaté par la revue générale de liquidation, y compris celles des chevaux de remonte avant leur arrivée au corps; le paiement s'effectue sur état émargé certifié par le trésorier, vérifié par le major et visé par le contrôle administratif.

Art. 9. Sur le paiement de ce décompte, l'abonnataire reçoit pour comptant :

1° Le montant des pièces justificatives régulières des dépenses acquittées pour l'entretien des mors et étriers faisant partie du harnachement des
chevaux composant les divers détachements du corps à l'intérieur;

2° Le montant des dépenses prévues par les art. 5 et 10.

Art. 10. A l'expiration ou en cas de résiliation de cet abonnement par
suite d'une circonstance quelconque, toutes les parties des effets mentionnés en l'article 1er, sont mises en bon état d'entretien, par les soins de
l'abonnataire ou à ses frais.

Art. 11. Le présent engagement exécutoire durant   années,
sera soumis à l'approbation du contrôle administratif, et les contestations
que soulèverait ultérieurement son interprétation seront jugées administrativement et en dernier ressort par l'intendant divisionnaire.

Fait à   , en séance du conseil, les jour, mois et an que
d'autre part.

Les Membres du Conseil d'administration,

Le Chef armurier abonnataire,

VU et APPROUVÉ :
Le Sous-Intendant militaire,

e TRIMESTRE 18 .

MASSE D'ENTRETIEN
DU HARNACHEMENT
ET DU FERRAGE.

N° de la pièce
de dépense.

e **RÉGIMENT DE**

Décompte évaluatif pour servir au paiement des réparations d'entretien des mors de brides, de bridons et filets, ainsi que des étriers du corps, selon l'article 8 de l'abonnement du 18 .

	NOMBRE de journées en prime d'entretien des chevaux de troupe.	TAUX annuel par cheval.	DÉCOMPTE.
La revue générale de liquidation du e trimestre 18 alloue.................	54,020	0 60	88 80
A déduire selon pièces justificatives :			
1° Le montant acquitté des réparations pour entretenir des effets de cette catégorie des détachements, en station ou en marche, au rapport proportionnel du taux d'abonnement (Art. 10 du marché).................	730	0 60	1 20
2° Le montant des réparations au compte de l'abonnataire (Art. 5 et 10 du marché)...	»	»	5 80
Totaux des déductions.....	730	0 60	7 00
Balance en faveur de l'abonnataire.....	53,290	»	81 80

CERTIFIÉ le présent décompte à la somme de quatre-vingt-un francs quatre-vingts centimes, à solder l'abonnataire, pour acquittement de son abonnement du e trimestre 18 .

A le 18 .

Le *Trésorier,*

VÉRIFIÉ :
Le *Major,*

ARRÊTÉ CONTRADICTOIREMENT.

L'*Abonnataire,*

Je soussigné reconnais avoir reçu du Trésorier du corps la somme de quatre-vingt-un francs quatre-vingts centimes pour les motifs susénoncés.

VÉRIFIÉ : A le 18 .
Le *Major,*

VÉRIFIÉ :

Le *Sous-Intendant militaire,*

ANNEXE N° 30

• RÉGIMENT D

ou

• ESCADRON DU TRAIN DES ÉQUIPAGES MILITAIRES.

Abonnement pour l'entretien de la ferrure des chevaux de troupe et des chevaux d'officiers appartenant à l'Etat, en station et en marche.

(Décision ministérielle du 18 octobre 1877, J. M., P. R., p. 197).
(Tarif du 2 mai 1878, J. M., P. R., p. 235).

Ce jourd'hui (en toutes lettres)   ,
les membres du conseil d'administration et les sieurs
          , maréchaux-ferrants, sont convenus de passer le présent abonnement pour   ans, à dater du   jusqu'au
          aux clauses et conditions déterminées par les articles
suivants.

Article 1er. Les sieurs   s'engagent
à ferrer et à faire ferrer à leur compte les chevaux des officiers appartenant à l'Etat, ceux des officiers du corps d'état-major et des autres officiers n'appartenant pas à des corps de troupes, dans les cas prévus par le règlement ministériel du 3 juillet 1855 (art. 7), les chevaux et mulets de troupe comptant à l'effectif du corps (1).

Art. 2. Ils s'engagent à fournir des fers d'une forme particulière pour les chevaux auxquels il sera reconnu nécessaire d'en adapter.

Art. 3. Les maréchaux-ferrants se soumettent aux obligations suivantes :

1° Maintenir les dimensions d'épaisseur et de largeur dans les limites ci-après, fixées par la circulaire du 27 avril 1870.

	FERS DE DEVANT.		FERS DE DERRIÈRE.	
	Largeur.	Épaisseur.	Largeur.	Épaisseur.
	mèt.	mèt.	mèt.	mèt.
Chevaux de cavalerie de réserve.......	0 022	0 012	0 025	0 0125
Chevaux de cavalerie de ligne et d'artillerie (selle).....................	0 021	0 011	0 024	0 012
Chevaux de cavalerie légère (français)...	0 020	0 010	0 023	0 011
Chevaux de cavalerie légère (arabes).....	0 018	0 009	0 021	0 010
Chevaux de trait de l'artillerie et des différents trains,...................	0 0235	0 013	0 027	0 014

(1) Le ferrage et le logement des chevaux seront alloués aux officiers ayant renoncé à la remonte à titre gratuit.

La dépense du ferrage sera supportée par la masse de harnachement et ferrage des corps de troupe chargés de l'entretien de la ferrure de ces animaux (art. 10 de l'instruction ministérielle du 1er septembre 1878).

Ces dimensions seront contrôlées au moyen d'un calibre dont chaque maréchal-ferrant abonnataire sera toujours pourvu.

Les fers de derrière seront munis de crampons permanents toute l'année. Ces appendices seront levés droit et carrément à l'extrémité de chaque branche. Ils auront une épaisseur et une largeur égales à celles des branches elles-mêmes et une hauteur égale à l'épaisseur du fer (1).

2° Renouveler complètement la ferrure de chaque cheval ou mulet tous les trente jours, sans qu'on puisse exiger d'eux qu'ils ferrent toujours les quatre pieds à la fois, mais toujours les deux pieds de devant ou les deux pieds de derrière ;

3° S'abstenir de faire servir les vieux fers sans les avoir forgés de nouveau ;

4° Être pourvus de l'approvisionnement d'une ferrure complète par cheval en fers ajustés et numérotés (Décision du 27 avril 1870) ;

5° En hiver, fournir des fers à crampons et des clous à glace pour tous les chevaux, lorsque le chef de corps ou, dans les batteries ou compagnies détachées, le chef de détachement le juge nécessaire (2) ;

6° Appliquer la ferrure à chaud ou à froid suivant les besoins prévus par la circulaire du 22 mars 1854 (3) ;

7° Poinçonner et numéroter les fers ;

8° Les frais de marque du sabot et le renouvellement des jeux de marque seront à la charge des maréchaux-ferrants.

Art. 4. Les maréchaux-ferrants sont tenus de payer à leurs aides une rétribution mensuelle dont la quotité sera réglée par le conseil d'administration, d'après l'avis du vétérinaire en premier.

Art. 5. L'entretien de la ferrure des chevaux de l'état-major du peloton hors rang et des escadrons, batteries, compagnies ou portions de corps qui, accidentellement, n'auraient pas de maréchal-ferrant sera confié au maréchal des logis premier maître.

Art. 6. La ferrure des chevaux venus d'autres corps est à la charge des maréchaux-ferrants à partir du jour où ces chevaux se mettent en route pour rejoindre le corps, et celle des chevaux de remonte à partir du jour où ils quittent le dépôt.

La ferrure des chevaux qui cesseront, à quelque titre que ce soit, de faire partie de l'abonnement sera mise en bon état jusqu'au jour du départ exclusivement.

Art. 7. Il est loisible aux officiers de faire entretenir la ferrure des chevaux qui sont leur propriété par les maréchaux-ferrants du corps, soit par voie d'abonnement au taux fixé à l'article 13, soit au prix de 3 francs par ferrure complète.

Les maréchaux-ferrants seront payés directement par les officiers propriétaires des chevaux.

Art. 8. Quand un maréchal-ferrant abonnataire quitte le corps ou change d'emploi, il doit mettre la ferrure en bon état, et le prix de son approvisionnement d'une ferrure complète lui est remboursé par son successeur. Ce dernier sera tenu de prendre le présent abonnement aux mêmes condi-

---

(1) Cette dernière prescription n'est applicable qu'aux régiments de cavalerie.

(2) Ce paragraphe n'est pas applicable aux régiments de cavalerie qui devront se conformer pour l'application de la ferrure à glace aux prescriptions de la décision ministérielle du 28 juin 1876, notifiée le 4 août suivant et portant que dans la saison d'hiver (15 novembre au 15 février) les fers de devant sont pourvus de crampons comme ceux de derrière.

(3) Ce paragraphe n'est applicable qu'aux régiments de cavalerie.

tions et, dans le cas où il n'aurait pas d'argent pour rembourser l'approvisionnement, ce remboursement aura lieu selon les dispositions de la circulaire ministérielle du 9 janvier 1846 à l'aide d'une avance faite par le conseil d'administration ; alors il sera retenu tous les mois jusqu'à acquittement, un sixième de la somme avancée.

En cas de contestation sur la valeur des objets à remettre par le maréchal-ferrant sortant au maréchal-ferrant entrant, le différend sera réglé par le major.

Art. 9. Dans le cas de départ d'un escadron, d'une batterie ou compagnie pour l'armée, l'excédent d'approvisionnement sera réparti proportionnellement au prix fixé par le conseil d'administration entre les maréchaux-ferrants abonnataires des autres escadrons, batteries ou compagnies.

Art. 10. Les maréchaux-ferrants abonnataires ne pourront sans l'autorisation du conseil d'administration employer pour leurs travaux des maréchaux-ferrants étrangers au corps.

Il leur est interdit de faire aucune espèce de travaux concernant l'éperonnerie et d'avoir une clientèle civile.

Art. 11. Pour les clauses et conditions stipulées au présent abonnement, les maréchaux-ferrants sont et demeurent responsables, envers le Conseil d'administration, du bon état de la ferrure des chevaux de troupe et des chevaux d'officiers fournis par l'Etat. Le Conseil d'administration se réserve le droit de résiliation du présent abonnement en cas de non-exécution des conditions qui y sont stipulées.

Art. 12. Les maréchaux-ferrants sont tenus de se pourvoir, à leurs frais, du charbon, du fer, des outils ou ustensiles nécessaires à l'exercice de leur profession, à l'exception seulement des objets que le département de la guerre doit fournir en nature ou par location en vertu de l'article 49 du règlement du 30 juin 1876 sur le service du casernement (1).

Art. 13. Il sera payé aux maréchaux-ferrants pour les couvrir des dépenses mises à leur charge par le présent abonnement par cheval et par mois, les prix fixés dans les différentes positions par la circulaire ministérielle du 14 juillet 1876 (2), savoir :

(1) Dans l'artillerie et les trains seulement, les maréchaux-ferrants devront en outre, conformément à la circulaire du 10 mars 1877, être munis pour chacun des aides qui leur sont donnés sur le pied de guerre d'une paire de sacoches en cuir renfermant : 1 boutoir, 1 brochoir, 1 rogne-pied, 1 repoussoir et 1 paire de tricoises.
(2) Modifiée par le tarif du 2 mai 1878, *J. M.*, page 235.

Tarif du 2 mai 1878 (Journal militaire, 1er sem., page 235).

INTÉRIEUR.			ALGÉRIE (2).			
	TAUX DE L'ABONNEMENT PAR MOIS ET PAR CHEVAL			TAUX DE L'ABONNEMENT PAR MOIS ET PAR CHEVAL		
	EN STATION.	EN MARCHE.		EN STATION.	EN MARCHE.	
DÉSIGNATION DES ARMES.	Pied de paix ou de rassemblement. Camps baraqués (1).	Routes, Grandes manœuvres, Reconnaissances de brigade. Troupes en campagne.	DÉSIGNATION DES ARMES.	Dans toutes les positions, celle d'expédition exceptée.	Expédition.	
	fr. c.	fr. c.		fr. c.	fr. c.	
Chevaux d'officiers de toutes armes..........	2 00	4 00	Chevaux d'officiers de toutes armes...........	2 20	3 30	
Cavalerie, chevaux de selle et de trait, mulets de trait ou de bât. — Réserve..................	1 65	3 30	Chevaux de race arabe. — Chasseurs d'Afrique....... Chasseurs et hussards.......			
— Ligne..................	1 60	3 20	— Artillerie.................. — Génie...................... Train des équipages militaires	1 75	2 65	
— Légère (français ou arabes)..	1 55	3 10				
Artillerie. — Chevaux de selle........... Chevaux de trait............. Mulets de trait.............. Mulets de bât...............	1 70	3 40	Chevaux de race française et mulets de toutes provenances. — Artillerie.................. Infanterie.................	1 90	2 85	
Génie et train des équipages militaires. — Chevaux de selle........... Chevaux de trait............. Mulets de trait............. Mulets de bât..............	1 75	3 50	— Génie.................... Équipages militaires.........	1 95	2 90	
Infanterie. — Animaux de trait ou de bât..	1 60	3 40	Dépôts de remonte et d'étalons..............	1 70	»	
Remonte. — Quelle que soit l'arme	1 65	»				
Écoles militaires. — Chevaux de carrière........ Chevaux de manège .... Chevaux d'armes ou tous autres	1 70	»				

(1) Pour les corps ou détachements de corps en garnison à Paris ou à Lyon, les prix ci-dessus seront augmentés de 0 fr. 15 c.

(2) Il est alloué dans les régiments montés en chevaux arabes, lorsqu'ils reçoivent des chevaux non ferrés (ce qui doit être constaté par un procès-verbal), 1 fr. par cheval pour demi-ferrure de première mise.

Pour le corps de troupes à cheval ou détachements de corps en garnison à Paris ou à Lyon, les prix ci-dessus sont augmentés de 15 centimes.

Les maréchaux devront ferrer les chevaux de la gendarmerie dans les villes de garnison, à raison de 1 franc 65 centimes par cheval, prix de la cavalerie de réserve (Décision ministérielle du 26 mai 1876).

Le montant de l'abonnement sera payé mensuellement aux maréchaux-ferrants et à titre provisoire par le Trésorier dans les premiers jours du mois pour le mois écoulé, sur un état établi par le commandant de l'escadron, de la batterie ou compagnie, certifié par lui et vérifié par le major, constatant :

1° Le nombre des journées à payer et le décompte en argent de ces journées ;

2° Que la ferrure des chevaux est en bon état ;

3° Qu'il n'est rien dû aux marchands pour fournitures faites aux maréchaux-ferrants pendant le mois écoulé ou antérieurement ;

4° Que les autres maréchaux ont été régulièrement payés.

Le décompte de l'abonnement sera réglé définitivement à la fin de chaque trimestre d'après le nombre de journées légalement constatées par les revues.

Les maréchaux-ferrants recevront, pour comptant sur ce décompte, le montant des pièces justificatives des dépenses qui auront été acquittées pour le ferrage des chevaux détachés ou ayant marché isolément dans l'intérieur, quand ces chevaux seront compris dans l'effectif du corps.

Les maréchaux-ferrants seront également tenus de recevoir et de prendre aux prix fixés par le Ministre de la guerre, les fers et les clous provenant des magasins de l'État, qui, sur son ordre, pourront être délivrés au corps.

Art. 14. Aux grandes manœuvres ou en cas de mobilisation les maréchaux qui auront reçu l'ordre de ferrer les chevaux des officiers détachés à l'état-major de leurs corps d'armée, ainsi que les chevaux ou mulets des divisions d'infanterie (que ces derniers soient immatriculés ou simplement requis), seront tenus d'exiger ou de présenter à titre de pièce justificative un bon signé, dans le premier cas, par les officiers possesseurs des animaux ferrés et visé par le chef d'état-major, et dans le second cas par le capitaine faisant fonctions de major ou par l'officier payeur.

Ces bons pour le remboursement seront envoyés par le trésorier du corps dont les maréchaux font partie aux conseils d'administrations des régiments auxquels appartenaient les chevaux ferrés.

Art. 15. Le présent abonnement sera soumis à l'approbation du sous-intendant militaire, et les contestations qui s'élèveraient sur la manière d'interpréter les conditions qui y sont énoncées seront jugées en premier ressort par ce fonctionnaire et, s'il y a appel, par l'intendant militaire du corps d'armée qui statuera définitivement.

Fait à   , les jour, mois et an que dessus.

Les Membres du Conseil d'administration,

Les Abonnataires,

APPROUVÉ par nous :
Sous-Intendant militaire,

ANNEXE N° 31

CAHIER DES CHARGES POUR LA VENTE DES FUMIERS (1).

Instruction ministérielle du 29 décembre 1840. Voir également la décision du 30 mars 1842, les circulaires des 21 octobre 1852 et 8 mars 1861, la décision du 31 janvier 1877, p. 68, P. R., la circulaire du 1er octobre 1878, p. 318, 9 février 1881, et l'article 254 du règlement du 3 avril 1869.

Art. 1er. L'adjudication a pour objet la vente anticipée des fumiers provenant des chevaux d'officiers et de troupe du régiment qui sont ou seront logés dans les écuries du casernement qui lui est assigné.

Art. 2. L'adjudication aura lieu sur soumissions cachetées selon les formes réglementaires pour la passation des marchés de l'Etat.

Art. 3. Les soumissions exprimeront en fractions décimales, dérivant de l'unité monétaire, le prix offert par journée et par cheval.

Art. 4. En cas d'égalité de prix, il sera procédé séance tenante à un nouveau concours entre les soumissionnaires.

Art. 5. L'adjudication sera définitive et le marché recevra son plein et entier effet après l'approbation du fonctionnaire de l'intendance, sans qu'il soit nécessaire de les soumettre à l'approbation du Ministre, à moins qu'il ne s'élève une protestation séance tenante, cas auquel il en sera fait mention dans le procès-verbal d'adjudication qui sera signé par le réclamant, et il en sera référé au Ministre.

Art. 6. Chaque adjudicataire sera tenu, soit de fournir une litière neuve, soit de rembourser la paille achetée par le corps à titre de première mise

---

(1) Extrait de la circulaire du 1er octobre 1878 (au sujet de la vente des fumiers à provenir des corps de troupes à cheval et des dépôts de remonte).

. . . .

Aux termes de la décision ministérielle du 31 janvier 1877, la durée des marchés à passer en pareil cas ne doit pas excéder une année, mais il importe de donner à tous le même point de départ, et ce point de départ doit être le 1er janvier. Toutefois, lorsque, par suite d'un changement de garnison ou pour tout autre motif, il y a lieu de renouveler un marché au cours d'une année, sa durée devra être calculée de telle sorte qu'il prenne fin au 31 décembre : dans ce cas, la durée pourra, selon les circonstances, dont je laisse juges les chefs de corps, dépasser la période annale ou lui être inférieure de quelques mois.

J'autorise d'ailleurs les corps, s'ils y trouvent avantage, à répartir en plusieurs lots la vente des fumiers et à scinder la période d'une année, c'est-à-dire à passer des marchés pour quelques mois seulement, soit sur l'ensemble, soit sur plusieurs fractions de régiment.

Enfin, il m'a semblé utile que les corps arrivant dans une garnison aient le droit de prendre la suite du marché du corps qu'ils remplacent ; cette innovation, qui devra être introduite dans les nouveaux contrats à intervenir, permettra aux corps arrivants de faire enlever immédiatement leurs fumiers sans attendre les délais qu'entraînerait une nouvelle adjudication ; des instructions devront être données dans ce sens à qui de droit.

de litière à raison de 5 kilogrammes de paille fraîche par cheval ou mulet comptant à l'effectif au moment de la mise à exécution du marché (1).

Art. 7. En cas d'augmentation d'effectif par suite de l'arrivée de détache-

---

(1) Décision ministérielle du 30 mars 1842.

Art. 1er. A l'avenir tout corps de troupe à cheval arrivant dans une garnison aura droit à une distribution de 5 kilogrammes de paille fraîche par cheval comptant à l'effectif, pour première mise de litière.

Art. 2. Il sera alloué, au même titre, à tout corps de troupe à cheval, 5 kilogrammes de paille pour chacun des chevaux de remonte qu'il recevra et pour chacun des chevaux qui viendront augmenter le complet réglementaire tel qu'il était fixé au jour de l'arrivée de ce corps dans la garnison.

Art. 3. La fourniture des 5 kilogrammes de paille par cheval, dans les cas ci-dessus prévus, sera désormais mise à la charge des adjudicataires des fumiers.

Art. 4. Dans les localités où les marchés pour la vente des fumiers sont à terme fixe d'une ou plusieurs années, quelles que soient les mutations à survenir dans les corps composant la garnison, les marchés renfermeront désormais une clause conçue en ces termes :

« L'adjudicataire des fumiers sera tenu :

« 1° De faire enlever la litière des écuries aussitôt après le départ de la troupe ;

« 2° De faire une distribution de paille fraîche de froment, de seigle ou d'avoine aux « régiments qui viendront successivement prendre possession des écuries de la gar-« nison ; cette fourniture sera de 5 kilogrammes par cheval comptant à l'effectif (pré-« sent ou laissé en arrière) ;

« 3° De mettre à la disposition des régiments 5 kilog. de paille fraîche pour chacun des « chevaux de remonte qu'ils pourront recevoir pendant la durée du présent marché ; « comme aussi pour chacun des chevaux qui viendront à excéder le complet tel qu'il « est fixé par les règlements au jour de l'arrivée de ces corps dans la garnison. »

Art. 5. Dans les localités où les marchés se renouvellent à chaque changement de corps, les régiments, en arrivant dans la place, achèteront eux-mêmes, sous la surveillance de l'intendance militaire, la quantité de paille de froment, de seigle ou d'avoine à laquelle ils auront droit d'après l'effectif.

Le montant de cette fourniture, acquittable provisoirement sur les fonds de la masse d'entretien de harnachement et ferrage, sera remboursé entre les mains du conseil d'administration par l'adjudicataire des fumiers.

En conséquence, le marché que souscrira cet adjudicataire contiendra une clause ainsi conçue :

« L'adjudicataire sera tenu,

« 1° De rembourser entre les mains du conseil d'administration la somme de (en « toutes lettres), à laquelle s'est élevée une fourniture de (en toutes lettres) kilogrammes « de paille de (froment, de seigle ou avoine) achetés par le régiment, du sieur « , résidant à , au prix de (en toutes lettres) les 100 kilogrammes « pour la première mise de litière des écuries, d'après un effectif de (en toutes lettres) « chevaux à raison de 5 kilogrammes par cheval ;

« 2° De mettre à la disposition des corps 5 kilogrammes de paille fraîche, pour « chacun des chevaux de remonte qu'il pourra recevoir pendant la durée du présent « marché ; comme aussi pour chacun des chevaux qui viendraient à excéder le complet « réglementaire fixé aujourd'hui à (en toutes lettres) chevaux ;

« 3° De faire enlever la litière des écuries aussitôt après le départ de la troupe. »

Art. 6. La paille de litière nécessaire, dans les cas ci-dessus prévus, avant l'expiration des marchés en vigueur, sera, jusqu'à l'époque du renouvellement de ces marchés, achetée par les soins du régiment, sous la surveillance de l'intendance militaire, et la dépense qui en résultera sera supportée par la masse d'entretien de harnachement et de ferrage.

Art. 7. Les dispositions qui précèdent devront recevoir leur application dans les seuls cas ci-dessus spécifiés, et non lorsqu'il surviendra des mutations dans l'effectif ; du moins lorsque ces mutations n'auront pas pour résultat de porter le nombre des chevaux présents au delà du complet réglementaire tel qu'il était fixé au jour de l'arrivée des régiments dans la garnison.

ments de remonte ou autres, la même litière de 5 kilogrammes de paille fraîche par animal sera également fournie sur la demande du corps.

Art. 8. Le produit intégral des fumiers sortant des écuries, ainsi que toutes les parties d'engrais provenant du balayage des cours, appartiennent à l'adjudicataire sans qu'il puisse en être rien distrait ou enlevé, sauf le cas prévu à l'article 10.

Art. 9. Les fumiers seront placés en tas sur les terrains où on les dépose ordinairement; c'est là que les adjudicataires en prendront possession; toutefois, en cas de départ du corps, l'adjudicataire le prendra dans les écuries ou lieux où ils se trouveront et en fera opérer l'enlèvement sans délai.

Art. 10. Les corps se réservent le droit, et ce, sans indemnité pour l'adjudicataire, de disposer du fumier qui leur sera nécessaire pour mettre autour des pompes pendant les temps de gelée ou pour faire les fuites aux abords des abreuvoirs et autres lieux à l'intérieur des quartiers, à charge toutefois pour le corps de faire relever le fumier quand il ne sera plus nécessaire et d'en faire opérer le transport sur le terrain de dépôt où l'adjudicataire doit en prendre livraison.

Art. 11. Les fumiers devront être enlevés à peu près en totalité tous les vendredis, de telle sorte qu'on puisse nettoyer à fond une fois par semaine les neuf dixièmes de la surface du sol où s'opérera leur dépôt; ils devront l'être plus souvent en cas d'épidémie, et dès que la nécessité en sera reconnue. La litière devra être enlevée des écuries aussitôt après le départ de la troupe.

Faute par l'adjudicataire d'avoir exécuté ces clauses, et quarante-huit heures après avoir été requis par le chef du corps d'avoir à s'y conformer, l'enlèvement sera opéré à ses frais, risques et périls.

Dans ce cas, les fumiers seront transportés sur le terrain désigné par l'autorité militaire. L'adjudicataire en sera immédiatement informé afin qu'il avise à la garde et à l'enlèvement de son fumier.

Les frais de transport seront à sa charge.

Art. 12. L'adjudicataire aura la libre entrée des écuries pour s'assurer, lorsqu'il jugera convenable, du nombre de chevaux présents, et il pourra introduire dans les quartiers, tous les jours, depuis le lever jusqu'au coucher du soleil, les voitures destinées à l'enlèvement des fumiers.

Art. 13. Les voitures pourront stationner dans les quartiers ou les camps, mais de manière à n'y occasionner aucun encombrement.

Art. 14. L'adjudicataire restera responsable des dégradations causées par ses voitures aux portes, bornes, murs, etc.

Art. 15. L'accroissement ou la diminution de l'effectif des chevaux ou mulets, le genre de service auquel ils seront employés, le séjour plus ou moins prolongé qu'ils feront dans les écuries, les changements, quels qu'ils soient, apportés dans la composition de la ration des chevaux, ne pourront donner lieu à aucune modification du prix de l'adjudication.

Art. 16. Pour garantie de l'exécution de son marché, chaque entrepreneur devra verser entre les mains des trésoriers des corps, dans les 24 heures de l'adjudication, une somme calculée à raison de 80 centimes par cheval ou mulet, comptant à l'effectif. Ce cautionnement sera rendu en fin du marché, après paiement de la dernière livraison des fumiers.

Art. 17. Les droits de timbre et ceux proportionnels d'enregistrement auxquels donneront lieu les marchés seront payés intégralement par l'acquéreur, dans les 20 jours qui suivront l'approbation définitive des marchés. Les droits d'enregistrement seront calculés sur une durée de (1)

---

(1) Par décision en date du 31 janvier 1877, le Ministre de la guerre a décidé qu'à

et sur le nombre de chevaux fixé pour chaque lot. Toutefois, dans le cas où, en fin de marché, il serait constaté que le produit des fumiers a été supérieur à la somme sur laquelle ont été calculés les droits d'enregistrement déjà acquittés par l'adjudicataire, l'agent de l'administration des domaines sera fondé à réclamer le paiement des droits proportionnés à cet excédent, sans qu'il y ait à effectuer aucune restitution à l'adjudicataire, si l'importance réelle des fumiers livrés faisait ressortir une différence en moins sur l'évaluation primitive.

Art. 18. Les frais d'affiche et de publication ainsi que d'impression seront à la charge des adjudicataires, au prorata de leur marché et acquittés par eux à la première réquisition.

Art. 19. L'adjudicataire sera tenu de payer le prix des fumiers au domicile de l'officier payeur de chaque corps, dans les dix premiers jours de chaque mois, d'après le décompte arrêté par ledit officier, vérifié par le Conseil d'administration et visé par le sous-intendant militaire.

Art. 20. Dans le cas de non-exécution du marché, les adjudicataires y seront contraints par les voies légales à leurs risques et périls.

Art. 21. Les contestations auxquelles pourraient donner lieu l'exécution et l'interprétation du cahier des charges seront jugées administrativement et conséquemment en premier ressort par le sous-intendant militaire (1).

---

l'avenir, pour tous les marchés de cette nature, il sera stipulé expressément que la durée sera d'une année, avec cette réserve que si le corps quitte la garnison avant l'expiration de ce délai, le marché cessera d'avoir son effet le jour du départ, et cela sans pouvoir donner lieu à aucune réclamation de la part de l'adjudicataire (Voir la circulaire ministérielle du 1er octobre 1878).

Ce marché peut être passé pour trois années (9 février 1881).

(1) ..... Les conseils d'administration ont seuls qualité pour passer les marchés relatifs à la vente des fumiers, le service de l'intendance n'intervient que pour l'approbation, comme l'indique d'ailleurs l'instruction du 29 décembre 1840.

Malgré ces prescriptions, j'ai eu lieu de constater que, dans un grand nombre de régiments, les marchés sont passés immédiatement par les sous-intendants militaires. Il importe de revenir à l'application des dispositions réglementaires, qui ont pour but d'intéresser les corps à tirer le meilleur parti possible de cet élément d'entretien des masses de harnachement et ferrage. J'ai donc l'honneur de vous prier de donner des ordres en conséquence.

Je reconnais cependant que, dans les grands centres de garnison ou dans les casernements occupés par plusieurs corps, il peut y avoir intérêt à ce que les marchés soient passés simultanément et dans les mêmes conditions pour ces mêmes corps. Dans ce cas, les conseils d'administration devront se mettre en instance auprès du sous-intendant militaire de la localité, afin que ce fonctionnaire puisse réunir les délégués desdits conseils et opérer en séance la passation des marchés pour l'ensemble des corps représentés.

.... (Extrait de la circulaire ministérielle du 1er octobre 1878, *J. M.*, p. 318).

En cas de protestation pendant la séance consacrée à l'adjudication, mention en sera faite au procès-verbal que signera le réclamant et il en sera référé au Ministre (29 décembre 1840).

MODÈLE DE SOUMISSION.

Je soussigné   demeurant à
département de   où je fais élection de domicile pour l'exécution du présent marché, me soumets et m'engage envers l'administration de la guerre, par suite de l'adjudication passée aujourd'hui à mon profit, à prendre les fumiers provenant des chevaux ou mulets des

Je paierai par journée de cheval ou de mulet le prix de (en toutes lettres),

J'accepte les clauses et conditions du cahier des charges dont je reconnais avoir pleine et entière connaissance,

Le marché datera du   et durera tout le temps de la présence à   d   corps ou fraction de corps qu'il concerne (1).

Pour garantie de mes engagements, je verserai entre les mains de l'officier payeur le cautionnement en numéraire stipulé audit cahier des charges et calculé sur le pied de 80 centimes par cheval ou mulet.

Fait à   , le   18   .

Nous sous-intendant militaire soussigné,

Vu l'adjudication ci-dessus relatée, acceptons au nom de l'administration de la guerre le présent marché aux clauses et conditions du cahier des charges ayant servi de base à cette adjudication.

Les droits de timbre et ceux proportionnels d'enregistrement auxquels donnera lieu le présent marché seront payés intégralement par l'acquéreur dans les vingt jours de son approbation définitive.

Les droits d'enregistrement seront calculés sur une moyenne de chevaux ou mulets et sur une durée de (1)

Toutefois, dans le cas où, en fin de marché, il serait constaté que le produit des fumiers a été supérieur à la somme sur laquelle ont été calculés les droits d'enregistrement déjà acquittés par l'adjudicataire, l'agent de l'administration des domaines sera fondé à réclamer le paiement d'un supplément de droits proportionnés à cet excédent, sans qu'il y ait lieu à effectuer aucune restitution à l'adjudicataire, si l'importance réelle des fumiers livrés faisait ressortir une différence en moins sur l'évaluation primitive.

A   , le   18   .

APPROUVÉ : (2)   Le Sous-Intendant militaire,

---

(1) La durée du marché peut atteindre la limite maximum de trois années (9 février 1881). Voir 1er octobre 1878 pour la suite du marché que peut prendre le corps arrivant dans une garnison.

(2) Le droit d'approbation définitive est dévolu à MM. les intendants militaires, pour les traités qui seront passés au chef-lieu de leurs divisions et à MM. les sous-intendants militaires, pour les adjudications ou marchés de gré à gré qui auront lieu dans les autres places (29 décembre 1840).

ANNEXE N° 32

TABLEAU

PRÉSENTANT PAR ARME

LA DURÉE DES EFFETS D'HABILLEMENT, DE COIFFURE

ET DE GRAND ÉQUIPEMENT

DÉSIGNATION des EFFETS.	RÉGIMENTS D'INFANTERIE		BATAILLONS DE CHASSEURS À PIED — Intérieur.		BATAILLONS DE CHASSEURS À PIED — Algérie.		RÉGIMENTS de ZOUAVES.		RÉGIMENTS de TIRAILLEURS.		LÉGION ÉTRANGÈRE.		BATAILLONS D'INFANTERIE légère d'Afrique.		COMP.ᵉˢ de DISCIPLINE.		SECTIONS DE SECRÉTAIRES D'ÉTAT-MAJOR et de recrutement — Intérieur.		SECTIONS ... Algérie.		SECTIONS DE COMMIS ET OUVRIERS MILITAIRES d'administration — Intérieur.		... Algérie.		SECTIONS D'INFIRMIERS MILITAIRES — Intérieur.		... Algérie.		OBSERVATIONS.
	Sous-off.	Sol-dats.	Sous-off.	Sol-dats.	Sous-off.	Sol-dats.	Sous-off.	Sol-dats.	Sous-off.	Sol-dats.	Sous-off.	Sol-dats.	Sous-off.	Sol-dats.	Sous-off.	Sol-dats.	Sous-off.	Sol-dats.	Sous-off.	Sol-dats.	Sous-off.	Sol-dats.	Sous-off.	Sol-dats.	Sous-off.	Sol-dats.	Sous-off.	Sol-dats.	
Effets d'habillement.																													
Capote de troupe	39	39	39	39	39	39	»	»	»	»	39	39	39	39	39	39	39	39	39	39	39	39	39	39	39	39	39	39	
Collet et capuchon	»	»	»	»	»	»	8	8	8	8	»	»	»	»	»	»	»	»	»	»	»	»	»	»	»	»	»	»	
Ceinture	»	»	»	»	»	»	4	4	4	4	»	»	»	»	2	3	2	3	2	3	2	3	2	3	2	3	2	3	
Épaulettes	19	2	19	2	19	2	»	»	»	»	19	2	»	»	»	»	»	»	»	»	»	»	»	»	»	»	»	»	
Gilets	»	»	»	»	»	»	3	3	3	3	3	»	»	»	»	»	»	»	»	»	»	»	»	»	»	»	»	»	
Pantalons d'ordonnance	1	1	1	1	1	1	1	1	1	1	1	1	1	1	1	1	1	1	1	1	1	1	1	1	1	1	1	1	
Tuniques	3	3	3	3	3	4	»	»	»	»	3	»	3	4	3	6	4	3	6	4	3	6	4	3	6	4	3	6	
Vestes d'ordonnance	2	3	»	»	2	3	3	3	3	3	»	2	3	»	2	3	»	4	3	»	1	3	»	4	3	»	4	3	
Vestes de travail	»	»	»	»	»	»	»	»	»	»	»	»	2	»	2	»	»	2	»	»	2	»	»	2	»	»	2	»	
Guêtres jambières	»	»	»	»	»	»	1	1	1	1	1	»	»	»	»	»	»	»	»	»	»	»	»	»	»	»	»	»	
Effets de coiffure.																													
Képis	26	26	26	26	1	1	»	»	1	1	1	»	4	4	26	26	4	»	26	26	4	»	26	26	4	»	1	1	
Calottes de travail	»	»	»	»	»	»	»	»	»	»	»	»	»	»	»	2	»	»	»	2	»	»	»	2	»	»	»	»	
Shakos (1)	5	5	5	5	»	»	»	»	»	»	»	»	5	»	5	5	»	»	5	5	»	»	5	5	»	»	»	»	
Effets de grand équipement.																													
Bretelles de fusil	12	12	12	12	12	12	12	12	12	12	12	12	12	12	12	12	12	12	12	12	12	12	»	»	»	»	»	»	
Cartouchières	10	10	10	10	10	10	10	10	10	10	10	10	10	10	10	10	10	10	10	10	10	10	»	»	»	»	»	»	
Ceinturons	15	15	15	15	15	15	15	15	15	15	15	15	15	15	15	15	15	15	15	15	15	15	15	15	15	15	15	15	
Étuis de revolver pour sergents-majors	5	»	5	»	5	»	5	»	5	»	5	»	5	»	5	»	5	»	5	»	5	»	»	»	»	»	»	»	
Plaques de ceinturons	20	20	20	20	20	20	20	20	20	20	20	20	20	20	20	20	20	20	20	20	20	20	20	20	20	20	20	20	
Porte-épées baïonnettes	15	15	15	15	15	15	15	15	15	15	15	15	15	»	15	15	15	15	15	15	15	15	15	15	15	15	15	15	
Porte-sabres, id	»	7	»	7	»	7	»	7	»	7	»	7	7	7	»	7	»	7	»	7	»	7	»	7	»	7	»	7	
Havresacs	7	7	7	7	7	7	7	7	7	7	7	7	7	7	7	7	7	7	7	7	7	7	7	7	7	7	7	7	

(1) Durée de la plaque : 8 ans.

§ 2. — Corps de cavalerie.

DÉSIGNATION DES EFFETS.	CUIRASSIERS.		DRAGONS.		CHASSEURS de FRANCE.		HUSSARDS. INTÉRIEUR.		HUSSARDS. ALGÉRIE.		CHASSEURS D'AFRIQUE.		CAVALERIE DE REMONTE. INTÉRIEUR.		CAVALERIE DE REMONTE. ALGÉRIE.		OBSERVATIONS.
	Sous-officiers.	Sol-dats.	Sous-officiers.	Sol-dats.	Sous-officiers.	Sol-dats.	Sous-officiers.	Sol-dats.	Sous-officiers.	Sol-dats.	Sous-officiers.	Sol-dats.	Sous-officiers.	Sol-dats.	Sous-officiers.	Sol-dats.	
	a. m.	a. m.	a. m.	a. m.	a. m.	a. m.	a. m.	a. m.	a. m.	a. m.	a. m.	a. m.	a. m.	a. m.	a. m.	a. m.	
Effets d'habillement.																	
Bourgerons en toile	1 6	1 6	1 6	1 6	1 6	1 6	1 6	1 6	1 6	1 6	1 6	1 6	1 6	1 6	1 6	1 6	
Dolmans	»	»	»	»	3	3	»	»	3	3	4	4	3	3	4	4	
Épaulettes (paire)	3	3	3	3	3	3	»	»	»	»	8	8	8	8	8	8	
Manteaux	8	8	8	8	8	8	8	8	8	8	8	8	8	8	8	8	
Pantalons d'ordonnance	4	4	4	4	4	4	4	4	»	»	»	»	»	»	»	»	
Pantalons de cheval	4	4	4	4	4	4	4	4	2	2	4 6	2	4	2	4 6	2	
Porte-manteaux	8	8	8	8	8	8	8	8	8	8	»	»	8	8	»	»	
Tuniques	3	3	3	3	3	3	»	»	»	»	4	4	»	»	4	4	
Vestes	»	2	»	2	»	2	»	»	»	2	»	»	2	4	»	»	
Effets de coiffure.																	
Képis	2 6	2 6	2 6	2 6	2 6	2 6	2 6	2 6	2 6	2	»	»	2 6	2 6	»	»	
Calottes d'écurie	»	2	»	2	»	2	»	2	»	2	»	»	»	»	»	»	
Casque (1)	12	12	12	12	»	»	»	»	»	»	5	5	5	5	5	5	
Casquettes	»	»	»	»	»	»	5	5	5	5	5	5	5	5	5	5	
Shakos	»	»	»	»	5	5	5	5	5	5	»	»	»	»	»	»	
Effets de grand équipement.																	
Bretelles de fusil	»	»	»	12	»	12	»	12	»	12	»	12	»	12	»	12	
Ceinturons	20	20	20	20	20	20	20	20	20	20	20	20	20	20	20	20	
Dragonnes	8	8	8	8	8	8	8	8	8	8	8	8	8	8	8	8	
Étuis de revolver	5	5	5	5	5	5	5	5	5	5	5	5	5	5	5	5	
Gibernes et banderoles	»	»	»	»	»	20	»	20	»	20	»	20	»	20	»	20	
Plaques de ceinturon	20	20	20	20	20	20	20	20	20	20	20	20	20	20	20	»	

(1) Crinière 6 ans, houpette 6 ans.

§ 3. — *Corps d'artillerie, régiments du génie*

et escadrons du train des équipages militaires.

DÉSIGNATION des EFFETS	RÉGIMENT D'ARTILLERIE et TRAIN D'ARTILLERIE						RÉGIMENTS DE PONTONNIERS				COMP. D'OUVRIERS		BAGNES D'ARTILLERIE		COMPA- GNIES D'ARTIFI- CIERS	RÉGIMENTS DU GÉNIE								TRAIN DES ÉQUIPAGES MILITAIRES					
	INTÉRIEUR		ALGÉRIE				INTÉRIEUR		ALGÉRIE		INTÉRIEUR		ALGÉRIE			SAPEURS-MINEURS				SAPEURS-CONDUCTEURS				INTÉRIEUR			ALGÉRIE		
	Sous-officiers	Hommes montés	Sous-officiers	Hommes montés	Non mon.		Sous-officiers	Soldats	Sous-officiers	Soldats	Sous-officiers	Soldats	Sous-officiers	Soldats	Soldats	Intérieur Sous-off.	Soldats	Algérie Sous-off.	Soldats	Intérieur Sous-off.	Soldats	Algérie Sous-off.	Soldats	Sous-officiers	Hommes montés	Non mon.	Sous-officiers	Hommes montés	Non mon.
argerons en toile	»	16	16	»	16	16	»	4	»	4	»	4	»	4	»	»	16	»	16	»	16	»	16	»	16	16	»	16	16
...otes	»	8	8	»	8	8	8	8	8	8	8	8	8	8	8	39	39	39	39	»	8	»	8	»	8	8	»	8	8
...mans	3	3	3	3	4	4	3	3	3	4	3	3	3	3	3	»	»	»	»	»	2	»	8	3	3	3	4	4	4
...ulottes	»	»	»	»	»	»	»	»	»	»	»	»	»	»	»	2	3	2	3	2	3	2	3	»	»	»	»	»	»
...teaux	8	8	»	8	8	»	8	8	»	»	»	»	»	»	»	»	8	»	8	8	»	8	»	8	8	»	8	8	»
...talons d'ordonnance	4	»	4	4	»	4	4	4	»	4	4	4	»	4	4	4	4	4	4	»	4	»	4	4	»	4	4	»	4
...talons de cheval	4	2	»	4	2	»	»	»	»	»	»	»	»	»	»	»	»	4	2	4	2	4	2	4	2	»	4	2	»
...o-manteaux	8	8	»	8	8	»	»	»	»	»	»	»	»	»	»	»	»	8	8	8	8	8	8	8	8	»	8	8	»
...iques	»	»	»	»	»	»	»	»	»	»	»	»	»	»	»	3	3	3	3	3	3	3	3	»	»	»	»	»	»
...es d'ordonnance	»	19	19	»	19	19	»	19	»	»	»	»	19	19	»	13	»	13	»	19	»	19	»	19	19	»	19	19	»
...tes de travail	»	»	»	»	»	»	»	»	»	»	»	»	»	»	4	»	»	»	»	4	»	4	»	»	»	»	»	»	»
...is	26	26	26	4	4	4	26	26	4	4	26	26	2	2	4	4	2	2	26	26	26	4	4	4					
...lies d'écurie ou de ...avail	»	2	2	»	2	2	»	2	»	2	»	2	»	2	2	»	»	»	2	»	2	2	»	2	»				
...ko (2)	5	5	5	»	5	5	5	5	»	5	5	5	»	»	»	»	5	»	5	5	»	5	5	5	»	5	5	»	
...elles de fusil	»	»	12	»	»	12	»	12	»	12	»	12	12	12	12	12	»	12	12	12	»	12	»	12	12				
...uchières	»	»	5	»	»	5	»	5	»	5	»	5	10	10	10	10	»	»	»	5	»	»	»	5	»				
...turons	20	20	20	20	20	20	20	20	20	20	20	20	15	15	15	20	20	20	20	20	20	20	20	20	20				
...gounes	8	8	»	8	8	»	8	»	»	8	»	8	8	8	8	8	8	8	8	»	»	»	8	»	»				
...s de revolver	5	5	»	5	5	»	5	»	5	»	»	5	»	»	5	»	5	»	5	»	5	»	»	»					
...rnes et banderoles	»	»	»	»	»	»	»	»	»	»	»	»	»	»	»	»	»	»	20	»	20	»	20	20	»				
...ques de ceinturons	»	»	»	»	»	»	»	»	»	»	»	»	20	20	20	20	20	20	20	»	»	20	20	»	20	20			
...e-épées baïonnettes	»	»	»	»	»	»	»	»	»	»	»	»	15	15	15	13	»	»	»	»	»	»	»	»	»				
...resses	»	7	7	»	7	7	7	7	7	7	7	7	7	7	7	7	7	7	7	7	»	»	»	»	»				

...e durée est portée à 8 ans pour les hommes qui font usage du shako. La durée de ce dernier effet est de 8 ans.

comme à l'intérieur. — (2) Durée de la plaque, 8 ans.

ANNEXE N° 33

TABLEAU A.

Effets d'habillement et de coiffure composant le matériel de la 1re catégorie.

Effets d'habillement.	Bourgerons.
	Capotes.
	Collets à capuchon.
	Ceintures de zouaves et de tirailleurs.
	Ceintures de flanelle.
	Dolmans.
	Epaulettes.
	Gilets de zouaves et de tirailleurs.
	Manteaux.
	Matelassures de cuirasse.
	Pantalons d'ordonnance.
	Pantalons de cheval.
	Pantalons de toile de cuisine (1).
	Tuniques.
	Vestes.
	Guêtres jambières en drap pour zouaves et tirailleurs algériens.
	Effets à l'usage des enfants de troupe.
Effets de coiffure.	Képis.
	Calottes d'écurie et de travail.

(1) Les sacs à distribution à usage collectif et les torchons de cuisine sont aussi considérés comme matériel de la 1re catégorie.

TABLEAU B. — *Effets à emporter par les sous-officiers,*

DÉSIGNATION DES MUTATIONS.	GRADES.	CAPOTE ou MAN-TEAU.	ÉPAU-LETTES	PANTALONS		
				D'ORDON-NANCE.	DE CHEVAL.	
					1re tenue.	2e tenue.
1	2	3	4	5	6	7
1° Sous-officiers promus officiers ou nommés à l'un des emplois indiqués au tarif n° 51 annexé au décret du 25 décembre 1875 ou nommés adjudants, chefs armuriers, maîtres selliers; militaires nommés sous-chefs de musique; militaires retraités.........	Sous-officiers. Soldats.	» »	» »	1 (1) ou 1 (1)	1 »	» »
2° Militaires de la 1re portion du contingent ou engagés volontaires: A. Renvoyés dans la disponibilité ou la réserve (4). B. Réformés ou renvoyés par annulation d'actes d'engagement. C. Passant à d'autres corps. D. En détention préventive. E. Dirigés à un titre quelconque sur l'École polytechnique ou spéciale militaire ou sur le Prytanée militaire, enfin sur l'École de cavalerie comme faisant partie du cadre. F. Dirigés comme élèves sur l'école d'administration.	Sous-officiers. Soldats.	» »	» »	1 (1) ou 1 (1) 1 (1) ou 1 (1)	» »	» »
3° A. Militaires dirigés sur une école dans tous les autres cas. B. Engagés conditionnels de 1re et 2e année.	Sous-officiers. Soldats.	1 1	1 »	1 1 (1) ou 1 (1)	1 1	» »
4° Militaires allant à l'hôpital, en congé ou en permission, en mission, etc.	Sous-officiers. Soldats.	Le nombre et la nature des effets à emporter sont déterminés par le Ministre ou le commandement local, selon les circonstances.				
A. Militaires allant aux bains de mer ou aux eaux thermales. (Note ministérielle du 13 novembre 1880 J. M., P. R., p. 387).	Sous-officiers. Soldats.	1 1	» »	1 (1) ou 1 (1)	» »	» »

(1) L'un ou l'autre des effets, suivant qu'il s'agit de troupes à pied ou à cheval.
(2) Seulement pour les sous-officiers des régiments d'infanterie de ligne et des sections nommés élèves à l'École d'administration qui n'emportent pas la tunique de 2e tenue.
(3) L'un de ces effets ayant la moindre durée à parcourir.
(4) Voir l'ordre ministériel du 13 juillet 1886, J. M., page 17, relatif aux effets à apporter par les réservistes pour la période d'instruction.

caporaux, brigadiers et soldats en cas de mutations.

TUNIQUE ou DOLMAN.		VESTE.	KÉPI.	CA-LOTTE d'ÉCURIE	OBSERVATIONS.
1re tenue.	2e tenue.				
8	9	10	11	12	13
1	»	»	1	»	Les sous-officiers conserveront toujours les effets désignés ci-contre qui se trouvent en leur possession au moment de la mutation. Il en est de même des caporaux, brigadiers et soldats qui ne quittent point l'armée active. Les caporaux, brigadiers et soldats quittant l'armée active pour rentrer dans leurs foyers conservent ceux des effets désignés ci-contre qui n'ont à parcourir pour atteindre le terme de leur durée: 1° Les pantalons et les vestes qu'un trimestre; 2° Les dolmans, tuniques et képis que deux trimestres. Dans tous les autres cas ces derniers reçoivent des effets choisis dans l'habillement d'instruction étant le plus près du terme de leur durée. On délivre des vestes à défaut de tuniques ou de dolmans réunissant ces conditions.
» (2) 1 (3) ou 1 (3)	1 »	» »	1 1	» »	Les militaires passant dans la gendarmerie sont traités comme ceux qui rentrent dans leurs foyers. On doit considérer comme trimestre restant à accomplir, pour les effets à abandonner aux caporaux, brigadiers et soldats, le trimestre pendant lequel les hommes sont renvoyés dans leurs foyers (Note ministérielle du 30 juin 1880, J. M. P. R., page 432).
1 1	» »	1 1	1 1	» »	Le chapeau est abandonné aux élèves d'administration lors de leur promotion au grade d'adjudant en second. (3 août 1876–11 août 1880).
					Ces militaires ne reçoivent pas de serviettes de service des hôpitaux. Par suite, ils doivent être constamment munis de celles qui leur appartiennent (Note minist. du 30 juin 1880). Le sac est également emporté dans les conditions prescrites par la circulaire du 26 février 1878.
1 1	1 »	1 1	1 1	» »	

ANNEXE N° 34

NOMENCLATURE DU MATÉRIEL

ACHETÉ OU ENTRETENU SUR LES FONDS ÉTRANGERS AU BUDGET DU GÉNIE

qui, en cas de départ des corps,

DOIT ÊTRE CONFIÉ A LA GARDE DU SERVICE DU GÉNIE.

(Voir art. 51 du Règlement du 30 juin 1856).

Chambrées.

Placards (Décision du 8 septembre 1873 et note ministérielle du 7 mars 1874).

Marques de respect.	Consignes des gardes d'écurie.
Devoirs du caporal de chambrée.	Entretien du fusil modèle 1866.
Consignes des cuisines.	Entretien de la carabine.
Consignes des postes de police.	Entretien du mousqueton.
Nomenclature des crimes et délits.	

Seaux en bois et ustensiles de poterie (Circ. min. du 26 mars 1874 et 26 mars 1877).
Appareils d'éclairage (art. 71 du règlement du 30 juin 1856).
Caisses à charbon (Circ. du 23 avril 1861).

Cuisines.

Balances à bras égaux (art. 70 du règlement du 30 juin 1856, et Déc. min. du 19 février 1859).
Série de poids de 50 kilos.
Paniers à charbon (Déc. min. du 16 novembre 1863).
Porte-soupes [Manchons] (Déc. min. du 21 décembre 1871, manuscrite).
Seaux en bois et ustensiles de poterie (Circ. min. du 26 mars 1874).
Scies et haches (Circ. min. du 27 novembre 1863).

Écuries.

Appareils d'éclairage (Art. 71 du règlement du 30 juin 1856).
Chariots-fourragères et accessoires [sans harnais] (Art. 64 du règlement du 30 juin 1856).
Forges de campagne (Déc. min. du 9 novembre 1871).
Les objets énumérés à l'art. 43 du règlement du 30 juin 1856.
Vannettes à crottin (Déc. min. du 8 novembre 1847).

École d'escrime.

Gants en buffle pour l'escrime à cheval (Déc. min. du 23 février 1867).
Masques de contre-pointe.
Sabres en bois.
Appareils d'éclairage (Note ministérielle du 16 mars 1874).

Ecole de gymnastique.

Barre de fer.	Cordes à nœuds.
Masques.	Corde lisse.
Poignées à lutter.	Trapèze.
Arcs-boutants.	Echelle de bois Rozé.
Cordes de traction.	Perche amorozienne.
Collection de perches.	Corde à sauter.
Chevalets.	Bêche.
Cordes de passage.	Rateau.
Perches oscillantes.	Pioche.
Corde à consoles.	Caisse réglementaire.

Décisions des 17 septembre et 13 octobre 1873, et art. 55 du règlement du 30 juin 1856.

Ecole de natation.

Nacelle.	Chevalets de natation.
Bouées.	Brosse à laver.
Perches.	Eponges.
Cordeaux.	Brosses à goudron.
Pieux.	Pinceaux.
Piquets.	

(Art. 55 du règlement du 30 juin 1856, et Déc. min. du 17 juin 1874).

Ecole régimentaire.

Le matériel fixe (Art. 86 du règlement du 18 avril 1875).
Un globe terrestre.
4 cartes géographiques collées sur toile et accrochées aux murs :
   Europe écrite, Europe muette, France écrite, France muette.
Un tableau chronologique des rois de France.
Un relief représentant les diverses formes du terrain.
Un relief représentant un retranchement de fortifications passagères.
Règle et équerre à tableau noir, compas à craie et rapporteur.
Appareils d'éclairage (Déc. min. du 19 novembre 1871).

Ecole de tir.

Cibles, panneaux, chaîne d'arpenteur, fanions, pots à colle, pinceaux, lunettes de cantonnier, règles graduées de 1 mètre (Art. 56 du règlement du 30 juin 1856, et Déc. min. du 3 avril 1847).

Escaliers et corridors.

Appareils d'éclairage (art. 71 du règlement du 30 juin 1856).

Habillement et campement.

Versailles, le 2 septembre 1878.

(Matériel à laisser ou à emporter par les corps faisant mouvement.)

Messieurs, j'ai l'honneur de vous faire connaître les dispositions qu'il y aura lieu d'appliquer, en ce qui concerne le matériel du service de l'habillement et du campement, toutes les fois que les corps de troupe changeront de garnison.

I. — MATÉRIEL DEVANT ÊTRE EMPORTÉ.

Les corps doivent emporter :

1° Les approvisionnements du service courant, à l'exception, toutefois, des matières premières (1) ;

2° Les caisses à bagages qui sont la propriété des officiers.

II. — MATÉRIEL A LAISSER SUR PLACE.

Les corps faisant mouvement doivent laisser dans la garnison qu'ils abandonnent, outre les objets tels que le matériel des chambrées, des cuisines, des écoles, des infirmeries, etc., pour lesquels il existe des prescriptions spéciales :

1° Les effets appartenant au service de réserve, à quelque modèle qu'ils appartiennent, y compris les cartouchières pour les corps dont les approvisionnements sont déjà constitués en effets de cette nature ; toutefois, le corps partant emportera les pattes à numéros et les numéros de képis qui sont à son chiffre ;

2° Les cantines à vivres qui sont d'un usage commun, et les caisses à bagages destinées aux officiers réservistes (2).

Les dispositions contenues dans le présent paragraphe ne sont pas entièrement applicables lorsqu'un corps partant ne sera pas remplacé par un corps similaire de la même arme ou de la même subdivision d'arme. Dans ce cas, des mesures spéciales seront prescrites.

Avant le départ de chaque régiment ou bataillon, un officier devra être envoyé dans le lieu de la nouvelle garnison pour procéder, au nom du conseil d'administration, à la reconnaissance et à la prise en charge du matériel qui doit être laissé par le corps partant.

III. — CAS DE CONTESTATION.

Au cas où la reprise du matériel compris dans les paragraphes 1 et 2 qui précèdent, donnerait lieu entre les corps intéressés à des contestations résultant de l'état d'entretien ou de l'assortiment en tailles et pointures de ce matériel, ces contestations seront soumises au sous-intendant militaire chargé de la surveillance administrative du corps où elles se produisent.

Ce fonctionnaire examinera s'il y a lieu d'autoriser le corps arrivant à ne pas prendre charge des effets ou objets qui font l'objet de la contestation, auquel cas ce matériel sera emporté par le corps partant. Le fonctionnaire de l'intendance statuera définitivement, et rendra compte par un procès-verbal motivé qui me sera transmis hiérarchiquement.

Dans le cas prévu au paragraphe qui précède, le corps arrivant pourra être autorisé à faire venir de son ancienne garnison une quantité d'effets ou d'objets égale à celle dont il a été autorisé à ne pas prendre charge dans sa

---

(1) Les corps doivent emporter les képis sur les bandeaux desquels le numéro du régiment est cousu (Dépêche ministérielle du 18 septembre 1878, n° 8966 et 2 octobre suivant au *Journal militaire*).

Les corps qui font mouvement doivent emporter les effets classés au service d'instruction (Circ. minist. du 26 mai 1880, n° 4431).

(2) Pour ne pas léser les officiers qui ont déjà acheté les collections d'ustensiles et leur procurer les moyens d'enlever facilement ces objets, les corps emporteront toutes les cantines à vivres garnies ou non garnies (Solut. minist. du 2 octobre 1878, *J. M.*, p. 308).

nouvelle garnison. Cette dernière autorisation lui sera donnée par l'intendant du corps d'armée qu'il quitte, sur le vu d'une ampliation du procès-
verbal sus-mentionné, mais seulement dans le cas où les deux corps se
remplaceraient mutuellement dans leurs garnisons respectives.

Si, au contraire, les deux corps ne se remplacent pas mutuellement,
l'autorisation mentionnée au paragraphe qui précède ne pourra être donnée
que par le Ministre.

Je vous prie de vouloir bien porter ces dispositions à la connaissance des
corps, et d'en assurer l'exécution chacun en ce qui vous concerne.

Recevez, Messieurs, l'assurance de ma haute considération.

Le Ministre de la guerre,
Gal BOREL.

Infirmeries régimentaires.

Hommes (Art. 57 du règlement du 30 juin 1856).

Baignoires.
Bains de siège.
Bains de pieds.
Bains de bras.
Cylindres.
Pots à tisane en fer battu.
Passoires pour les tisanes.

Gobelets en fer battu.
Cuillers à distribution en fer battu.
Mémoires de médecine, etc.
Instructions relatives au service des in-
firmeries.
Cuviers, cruches, pots, tasses, etc., etc.

Les objets compris dans la note ministérielle du 22 février 1876, art. 15.
J. M., 1er semestre, page 151.
Appareils d'éclairage (Art. 71 du règlement du 30 juin 1856).

Infirmerie vétérinaire.

Médicaments, ustensiles et meubles (Note ministérielle du 22 février 1876).
Ouvrages de médecine vétérinaire (Déc. min. du 1er avril 1865).
Appareils d'éclairage (Art. 71 du règlement du 30 juin 1856).

Manèges.

Barrières.
Piliers.
Chandeliers.
Têtes.

Arrosoirs.
Pics à boyaux.
Pelles.
Râteaux.

(Art. 53 du règlement du 30 juin 1856).

Salle d'hippiatrique.

Appareils élastiques du docteur Auzoux, à l'exception des collections de
mâchoires (Circ. min. du 11 juin 1874).
Ouvrages d'hippiatrique (Déc. min. du 1er avril 1865).

Voltige.

Cheval de bois et barres parallèles (Art. 54 du règlement du 30 juin
1856).

Divers.

Outils prêtés au corps pour l'entretien des cours militaires (Casernes)
(Art. 71 et 101 du règlement du 30 juin 1856).

23

ANNEXE N° 35

Le Ministre de la guerre à MM. le Gouverneur général civil de l'Algérie, commandant supérieur des forces de terre et de mer ; les Gouverneurs militaires de Paris et de Lyon ; les Généraux commandant les corps d'armée ; les Généraux commandant les divisions et les brigades actives ; les Préfets des départements ; les Intendants et Sous-Intendants militaires ; les Chefs de légion et les Commandants de compagnie de gendarmerie ; les Chefs de corps de toutes armes ; les Commandants des bureaux de recrutement. (*Direction générale du Contrôle et de la Comptabilité ; 4° Bureau, Solde et Revues ; Administration et Comptabilité des corps de troupe*).

Paris, le 11 septembre 1875.

(*Instruction pour l'application du décret du 7 août 1875, portant modification à l'ordonnance du 10 mai 1844, sur l'administration et la comptabilité des corps de troupe*).

Messieurs, je vous adresse ampliation du décret (1), rendu le 7 août dernier, sur ma proposition, par M. le Président de la République, portant modification à l'ordonnance du 10 mai 1844, sur l'administration intérieure des corps de troupe.

Le rapport qui précède ce décret expose les motifs sur lesquels sont basées les modifications dont il s'agit. Je crois néanmoins devoir vous donner les explications suivantes, qui me paraissent de nature à vous faire mieux saisir la portée des dispositions nouvelles, à vous en faciliter l'application et, par conséquent, à en assurer le fonctionnement régulier.

Registre matricule des chevaux d'officiers.

D'après les prescriptions du nouvel article 122, le registre matricule des chevaux d'officiers doit comprendre non seulement les chevaux appartenant à l'État, mais aussi ceux qui sont la propriété des officiers.

L'État ayant à pourvoir à la subsistance de tous ces animaux, il m'a paru utile de faire inscrire les uns et les autres sur le registre matricule, qui sera de la sorte en concordance avec les contrôles des chevaux.

Livret matricule des officiers.

Jusqu'ici les services des officiers n'étaient portés que sur le registre matricule du corps ; de sorte que, lorsqu'un officier changeait de régiment, le conseil d'administration était dans l'obligation de faire établir un relevé des services de cet officier pour être adressé au nouveau corps. Le livret matricule, tenu sous la surveillance du conseil d'administration, sera un document authentique qui dispensera à l'avenir les corps des écritures qu'entraînait l'établissement du relevé des services.

Par suite de cette nouvelle disposition, les conseils d'administration n'auront plus besoin de soumettre à la vérification ministérielle les services des

---

(1) Inséré au *Journal militaire officiel*, partie réglementaire, n° 51, p. 141.

officiers, avant de les inscrire sur le registre matricule du corps. Ces services seront portés sur ce registre d'après les inscriptions mentionnées sur les livrets matricules, comme cela a lieu pour les hommes de troupe.

Livret matricule des hommes de troupe (1).

Un livret matricule est ouvert par le commandant du bureau de recrutement pour chacun des hommes qui figurent sur le registre matricule prescrit par l'article 33 de la loi du 27 juillet 1872.

En échange, cet officier n'a plus à établir le contrôle signalétique n° 7 pour tout jeune soldat inscrit au registre dont il est question à l'alinéa précédent.

Vous remarquerez que c'est aussi au commandant du bureau de recrutement qu'incombe le soin d'ouvrir le livret matricule de chacun des engagés volontaires qui a souscrit un acte dans sa subdivision de région avant d'avoir été porté sur le registre matricule du recrutement.

L'exécution de cette mesure ne présente aucune difficulté en ce qui concerne les engagés conditionnels d'un an, dont l'acte d'engagement est envoyé directement par le maire devant lequel cet acte a été contracté, au commandant du bureau de recrutement, qui a ainsi les éléments nécessaires pour établir le livret matricule de ces engagés, et est dispensé d'établir le bulletin n° 9, qu'il devait, en vertu de l'instruction du 1er décembre 1872, adresser au corps.

Il n'en est pas de même des engagés volontaires, dont la copie de l'acte d'engagement est envoyée au sous-intendant militaire, chargé de la transmettre au corps pour lequel l'engagement a été souscrit.

J'ai fait étudier s'il ne serait pas possible d'opérer, pour tous ces engagés, conditionnels ou volontaires, d'une manière uniforme.

Après examen de cette question, j'ai décidé que, par modification aux dispositions de l'instruction du 30 novembre 1872, la copie de l'acte souscrit par les engagés volontaires sera, comme celle des engagés conditionnels, envoyée au commandant du bureau de recrutement, qui, par suite, devra désormais tenir le contrôle n° 9 de ces engagés, comme il le fait déjà pour les engagés d'un an.

De cette façon, le commandant du bureau de recrutement pourra établir les livrets matricules de tous les engagés, sans distinction.

La copie de l'acte d'engagement continuera, comme par le passé, à être envoyée au corps pour lequel l'acte a été contracté.

Par suite, il ne sera plus établi de bulletin n° 10 pour les engagés volontaires.

Désormais, aussitôt que le commandant du bureau de recrutement a établi les livrets matricules des jeunes soldats, il les envoie au corps sur lesquels ces hommes sont dirigés, en y joignant des bordereaux nominatifs, par corps, comprenant les hommes mis en route le même jour.

---

(1) Voir : la circulaire ministérielle du 18 décembre 1875, *Journal militaire*, p. 674, contenant des prescriptions relatives aux hommes dits à la disposition de l'autorité militaire,

La note ministérielle du 23 novembre 1875, *Journal militaire*, p. 662, faisant connaître qu'il n'y a pas lieu d'établir, pour les hommes dirigés sur les corps de l'armée de mer, les livrets prescrits par le décret du 7 août 1875,

Et la note ministérielle du 6 août 1877, *Journal militaire*, page 400, relative à l'envoi et à la distribution des livrets nécessaires aux commandants des bureaux de recrutement, aux corps de troupe et aux établissements militaires.

Les livrets matricules des engagés volontaires sont envoyés de la même manière.

Je crois devoir insister sur la nécessité de n'apporter aucun retard dans l'envoi aux corps de ces documents, de façon à ce qu'ils leur parviennent sinon avant, au moins en même temps que les hommes qu'ils concernent.

Les bordereaux d'envoi, conformes aux modèles ci-joints (nos 1 et 2), sont disposés de telle sorte que les conseils d'administration puissent y inscrire la mention d'arrivée ou de non-arrivée des hommes qu'ils concernent. Chaque bordereau est renvoyé au commandant du bureau de recrutement, avec cette mention, aussitôt l'arrivée au corps des jeunes soldats qui y sont dénommés.

Dès que les hommes signalés comme non arrivés sur le bordereau dont il vient d'être question rejoignent leur corps, le commandant du bureau de recrutement est informé immédiatement de ces arrivées successives par le chef du corps.

Après le délai d'un mois fixé par le nouvel article 138 de l'ordonnance du 10 mai 1844, les livrets matricules des hommes qui n'ont point paru au corps sont renvoyés au commandant du bureau de recrutement.

Il est bien entendu qu'en cas de mobilisation, le délai d'un mois est réduit au temps déterminé par le Code de justice militaire (1).

Il résulte de ce qui précède que les corps de troupe n'auront plus désormais à établir les feuillets matricules, les feuilles de punitions, ni à ouvrir un compte courant au livre de détail, puisque le livret matricule tiendra lieu de ces documents. Cette mesure simplifie donc d'une manière sensible les écritures exigées actuellement des commandants de compagnie, lors de l'arrivée au corps des jeunes soldats. Ces officiers n'auront plus, en effet, que quelques inscriptions à faire, telles que celles relatives à la date de l'incorporation, à la mutation d'arrivée, à la distribution d'effets d'habillement, de grand équipement et de petit équipement. Encore, pour ces derniers effets, et toujours dans le but de diminuer les écritures, ai-je fait imprimer à la page qui précède le détail du compte courant, la nomenclature des effets de petit équipement, en sorte qu'il n'y ait plus à porter, au moment de l'arrivée de l'homme, que le nombre des effets délivrés et leur valeur. Le total de la dépense est ensuite reporté en un seul article au compte courant.

Sauf cette simplification, les recettes et les dépenses de la masse individuelle seront inscrites au compte de l'homme d'après les règles actuellement en vigueur.

Je crois devoir appeler votre attention sur les deux points suivants :

1° L'inscription à la page 1 du livret matricule n° 2 des grades conférés au titulaire devra être faite de façon à laisser la place nécessaire pour que les différents grades des hommes de troupe puissent être successivement portés, le cas échéant, dans la case à ce destinée;

2° Le titre en vertu duquel l'homme est lié au service étant indiqué à la page 1 du livret matricule et du livret individuel des hommes de troupe, il suffira désormais, lors de la première incorporation, de porter à la page 2 du livret matricule n° 2 et à la page 4 du livret individuel la mention suivante :

« Incorporé à compter du.... »

---

(1) Voir la loi du 18 novembre 1875 (*Journal militaire*, P. R., 2e semestre 1875, p. 625) ayant pour objet de coordonner les lois des 27 juillet 1872, 24 juillet 1873, 13 mars, 19 mars et 6 novembre 1875, avec le Code de justice militaire.

Vous remarquerez qu'à l'avenir le compte courant du livret matricule, qui remplace celui qui figurait au livre de détail, n'est plus signé par le capitaine commandant et par l'homme qu'au moment où le militaire quitte le corps. En voici le motif : les signatures apposées, d'après l'ancienne réglementation, lors de l'arrêté trimestriel, avaient pour but de reconnaître contradictoirement la régularité de cette opération. J'ai pensé que cette formalité pouvait être supprimée, puisque les articles de recettes et de dépenses de la masse sont également inscrits au livret individuel, qui reste constamment en la possession de l'homme, et que celui-ci est ainsi toujours à même de se rendre compte de l'exactitude des inscriptions qui le concernent.

Mais au moment où il quitte le corps, comme désormais son livret individuel peut lui être retiré momentanément, il est indispensable de maintenir l'obligation de faire signer son compte par l'intéressé, afin qu'il ne puisse élever aucune réclamation ultérieure à cet égard.

Le nouveau livret contient, imprimée à l'avance, la série des objets de campement qui peuvent éventuellement être délivrés à l'homme. Ce sera encore, le cas échéant, des inscriptions de moins à faire.

Il n'est rien changé au mode d'inscription des punitions sur la situation et le rapport (modèles I et K des ordonnances du 2 novembre 1833); mais sur le livret matricule, il ne m'a pas paru indispensable d'indiquer, comme cela a lieu aujourd'hui, le nom du militaire qui a infligé la punition. Si, exceptionnellement, le nom était nécessaire, il sera toujours facile de recourir aux situations qui sont conservées dans les archives du trésorier. En général, le grade ou l'emploi suffit pour que l'autorité supérieure puisse se rendre compte que les dispositions des ordonnances du 2 novembre 1833 ont été rigoureusement suivies, et s'assurer que chacun est resté dans les limites réglementaires et n'a pas outre-passé ses droits.

Si faible qu'elle soit, c'est encore une diminution d'écritures qui résultera de cette prescription nouvelle, et qui évitera de grossir inutilement le livret matricule.

Mon attention a été appelée sur l'inconvénient qui résulte actuellement de la destruction, après trois années, des folios de punitions des hommes qui ont quitté le régiment. Le corps ne possède plus, après ce laps de temps, aucun renseignement sur la conduite que l'homme a tenue pendant qu'il était sous les drapeaux. Cet inconvénient serait encore bien plus sensible avec le système nouveau, puisque les punitions disparaîtraient du corps en même temps que l'homme.

Pour combler cette lacune, j'ai décidé que le total des punitions infligées à l'homme serait porté à l'avenir sur le registre matricule du régiment, au moment où l'homme quitte le corps, et le modèle n° 4, ci-joint, comprend cette modification.

Le décret du 7 août 1875 dispose que le livret matricule de l'homme passant dans la disponibilité ou dans la réserve de l'armée active est adressé par le corps dont faisait partie ce militaire, au commandant du bureau de recrutement, qui y mentionne le nouveau corps que l'homme doit rejoindre en cas de mobilisation ou de manœuvre. Pour éviter les rectifications qu'il y aurait nécessairement à faire lors du changement de garnison du corps auquel le réserviste est affecté, les commandants de bureaux de recrutement se borneront à mentionner, sur le livret matricule, l'arme dont le réserviste fait partie, dans la forme ci-après :

• *régiment d'infanterie.*
• *régiment de dragons,*

etc., etc.

L'inscription ne sera complétée par l'indication du numéro du régiment que lorsque les hommes seront appelés à l'activité.

Aux termes du nouvel article 138, les livrets matricules des réservistes remis aux capitaines commandants doivent être placés dans un casier spécial, semblable à celui qui renferme les livrets matricules des hommes présents sous les drapeaux. Cette mesure a pour but de ne pas confondre des livrets matricules des hommes dans ces deux positions, et de faciliter les recherches des sous-officiers comptables. Mais il est bien entendu que les livrets matricules des réservistes appelés à l'activité sont, dès l'arrivée des titulaires, extraits du casier spécial pour être réunis à ceux des hommes présents sous les drapeaux, avec lesquels ils doivent être alors classés dans l'ordre alphabétique.

Je dois vous faire connaître tout particulièrement l'importance que j'attache à la bonne tenue et à la conservation du livret matricule.

Les commandants de compagnie, escadron ou batterie devront prendre toutes les précautions nécessaires pour éviter la détérioration anticipée de ce document. Ils veilleront avec soin à ce que ces livrets soient replacés dans leur casier dès que l'on n'aura plus besoin de les consulter ou dès que les inscriptions à y porter seront terminées.

En cas de perte du livret matricule, il en sera établi un nouveau, sur lequel le mot *duplicata* sera porté en caractères saillants au moyen du registre matricule et des autres documents que possède le corps. Ce duplicata sera certifié conforme par le major ou par l'officier qui en remplit les fonctions.

Livret matricule des chevaux d'officiers et de troupe et des mulets de bât.

Il m'a paru qu'un seul modèle de livret matricule suffirait tant pour les chevaux d'officiers que pour ceux de la troupe et pour les mulets de bât.

Vous remarquerez que ces livrets matricules sont établis par les soins du corps au moment de l'arrivée des jeunes chevaux provenant des dépôts de remonte ou achetés dans le commerce.

Toutefois, dans les dépôts de remonte, les livrets matricules des chevaux appartenant aux officiers du dépôt ou mis à leur disposition, ou à celle des hommes de troupe, sont établis par les soins du commandant du dépôt et placés dans le même casier que ceux des hommes, comme cela est prescrit pour les corps de troupes à cheval.

Registre de comptabilité trimestrielle.

Vous recevrez les instructions nécessaires pour la tenue du registre de comptabilité trimestrielle au moment où les modèles des divers éléments qui le composent seront publiés (1).

Livret individuel des hommes de troupe.

Les explications que je vous ai données ci-dessus au sujet du livret matricule des hommes de troupe s'appliquent pour la plupart au livret individuel de ces mêmes hommes.

C'est ainsi que le livret individuel n'est plus établi par les corps; il est ouvert par le commandant du bureau de recrutement et envoyé par ses soins

(1) Voir aux annexes ci-après, la circulaire ministérielle du 26 octobre 1875 et les instructions du 25 mars 1876.

au corps sur lequel l'homme est dirigé, en même temps que le livret matricule.

Le nouveau modèle de livret individuel a été combiné de façon à pouvoir servir dans toutes les armes indistinctement. Cette mesure a l'avantage de faire disparaître les surcroîts d'écritures occasionnés lors d'un changement de corps ou lors d'un rappel à l'activité, puisque l'on était obligé, à chacune de ces mutations, d'établir un nouveau livret individuel, et que le livret modèle n° 5 sera désormais utilisé dans le nouveau corps.

Afin de faciliter la tâche des capitaines commandants au moment de l'arrivée des jeunes soldats ou d'un rappel à l'activité, la nomenclature des effets de petit équipement a été imprimée sur le livret individuel comme sur le livret matricule. Il n'y aura donc plus qu'à inscrire sur le premier document, comme sur le second, à la page qui précède le détail du compte courant, le nombre et la valeur des effets distribués.

En cas de perte du livret individuel, pendant que l'homme est au corps, il en sera établi un *duplicata* qui sera certifié par le major.

Si la perte a lieu lorsque l'homme est dans ses foyers, le titulaire est tenu d'en faire la déclaration à la gendarmerie, et le duplicata est établi d'après les prescriptions du nouvel article 145 de l'ordonnance du 10 mai 1844.

J'appelle tout particulièrement votre attention sur la deuxième partie du livret individuel, qui contient les certificats d'envoi dans la disponibilité, dans la réserve de l'armée active, ou dans l'armée territoriale, ainsi que les ordres de route qui doivent servir aux hommes en cas de mobilisation ou de manœuvres.

Les quatre certificats placés à la gauche du livret individuel sont destinés à constater, ainsi qu'ils l'indiquent clairement :

Le 1er, l'envoi de l'homme dans la disponibilité de l'armée active ;
Le 2e, l'envoi de l'homme dans la réserve de l'armée active ;
Le 3e, l'envoi de l'homme dans l'armée territoriale ;
Le 4e, l'envoi de l'homme dans la réserve de l'armée territoriale.

Pour les hommes comptant à l'effectif du corps au moment où ils sont envoyés dans la disponibilité ou dans la réserve de l'armée active, le certificat est établi par le conseil d'administration du corps.

Il est bien entendu que si le militaire passe immédiatement dans la réserve de l'armée active, le premier certificat d'envoi n'est pas rempli et doit être annulé.

S'il s'agit d'hommes de la disponibilité passant dans la réserve, d'hommes passant dans l'armée territoriale ou dans sa réserve, ou bien encore d'hommes qui n'ont pas passé sous les drapeaux, le certificat d'envoi dans chacune de ces positions est établi par le commandant du bureau de recrutement. A cet effet, les livrets individuels lui seront adressés par les intéressés, par l'intermédiaire de la gendarmerie, comme il sera indiqué ci-après.

Le commandant du bureau de recrutement frappera d'un timbre d'annulation le certificat d'envoi dans la disponibilité lorsqu'il établira le certificat d'envoi dans la réserve. Il oblitérera de la même façon ce dernier certificat lorsqu'il établira celui d'envoi dans l'armée territoriale, et celui-ci lorsqu'il constatera le passage dans la réserve de l'armée territoriale.

Dès que la répartition des hommes de la disponibilité ou de la réserve de l'armée active a été faite entre les divers corps stationnés dans la subdivision de région, le commandant du bureau de recrutement remplit l'un des ordres de route annexés au nouveau livret individuel et indique le nouveau corps auquel l'homme est affecté. Mais, afin d'éviter l'obligation où cet officier se trouverait de modifier à chaque changement de garnison les numéros des régiments sur cet ordre de route, il ne devra indiquer, comme cela a déjà été prescrit pour le livret matricule, que l'arme dont le corps fait partie et la localité où il est stationné. En outre, si dans la garnison il se trouve plusieurs corps de la même arme, le commandant du bureau de recrutement indiquera aussi la caserne ou le quartier occupé par le corps que l'homme doit rejoindre en cas de manœuvres ou de mobilisation et où le rappelé devra se rendre.

Cette inscription devra, par exemple, se faire de la manière suivante :

> Régiment d'infanterie,
> stationné à *Bordeaux*,
> caserne *Saint-Raphaël*.

Cette recommandation, de ne pas indiquer sur l'ordre de route le numéro du corps, s'applique naturellement à tous les corps qui peuvent être appelés à changer de garnison, savoir :

Les bataillons de chasseurs à pied, les régiments d'infanterie, de cuirassiers, de dragons, de chasseurs, de hussards, d'artillerie divisionnaire, l'artillerie de corps, les batteries à pied affectées à la défense des places, les compagnies du train d'artillerie, les compagnies du génie occupant des détachements permanents.

Au contraire, pour les corps qui ne sont pas appelés à changer de corps d'armée, et pour ceux dont le numéro est le même que celui du corps d'armée, les commandants de bureaux de recrutement indiqueront immédiatement sur l'ordre de route le numéro du corps.

Ces corps sont les suivants :

Les régiments de zouaves, de chasseurs d'Afrique, de tirailleurs algériens, de spahis, les bataillons du génie, les escadrons du train des équipages, les sections de secrétaires d'état-major et du recrutement, les sections de commis et ouvriers militaires d'administration et les sections d'infirmiers.

Le commandant du bureau de recrutement complète le livret individuel par l'inscription, sur le certificat d'envoi dont il a été question plus haut, du numéro de l'homme au répertoire général des réservistes du corps auquel l'homme est affecté.

Le corps doit donc, à cet effet, adresser sans retard cette indication au commandant de recrutement dès la réception du livret matricule.

A propos de ce numéro au répertoire général, je crois utile de vous rappeler que c'est ce numéro précédé du chiffre zéro qui constitue le numéro matricule de tout réserviste dans son nouveau corps.

Ainsi, un réserviste inscrit au répertoire général sous le numéro 153 a pour numéro matricule dans son nouveau régiment 0153.

Ce procédé est celui qui jusqu'ici m'a paru le plus satisfaisant pour éviter, au moment du rappel d'une classe, les nombreuses écritures qu'entraînerait l'inscription des hommes sur le registre matricule du corps, et surtout un nouveau travail d'immatriculation en cas de changement de garnison du corps dans lequel comptent les réservistes.

Registre matricule des corps (1).

Toutefois, je me suis préoccupé de la pensée de savoir s'il ne serait pas indispensable, dans le cas où le rappel des hommes serait fait dans le but

(1) Note ministérielle indiquant les dispositions à prendre, en cas de mobilisation, pour l'immatriculation des militaires de la 2ᵉ portion du contingent, des disponibles et réservistes et des hommes de l'armée territoriale (31 mai 1878, *J. M.*, p. 264).

d'entrer en campagne, d'inscrire définitivement ces réservistes, qui feront dès lors partie intégrante du régiment, sur le registre matricule du corps. Ce serait une garantie plus sérieuse pour conserver trace du passage de ces hommes et pour ne pas s'exposer à égarer les feuillets mobiles qui contiennent tous les renseignements qui intéressent à un si haut degré les familles.

Ce travail, devant se faire au dépôt, n'entravera en rien les opérations de la mobilisation, si l'on a soin de le confier simultanément à plusieurs secrétaires.

J'ai donc décidé que, *dans ce cas particulier*, les hommes seront portés sur le registre matricule du corps.

Dans cette pensée, et dans le but de diminuer d'ailleurs le volume des registres matricules actuels, qui sont peu maniables, j'ai adopté pour ces registres les modèles nᵒˢ 3 et 4 ci-joints, qui présentent, du reste, les mêmes indications que le registre actuel, mais disposés d'une autre façon. Chacun des volumes du registre des hommes de troupe, au lieu de comprendre 1,000 hommes, n'en contiendra plus que 250; de telle sorte que quatre secrétaires pourront travailler simultanément à l'immatriculation des hommes, alors qu'aujourd'hui on ne peut confier ces inscriptions qu'à un seul copiste.

Les registres actuels seront, d'ailleurs, utilisés jusqu'à épuisement, et les corps recevront ultérieurement, au fur et à mesure de leurs besoins, les nouveaux registres.

Etablissement successif des certificats d'envoi.

Lorsque le commandant de recrutement a complété, comme il est dit ci-dessus, le livret individuel par l'établissement du certificat de passage et de l'ordre de route, il envoie le livret au titulaire par l'intermédiaire de la gendarmerie, qui constate la remise par un procès-verbal modèle nᵒ 5 (1).

Chaque année, un mois avant l'époque fixée par la loi pour l'envoi dans la réserve de l'armée active des militaires qui sont admis dans la disponibilité de cette armée, les livrets individuels de ces militaires seront déposés par les titulaires à la mairie de leur résidence, où ils seront pris par les soins de la gendarmerie et adressés au commandant du bureau de recrutement, qui enverra à ses collègues des autres bureaux les livrets des hommes étrangers à sa subdivision. Cet officier établira, comme il est dit ci-dessus, le certificat d'envoi dans la réserve de l'armée active, annulera le certificat et l'ordre de route précédemment remplis, et, après avoir préparé un nouvel ordre de route pour le cas où l'homme sera rappelé à l'activité, il fera remettre le livret individuel à l'intéressé, comme cela a déjà eu lieu la première fois, et dans la même forme, par l'intermédiaire de la gendarmerie, ou, si l'homme a changé de résidence, par les soins du commandant du bureau de la nouvelle résidence, qui opérera de la même façon.

Il sera procédé d'après les mêmes règles à l'égard des hommes qui doivent passer chaque année dans l'armée territoriale ou dans sa réserve.

---

(1) Les imprimés de procès-verbaux envoyés aux commandants des bureaux de recrutement en vertu de ma circulaire du 16 août 1875 (bureau des réserves et armée territoriale) seront, après modification, utilisés, jusqu'à épuisement, pour la remise des livrets individuels contenant le certificat d'envoi et l'ordre de route.

DISPOSITIONS TRANSITOIRES.

Livret des militaires comptant à l'effectif.

Ainsi que le prescrit l'article 3 du décret, les livrets matricules des officiers, des hommes et des chevaux, aussi bien que les livrets individuels des hommes comptant actuellement à l'effectif dans les corps, devront être préparés à l'avance, de façon à être mis en usage à partir du 1er janvier prochain.

Pour simplifier le travail, on se bornera à reporter sur le livret matricule de chaque homme :

1° Sa position à la date précitée du 1er janvier, s'il n'est pas présent ;

2° Le total de ses punitions à la même date ;

3° Son avoir ou son débet à la masse.

Livrets des réservistes.

Les livrets individuels des hommes de la disponibilité et de la réserve seront établis exceptionnellement, par les soins des corps de troupe, comme le prescrivait, pour les certificats d'envoi, la circulaire du 10 juillet dernier (*Bureau des réserves et de l'armée territoriale*), dont les dispositions non contraires à la présente instruction restent exécutoires. Il en sera de même des livrets matricules qui remplaceront les feuillets matricules, actuellement entre les mains des commandants de compagnie.

Les livrets matricules et individuels établis par les soins des corps seront signés par le major, au lieu et place du commandant du bureau de recrutement.

Ainsi que vient de vous l'annoncer ma circulaire du 24 août, émanant du *Bureau des réserves*, le travail de l'établissement des livrets individuels se continuera dans l'ordre déjà prescrit dès l'arrivée de ces livrets, qui, comme je vous l'ai annoncé, commenceront à vous parvenir dans le courant de septembre.

Afin de n'apporter aucun retard dans cet envoi, j'ai prescrit d'adresser, dès que le tirage le permettra, cinq cents livrets individuels environ à chaque régiment, sans demande préalable de sa part. Pour permettre de compléter cet envoi, les conseils d'administration et les commandants de compagnies et sections formant corps devront, dès la réception de la présente circulaire, m'adresser directement (*Direction générale du contrôle et de la comptabilité, Bureau du service intérieur*) une demande du nombre de livrets qu'ils jugeront devoir leur être nécessaire pour renouveler, d'ici au 1er janvier prochain, comme le prescrit l'article 3 du décret, les livrets individuels, non seulement des hommes de la disponibilité et de la réserve, mais aussi de ceux qui sont présents sous les drapeaux.

La même demande comprendra le nombre de livrets matricules nécessaires pour les officiers, pour les hommes de troupe et pour les chevaux du corps.

Quant aux feuillets matricules mobiles destinés à former, dans chaque corps, le registre-matricule des hommes de la réserve, ils sont désormais à la charge des trésoriers des corps, dispensés, en échange, de fournir le feuillet qui était établi au moment de l'arrivée des hommes au corps.

Les trésoriers sont autorisés à utiliser leur approvisionnement actuel, mais ils devront, aussitôt après, employer exclusivement le nouveau feuillet (**modèle n°3**) annexé au décret.

Livrets des non-disponibles.

Les livrets individuels des non-disponibles, à l'exception ;

1o Des hommes appartenant à l'administration des forêts ou à celle des douanes ;

2o Des anciens élèves de l'Ecole polytechnique ou de l'Ecole forestière, qui, aux termes de l'article 36 de la loi du 24 juillet 1873, ont droit à une assimilation de grade, à un brevet ou à une commission au titre auxiliaire ; seront établis par les commandants des bureaux de recrutement.

Ces livrets individuels seront adressés par cet officier aux compagnies, administrations ou établissements auxquels ces hommes appartiennent, comme cela a été prescrit par une circulaire du 10 juillet dernier (*Bureau des réserves et Armée territoriale*) pour les certificats d'inscription sur les contrôles de la non-disponibilité.

Les livrets individuels des non-disponibles seront conservés par les compagnies, établissements ou administrations, jusqu'à ce que les titulaires perdent leurs droits à la position de non-disponibilité.

Dans ce dernier cas, les livrets individuels seront renvoyés aux commandants des bureaux de recrutement, avec le bulletin de mutations no 4, prescrit par ma circulaire du 10 avril 1875 (*Bureau des réserves et Armée territoriale*).

Livrets des hommes énumérés à l'article 26 de la loi du 27 juillet 1872.

Quant aux livrets matricules et individuels des hommes qui se trouvent dans les diverses positions mentionnées à l'article 26 de la loi du 27 juillet 1872, et qui, aux termes de l'article 12 de la loi du 24 juillet 1873, ne sont versés dans les différents corps de la région qu'en cas de mobilisation, ils seront établis par les commandants des bureaux de recrutement.

Le livret matricule sera conservé par cet officier et le livret individuel envoyé à l'intéressé, après qu'il aura été spécifié, sur l'ordre de route, qu'en cas de mobilisation le titulaire doit se rendre au bureau du recrutement de la subdivision de région.

Livrets des jeunes soldats de la classe de 1874.

Les contrôles signalétiques no 7 des jeunes soldats de la classe de 1874 étant tous établis, j'ai décidé, pour ne pas entraver l'opération si importante de la répartition et de la mise en route de ces hommes, que ces contrôles seraient envoyés, comme par le passé, aux corps qui demeurent chargés, pour cette fois seulement, de l'établissement des livrets matricules et des livrets individuels. Cette mesure n'augmentera pas les écritures de ces corps, qui, d'après l'ancienne réglementation, auraient eu à préparer le feuillet matricule mobile, le folio de punitions, le compte courant au livre de détail et le livret individuel. Il y a lieu de remarquer, d'ailleurs, que, d'après la disposition des nouveaux modèles, les anciennes écritures seront diminuées assez sensiblement, en ce qui concerne l'inscription des effets de petit équipement délivrés.

Livrets des hommes qui s'engageront volontairement à partir du 1er octobre prochain.

Ainsi que le prescrit le décret, le nouveau livret individuel devant être mis immédiatement en usage, j'ai décidé que les commandants de recrutement se conformeraient, à partir du 1er octobre prochain, aux dispositions de la présente circulaire, en ce qui concerne l'établissement des livrets des engagés volontaires.

Les corps de troupe ne feront d'ailleurs usage des livrets matricules de ces engagés, ainsi que de ceux des jeunes soldats de la classe de 1874, établis par leurs soins, qu'à partir du 1er janvier 1876, comme pour tous les hommes présents sous les drapeaux.

Les commandants de recrutement devront m'adresser directement, sous le timbre du Bureau du service intérieur, la demande des livrets qu'ils prévoient devoir leur être nécessaires d'ici au 1er janvier prochain.

Je vous invite, Messieurs, à étudier avec soin les dispositions du décret du 7 août dernier, à vous pénétrer des prescriptions de la présente circulaire, et à donner des ordres pour que chacun se conforme exactement à une réglementation qui réalise un progrès très sérieux et simplifie, dans une large mesure, les écritures des corps de troupe.

Recevez, etc,

Le Ministre de la guerre,

Signé : Gal E. DE CISSEY.

ANNEXE N° 36

MINISTÈRE DE LA GUERRE. (1) Versailles, 28 octobre 1875.

Direction générale
du
CONTRÔLE ET DE LA COMPTABILITÉ.
—
4ᵉ bureau.
SOLDE ET REVUES.

N° 9436.
Instruction relative à la comptabilité des compagnies, escadrons et batteries.

Le Ministre de la guerre à MM. le gouverneur général civil de l'Algérie; les gouverneurs militaires de Paris et de Lyon; les généraux commandant les corps d'armée, les généraux commandant les divisions et les brigades actives; les intendants et sous-intendants militaires; les chefs de corps de toutes armes; les membres des conseils d'administration des écoles militaires; les commandants des bureaux de recrutement.

Messieurs, en vous notifiant le décret du 7 août dernier, qui modifie l'ordonnance du 10 mai 1844, sur l'administration et la comptabilité des corps de troupe, je vous ai fait connaître que les modèles des divers éléments qui constituent le *registre de comptabilité trimestrielle* seraient publiés ultérieurement.

Ce sont ces documents que j'ai l'honneur de vous adresser par la présente circulaire.

Afin de vous permettre de vous rendre un compte exact de la contexture de ces nouveaux modèles, j'ai tenu à vous les présenter sous le format qu'ils doivent avoir dans la pratique, et j'ai dû, par suite, renoncer à les faire publier au *Journal militaire*.

Ils ont été réunis au texte du décret du 7 août, dont ils sont le complément obligé, et forment avec lui, sous le titre d'*Instruction sur la comptabilité des compagnies, escadrons et batterie*, une brochure qui est adressée à tous ceux qui reçoivent officiellement le *Journal militaire*.

Cette nouvelle instruction générale renferme les documents énumérés ci-après :

1° Le rapport au Président de la République et le décret du 7 août, avec les modèles qui l'accompagnent;

2° L'instruction du 11 septembre suivant, pour l'application dudit décret, ainsi que les modèles qui y font suite;

3° Le modèle des contrôles que doivent tenir le major et le sous-intendant pour les officiers, sous-officiers et soldats;

4° Le modèle des contrôles à tenir par ces mêmes officiers pour les chevaux;

5° Le modèle du registre de comptabilité trimestrielle;

6° Une instruction pour la tenue du livret matricule de l'homme.

Les deux premiers documents ci-dessus ont déjà été publiés et sont entre les mains de tous les corps de troupe, il suffit donc ici de les énumérer; quant aux autres, je crois utile d'entrer dans quelques explications desti-

---

(1) Voir les notes ministérielles des 21 décembre 1875 et 11 février 1876, portant solution de diverses questions relatives à la contexture du nouveau registre de comptabilité trimestrielle.

nées, d'une part, à en faire mieux saisir le but et la portée aux conseils d'administration, aux capitaines commandants et aux sous-officiers comptables, et à vous montrer, d'autre part, toutes les simplifications d'écritures que réalise cette nouvelle comptabilité.

I. — CONTRÔLE DES OFFICIERS, SOUS-OFFICIERS ET SOLDATS.

Jusqu'ici, le chapitre IV du livre de détail tenu par les commandants de compagnie, d'escadron ou de batterie, était consacré au contrôle annuel des officiers, et le chapitre V de ce même livre contenait le contrôle des hommes de troupe.

Le décret du 7 août fait disparaître du livre de détail ce double contrôle, et diminue d'autant les écritures de chaque compagnie.

Mais, comme les contrôles sont la base de toute comptabilité, ce sera désormais la feuille de journées, ouverte le premier jour du trimestre, et qui n'est d'ailleurs en partie que la reproduction du contrôle général tenu par le major, qui servira aux capitaines commandants de contrôle de compagnie.

Le contrôle du major sera conforme au modèle ci-joint.

Il est trimestriel, c'est-à-dire renouvelé quatre fois par an.

On serait tenté, au premier abord, de voir dans cette disposition un accroissement de travail, puisque précédemment le contrôle était annuel.

Cette nouvelle mesure a, au contraire, pour effet de réaliser un progrès au point de vue du service, en même temps qu'elle diminue dans une large proportion les écritures des compagnies.

Le progrès, le voici : aux termes de l'article 462 de l'ordonnance du 25 décembre 1837, chaque année, lors du renouvellement des contrôles, les hommes y étaient enregistrés par rang de grade et de classe, *et dans chaque grade, par rang d'ancienneté.*

Cette prescription de classer les hommes, notamment les soldats de 1re et de 2e classe, par rang d'ancienneté, obligeait, dans la pratique, le major à exiger des capitaines commandants une minute des contrôles, et ce n'était qu'après avoir collationné cette minute et s'être assuré que les hommes occupaient bien leur rang d'ancienneté, qu'il faisait établir l'expédition.

De là un double travail, dont l'utilité était d'autant plus contestable que, dès le deuxième ou le troisième jour de l'année, quelques mutations détruisaient complètement l'ordre conventionnel dans lequel les hommes figuraient sur ces contrôles, avant même qu'ils fussent établis.

Car on peut affirmer qu'en raison de ce classement par rang d'ancienneté et des soins calligraphiques exigés pour l'établissement des contrôles, ces documents n'étaient jamais remis au major et au sous-intendant que vers la fin du mois de janvier, et, par suite, que les inscriptions régulières des mutations, qui sont la base de toutes les perceptions, étaient suspendues pendant près d'un mois.

A l'avenir, le premier jour du trimestre, les militaires seront inscrits au contrôle *dans l'ordre où ils étaient portés sur le contrôle du trimestre précédent,* ce qui réduit le travail à une simple copie. Les noms seront portés au courant de la plume, sans autre condition que celle d'être très lisibles.

Les expériences faites ont démontré que, de cette façon, le contrôle d'une compagnie de plus de deux cents hommes pouvait facilement être recopié par un seul écrivain (en deux expéditions : l'une pour le major, l'autre pour le sous-intendant), en moins de quatre heures. On sera donc en droit d'exiger, à l'avenir, que le contrôle soit établi dès le premier jour du trimestre, et l'action du major et celle du sous-intendant ne seront plus arrêtées, à chaque renouvellement des contrôles, pendant une période de plus de trois semaines.

Quant à la diminution du travail dont vont bénéficier les compagnies, malgré le renouvellement trimestriel, elle est facile à constater.

Indépendamment de la minute et de l'expédition des contrôles destinés au major et de l'expédition destinée au sous-intendant militaire, les compagnies avaient à établir, à chaque revue d'effectif, les feuilles d'appel prescrites par l'article 522 de l'ordonnance du 25 décembre 1837.

Or, que sont les feuilles d'appel, sinon de véritables copies des contrôles ?

Si l'on se reporte à l'article 519 de la même ordonnance, qui fixe le nombre des revues d'effectif que les sous-intendants doivent passer ; si l'on y joint la revue de l'intendant inspecteur, celle du général inspecteur, ainsi que les revues trimestrielles, il est facile de se rendre compte qu'avec la minute et les deux expéditions des contrôles, et l'inscription aux chapitres IV et V du livre de détail que prescrivait l'ancienne réglementation, le travail des compagnies était plus considérable qu'il ne le sera à l'avenir, puisqu'il se bornera chaque année à l'établissement des quatre contrôles trimestriels en double expédition : l'une pour le major, l'autre pour le sous-intendant.

Dans les revues, l'appel des officiers sera fait désormais à l'aide des contrôles tenus par le sous-intendant militaire, et l'appel des hommes par les sergents-majors ou les maréchaux des logis chefs, à l'aide des feuilles de journées contenues dans le registre de comptabilité.

Une simple situation numérique remise aux officiers généraux et aux fonctionnaires de l'intendance, lors de leurs revues, suffira pour constater les résultats de ces opérations.

Ces avantages incontestables ne sont pas les seuls que présentent les nouveaux contrôles.

Le volume des anciens documents ne permettait pas de les tenir en campagne : or, comme les contrôles sont indispensables pour établir le droit des hommes et des chevaux aux diverses prestations, il faut qu'ils soient exactement tenus, en toutes circonstances, aussi bien sur le pied de guerre que sur le pied de paix.

Désormais trimestriels, les nouveaux contrôles sont moins volumineux, leur format les rend maniables, d'un transport facile, et à l'expiration du trimestre, il sera maintenant possible, en temps de guerre, de les renvoyer en arrière aussitôt qu'ils seront renouvelés, de telle sorte que si la comptabilité d'un corps ou d'une fraction de corps vient à s'égarer ou à tomber au pouvoir de l'ennemi, le dépôt, ou même, à son défaut, le sous-intendant du dépôt auquel son collègue aura envoyé ses contrôles, possédera tous les éléments nécessaires pour reconstituer les comptes disparus et pour éviter ces longues et laborieuses liquidations qui découragent les comptables les plus zélés et les plus consciencieux, sans grand intérêt pour le Trésor.

II. — CONTRÔLE DES CHEVAUX.

Toutes les simplifications réalisées à propos des contrôles des hommes l'ont été également pour les contrôles des chevaux, qui sont aussi trimestriels. Les compagnies, escadrons ou batteries seront donc, à l'avenir, dispensés de l'inscription faite antérieurement au livre de détail et de l'établissement des feuilles d'appel, et n'auront plus à fournir, le jour d'une revue, qu'une situation d'effectif.

A la tenue des contrôles se rattachent deux dispositions nouvelles, qui

allégeront aussi, à partir du 1er janvier prochain, la tâche des corps de
troupe, et qu'il est nécessaire de vous signaler avec quelques détails.

La première est la suppression des états de mutations fournis aux sous-
intendants militaires en vertu de l'article 491 de l'ordonnance du 23 décembre 1837. La seconde est relative aux formules des mutations.

1° Suppression des états de mutations.

Par ma circulaire du 23 mars dernier (Etat-major général, 1er bureau),
je vous ai donné un nouveau modèle de la situation et du rapport établis
chaque jour par les capitaines commandants, en vous faisant connaître que
la contexture nouvelle se rattachait à une simplification que je me proposais d'introduire dans les écritures des corps de troupe.

La simplification consiste à utiliser la seconde partie de cette situation
journalière, et à la substituer aux états de mutations fournis jusqu'à ce
jour.

Pour bien faire saisir les avantages de cette combinaison, il suffit de
rappeler ce qui se passe actuellement.

Les situations et rapports des vingt-quatre heures, préparés par les sergents-majors ou par les maréchaux des logis chefs, sont remis, après avoir
été vérifiés et signés par les capitaines de compagnie ou d'escadron, à l'adjudant de semaine, qui établit, à l'aide de ces documents, soit le rapport
du bataillon, soit le rapport général du régiment.

Les rapports des vingt-quatre heures sont ensuite, pour l'infanterie, portés au major par le fourrier de semaine. Ceux de la cavalerie sont rendus
aux maréchaux des logis chefs, pour être portés aussi par les fourriers chez
le major.

Cet officier supérieur, après avoir vérifié les mutations et les avoir inscrites sur ses contrôles, vise ces rapports et les envoie au trésorier, qui les
conserve dans ses archives après y avoir puisé les éléments nécessaires
pour la tenue de son registre d'effectif.

Puis, conformément aux articles 47 (infanterie), 61 (cavalerie), des ordonnances du 2 novembre 1833, et à l'article 491 du règlement précité du
25 décembre 1837, le major établit des états récapitulatifs des mutations,
distincts pour les hommes et pour les chevaux du régiment, et les envoie au
sous-intendant militaire chargé de la surveillance administrative du corps.

Ces états récapitulatifs seront, comme il a été dit plus haut, remplacés
par la partie des rapports des vingt-quatre heures des compagnies ou des
escadrons contenant les mutations des hommes aussi bien que celles des
chevaux qui seront inscrites à la suite.

Le major, aussitôt après avoir reçu les rapports des vingt-quatre heures
et les pièces à l'appui, vérifiera les mutations et transmettra ces documents
au trésorier, pour permettre à cet officier de faire les inscriptions nécessaires sur le registre d'effectif du corps.

Les inscriptions terminées, le trésorier détachera de chacun des rapports
des vingt-quatre heures la partie contenant les mutations et l'enverra au
major. Cet officier supérieur, après avoir mis ses contrôles à jour, à l'aide
de ces situations, les visera et les transmettra au sous-intendant militaire.

Ce mode de procéder, tout en dispensant le major d'établir les états récapitulatifs des mutations actuellement exigés et en abrégeant, par conséquent, son travail, donnera au sous-intendant militaire des documents plus
précis encore que ceux qu'il a aujourd'hui, car on évitera ainsi les erreurs
ou les omissions qui peuvent se glisser dans la transcription, par de jeunes
secrétaires, des mutations sur les états récapitulatifs.

Cette mesure aura enfin l'avantage d'obliger le major ou le trésorier à tenir au jour le jour comme le prescrit le règlement, les contrôles et le registre d'effectif.

Il ne vous échappera pas, d'ailleurs, que le bas de la situation, qui doit être détaché pour être envoyé au sous-intendant militaire, ne contient que les mutations, c'est à-dire la partie réellement administrative. Quant à la première partie de ce document, qui est toute spéciale au commandement, puisqu'elle indique la situation détaillée des hommes et des chevaux, les punitions et les demandes faites au rapport, elle est, comme par le passé, envoyée par le major au trésorier, pour être conservée dans les archives du corps.

Je recommande d'une façon toute spéciale aux sous-intendants militaires de conserver et de classer avec soin, par mois et par date, les situations journalières de chaque unité administrative.

A l'expiration du trimestre, toutes les situations afférentes à ce trimestre devront êtres réunies en liasses et jointes au contrôle trimestriel, dont elles sont les pièces justificatives.

2° Simplification des formules de mutations.

Les formules de mutations en usage m'avaient semblé susceptibles d'être simplifiées : j'ai fait étudier quelles modifications il était possible d'y apporter.

Pour résoudre cette question, il a suffi de rechercher quel était le but de ces mutations.

Les mutations ont pour objet :

1° De permettre au corps de suivre l'homme dans tous ses mouvements, notamment dans les positions de permission ou de congé, attendu qu'il peut être nécessaire de rappeler inopinément le militaire à son corps ou à son poste ;

2° De justifier des droits des hommes et des chevaux, aux diverses prestations que les règlements leur attribuent.

L'objet des mutations étant ainsi défini, il est facile de se rendre compte que les formules en usage peuvent être rendues beaucoup plus simples.

Un exemple suffira :

La formule n° 57 des modèles annexés à l'ordonnance du 25 déc. 1837 dit :

57. Etait parti de Paris le 1er mai, en vertu d'un congé de convalescence de trois mois, valable jusqu'au 31 juillet inclus pour aller à Loisey (Meuse) ; a obtenu de M. le général commandant la 5e division militaire une prolongation de même durée et au même titre, valable jusqu'au 31 octobre inclus, pour séjourner à Loisey; entré à l'hôpital de Bar-le-Duc le 4 dudit ; a obtenu une seconde prolongation de deux mois au même titre, valable jusqu'au 31 décembre inclus, suivant décision ministérielle du 20 octobre, pour séjourner à Bar-le-Duc ; sorti de l'hôpital le 24 dudit ; parti de Bar-le-Duc le 22 décembre ; rentré à Paris le 30; parti et arrivé à la compagnie, à Soissons (Aisne), le 31 dudit. *Total : 125 mots.*

La solde d'absence devant désormais être uniformément la même pour l'officier, quelle que soit sa position (congé, hôpital, etc.) et étant complètement supprimée pour la troupe, la formule précédente peut se réduire ainsi qu'il suit :

24

Parti en congé de trois mois le 1er mai pour aller à Loisey (Meuse),
congé prolongé jusqu'au 31 octobre. Entré à l'hôpital de Bar-le-Duc
le 4 octobre; sorti le 24 dudit. Congé prolongé jusqu'au 31 décembre
pour en jouir à Bar-le-Duc. Rentré à la compagnie le 31 décembre. } Total : 51 mots.

Il est même à remarquer que sur la feuille de journées, il suffira simplement d'inscrire, pour les hommes :

Parti en congé le 1er mai, rentré le 31 décembre. | Total : 10 mots.

C'est dans cet ordre d'idées, qu'a été rédigé le nouveau formulaire des mutations, ainsi que les exemples qui figurent à l'instruction suivante pour la tenue des livrets matricules et à la feuille de journées donnée comme spécimen.

III. — REGISTRE DE COMPTABILITÉ TRIMESTRIELLE.

Les cinq documents qui composent le registre de comptabilité trimestrielle sont réunis sous une couverture d'un modèle uniforme pour toutes les armes.

Je ferai parvenir très prochainement à chaque chef de corps un spécimen du modèle adopté.

Les trésoriers pourront se le procurer facilement dans le commerce, au prix maximum de 1 fr. 50. En voici d'ailleurs la description :

Couverture en toile verte à registres, carton-paille, 1re qualité. Sur la première garde est collé le formulaire des mutations, et, sur la seconde, l'instruction pour la tenue des livrets matricules. Hauteur de la couverture, 334 millimètres. Largeur dans son développement, 449 millimètres. Dos renforcé, avec *grébiches*, munies de cinq ficelles (fouet) destinées à recevoir les cinq éléments du registre : livre de détail, cahier d'enregistrement, etc. Hauteur de chaque *grébiche* 45 millimètres ; largeur : 15 millimètres,

Ces couvertures et cartons ne sont renouvelés que lorsqu'ils sont hors de service. Leur durée probable est de deux ans.

Le livre de détail est précédé d'une instruction pour la tenue du registre de comptabilité trimestrielle.

Cette instruction contient des indications assez complètes pour me dispenser de vous donner ici tout autre développement à cet égard.

Un examen attentif du nouveau livre de détail suffira aux capitaines commandants et aux sous-officiers comptables pour se rendre compte de la nouvelle contexture, qui d'ailleurs ne diffère guère de celle de l'ancien livre que par les simplifications déjà signalées dans le rapport qui précède le décret du 7 août.

Les indications déjà données sur le cahier d'enregistrement me paraissent également suffisantes ; mais je crois utile d'appeler votre attention sur les simplifications ou modifications apportées à la feuille de journées des hommes, à celle des chevaux et à la feuille de décompte.

1° Feuille de journées des hommes (1).

C'est en étudiant la contexture de la nouvelle feuille de journées des hommes que les corps se rendront bien compte du but que je me suis proposé d'atteindre en soumettant au président de la République les différents décrets qui, depuis deux ans, ont modifié l'ordonnance du 25 décembre 1837.

---

(1) Voir l'instruction ministérielle du 25 mars 1876, *Journal militaire*, page 380.

C'est ainsi, par exemple, que le décret du 19 novembre 1874 a supprimé la solde d'absence des adjudants, comme cela avait déjà eu lieu en 1871 pour les autres hommes de troupe, et a fondu dans la solde plusieurs suppléments qui nécessitaient des colonnes distinctes dans la feuille de journées.

C'est dans le même ordre d'idées qu'a été rendu le décret du 18 septembre dernier, qui a diminué le nombre des fixations des hautes payes.

Les simplifications apportées à la feuille de journées proviennent donc en partie des dispositions de ces décrets, et en outre des mesures ci-après, qui trouveront naturellement place dans le règlement sur la solde qui doit paraître très prochainement.

Les officiers ne seront portés sur la feuille de journées que pour leurs mutations et pour les prestations en nature auxquelles ils peuvent avoir droit. Quant aux allocations en deniers, elles feront l'objet d'une feuille de journées unique par corps, établie par le trésorier qui, seul, perçoit et remet directement aux officiers leur traitement, et qui logiquement m'a paru devoir, seul aussi, être chargé de la justification de ces perceptions.

Mon désir serait de faire distribuer la viande au même titre que le pain, c'est-à-dire sans donner lieu à remboursement, d'égaliser la solde de présence de façon à la rendre la même sur le pied de paix et sur le pied de guerre.

Sans parler des nombreuses écritures qu'entraîne le mode actuel de remboursement de la viande et qui seraient ainsi supprimées, cette nouvelle disposition éviterait la coupure des feuilles de journées prescrites par le règlement du 25 décembre 1837, lorsqu'un corps passait du pied de paix sur le pied de guerre et *vice versâ*.

Les études que j'ai prescrites tendent aussi à supprimer la solde de route; les militaires voyageant en détachement auraient droit à la solde de présence, et il leur serait alloué, en outre, une indemnité journalière dont les bases du décompte se trouveraient sur la feuille de route, qui tiendrait lieu ainsi de feuille de journées.

Dans cet ordre d'idées, il n'y aurait donc plus qu'une seule solde de présence à porter sur les nouvelles feuilles de journées, dans quelque position que se trouvent les hommes de troupe.

Il résulterait de ces dispositions que la nouvelle feuille de journées ne contiendrait que 31 colonnes, alors que l'ancienne en comportait 62.

Les réductions portent sur les colonnes ci-après de l'ancienne feuille de journées.

Colonne 5. Supprimé. L'effectif est pris sur la feuille de journées du trimestre précédent.

Colonne 6. Le port du chevron ne correspond plus avec l'allocation et le taux de la haute paye. Cette colonne est supprimée.

Colonne 11. Supprimé pour les mêmes motifs que la colonne 6.

Colonnes 13, 14 et 15. Si la solde devient la même dans toutes les positions de présence, ces colonnes n'ont plus leur raison d'être.

Colonnes 16, 17 et 18. Il n'est plus alloué de solde d'absence aux hommes de troupe. Ces colonnes sont donc devenues inutiles.

Colonnes 19, 20, 21 et 22. Une seule colonne indiquant, pour mémoire, le nombre de journées ne donnant droit à aucune solde, suffit désormais pour obtenir l'effectif entretenu, et remplace ces quatre colonnes.

Colonnes 25 et 26. Les suppléments de solde devant être supprimés, ces colonnes ne sont plus nécessaires.

Colonne 34. Si l'indemnité au vaguemestre est maintenue, elle sera payée sur les fonds de la masse générale d'entretien.

Colonne 36. Une seule colonne suffit pour l'indemnité en rassemblement, qui est la même dans toutes les places où elle est allouée.

Colonne 38. L'indemnité en remplacement d'eau-de-vie étant la même pour tous les hommes d'une compagnie, une seule colonne suffit.

Colonnes 40 à 45. Les indications portées dans ces colonnes feront, d'après le projet de règlement sur la solde, l'objet d'un état spécial établi par les soins du trésorier, parce que c'est lui qui perçoit ces allocations et doit en justifier.

Colonne 46. Une seule colonne suffit pour le pain ou le biscuit.

Colonne 47. A supprimer, le pain et le biscuit étant distribués sur le pied de paix comme sur le pied de guerre.

Colonnes 49 et 50. Réunies en une seule, les distributions des denrées comprises dans ces colonnes se distribuant simultanément.

2° *Feuille de journées des chevaux.*

La feuille de journées des chevaux est destinée à constater, d'après les journées de présence des animaux, le nombre de rations de fourrages à allouer au corps.

Il m'a donc paru qu'une seule colonne indiquant les journées de présence des animaux suffisait pour constater le droit au même nombre de rations de fourrages.

Mais, comme la composition de la ration de fourrages varie suivant le classement des animaux, la nouvelle feuille de journées des chevaux contient à l'arrêté une récapitulation indiquant le nombre de journées de présence par catégorie.

Le nouveau document ne contient plus, de cette façon, que 9 colonnes au lieu de 16.

Les colonnes supprimées sont les suivantes :

Colonne 4. L'effectif est pris sur la feuille de journées du trimestre précédent.

Colonnes 10 à 15. Supprimées pour les motifs indiqués ci-dessus.

3° *Feuille de décompte.*

La nouvelle feuille de décompte diffère peu de l'ancienne. On s'est borné à grouper dans les mêmes colonnes les opérations qui, par leur nature, donnent lieu à des inscriptions semblables au registre de centralisation. Cette réunion d'opérations similaires a permis de diminuer le nombre des colonnes, qui n'est plus que de 33 au lieu de 44, et de donner ainsi à la feuille de décompte le même format qu'aux autres éléments du registre de comptabilité.

L'instruction spéciale, placée en tête du registre de comptabilité trimestrielle, indique d'ailleurs la marche à suivre pour tenir la feuille de décompte, ainsi que les motifs qui m'ont déterminé à grouper ensemble les inscriptions portées précédemment dans des colonnes distinctes.

IV. INSTRUCTION POUR LA TENUE DES LIVRETS MATRICULES.

Afin de faciliter la tâche des sous-officiers comptables, j'ai jugé utile de compléter, pour la tenue des livrets matricules, les indications que contiennent le décret du 7 août et ma circulaire du 11 septembre dernier, en donnant des exemples de mutations et en réunissant toutes les prescriptions relatives à ces livrets en une feuille unique, qui, ainsi qu'il a été dit plus haut, sera collée sur la seconde garde de la couverture du registre de la comptabilité.

Lors de l'appel des réservistes, il s'est produit récemment, dans certains corps, un peu d'hésitation de la part des hommes, à leur arrivée, pour trouver la compagnie à laquelle ils étaient affectés.

Pour faire disparaître cet inconvénient, il suffira, à l'avenir, de se conformer à la prescription suivante :

Lorsqu'un corps de troupe reçoit du commandant du bureau de recrutement le livret matricule d'un homme de la disponibilité ou de la réserve qui lui est affecté, il y porte aux *mutations* le numéro du bataillon, de la compagnie, de l'escadron ou de la batterie par la mention suivante, dont deux exemples sont, du reste, donnés dans l'instruction relative à la tenue des livrets matricules :

(3)   (4)

Affecté au régiment d'infanterie stationné à
1er   4^e

Ces indications, ainsi que le numéro de l'homme au répertoire général, par exemple 123, sont immédiatement portées à la connaissance du commandant du bureau de recrutement.

Celui-ci complète le livret individuel de l'homme.

1° Par l'inscription au tableau des *immatriculations successives* (page 3 du livret) du bataillon, de la compagnie, de l'escadron ou de la batterie auquel l'homme est affecté, ainsi que son numéro matricule.

Exemple :

Régiment d'infanterie stationné à
1er   4e   0123;

2° Par l'inscription, sur le *certificat d'envoi*, du numéro de l'homme au contrôle annuel, par exemple : 123;

3° Par la mention sur l'*ordre de route*, à la suite de l'indication du corps, du numéro du bataillon, de la compagnie, de l'escadron ou de la batterie.

Comme mesure transitoire, les corps de troupe qui établissent actuellement les livrets individuels des réservistes qui leur sont affectés porteront eux-mêmes sur ces livrets, avant de les envoyer aux commandants des bureaux de recrutement, les indications relatives aux bataillons, compagnies, escadrons ou batteries dans lesquels les hommes doivent être incorporés en cas de rappel.

J'ai été consulté aussi sur la question de savoir si, par modification aux dispositions de ma circulaire du 11 septembre dernier, les livrets matricules et individuels des hommes de la classe 1870, renvoyés dans la réserve de l'armée active du 20 au 25 juin 1875, ne pourraient pas être établis par les corps auxquels ces réservistes sont affectés.

On m'a fait observer à ce sujet que les folios matricules mobiles de ces militaires étant déjà transmis à leurs nouveaux corps, les anciens ne possèdent plus que le registre matricule et ne pourraient, par conséquent, employer qu'un seul secrétaire pour préparer les livrets individuels dont il s'agit, ce qui demanderait un temps assez long.

Afin de hâter autant que possible l'établissement de ces livrets et d'éviter leur envoi successif du corps au commandant du bureau de recrutement et de cet officier au nouveau régiment, j'ai décidé que tous les corps de troupe prépareraient les livrets matricules et individuels des réservistes de la classe 1870 qui leur sont affectés, comme cela leur est prescrit pour les autres réservistes.

Casiers destinés à contenir les livrets matricules (1).

En terminant, je dois vous faire connaître que les corps de troupe recevront, au plus tard dans la première quinzaine de décembre, les boîtes ou casiers destinés à contenir les livrets matricules. L'envoi en sera fait aux intéressés par le magasin central d'habillement et de campement de Paris.

Ces boîtes, qui sont en bois de chêne, à la fois solides et très faciles à manier et à transporter, devront être conservées avec soin dans les compagnies, escadrons ou batteries; les capitaines commandants seront responsables de leur conservation.

Elles seront, comme première mise, fournies gratuitement aux corps de troupe, mais ensuite entretenues et remplacées par les corps, sur les fonds de la masse générale d'entretien.

Telles sont, Messieurs, les explications qu'il m'a paru utile de vous donner sur les modifications qui seront apportées à la comptabilité des compagnies, escadrons ou batteries à partir du 1er janvier prochain.

La pensée qui les a dictées peut se résumer ainsi :

N'avoir qu'un seul mode de comptabilité en temps de paix et en temps de guerre.

Diminuer dans la plus large proportion possible, *sans enlever au contrôle aux divers degrés aucun élément de vérification*, les écritures des corps de troupe et surtout celles des compagnies, escadrons ou batteries destinés à être mobilisés.

Toutes celles de ces améliorations qui n'ont pu trouver place dans le décret du 7 août dernier seront consacrées par le nouveau règlement sur le service de la solde, qui sera prochainement publié; mais j'ai tenu à vous faire connaître dès à présent les règles qui allaient être appliquées, afin de vous permettre d'étudier d'avance l'économie de cette nouvelle comptabilité, l'ordre d'idées dans lequel elle a été conçue, et par conséquent le but que je me suis proposé d'atteindre.

Dès la réception de la présente circulaire, MM. les chefs de corps devront prescrire que des conférences soient faites, par les soins du major, aux capitaines commandants, et par ceux-ci aux sous-officiers comptables, afin que chacun des intéressés puisse se pénétrer, d'ici au 1er janvier prochain, des simplifications apportées, des améliorations réalisées, et faciliter ainsi l'application exacte de cette nouvelle comptabilité.

Recevez, Messieurs, l'assurance de ma considération la plus distinguée.

Le Ministre de la guerre,
Signé: Gal E. DE CISSEY.

---

(1) Voir la note ministérielle du 12 février 1876, *Journal militaire*, p. 136, descriptive de la boîte de compagnie, d'escadron ou de batterie et de la demi-boîte pour section ou peloton hors rang, destinés à renfermer les livrets matricules des officiers, des hommes de troupe et des chevaux.

ANNEXE N° 37

Le Ministre de la guerre à MM. les Gouverneurs militaires de Paris et de Lyon; le Gouverneur général civil de l'Algérie; les Généraux commandant les corps d'armée; les Généraux commandant les divisions et les brigades actives; les Intendants et Sous-intendants militaires; les Chefs de corps de troupe de toutes armes. (*Direction générale du Contrôle et de la Comptabilité; 4e Bureau, Solde et Revues.*)

Versailles, le 25 mars 1876.

(Instructions relatives à l'établissement des revues générales de liquidation des corps de troupe et des pièces à l'appui de ces revues) (1).

Messieurs, la mise en pratique des décrets du 7 août 1875 et du 25 décembre de la même année nécessite de notables modifications dans les formules des documents qui servent à la régularisation des dépenses du service de la solde.

Déjà la question a été traitée dans ma circulaire en date du 28 octobre 1875, pour les feuilles de journées des hommes de troupe; et dans celles du 30 décembre 1875 et du 20 janvier 1876, en ce qui concerne les revues générales de liquidation des officiers sans troupe et employés militaires, des officiers en non-activité, et des officiers admis à la solde de réforme, etc.

Pour compléter les instructions ainsi données, il me reste à vous faire connaître comment doivent être modifiées les revues générales de liquidation des corps de troupe et des établissements considérés comme tels, ainsi que les pièces à produire à l'appui des revues.

J'ai fait établir, dans ce but, des modèles complets des documents en question, et j'ai l'honneur de vous informer que ces nouveaux modèles vont être mis à votre disposition.

Treize d'entre eux sont intitulés ainsi qu'il suit :

N° 1. Feuille de journées des officiers.
N° 2. Etat nominatif des officiers qui ont eu droit aux indemnités pour pertes d'effets et de chevaux.
N° 3. Etat nominatif des officiers qui ont eu droit à l'indemnité d'entrée en campagne.
N° 4. Etat nominatif des militaires qui ont eu droit soit à l'indemnité de première mise d'équipement, soit au supplément d'indemnité de première mise d'équipement.
N° 5. Feuille de journées des sous-officiers, caporaux ou brigadiers, soldats et enfants de troupe.
N° 6. Etat récapitulatif des droits constatés par les contrôles nominatifs des hommes de recrue dirigés en détachement sur les corps.
N° 7. Etat nominatif des hommes admis à la haute paye d'ancienneté.
N° 8. Etat nominatif des hommes qui ont eu droit à des rappels de différence de haute paye d'ancienneté.

---

(1) Voir la circulaire ministérielle du 8 janvier 1878, *J. M.*, page 26 et 22 avril 1880, page 162, au sujet de nouveaux renseignements à porter dans les revues générales de liquidation des corps de troupe.

Instruction ministérielle du 7 novembre 1879, *J. M.*, p. 358, relative à l'établissement des revues générales de liquidation et des feuilles de journées, dans le cas de passage au pied de guerre ou de retour au pied de paix.

N° 9. Etat des logements qui ont été assignés aux officiers dans les bâtiments militaires, présentant le décompte des sommes à retenir sur le traitement de chacun d'eux.

N° 10. Etat nominatif des fonctionnaires et employés civils qui ont subi sur leur traitement des retenues par application des dispositions prescrites par les paragraphes 2 et 3 de l'article 3 de la loi du 9 juin 1853.

N° 11. Etat nominatif des enfants de troupe nouvellement admis.

N° 12. Extrait des rappels afférents aux exercices antérieurs, corps de troupe de toutes armes (gendarmerie exceptée).

N° 13. Extrait des rappels afférents aux exercices antérieurs (corps de la gendarmerie).

N° 14. Bordereau récapitulatif des certificats n° 19 (1).

Les autres comprennent :

La revue générale de liquidation pour les corps de troupe (ceux de la gendarmerie exceptés), modèle n° 46 de la nomenclature ;

La revue générale de liquidation pour les écoles militaires, modèle n° 47 de la nomenclature ;

La revue générale de liquidation pour les corps de la gendarmerie, modèle n° 48 de la nomenclature.

L'examen de ces divers modèles vous permettra de vous rendre facilement compte des modifications qu'ils consacrent dans la réglementation antérieure, sans que j'aie besoin d'entrer ici dans de longs développements à cet égard.

Je me bornerai donc à appeler votre attention sur celles de ces modifications qui ont une importance particulière et au sujet desquelles je crois devoir vous adresser quelques recommandations.

CORPS DE TROUPE DE TOUTES ARMES, CEUX DE LA GENDARMERIE EXCEPTÉS.

Feuille de journées des officiers.

Ainsi que vous l'a fait connaître ma circulaire du 28 octobre 1875, les allocations en deniers que reçoivent tous les officiers comptant à l'effectif doivent faire l'objet d'une feuille de journées unique par corps ou par compagnie formant corps. C'est le trésorier, ou l'officier qui en remplit les fonctions, qui établit cette feuille de journées, sur une formule conforme au modèle n° 1, et en se conformant aux indications et aux exemples que présente ce modèle, tant pour l'ordre de classement des indemnités que pour le mode de totalisation des journées et pour le décompte des allocations.

Je dois vous faire remarquer à ce sujet que, sur la feuille de journées des officiers, on doit réunir dans un même total toutes les journées d'allocations qui se décomptent au même taux, sans faire distinction des grades ou emplois différents auxquels ces journées se rapportent.

La nécessité d'une semblable disposition résulte de la forme nouvelle donnée à la revue de liquidation. Cette revue doit, en effet, comprendre aujourd'hui, sous le titre de tableau n° 8, le relevé général des journées dont l'établissement est prescrit par l'article 552 de l'ordonnance du 25 décembre 1837, et qui ne constituera plus, désormais, un document séparé de la revue.

(1) Circulaire ministérielle du 18 janvier 1878, *J. M.*, page 26.

En vous reportant à ce tableau n° 8, vous reconnaîtrez qu'il ne donne pas les journées et les nombres concernant les officiers, et qu'il est, par conséquent, indispensable que la feuille de journées des officiers soit libellée de manière à fournir tous les renseignements nécessaires qui doivent figurer au tableau n° 11 de la revue.

En ce qui concerne l'indemnité pour première mise d'équipement aux adjudants-majors des corps d'infanterie, aux sous-officiers promus officiers, aux adjudants, aux sous-chefs de musique, chefs armuriers et maîtres selliers, l'indemnité pour pertes d'effets ou de chevaux, et l'indemnité d'entrée en campagne, on établira des états spéciaux (modèles n° 2, 3 et 4) dont le montant sera porté en un seul article d'inscription, pour chacun de ces états, sur la feuille de journées des officiers, et on aura ainsi les renseignements relatifs à ces indemnités qui doivent figurer au tableau n° 11 de la revue.

Feuille de journées des hommes de troupe.

Le modèle de la feuille de journées des hommes de troupe, qui fait suite à l'instruction du 28 octobre 1875, ne comporte pas de colonnes pour l'inscription des premières mises de petit équipement et des suppléments de première mise, parce qu'au moment où ce modèle a été arrêté, je me proposais de régulariser les allocations en question à l'aide d'états nominatifs spéciaux qui devaient être produits à l'appui de la revue.

Il en est de même, en ce qui concerne l'indemnité accordée aux troupes en marche par le tarif n° 40 annexé au décret du 25 décembre 1875, indemnité que le rapport au Président de la République, qui précède le décret, indique comme devant être régularisée, à l'avenir, par la feuille de route des corps ou détachements.

L'adoption des dispositions ainsi projetées a soulevé des objections qui m'ont engagé à les remettre à l'étude. Ces dispositions ne seront donc pas appliquées quant à présent, et jusqu'à nouvel ordre, les allocations en question devront être régularisées par les feuilles de journées, dont la formule, en ce qui concerne les hommes de troupe, devra être modifiée conformément au modèle n° 5.

Provisoirement, on pourra utiliser pour cette régularisation les formules de feuilles de journées dont le modèle est annexé à l'instruction du 28 octobre 1875, modèle qu'il suffira de modifier à la main, ainsi qu'il va être dit ci-après :

Les journées d'indemnité aux troupes en marche seront inscrites, sur la feuille de journées, dans une des colonnes destinées aux autres indemnités et d'après le rang qui lui est assigné au tableau n° 10 de la revue. Le même ordre de classement sera observé dans le tableau final que la feuille de journées consacre à la récapitulation des journées et au décompte des allocations.

Les premières mises de petit équipement et les suppléments de première mise seront représentés, sur la feuille de journées, par des unités portées en regard des noms des ayants droit dans deux des colonnes que comporte cette feuille, la colonne 27 et la colonne 28, par exemple, qui recevront à cet effet, bien entendu, une indication d'en-tête appropriée à leur nouvelle destination (nombre de premières mises de petit équipement, et nombre de suppléments de première mise de petit équipement).

Le décompte en deniers de ces premières mises et suppléments de première mise figurera, d'ailleurs, dans la récapitulation générale que présente la feuille de journées à côté du décompte de la prime journalière d'entretien de la masse individuelle, et dans la colonne affectée à cette prime, colonne dont l'en-tête devra être complété en conséquence.

Vous remarquerez, d'ailleurs, que les journées d'indemnité qui se décomptent au même taux doivent être totalisées, dans la feuille de journées
aussi bien que dans le tableau récapitulatif qui le termine, sans distinction
des grades et emplois, de manière à ce que cette feuille présente les éléments du tableau n° 8 de la revue de liquidation.

Enfin, les allocations pour solde, accessoires de solde et masses devront
être récapitulées en un seul total, comme l'indique le nouveau modèle, et
ce total sera certifié en toutes lettres par le capitaine.

Balance de l'effectif général et situation d'effectif.

Vous remarquerez qu'on ne trouve plus sur aucune des feuilles de journées des officiers ou des hommes de troupe les tableaux présentant la balance de l'effectif général et la situation d'effectif du corps au dernier jour
du trimestre, et qui figuraient sur la feuille de journées du modèle n° 41 A,
annexé à l'ordonnance du 25 décembre 1837. C'est dans la revue générale
de liquidation (tableaux n°s 4, 5 et 6) que l'on fera figurer désormais les
renseignements en question, à l'aide des données fournies par les feuilles
de journées.

Rappel des différences de hautes payes d'ancienneté.

Les feuilles de journées ne comportent pas non plus de colonnes pour
l'inscription des journées donnant droit à des rappels de différences de
hautes payes d'ancienneté.

Les corps seront crédités à l'avenir de ces rappels sur la revue de liquidation (tableau n° 7) au moyen d'un état spécial (modèle n° 8) qui présentera, pour chacun des ayants droit, les journées de différences de hautes-
payes d'ancienneté justifiées par l'état des hommes admis à la haute paye
(modèle n° 7), ainsi que le décompte de ces journées.

Le trésorier fera figurer le montant de ces rappels sur l'état comparatif
qu'il établit pour chaque compagnie, escadron ou batterie, en ce qui concerne les droits constatés par les feuilles de journées pour solde et indemnités dont le montant aura été perçu directement par les capitaines sur les
feuilles de prêt.

Retenues exercées sur la solde des officiers qui reçoivent le logement en nature.

Les retenues que doivent subir sur leur solde les officiers qui reçoivent
le logement en nature, font l'objet d'un état conforme au modèle n° 9.

Le montant de ces retenues doit être déduit de l'ensemble des allocations
de la première partie du tableau n° 10 de la revue générale de liquidation,
et ne peut, en aucun cas, affecter les sommes qui sont portées dans la colonne n° 1 du même tableau comme devant servir de base au décompte de
la retenue de 2 p. 100 à ordonnancer au profit du Trésor par les soins de
l'administration centrale.

Envoi, vérification et rectification des feuilles de journées.

Les feuilles de journées doivent, comme par le passé, être établies en
deux expéditions que les conseils d'administration ou les officiers qui en
tiennent lieu adressent, en un seul et même envoi, au sous-intendant militaire chargé de la surveillance administrative du corps ou établissement.

Le sous-intendant militaire se conforme aux dispositions prescrites par
les articles 556 et 557 de l'ordonnance du 25 décembre 1837 pour la vérification et la rectification des feuilles de journées.

Etablissement des revues générales de liquidation.

Dès qu'il a vérifié, rectifié, s'il y a lieu, et visé les documents en question, il en adresse une expédition au conseil d'administration, et celui-ci procède à l'établissement de la première partie de la revue générale de liquidation qui constitue le crédit du corps.

La revue ainsi préparée est envoyée en minute au sous-intendant militaire, qui la vérifie, la rectifie, s'il y a lieu, la vise, dresse ensuite le décompte de libération, en se conformant aux dispositions prescrites par les articles 585, 587 et 588 de l'ordonnance du 25 décembre 1837, et, lorsqu'il a arrêté et visé le décompte, de concert avec le conseil d'administration, renvoie à celui-ci la minute de la revue définitivement close, pour qu'il en fasse établir les expéditions.

Les quatre expéditions de la revue et les pièces à l'appui reçoivent ensuite la destination prescrite par les articles 591 et 593 de l'ordonnance du 25 décembre 1837.

GENDARMERIE.

Les dispositions qui font l'objet de la première partie de la présente circulaire sont applicables aux différents corps de la gendarmerie, qu'ils soient composés ou non de plusieurs compagnies ou escadrons, sous la seule réserve des modifications que la spécialité de l'arme comporte. On doit donc établir dans chacun de ces corps, mais sur le modèle spécial à l'arme, une feuille de journées unique pour tous les officiers comptant à l'effectif.

Les allocations faites aux officiers par les tarifs, sous la dénomination de gratifications, prendront désormais le titre d'indemnités, ainsi que le prescrivent, pour les hommes de troupe, les observations générales du tarif n° 58 qui fait suite au décret du 25 décembre 1875.

Dans les corps composés de plusieurs compagnies ou escadrons, la balance de l'effectif général du corps et la situation d'effectif au dernier jour du trimestre seront faites sur la revue, tableaux n° 4 et 5, qui ont reçu à cet effet une disposition spéciale.

Les modèles n° 2, 3, 4, 7, 8, 9, 11 et 13 doivent être employés dans les corps de la gendarmerie, aussi bien que dans les autres corps de troupe.

Les indemnités allouées pour première mise d'équipement aux sous-officiers promus officiers, et pour supplément de première mise aux sous-officiers qui, ayant été nommés sous-lieutenants dans un corps non monté, passent ensuite, avec ce grade ou celui de lieutenant, dans un corps monté, ainsi que les indemnités pour pertes d'effets et de chevaux et les indemnités d'entrée en campagne, figureront, en un seul article distinct pour chacune de ces allocations, sur la feuille de journées des officiers, d'après le montant des états produits à l'appui de la revue.

On se conformera aux prescriptions formulées ci-dessus pour les corps de troupes de toutes armes, en ce qui concerne le relevé général des journées et le rappel des différences de hautes payes d'ancienneté.

Les perceptions faites par le corps seront régularisées par une revue de liquidation spéciale, modèle n° 48 de la nomenclature, qui sera établie après que les feuilles de journées auront été soumises à la vérification du sous-intendant militaire, comme il a été prescrit pour les autres corps.

ÉCOLES MILITAIRES.

Feuilles de journées.

Ainsi que le prescrit l'article 31 du règlement du 15 décembre 1875, sur l'administration et la comptabilité des écoles militaires, il sera établi des feuilles de journées nominatives et distinctes, savoir :

1° Pour les officiers (cadres et officiers-élèves) ;

2° Pour les élèves non officiers, y compris ceux de l'École spéciale militaire de Saint-Cyr, pour la troupe (cadres), et pour les cavaliers de manège;

3° Pour le personnel civil de toutes les catégories.

Ces feuilles de journées sont conformes, pour les officiers et le personnel civil, au modèle n° 1, et, pour les élèves non officiers et les hommes de troupe, à celui annexé à l'instruction du 28 octobre 1875, modifié conformément au modèle n° 5.

On ne perdra pas de vue que c'est le traitement intégral dû aux fonctionnaires et employés civils qui doit figurer sur les feuilles de journées, sans qu'on ait à tenir compte des retenues que le traitement doit subir, conformément aux dispositions prescrites par l'article 3 de la loi du 9 juin 1853. Les retenues ainsi exercées seront comprises sur l'état modèle n° 10, dont le montant sera porté en diminution au tableau n° 5 de la revue, IIIe partie, personnel civil (modèle n° 47 de la nomenclature).

La même règle sera suivie à l'égard des professeurs civils qui se trouveraient dans le cas de cumul prévu par l'article 43 du décret du 3 avril 1869, sur la comptabilité publique du département de la guerre.

Le traitement dû à ces professeurs sur les fonds du budget de la guerre figurera intégralement dans les comptes de l'établissement auquel les professeurs en question sont attachés, et les retenues qu'ils ont à subir sur leur traitement seront précomptées sur les états de solde, ainsi que cela a été prescrit par ma circulaire du 19 février dernier, au sujet de l'indemnité législative des officiers membres des Assemblées législatives. L'inscription de la somme à précompter sera faite sur les états de solde par le sous-intendant militaire, à la diligence des conseils d'administration.

Les états modèles n°ˢ 4, 7, 8, 9 et 12 seront produits par les écoles militaires, quand celles-ci auront à régulariser les perceptions relatives aux allocations que ces états concernent.

Les dépenses du service de la solde dans les écoles militaires continueront, d'ailleurs jusqu'à nouvel ordre, à être régularisées, non par des comptes de liquidation, mais par des revues générales de liquidation, auxquelles sont applicables toutes les dispositions arrêtées par la présente instruction. Je n'ai, à cet égard, aucune recommandation particulière à vous adresser; mais il est un point sur lequel je crois devoir appeler votre attention :

Les fonctionnaires et employés civils nouvellement admis dans les écoles militaires doivent subir la retenue du premier douzième de leur traitement, conformément aux prescriptions formulées dans le deuxième paragraphe de l'article 3 de la loi du 9 juin 1853 sur les pensions civiles.

Pour l'exécution de cette disposition, les conseils d'administration des écoles militaires feront figurer pour mémoire, sur les états de solde, les fonctionnaires et les employés civils qui se trouveront dans le cas prévu ci-dessus, mais aucune perception ne sera faite pour eux pendant le premier mois.

Sur la feuille de journées, l'allocation sera faite intégralement, et l'allocation du premier mois de traitement figurera sur l'état modèle n° 10, dont le montant doit être porté en diminution à la III° partie du tableau n° 5 de la revue générale de liquidation (modèle n° 47 de la nomenclature).

Les fonctionnaires et employés civils qui, pendant le premier mois de leur admission, auront été logés dans les bâtiments militaires, et qui, par suite, sont passibles de la retenue prévue par l'article 13 du décret du 25 décembre 1875, subiront cette retenue sur leur traitement du mois suivant.

Dans le cas où ces fonctionnaires et employés civils viendraient à quitter l'établissement avant d'avoir pu s'acquitter complètement du montant de l'imputation en question, ils seraient constitués débiteurs envers l'Etat.

DISPOSITIONS GÉNÉRALES.

Les demandes de formules nécessaires pour l'établissement des revues générales de liquidation des deux premiers trimestres 1876 me seront immédiatement adressées par les intendants militaires. Ces imprimés continueront, comme par le passé, à être conservés par les fonctionnaires de l'intendance militaire, qui remettront aux corps ou aux établissements, chaque trimestre, le nombre d'exemplaires dont ceux-ci auront besoin.

Il est bien entendu, d'ailleurs, que les revues du 4° trimestre 1875 seront établies sur les anciennes formules, et conformément aux dispositions réglementaires qui étaient précédemment en vigueur.

Telles sont, Messieurs, les explications qu'il m'a semblé nécessaire de vous donner pour vous permettre de faire fonctionner immédiatement le système administratif inauguré par les décrets du 7 août et du 25 décembre 1875.

Vous remarquerez, d'après ces explications, que c'est là le seul but auquel tendent, quant à présent, les modifications apportées aux dispositions antérieures, et que les modifications en question ne sauraient être considérées comme consacrant définitivement la réglementation du service de la solde, réglementation qui ne pourra être fixée que lorsque j'aurai résolu différentes questions qui sont encore à l'étude.

En attendant, et même dans les conditions restreintes que je viens de vous signaler, la réglementation nouvelle réalise d'importantes simplifications dans la comptabilité du service de la solde, et je ne doute pas qu'à ce titre elle ne soit accueillie favorablement.

En terminant la présente circulaire, je dois signaler, aux fonctionnaires chargés de l'établissement des revues générales de liquidation des officiers sans troupe, une rectification à faire subir à la formule de l'arrêté que présente, pour ces revues, le modèle qui fait suite à ma circulaire du 30 décembre 1875. Cette formule, en effet, ne répond pas à la nouvelle contexture de la revue et doit être modifiée ainsi qu'il suit :

Fait et arrêté par nous   militaire susdit, la présente revue générale de liquidation, montant à la somme de

Nous certifions que les sommes qui doivent servir de base au décompte des retenues de 2 et de 5 pour cent à ordonner au profit du Trésor s'élèvent :

Pour la retenue de 2 pour cent, à

Pour la retenue de 5 pour cent, à

et que la somme provenant des retenues exercées sur les traitements civils, conformément aux dispositions de l'article 3 de la loi du 9 juin 1853, et qui doit être ajoutée au produit de la retenue de 5 pour cent à ordonnancer au profit du Trésor, s'élève à

Nous certifions, en outre, etc. (Le reste comme au modèle).

Recevez, etc.

Le Ministre de la guerre,
Signé : Gal E. DE CISSEY.

ANNEXE N° 38

INSTRUCTION

RELATIVE A L'APPLICATION DU DÉCRET DU 1ᵉʳ MARS 1880.

Le Ministre de la guerre à MM. les Gouverneurs militaires de Paris et de Lyon ; les Généraux commandant les corps d'armée ; les Intendants et les Sous-Intendants militaires ; les Chefs de corps de toutes armes (5ᵉ *Direction, Services administratifs ; 3ᵉ Bureau, Habillement et Campement. N° 22*).

Paris, le 1ᵉʳ mars 1880.

(*Instruction relative à l'application du décret du 1ᵉʳ mars 1880, qui a modifié l'ordonnance du 10 mai 1844 sur l'administration et la comptabilité des corps de troupe*).

Messieurs, vous trouverez ci-joint le décret, en date de ce jour, portant modification à l'ordonnance du 10 mai 1844, sur l'administration et la comptabilité des corps de troupe.

Les explications qui suivent ont pour but de vous mettre à même d'assurer le fonctionnement régulier des nouvelles dispositions, et, en même temps, de vous faire connaître les considérations qui ont motivé l'adoption des principales modifications.

Ces dispositions nouvelles recevront leur application à compter du 1ᵉʳ avril 1880 (1).

DISPOSITIONS GÉNÉRALES.

Le libellé des opérations inscrites dans les registres et les comptes sera conforme aux exemples donnés par les modèles, sans surcharges ni interlignes ; les grattages sont formellement interdits ; les ratures ne sont autorisées que dans le cas d'erreurs matérielles et doivent toujours êtres faites de manière que les mots rayés restent parfaitement lisibles.

Lorsqu'il y aura lieu de rectifier un arrêté en toutes lettres, la rectification s'opérera par un renvoi également en toutes lettres, signé des membres du conseil et visé par le sous-intendant militaire.

Les erreurs constatées après arrêté des comptes trimestriels se redressent par des certificats administratifs de prise en charge (modèle n° 5) ou de sortie (modèle n° 14).

Il est également interdit de recouvrir par des bandes collées, les indications imprimées ou les inscriptions faites sur les registres.

Tout feuillet annulé ou non employé restera adhérent au registre.

Les feuillets ou papillons ajoutés à un registre seront cotés et paraphés, et le fait de leur addition indiquée en tête du registre sera certifié par une nouvelle signature du sous-intendant militaire.

___

(1) Les articles de cette instruction sont reproduits après ceux du décret.

DISPOSITIONS TRANSITOIRES.

Beaucoup d'infirmeries possédant des objets qui ne sont pas compris dans l'extrait de la nomenclature, en date du 22 février 1876, il y aura lieu de faire réintégrer ces objets dans les magasins de l'Etat, ou de les faire verser à la section IX, les en-tête imprimés des registres ne devant comprendre que le matériel réglementaire.

Les effets de mobilisés et divers, existant actuellement au chapitre II du registre des recettes et consommations de l'habillement, passeront immédiatement à l'habillement d'instruction (section VIII), de manière à ne laisser subsister, en permanence à la section II, que des effets du modèle général.

Les effets du petit équipement existant au chapitre IX, et susceptibles d'être utilisés, passeront de même à l'habillement d'instruction.

Pour les effets de petit équipement ayant servi et existant au chapitre VI du registre des recettes et consommations, ils seront immédiatement versés à l'habillement d'instruction, sur factures décomptées (modèle n° 11). Ces factures seront comprises dans les relevés des dépenses du 2e trimestre 1880, le service de l'habillement devant en opérer le remboursement à la masse individuelle.

Le matériel existant actuellement dans les corps et provenant des achats faits sur les fonds des masses d'entretien, sera rattaché, suivant sa nature et sa destination, à l'une des nomenclatures du matériel, sauf les ingrédients et les objets achetés pour l'entretien du matériel, et dont il a été parlé à l'article 130.

Pour le premier trimestre 1880, les pièces à établir en fin de trimestre, en exécution de la présente instruction, seront conformes aux modèles ci-joints.

Toutes les autres pièces, quelles que soient leur contexture et leurs dimensions, seront produites telles qu'elles ont été établies, pourvu qu'elles contiennent tous les renseignements qui doivent figurer aux nouveaux modèles.

On prendra sur les nouveaux registres des entrées et des sorties de matériel, la suite des séries de numéros d'ordre figurant aux registres des recettes et consommations. Toutefois, pour le matériel compris dans les sections I, III, VI et VII, les officiers d'habillement établiront leurs séries de numéros en tenant compte des opérations effectuées pendant le premier trimestre.

On fera figurer à l'ancien journal, dans des colonnes spéciales tant pour le chapitre II que pour le chapitre IX, les quantités d'effets abandonnés aux détenteurs pendant le premier trimestre 1880.

Recevez, Messieurs, l'assurance de ma considération la plus distinguée.

Le Ministre de la guerre,

FARRE.

TABLE DES MATIÈRES

TITRE PREMIER.

DISPOSITIONS PRÉLIMINAIRES.

TITRE II.

DES CONSEILS D'ADMINISTRATION.

CHAPITRE PREMIER.

DE LA COMPOSITION DES CONSEILS.

CHAPITRE II.

DE L'INSTALLATION DES CONSEILS.

CHAPITRE III.

DES ATTRIBUTIONS DES CONSEILS.

CHAPITRE II.

DU TRÉSORIER.

CHAPITRE III.

DE L'OFFICIER D'HABILLEMENT.

CHAPITRE IV.

DES OFFICIERS PAYEURS ET DES OFFICIERS DÉLÉGUÉS POUR L'HABILLEMENT.

TITRE IV.

DES COMMANDANTS DES CORPS OU PORTIONS DE CORPS N'AYANT PAS DE CONSEIL.

TITRE V.

DES COMMANDANTS DE COMPAGNIE, D'ESCADRON OU DE BATTERIE.

TITRE VI.

DES FONDS.

CHAPITRE PREMIER.

DES VALEURS EN CAISSE.

CHAPITRE II.

DES DÉPÔTS AU TRÉSOR.

CHAPITRE III.

DU RECOUVREMENT DES IMPUTATIONS PRESCRITES PAR SUITE DE LA VÉRIFICATION DES COMPTES.

CHAPITRE IV.

DES PERTES OU DÉFICITS DE FONDS.

TITRE VII.

DES REGISTRES ET DES DOCUMENTS QUI S'Y RATTACHENT.

CHAPITRE PREMIER.

DE LA NATURE DES REGISTRES A TENIR DANS CHAQUE CORPS OU PORTION DE CORPS.

TITRE IX.

DE LA SOLDE ET DES ACCESSOIRES DE SOLDE.

CHAPITRE PREMIER.

DU TRAITEMENT DES OFFICIERS.

CHAPITRE II.

DU PRÊT.

CHAPITRE III.

DISPOSITIONS PARTICULIÈRES AUX DÉTACHEMENTS.

TITRE X.

DE LA MASSE INDIVIDUELLE.

CHAPITRE PREMIER.

DE L'OBJET DE LA MASSE.

CHAPITRE II.

DES RECETTES ET DÉPENSES DE LA MASSE.

(1) Article supprimé.

CHAPITRE III.

DE LA FOURNITURE, DE L'ACHAT ET DU REMBOURSEMENT DES EFFETS DE PETIT ÉQUIPEMENT.

CHAPITRE IV. (*Supprimé*).

CHAPITRE V.

DES DISTRIBUTIONS D'EFFETS DE PETIT ÉQUIPEMENT.

(1) Articles supprimés.

CHAPITRE VI.

DES RÉPARATIONS AU COMPTE DE LA MASSE INDIVIDUELLE.

———

SECTION PREMIÈRE.

Des réparations d'effets.

SECTION II.

Des réparations d'armes.

CHAPITRE VII.

DES EFFETS DE PETIT ÉQUIPEMENT FOURNIS AUX PORTIONS DE CORPS AYANT UNE ADMINISTRATION DISTINCTE.

CHAPITRE VIII.

DE LA DESTINATION A DONNER AUX EFFETS DE PETIT ÉQUIPEMENT PROVENANT D'HOMMES RAYÉS DES CONTROLES.

TITRE XI.

MASSES D'ENTRETIEN, FONDS SPÉCIAUX ET MASSES DE SECOURS.

———

(1) Articles supprimés.

TITRE XII.

DISPOSITIONS SPÉCIALES AU MATÉRIEL.

TITRE XIII.

DES PIÈCES ET RENSEIGNEMENTS A FOURNIR PAR LES CONSEILS ÉVENTUELS AU CONSEIL D'ADMINISTRATION CENTRAL.

TITRE XIV.

DU CONTRÔLE ADMINISTRATIF DES CORPS ET DE L'ARRÊTÉ DE LEURS COMPTES.

TITRE XV.

DE LA DESTINATION A DONNER AUX REGISTRES ET PIÈCES QUI CESSENT D'ÊTRE UTILISÉS.

TITRE XVI.

DISPOSITIONS GÉNÉRALES.

ANNEXES

Documents à consulter pour l'établissement des comptes annuels de gestion portant inventaires.

Modèles de marché d'abonnement annuel.

Paris. — Imprimerie L. BAUDOIN et Cᵉ, rue Christine, 2.

ADDITIONS ET ERRATA

Page 138, renvoi (1). — La circulaire ministérielle du 29 mars 1881 doit être interprétée de la manière suivante:

1° Le pantalon, distribué neuf pour la 2° tenue, est remplacé après avoir accompli une durée de 5 trimestres dans cette tenue, parce que cette durée est égale à celle de 4 trimestres en 1re tenue (en réalité moins d'un trimestre en service, comme le fait remarquer le 2° alinéa de la circulaire) plus 4 trimestres de service effectif en 2° tenue ;

2° Le pantalon, distribué pour la 2° tenue après avoir accompli un *trimestre* en première tenue, est considéré, au point de vue du service qu'il doit rendre, comme étant encore neuf puisqu'il n'a dû être porté que 15 à 18 fois au plus $\dfrac{60 \text{ ou } 70 \text{ jours}}{4}$

3° Quant à la distribution d'un pantalon pour 4 trimestres en 2° tenue, après avoir accompli 2, 3 ou 4 trimestres, en 1re tenue, elle s'explique si l'on considère que ces durées réprésentent réellement un service de :

30 ou 35 jours pour 2 trimestres $\dfrac{60 \text{ à } 70}{2}$

45 à 54 jours pour 3 trimestres $\dfrac{60 \times 3 \text{ à } 70 \times 3}{4}$

60 à 70 jours pour 4 trimestres   »

Il est vrai que l'on constate des durées différentes de service réel en 1re tenue, mais aucune d'elles n'atteint 90 jours ou un trimestre *effectif*, et il n'est pas possible d'adopter une autre mesure sans léser les intérêts des hommes ou ceux du Trésor.

Le pantalon de cheval ayant servi 4 trimestres en 1re tenue doit être versé en magasin afin d'être distribué *pour la 2° tenue*, au besoin, à un autre homme si la distribution ne peut en être faite, à ce titre, à l'homme qui en a été détenteur pour la 1re tenue, c'est-à-dire, si à l'époque fixée pour ce versement, son pantalon de 2° *tenue* n'a pas encore atteint le terme de sa durée légale, les remplacements se faisant d'une manière indépendante pour les effets de 1re et pour les effets de 2° tenue, comme s'il s'agissait d'effets de différentes natures (Solution n° 7, § 2 de la note ministérielle du 30 juin 1880).

Dans le cas, qui ne peut se produire que très rarement, où un pantalon de cheval de 2° tenue a sa durée expirée avant que le pantalon de 1re tenue ait atteint les 4 trimestres à parcourir dans cette tenue et qu'il ne se trouve pas en magasin d'effets en *cours de durée* ou de la pointure de l'homme, on doit faire les opérations suivantes :

Pour ordre : (dans les écritures).

1° Versement en magasin du pantalon n° 1 ;

2° Distribution de ce pantalon pour la 2ᵉ tenue, sa nouvelle durée étant déterminée comme il est prescrit par le § 2 ou par le § 3 de la circulaire du 29 mars 1881 (voir ci-dessus), selon qu'il a accompli un trimestre en 1ʳᵉ tenue, ou un nombre supérieur de trimestres dans cette tenue.

Opération réelle.
(Dans les écritures et mouvement dans le magasin).

Distribution d'un pantalon de cheval neuf pour la 1ʳᵉ tenue.

———————

Si un militaire reçoit à son arrivée au corps deux pantalons de cheval *neufs*, son effet de la 1ʳᵉ tenue doit être versé en magasin, quand il a accompli une durée de 4 trimestres pour être distribué comme effet de 2ᵉ tenue pour une durée de 4 trimestres (§ 3°, 29 mars 1881).

Quant à son pantalon de 2ᵉ tenue, il ne lui reste qu'un trimestre à parcourir à ce titre, lors de la réintégration de l'effet de 1ʳᵉ tenue, la durée du pantalon de cheval distribué neuf pour la 2ᵉ tenue, étant de 5 trimestres ainsi qu'il a déjà été dit (§ 1ᵉʳ).

Cette solution est conforme à celle qui porte le n° 7 (§ 2°) à la note ministérielle du 30 juin 1880, n° 5719 qui a supprimé le roulement des effets.

En outre, il ne serait pas équitable de retirer à l'homme le pantalon de cheval de 2ᵉ tenue qu'il a reçu neuf dont il a fait usage pendant 4 trimestres, pour le distribuer à un autre homme qui en deviendrait propriétaire (art. 240 du décret) à l'expiration des 5 trimestres de durée de cet effet. Enfin la conservation de l'effet de 1ʳᵉ tenue, peut être mieux surveillée que celle de l'effet de 2ᵉ tenue, qui est employé journellement ; il y a donc intérêt à stimuler la conservation de ce dernier effet, par la perspective de son abandon au détenteur à l'expiration de sa durée légale.

———————

Quand les sous-officiers de troupes à cheval ont été pourvus de pantalons comme le prévoit le § 5ᵉ de la circulaire ministérielle du 29 mars 1881, le remplacement et la durée de leurs pantalons de cheval et de leurs pantalons transformés sont soumis absolument aux mêmes règles que celles qui ont été indiquées dans cette circulaire sans distinction de grade des parties prenantes ou détenteurs (voir l'article 140 de l'instruction du 1ᵉʳ mars 1880 pour les entrées ou sorties en écritures).

———————

Les pantalons d'ordonnance de sous-officiers de troupes à cheval reversés en magasin avant d'avoir atteint une année de service doivent être transformés en pantalons de cheval comme s'ils avaient atteint cette durée.

Les pantalons de cheval 23 ainsi réintégrés dans les mêmes conditions doivent être employés au remplacement du pantalon de cheval n° 2 qu'il peut y avoir lieu de réformer pour usure prématurée.

———————

Les pantalons de cheval de 1re tenue sont distingués de ceux de seconde :

En écritures. — Comme le prévoit l'exemple donné par le modèle du registre des entrées et sorties de matières (section II, page 51 du volume du décret du 1er mars 1880) cet exemple devant être observé, sur les bons et bulletins de versement, sur le registre-journal, sur le livre de détail (section II de la 2e partie et sur le registre matricule des effets de la 1re catégorie.

Sur les effets. — Par les têtes de boutons de sous-pieds qui sont rendus apparentes dans les pantalons de 2e tenue, conformément aux dispositions de la note ministérielle du 23 décembre 1874 et de la circulaire ministérielle du 24 juillet 1875.

Ces distinctions sont suffisantes, on peut donc se dispenser de recourir à l'emploi d'une nouvelle marque de convention.

TUNIQUES ET DOLMANS DE SOUS-OFFICIERS.
(TROUPES A PIED ET A CHEVAL).

La circulaire ministérielle du 29 mars 1881 s'applique également au remplacement des dolmans ou tuniques de sous-officiers, et par suite on doit opérer de la même manière que pour les pantalons dans les cas analogues qui se produiront, avec cette différence que l'effet distribué en cours de durée, s'il n'a fait *qu'un trimestre en 1re tenue*, sera remis en service pour une durée de 7 trimestres et, si l'effet a parcouru une durée supérieure il ne devra plus être délivré que pour *six trimestres de 2e tenue*.

Si exceptionnellement, il était nécessaire de distribuer à un sous-officier nouvellement promu un vêtement de 2e tenue *neuf*, il serait mis en service pour une durée de 7 trimestres.

Les dispositions du § 6 de la circulaire ministérielle du 29 mars 1881, n° 9, relatives aux dolmans de première tenue retirés aux sous-officiers passés dans la disponibilité, sont applicables aux tuniques des sous-officiers d'infanterie (Solution ministérielle du 9 mai 1881).

Les dispositions de la circulaire ministérielle du 29 mars 1881, sont applicables à tous les effets qu'elles concernent et qui étaient en service (ou en magasin et en cours de durée), lors de la notification de cette circulaire.

Exemple : Les pantalons de cheval distribués neufs pour la 2e tenue, et qui devaient parcourir une durée de 8 trimestres d'après la législation antérieure peuvent être remplacés dès qu'ils ont atteint 5 trimestres de durée dans cette tenue, bien qu'ayant été mis en service avant la publication de la circulaire en question.

Page 140 mettre un renvoi (1) après le dernier paragraphe de l'art. 231 et porter :

Le général inspecteur fixe l'époque du remplacement des effets réformés qui, d'ailleurs, à moins de circonstances extraordinaires, ne doit avoir lieu qu'après le 31 décembre de l'année courante, surtout pour les effets dits de seconde catégorie (Instruction sur les inspections générales. — Dispositions communes à toutes les armes).

Page 150, renvoi (2) 1ᵉʳ paragraphe, ajouter :

Aux termes des circulaires ministérielles du 20 septembre 1871 et 6 décembre 1877, une expédition des procès-verbaux approuvés directement par les fonctionnaires de l'intendance et relatifs aux dégradations constatées au harnachement des troupes de l'artillerie et des équipages militaires doit être adressée au Ministre.

Les procès-verbaux dont l'approbation est réservée au Ministre (comme dépassant 100 fr.) doivent toujours lui être soumis en double expédition (Circulaire ministérielle du 21 juillet 1881, nº 5).

Page 154 renvoi (1), le troisième paragraphe est à modifier ainsi :

A l'avenir, afin de faciliter les travaux d'inspection, les corps devront, lorsque MM. les intendants militaires inspecteurs leur en feront la demande, adresser à ces fonctionnaires, au lieu de leur résidence, les livrets d'ordinaire, les feuilles de décompte de la masse individuelle, les états de recettes et de dépenses des masses d'entretien et les pièces justificatives, se rapportant aux exercices expirés (Note ministérielle du 20 mai 1881, *Journal militaire*, page 302).

Page 170, entretien de l'habillement, tableau, titre Équipages militaires, compagnies mixtes.

Mettre 0,85 au lieu de 0,35.

Page 201, renvoi (1), ajouter :

Toutes les fournitures de combustible pour l'éclairage des bibliothèques (Note ministérielle du 25 juillet 1876, insérée au *Journal militaire officiel*) et des salles de conférences, d'étude ou lecture (Décisions ministérielles spéciales et Circulaire ministérielle du 19 mars 1881, nº 646 ; 5ᵉ direction, bureau des fourrages et du chauffage) et qui incombent au service du chauffage et de l'éclairage, doivent être effectuées par les préposés de l'entreprise de ce service et régularisées dans les comptes des entrepreneurs régionaux.

Quant à la fixation dont il est fait mention dans la note et la circulaire précitées du 25 juillet 1876 et 19 mars 1881 (15 centimes par lampe et par jour) elle n'a été déterminée en deniers que pour servir de base au décompte de la quantité d'huile minérale pouvant être perçue, d'après celle dont les corps de troupes sont autorisés à faire l'achat, à titre d'avance, pour leurs écoles régimentaires, et qui représente une consommation moyenne de 5 centimes par lampe et par heure (Appendice à l'instruction *ministérielle* du 1ᵉʳ mars 1881).

Page 227 ajouter au renvoi.

20 *bis.* Les relevés des dépenses pour le chauffage au moyen de charbon de *bois*, des bains dans les infirmeries régimentaires, sont produits annuellement.

Le remboursement en est effectué par mandats des fonctionnaires de l'intendance.

Les intendants militaires établissent pour ces dépenses, des rapports de liquidation (modèle nº 327c de la nomenclature) et les font parvenir au

Ministre, avec les pièces justificatives à l'appui, dans le courant du deuxième mois qui suit l'année expirée.

(Appendice à l'Instruction ministérielle du 1er mars 1881.)

Page 233, Habillement des enfants de troupe :
Biffer voir l'annexe n° 29 et mettre : 7 août 1877.

Page 246, ajouter au tableau.

CHAUFFAGE ET ÉCLAIRAGE.
§ 6.—*Bains des infirmeries régimentaires*

Chauffage des bains au moyen de charbon de bois.		
1	2	3

(Appendice à l'Instruction ministérielle du 1er mars 1881.)

Page 281, service du génie. Porter un renvoi (4).
Les scies articulées délivrées aux régiments de cavalerie doivent figurer au titre : Matériel d'instruction militaire, Travaux de campagne (Note ministérielle du 1er juillet 1881).

Page 289. Porter un renvoi (1).
Création de nouveaux timbres mobiles pour être apposés sur les états d'émargement. Suppression de la faculté d'acquitter les droits de timbre et de quittance par voie de retenue sur les montants de ces états (Note ministérielle du 13 juin 1881, *Journal militaire*, page 352).

Page 298, renvoi (1) à biffer, porter à la place :
Voir les tarifs indiquant les prix à allouer, en temps de paix et en temps de guerre, pour les réparations à effectuer aux effets d'habillement, de coiffure et de grand équipement, quand ces réparations ne sont pas à la charge de l'abonnataire (7 juillet 1881, *Journal militaire*, 2e sem., page 11).

Page 301, comme ci-dessus.

Pages 309 à 315.
Ces modèles s'appliquent à la Note ministérielle du 29 janvier 1879. transcrite pages 321 et suivantes.

Page 324, indiquer que les modèles ont été portés, par erreur, pages 309 à 315.

Art. 36 de l'ordonnance
du 10 Mai 1844

TRACÉ INDICATIF

Des Places que doivent occuper, dans leurs séances, les Membres des Conseils
d'Administration ou de Gestion, ainsi que les Officiers généraux et les
Officiers de l'Intendance Militaire qui y assistent.

INSPECTEUR GÉNÉRAL — MARÉCHAL DE CAMP — INSPECTEUR GÉNÉRAL — INSPECTEUR GÉNÉRAL — INTENDANT — INTENDANT

SOUS INTENDANT — INTENDANT — Sͭᵉ INTENDANT — SOUS INTENDANT — INTENDANT — SOUS INTENDANT — SOUS INTENDANT — MAJOR

MAJOR — MAJOR — MAJOR — MAJOR — MAJOR — MAJOR

1ᵉʳ COMPTABLE — 1ᵉʳ COMPTABLE — 2ᵉ COMPTABLE — 1ᵉʳ COMPTABLE — 1ᵉʳ COMPTABLE — 2ᵉ COMPTABLE — 2ᵉ COMPTABLE — 1ᵉʳ COMPTABLE — 2ᵉ COMPTABLE

2ᵉ COMPTABLE — 1ᵉʳ COMPTABLE

CHEF D'ESCAD. — CAPITAINE — CAPITAINE — CAPITAINE — CAPITAINE — CAPITAINE — CAPITAINE — CAPITAINE

CHEF D'ESCADRON — COLONEL — Lᵗ COLONEL — Lᵗ COLONEL — Lᵗ COLONEL

CHEF D'ESCADRON — COLONEL — Lᵗ COLONEL

CHEF D'ESCADRON — COLONEL — Lᵗ COLONEL

CHEF D'ESCADRON — COLONEL — Lᵗ COLONEL

CHEF D'ESCADRON — COLONEL — Lᵗ COLONEL

COLONEL — COLONEL

Nota. L'Officier comptable le plus ancien de grade a été désigné
au présent tracé par la dénomination de 1ᵉʳ Comptable, et le moins
ancien par celle de 2ᵉ Comptable.

www.ingramcontent.com/pod-product-compliance
Lightning Source LLC
Chambersburg PA
CBHW061103220326
41599CB00024B/3896